Lernbücher Jura
Zwangsvollstreckungsrecht
Pohlmann/Schäfers

Zwangs-vollstreckungsrecht

von

Dr. Petra Pohlmann

o. Professorin
an der Universität Münster

und

Dr. Dominik Schäfers, LL. M.

Privatdozent
an der Universität Münster

2021

C.H.BECK

Zitiervorschlag: *Pohlmann/Schäfers* ZwangsVollstrR Rn. …

www.beck.de

ISBN Print 978 3 406 66893 7
ISBN E-Book 978 3 406 75931 4

Wilhelmstraße 9, 80801 München

Druck und Bindung: Druckerei C. H. Beck Nördlingen
(Adresse wie Verlag)

Satz: Fotosatz H. Buck
Zweikirchener Str. 7, 84036 Kumhausen

Umschlaggestaltung: Druckerei C. H. Beck Nördlingen

Gedruckt auf säurefreiem, alterungsbeständigem Papier
(hergestellt aus chlorfrei gebleichtem Zellstoff)

Vorwort

Das Buch wendet sich an Studierende und vermittelt ihnen Grundwissen im Zwangsvollstreckungsrecht. Es ist auch geeignet für Referendare, die einen Einstieg in dieses Rechtsgebiet suchen.

Das Zwangsvollstreckungsrecht beschäftigt sich mit der Frage, wie der Gläubiger seine privatrechtlichen Ansprüche gegen den Schuldner zwangsweise durchsetzen oder sichern kann. Es steht insofern in engerer Beziehung zum materiellen Recht als das Recht des Erkenntnisverfahrens und erschließt sich daher auch für Studierende leichter als letzteres.

Das Buch behandelt zum einen den Pflichtstoff, der in den meisten Bundesländern die allgemeinen Voraussetzungen der Zwangsvollstreckung, die Arten der Zwangsvollstreckung und die Rechtsbehelfe (teils nur eine Auswahl derselben) umfasst, sich teils aber auch auf den vorläufigen Rechtsschutz erstreckt. Für Studierende im Schwerpunktbereich gibt das Buch einen ersten Überblick über die von ihnen zusätzlich zu beherrschenden Materien. Daher werden etwa auch das Klauselverfahren und das Insolvenzrecht (letzteres in Grundzügen) erläutert.

Zur Arbeit mit dem Buch seien einige Hinweise gegeben: Die **Beispielsfälle** sind so aufgebaut, dass ein Sachverhalt geschildert wird und sich eine Frage anschließt. Bitte versuchen Sie zunächst selbst, die Fallfrage anhand des Gesetzes zu lösen. Auch wenn Ihnen die ZPO noch nicht vertraut ist, lernen Sie so effektiver, als wenn Sie die Lösung und die zitierten Normen nur lesen. Das Hineindenken in die Fälle kostet Zeit, schult aber den Umgang mit verschiedenen Sachverhalten und mit noch unbekannten Normen, auch etwa für die mündliche Prüfung. Hilfreich ist es, eine Skizze mit Beteiligten und Rechtsbeziehungen anzufertigen. Zudem üben Sie es, mit Fallfragen verschiedener Art umzugehen, was für Klausuren aus dem Zwangsvollstreckungsrecht typisch ist (zum Beispiel: Ist die Zwangsvollstreckung zulässig? Kann sich der Dritte gegen die Vollstreckung wehren?). Wichtige Problemkreise sollten Sie vertieft erarbeiten, indem Sie besprochene Entscheidungen, Abschnitte aus größeren Lehrbüchern sowie einzelne der am Ende der Kapitel gegebenen Literaturhinweise nachlesen.

Die **systematischen Übersichten** sollen zum Teil lediglich bestimmte Lerninhalte visuell veranschaulichen. Ganz überwiegend sollen sie gesetzliche Strukturen deutlich machen. Hier gilt, dass diejenigen Übersichten Ihnen am meisten helfen werden, die Sie sich selbst erarbeiten oder zumindest selbst rekonstruieren.

Ihre Antworten auf die **Kontrollfragen** am Ende des jeweiligen Kapitels sollten Sie kurz stichwortartig notieren, bevor Sie im Anhang die Lösung nachlesen.

Hinweise dazu, wie bestimmte Probleme in der **Klausur** zu behandeln sind, finden sich über das ganze Buch verstreut (s. im Sachregister unter „Klausur"). Zwei **Musterklausuren** mit Lösung enthält der Anhang des Buches.

Während der Entstehungszeit des Buches haben uns vor allem die Herren Wiss. Hilfskraft *Markus Diekmann*, Wiss. Mitarbeiter *Eric Dorn* und stud. jur. *David Schütte* intensiv unterstützt. Weitere Hinweise verdanken wir der kritischen Lektüre des Manuskripts durch Herrn stud. jur. Dipl.-Rpfl. (FH) *Jens Herrmann.* Herr stud. jur. *Christian Grunau* und Frau stud. jur. *Merle Nikolai* haben sich der Druckfahnen angenommen, das Sachverzeichnis haben Frau Wiss. Mitarbeiterin *Tabea Lotz* und Herr stud. jur. *Clemens Dembinski* betreut. Wir danken ihnen für ihren Einsatz.

Das Buch ist auf dem Gesetzesstand vom 30.6.2021. Ausbildungsrelevante Rechtsprechung und Literatur sind bis zum 30.6.2021 berücksichtigt.

Münster, im Juli 2021 *Petra Pohlmann und Dominik Schäfers*

Inhaltsverzeichnis

Abkürzungsverzeichnis

aA ... anderer Ansicht
aaO ... am angegebenen Ort
Abs. ... Absatz
AcP ... Archiv für die civilistische Praxis
aE ... am Ende
aF ... alte Fassung
AG ... Aktiengesellschaft/Amtsgericht
AGB ... Allgemeine Geschäftsbedingungen
AGBG ... Gesetz zur Regelung des Rechts der Allgemeinen Geschäftsbedingungen
AGG ... Allgemeines Gleichbehandlungsgesetz
AktG ... Aktiengesetz
Alt. ... Alternative
AnfG ... Gesetz über die Anfechtung von Rechtshandlungen eines Schuldners außerhalb des Insolvenzverfahrens
Anh. ... Anhang
AO ... Abgabenordnung
ArbGG ... Arbeitsgerichtsgesetz
ARGE ... Arbeitsgemeinschaft
Art. ... Artikel
Aufl. ... Auflage
Ausn. ... Ausnahme
AVAG ... Anerkennungs- und Vollstreckungsausführungsgesetz
Az. ... Aktenzeichen

BAG ... Bundesarbeitsgericht
BayObLGZ ... Entscheidungen des Bayerischen Obersten Landesgerichts in Zivilsachen
Bd. ... Band
BeckOK ... Beck'scher Online-Kommentar
BeckRS ... Beck-Rechtsprechung (beck-online)
Begr. ... Begründung
BerGer. ... Berufungsgericht
BerHG ... Beratungshilfegesetz
BeurkG ... Beurkundungsgesetz
BFH ... Bundesfinanzhof
BGB ... Bürgerliches Gesetzbuch
BGH ... Bundesgerichtshof
BGHZ ... Entscheidungen des Bundesgerichtshofs in Zivilsachen
BNotO ... Bundesnotarordnung
BRAO ... Bundesrechtsanwaltsordnung
BSG ... Bundessozialgericht
Bsp. ... Beispiel

bspw. .... beispielsweise
BT-Drs. .... Drucksachen des Deutschen Bundestages
BVerfG. .... Bundesverfassungsgericht
BVerfGE .... Entscheidungen des Bundesverfassungsgerichts
BVerfGG. .... Gesetz über das Bundesverfassungsgericht
BVerwG. .... Bundesverwaltungsgericht
bzw. .... beziehungsweise

ders. .... derselbe
DGVZ .... Deutsche Gerichtsvollzieher Zeitung
dh .... das heißt
dies. .... dieselbe
DM .... Deutsche Mark
DVBl. .... Deutsches Verwaltungsblatt

EG .... EG-Vertrag
EGBGB. .... Einführungsgesetz zum Bürgerlichen Gesetzbuch
EGMR. .... Europäischer Gerichtshof für Menschenrechte
EGStGB. .... Einführungsgesetz zum Strafgesetzbuch
EGZPO .... Einführungsgesetz zur Zivilprozessordnung
Einf. .... Einführung
Einl. .... Einleitung
EMRK. .... Europäische Konvention zum Schutze der Menschenrechte und Grundfreiheiten
etc .... et cetera
EU .... Europäische Union
EuBagatellVO .... Verordnung des Europäischen Parlaments und des Rates zur Einführung eines europäischen Verfahrens für geringfügige Forderungen
EuEheVO. .... Verordnung des Rates über die Zuständigkeit und die Anerkennung und Vollstreckung von Entscheidungen in Ehesachen und in Verfahren betreffend die elterliche Verantwortung
EuGVVO. .... Verordnung über die gerichtliche Zuständigkeit und die Anerkennung und Vollstreckung von Entscheidungen in Zivil- und Handelssachen
EuVTVO .... Verordnung des Europäischen Parlaments und des Rates zur Einführung eines europäischen Vollstreckungstitels für unbestrittene Forderungen

f. .... Folgende Seite oder Randnummer
FamFG. .... Gesetz über das Verfahren in Familiensachen und in den Angelegenheiten der freiwilligen Gerichtsbarkeit
FamGKG .... Gesetz über Gerichtskosten in Familiensachen
FamRB. .... Familien-Rechts-Berater
FamRZ. .... Zeitschrift für das gesamte Familienrecht
ff. .... Folgende Seiten oder Randnummern
FG. .... Finanzgericht
FGG. .... Gesetz über die Angelegenheiten der freiwilligen Gerichtsbarkeit
FGO .... Finanzgerichtsordnung
FS. .... Festschrift

GBO .... Grundbuchordnung
GbR......................... Gesellschaft bürgerlichen Rechts
gem......................... gemäß
GG.......................... Grundgesetz
ggf.......................... gegebenenfalls
GKG .... Gerichtskostengesetz
GmbH...................... Gesellschaft mit beschränkter Haftung
GmbHG.................. Gesetz betreffend die Gesellschaften mit beschränkter Haftung
GmbH & Co. KG ... Gesellschaft mit beschränkter Haftung und Compagnie Kommanditgesellschaft
GmS-OGB .... Gemeinsamer Senat der obersten Gerichte des Bundes
grds......................... grundsätzlich
GRUR .... Gewerblicher Rechtsschutz und Urheberrecht
GüSchlG NRW ..... Gütestellen- und Schlichtungsgesetz Nordrhein-Westfalen
GVFV..................... Gerichtsvollzieherformular-Verordnung
GVG .... Gerichtsverfassungsgesetz
GVGA.................... Geschäftsanweisung für Gerichtsvollzieher
GVO .... Gerichtsvollzieherordnung

hA.......................... herrschende Ansicht
hL .... herrschende Lehre
hM.......................... herrschende Meinung
HausratsVO............ Hausratsverordnung
HGB .... Handelsgesetzbuch
HK......................... Handkommentar
Hs. .... Halbsatz

idF .... in der Fassung
idR .... in der Regel
iErg........................ im Ergebnis
ieS .... im engeren Sinne
iHv......................... in Höhe von
InsO....................... Insolvenzordnung
iRv......................... im Rahmen von
iSd.......................... im Sinne des
iSe .... im Sinne eines
iSv .... im Sinne von
iVm .... in Verbindung mit

JA........................... Juristische Arbeitsblätter
JR .... Juristische Rundschau
JuMoG.................... Justizmodernisierungsgesetz
Jura .... Juristische Ausbildung
JurBüro .... Das Juristische Büro
JuS .... Juristische Schulung
JZ........................... Juristenzeitung

KapMuG................ Kapitalanleger-Musterverfahrensgesetz
KG .... Kammergericht/Kommanditgesellschaft
KostO .... Kostenordnung
KWG .... Kreditwesengesetz

LAG .... Landesarbeitsgericht
lat. .... lateinisch
LG. .... Landgericht
LuGÜ .... Luganer Übereinkommen über die gerichtliche Zuständigkeit und die Vollstreckung gerichtlicher Entscheidungen in Zivil- und Handelssachen
lit. .... litera
LPartG .... Gesetz über die eingetragene Lebenspartnerschaft
LSG. .... Landessozialgericht
LVerfG .... Landesverfassungsgericht

mwN. .... mit weiteren Nachweisen
MDR .... Monatsschrift für Deutsches Recht
MediationsG .... Mediationsgesetz
Mio. .... Million
Mot. .... Motive
MüKo .... Münchener Kommentar

NJOZ .... Neue Juristische Online Zeitschrift
NJW .... Neue Juristische Wochenschrift
NJW-RR .... NJW-Rechtsprechungs-Report Zivilrecht
Nr. .... Nummer
NVwZ .... Neue Zeitschrift für Verwaltungsrecht
NVZ .... Neue Zeitschrift für Verkehrsrecht
NZI .... Neue Zeitschrift für das Recht der Insolvenz und Sanierung
NZM .... Neue Zeitschrift für Miet- und Raumrecht

OHG .... Offene Handelsgesellschaft
OLG .... Oberlandesgericht
OLGZ .... Entscheidungssammlung der Oberlandesgerichte in Zivilsachen
OVG .... Oberverwaltungsgericht

PartG .... Parteiengesetz
PartGG .... Partnerschaftsgesellschaftsgesetz
PKH .... Prozesskostenhilfe
PKW .... Personenkraftwagen
ProdHaftG .... Produkthaftungsgesetz

RegE .... Regierungsentwurf
RGZ .... Entscheidungen des Reichsgerichts in Zivilsachen
RIW .... Recht der internationalen Wirtschaft
Rn. .... Randnummer
RPflG .... Rechtspflegergesetz
Rspr. .... Rechtsprechung
RsprEinhG .... Gesetz zur Wahrung der Einheitlichkeit der Rechtsprechung der obersten Gerichtshöfe des Bundes
RVG .... Gesetz über die Vergütung der Rechtsanwältinnen und Rechtsanwälte

S. .... Satz/Seite
s. .... siehe
SGG .... Sozialgerichtsgesetz
sog. .... sogenannt

SozG .... Sozialgericht
StGB .... Strafgesetzbuch
StPO .... Strafprozeßordnung
str. .... streitig
StVG .... Straßenverkehrsgesetz

UKlaG .... Gesetz über Unterlassungsklagen bei Verbraucherrechts- und anderen Verstößen
UrhG .... Gesetz über Urheberrecht und verwandte Schutzrechte
usw .... und so weiter
uU .... unter Umständen
UWG .... Gesetz gegen den unlauteren Wettbewerb

v. .... vom
Var. .... Variante
VersR .... Zeitschrift für Versicherungsrecht
VG .... Verwaltungsgericht
vgl. .... vergleiche
Vorauss .... Voraussetzung
Vorb. .... Vorbemerkung
VU .... Versäumnisurteil
VVG .... Versicherungsvertragsgesetz
VwGO .... Verwaltungsgerichtsordnung
VwVfG .... Verwaltungsverfahrensgesetz

WEG .... Wohnungseigentumsgesetz
WRP .... Wettbewerb in Recht und Praxis
WuM .... Wohnungswirtschaft & Mietrecht

zB .... zum Beispiel
ZInsO .... Zeitschrift für das gesamte Insolvenzrecht
ZivilProzR .... Zivilprozessrecht
ZJS .... Zeitschrift für das Juristische Studium (online)
ZMR .... Zeitschrift für Miet- und Raumrecht
ZPO .... Zivilprozessordnung
ZPO-RG .... Zivilprozessreformgesetz
ZRP .... Zeitschrift für Rechtspolitik
zT .... zum Teil
ZVFV .... Verordnung über Formulare für die Zwangsvollstreckung
ZVG .... Gesetz über die Zwangsversteigerung und die Zwangsverwaltung
ZZP .... Zeitschrift für Zivilprozess

Literaturverzeichnis

I. Lehrbücher und systematische Darstellungen

Baur/Stürner/Bruns, Zwangsvollstreckungsrecht, 13. Aufl. 2006
Becker, Insolvenzrecht, 3. Aufl. 2010
Berger, Einstweiliger Rechtsschutz im Zivilrecht, 2006
Bork, Einführung in das Insolvenzrecht, 10. Aufl. 2021
Brand, Formularbuch Zivilverfahren mit Auslandsberührung, 2. Aufl. 2018
Brödermann/Rosengarten, Internationales Privat- und Zivilverfahrensrecht, 8. Aufl. 2019
Brox/Walker, Zwangsvollstreckungsrecht, 11. Aufl. 2018
Cirullies, Vollstreckung in Familiensachen, 2. Aufl. 2017
Foerste, Insolvenzrecht, 7. Aufl. 2018
Garber, Einstweiliger Rechtsschutz nach der EuGVVO, 2011
Gaul/Schilken/Becker-Eberhard, Zwangsvollstreckungsrecht, 12. Aufl. 2010
Geimer, Internationales Zivilprozessrecht, 8. Aufl. 2019
Gerhardt, Vollstreckungsrecht, 2. Aufl. 1982
Gottwald/Haas, Insolvenzrechts-Handbuch, 6. Aufl. 2020
Hannich, Die Pfändungsbeschränkung des § 852 ZPO, 1998
Häsemeyer, Insolvenzrecht, 4. Aufl. 2007
Heiderhoff/Skamel, Zwangsvollstreckungsrecht, 3. Aufl. 2017
Heinze, Einstweiliger Rechtsschutz im europäischen Immaterialgüterrecht, 2007
Hintzen/Wolf, Zwangsvollstreckung, Zwangsversteigerung und Zwangsverwaltung, 2006
Jauernig/Berger, Zwangsvollstreckungs- und Insolvenzrecht, 23. Aufl. 2010
Keller, Insolvenzrecht, 2. Aufl. 2020
Kornol/Wahlmann, Zwangsvollstreckungsrecht, 2. Aufl. 2017
Lackmann, Zwangsvollstreckungsrecht, 11. Aufl. 2018
Lippross/Bittmann, Zwangsvollstreckungsrecht, 13. Aufl. 2021
Lüke, Zivilprozessrecht II - Zwangsvollstreckung, 11. Aufl. 2021
Maurer/Waldhoff, Allgemeines Verwaltungsrecht, 20. Aufl. 2020
Muthorst, Grundzüge des Zwangsvollstreckungsrechts, 3. Aufl. 2020
Pohlmann, Zivilprozessrecht, 4. Aufl. 2018
Prütting/Stickelbrock, Zwangsvollstreckungsrecht, 2002
Reischl, Insolvenzrecht, 5. Aufl. 2020
Riedel, Internationale Zwangsvollstreckung, 2. Aufl. 2012
Rosenberg/Schwab/Gottwald, Zivilprozessrecht, 18. Aufl. 2018
von Sachsen Gessaphe, Zwangsvollstreckungsrecht, 2014
Schack, Internationales Zivilverfahrensrecht, 8. Aufl. 2021
Schilken, Zivilprozessrecht, 7. Aufl. 2014
Seibel/Fechter/Fischer/Harbeck/Kawell/Mroß/Salten/Wiedemann, Zwangsvollstreckungsrecht aktuell, 4. Aufl. 2020
Smid, Grundzüge des Insolvenzrechts, 4. Aufl. 2002
Stöber, ZVG-Handbuch, 9. Aufl. 2010

Stöber/Rellermeyer, Forderungspfändung, 17. Aufl. 2020
Sudergat, Kontopfändung und P-Konto, 3. Aufl. 2013
Walker, Der einstweilige Rechtsschutz im Zivilprozess und im arbeitsgerichtlichen Verfahren, 1993
Wolfsteiner, Die vollstreckbare Urkunde, 4. Aufl. 2019
Wössner, Die Pfändung des Gesellschaftsanteils bei den Personengesellschaften, 2000

II. Kommentare

Ahrens/Gehrlein/Ringstmeier, Insolvenzrecht, 4. Aufl. 2020
Andres/Leithaus, InsO, 4. Aufl. 2018
Baumbach/Lauterbach/Hartmann/Anders/Gehle, ZPO, 78. Aufl. 2020 (zit.: BLHAG/*Bearbeiter*)
Bornemann, Frankfurter Kommentar zur Insolvenzordnung, 10. Aufl. 2021
Böttcher, ZVG, 6. Aufl. 2016
Braun, InsO, 8. Aufl. 2020
Dassler/Schiffhauer/Hintzen/Engels/Rellermeyer, ZVG, 16. Aufl. 2020
Demharter, Grundbuchordnung, 32. Aufl. 2021
Depré, ZVG, 2. Aufl. 2019
Fridgen/Geiwitz/Göpfert, BeckOK InsO, 23. Edition, Stand: 15.4.2021
Geimer/Schütze, Europäisches Zivilverfahrensrecht, 4. Aufl. 2020
Gottwald/Mock, Zwangsvollstreckung, 7. Aufl. 2015
Graf-Schlicker, InsO, 5. Aufl. 2020
Gsell/Krüger/Lorenz/Reymann, BeckOGK BGB, Stand ab: 1.2.2018
Hau/Poseck, BeckOK BGB, 58. Edition, Stand: 1.5.2021
Haarmeyer/Hintzen, Zwangsverwaltung, 7. Aufl. 2021
Hügel, BeckOK GBO; 42. Edition, Stand: 1.5.2021
Kayser/Thole, Heidelberger Kommentar zur Insolvenzordnung, 10. Aufl. 2020
Kindl/Meller-Hannich, Gesamtes Recht der Zwangsvollstreckung, 4. Aufl. 2021 (zit.: HK-ZV/*Bearbeiter*)
Kropholler/v. Hein, Europäisches Zivilprozessrecht, 9. Aufl. 2011
Kübler/Prütting/Bork, InsO, 87. EL, Stand: März 2021
Löhnig, Gesetz über die Zwangsversteigerung und die Zwangsverwaltung, 2010
Münchener Kommentar zum Anfechtungsgesetz, 2012 (zit.: MüKoAnfG/*Bearbeiter*)
Münchener Kommentar zum Bürgerlichen Gesetzbuch, Band 1, 8. Aufl. 2018, Band 2, 8. Aufl. 2019, Band 5, 8. Aufl. 2020, Band 7, 8. Aufl. 2020 (zit.: MüKoBGB/*Bearbeiter*)
Münchener Kommentar zur Insolvenzordnung, Band 1–2, 4. Aufl. 2019; Band 3, 4. Aufl. 2020; Band 4, 4. Aufl. 2021 (zit.: MüKoInsO/*Bearbeiter*)
Münchener Kommentar zur Zivilprozessordnung, Band 2, 6. Aufl. 2020; Band 3, 5. Aufl. 2017 (zit.: MüKoZPO/*Bearbeiter*)
Musielak/Voit, ZPO, 18. Aufl. 2021
Nagel/Gottwald, Internationales Zivilprozessrecht, 8. Aufl. 2020
Nerlich/Römermann, Insolvenzordnung, 42. Aufl. 2021
Prütting/Gehrlein, ZPO, 12. Aufl. 2020
Rauscher, Europäisches Zivilprozess- und Kollisionsrecht, Band 2, 4. Aufl. 2015; Band 4, 4. Aufl. 2015
Saenger, Zivilprozessordnung, 9. Aufl. 2021 (zit. HK-ZPO/*Bearbeiter*)
Schlosser/Hess, EU-Zivilprozessrecht, 4. Aufl. 2015
K. Schmidt, Insolvenzordnung, 19. Aufl. 2016
Schoch/Schneider/Bier, Verwaltungsgerichtsordnung, 40. EL, Stand: Juni 2021

Schuschke/Walker/Kessen/Thole, Vollstreckung und Vorläufiger Rechtsschutz, 7. Aufl. 2020
Schütze, Das internationale Zivilprozessrecht in der ZPO, 2. Aufl. 2011
v. Staudinger, BGB, Buch 1. Allgemeiner Teil, §§ 90–124; §§ 130–133 (Sachen und Tiere, Geschäftsfähigkeit, Willenserklärung), Neubearbeitung 2017 (zit.: Staudinger/*Bearbeiter*)
v. Staudinger, BGB, Buch 2. Recht der Schuldverhältnisse, §§ 557–580a (Mietrecht 2 – Miethöhe und Beendigung des Mietverhältnisses), Neubearbeitung 2021 (zit.: Staudinger/*Bearbeiter*)
v. Staudinger, BGB, Buch 4. Familienrecht, §§ 1353–1362 (Wirkung der Ehe im Allgemeinen), Neubearbeitung 2018 (zit.: Staudinger/*Bearbeiter*)
Stein/Jonas, Kommentar zur Zivilprozessordnung, Band 8, 23. Aufl. 2017
Steiner, Zwangsversteigerung und Zwangsverwaltung, Band 1, 9. Aufl. 1984; Band 2, 9. Aufl. 1986
Stöber, Zwangsversteigerungsgesetz, 22. Aufl. 2019
Thomas/Putzo, ZPO, 42. Aufl. 2021
Uhlenbruck, Insolvenzordnung, Band 1, 15. Aufl. 2019
Vorwerk/Wolf, BeckOK ZPO, 40. Edition, Stand: 1.3.2021
Walter/Grünewald, BeckOK BVerfGG, 10. Edition, Stand: 1.1.2021
Wieczorek/Schütze, Zivilprozessordnung und Nebengesetze, 4. Aufl. 2012 ff.
Zimmermann, Zivilprozessordnung, 10. Aufl. 2015
Zöller, ZPO, 33. Aufl. 2020

III. Fallsammlungen und Übungen

Assmann, Fälle zum Zivilprozessrecht, 3. Aufl. 2019
Ehricke/Biehl, Insolvenzrecht, 2. Aufl. 2015
Elzer/Brückmann/Zivier, Die ZPO in Fällen, 2. Aufl. 2013
Gerhardt, Zivilprozeßrecht, 6. Aufl. 2000
Kruse, Standardfälle ZPO, 9. Aufl. 2021
Lüke/Hau, Zwangsvollstreckungsrecht, 3. Aufl. 2008
Piekenbrock/Kienle, ZPO-Examinatorium, 2. Aufl. 2016
Schumann, Die ZPO-Klausur, 3. Aufl. 2006
Zimmermann, ZPO-Fallrepetitorium, 11. Aufl. 2019

IV. Materialien

Hahn, Die gesamten Materialien zu den Reichs-Justizgesetzen, Bd. 2, Materialien zur Zivilprozessordnung, Erste Abteilung, 1880
Hahn, Die gesamten Materialien zu den Reichs-Justizgesetzen, Bd. 4, Materialien zur Konkursordnung, 1881
Hahn/Mugdan, Die gesamten Materialien zu den Reichs-Justizgesetzen, Bd. 5, Materialien zum Gesetz über die Zwangsversteigerung und die Zwangsverwaltung und zur Grundbuchordnung, 1897
Hahn/Mugdan, Die gesamten Materialien zu den Reichs-Justizgesetzen, Bd. 7, Materialien zum Gesetz über die Angelegenheiten der freiwilligen Gerichtsbarkeit, Materialien zum Gesetz, betreffend Änderungen der Konkursordnung nebst Einführungsgesetz, 1898
BT-Drs. 12/2443 (Regierungsentwurf), Regierungsentwurf EGInsO (BT-Drs. 12/3803), Beschlussempfehlung und Bericht des Rechtsausschusses (BT-Drs. 12/7302 und 12/7303)

§ 1. Einführung

I. Begriff und Funktion der Zwangsvollstreckung

Die Zwangsvollstreckung ist das Verfahren, in dem der Staat privatrechtliche Leistungsansprüche des Gläubigers gegen den Schuldner zwangsweise durchsetzt oder sichert. 1

Die Notwendigkeit dieses Verfahrens ergibt sich aus dem **Justiz- und Zwangsmonopol**, das der Staat aus Gründen des Rechtsfriedens für sich in Anspruch nimmt. Private sind nur in sehr engen Grenzen befugt, ihnen zustehende Rechte mit Zwang oder Gewalt durchzusetzen, s. insbesondere §§ 229, 562b, 859 BGB. Wer sich selbst nimmt, was ihm zusteht, verstößt im Regelfall gegen das materielle Recht, etwa gegen §§ 823 Abs. 1, 858 Abs. 1 BGB oder gegen §§ 240, 242 StGB. Private Inkassodienste mit unkonventionellen Methoden überschreiten manchmal diese Grenzen (dazu *Edenfeld* JZ 1998, 645 ff.). 2

Beispielsfall: (nach RGSt 33, 248): S ist zur Zahlung von 500 Euro an G verurteilt worden, kommt seiner Zahlungsverpflichtung aber nicht nach. Daraufhin betraut G den Gerichtsvollzieher GV mit der Durchführung der Zwangsvollstreckung. GV konnte S bislang nicht antreffen. Eines Abends sieht G den S zufällig in einer Kneipe. Da G befürchtet, sein Geld nie zu bekommen, entreißt er S dessen Portemonnaie und entnimmt „als Anzahlung" mit einem 50 Euro-Schein die einzige Banknote, die er finden kann. Ist das Vorgehen des G gerechtfertigt? 3

In Betracht kommt eine Rechtfertigung des G nach den Grundsätzen der Selbsthilfe (§§ 229, 230 BGB). § 229 BGB setzt voraus, dass G zur Verwirklichung des Anspruchs obrigkeitliche Hilfe nicht rechtzeitig erlangen konnte. Grundsätzlich ist einem Gläubiger der Weg der staatlichen Vollstreckung zumutbar. Das gilt nur dann nicht, wenn staatliche Hilfe zu spät käme. Dafür ist hier nichts ersichtlich, insbesondere droht nicht, dass S sich ins Ausland absetzt und sich damit der Vollstreckung entzieht. Es fehlt daher an einer Voraussetzung des § 229 BGB. Das Vorgehen des G ist nicht gerechtfertigt und verstößt daher gegen § 823 Abs. 1 BGB und § 242 StGB.

Der private Gläubiger ist daher darauf angewiesen, dass der Staat ein Verfahren bereitstellt, innerhalb dessen er seine Rechte mit Hilfe des Staates durchsetzen kann. Dieses Verfahren ist das Vollstreckungsverfahren. Ferner muss der Einzelne das Recht haben, das Verfahren in Anspruch zu nehmen. Der damit angesprochene **Vollstreckungsanspruch** und das Zwangsmonopol sind Ausprägungen des Justizgewährungsanspruchs und des Justizmonopols (*Pohlmann* ZivilProzR Rn. 3 f.). 4

5 Ebenso wie der Zivilprozess (vgl. dazu *Pohlmann* ZivilProzR Rn. 5) bezweckt das Vollstreckungsverfahren die **Durchsetzung subjektiver Privatrechte**. Allerdings werden weitere Zwecke verfolgt: Es sollen Rechtssicherheit und Rechtsfrieden geschaffen und die Rechtsordnung bewahrt werden (vgl. auch *Baur/Stürner/Bruns* Rn. 1.2). Insofern decken sich die Zwecke des Zivilprozesses und der Zwangsvollstreckung.

6 Vollstreckt werden können nur **Leistungsansprüche**. Das wird deutlich, wenn man sich die Klagearten des Zivilprozesses in Erinnerung ruft (vgl. dazu *Pohlmann* ZivilProzR Rn. 141–158). Neben der Leistungsklage gibt es die Feststellungsklage und die Gestaltungsklage. Beide bedürfen, abgesehen von den Kosten, keiner Vollstreckung: Ein feststellendes Urteil wirkt kraft seines feststellenden Inhalts, ein gestaltendes kraft seiner Gestaltungswirkung. Als vollstreckungsbedürftige Leistungsansprüche kommen Ansprüche auf Tun, Dulden oder Unterlassen in Betracht (vgl. §194 Abs. 1 BGB).

7 Auch die **Sicherung von Ansprüchen** ist der Zwangsvollstreckung zuzuordnen: Das achte Buch der ZPO sieht Arrest (§§916ff. ZPO) und einstweilige Verfügung (§§935ff. ZPO), den sog. einstweiligen Rechtsschutz, vor. Er steht zur Verfügung, wenn ein normales Gerichtsverfahren zu lange dauern würde, um den Anspruch des Gläubigers durchzusetzen. Man ermöglicht dem Gläubiger, in einem abgekürzten Verfahren seinen Anspruch geltend zu machen und diesen „einstweilig", also bis der Hauptprozess durchgeführt wurde, zu sichern. Damit dient der einstweilige Rechtsschutz dazu, eine **spätere Vollstreckung** aus der Entscheidung im Hauptsacheverfahren **zu ermöglichen**. Daraus ergibt sich der Zusammenhang zur Zwangsvollstreckung.

8 **Beispiel:** G hat von S einen Oldtimer gekauft. Dieser ist G noch nicht übergeben und übereignet worden. G erfährt, dass S den PKW nun auch noch D zum Kauf angeboten hat. Allein mit einer auf §433 Abs. 1 S. 1 BGB gestützten Klage wäre G nicht gedient, weil jederzeit mit einer Übereignung des Oldtimers durch S an D zu rechnen ist. Zur Sicherung ihres Anspruchs hat G die Möglichkeit, eine einstweilige Verfügung nach §935 ZPO (Sicherungsverfügung) gegen S zu erwirken. Denkbar ist etwa, dass das Gericht bis zur Entscheidung in der Hauptsache die Sicherstellung und Verwahrung des Oldtimers durch einen GV anordnet (vgl. MüKoZPO/*Drescher* §938 Rn. 36) oder S die Verfügung über den Oldtimer untersagt (vgl. §938 Abs. 1 und 2 ZPO). Im Falle eines gerichtlichen Verfügungsverbots wäre eine Verfügung des S über den Oldtimer der G gegenüber unwirksam, §§136, 135 Abs. 1 S. 1 BGB. Da nach §135 Abs. 2 BGB die §§932ff. BGB entsprechend gelten, müsste G dem D aber vorsichtshalber eine Abschrift der einstweiligen Verfügung zukommen lassen, um einen gutgläubigen Erwerb durch D auszuschließen (vgl. im Einzelnen → Rn. 782ff.).

II. Rechtsquellen des Zwangsvollstreckungsrechts

Das Zwangsvolltreckungsrecht ist die Gesamtheit von Vorschriften über das staatliche Verfahren zur zwangsweisen Durchsetzung und Sicherung privatrechtlicher Leistungsansprüche. Die wichtigste Rechtsquelle des Zwangsvollstreckungsrechts ist das **achte Buch der ZPO (§§ 704–959)**. Auch die Vorschriften der ersten drei Bücher der ZPO spielen eine Rolle, so hinsichtlich der allgemeinen Verfahrensvoraussetzungen oder im Falle von Rechtsmitteln oder Rechtsbehelfen, soweit diese nicht abschließend im achten Buch geregelt sind. **9**

Die Zwangsvollstreckung in das unbewegliche Vermögen durch Zwangsversteigerung und Zwangsverwaltung ist im **ZVG** geregelt. § 869 ZPO macht deutlich, dass das ZVG als Teil der ZPO zu betrachten ist. Ihre Regeln kommen zur Anwendung, wenn und soweit das ZVG keine Spezialregelung enthält (vgl. *Mugdan,* Die gesammelten Materialien zu den Reichs-Justizgesetzen, 5. Band, S. 34). **10**

Das **AnfG** dient dazu, das dem Gläubiger haftende Vermögen zu vergrößern. Es erlaubt ihm, auf Gegenstände zuzugreifen, die der Schuldner in einer ihn benachteiligenden Weise weitergegeben hat (→ Rn. 234 ff.). **11**

Die Vollstreckung in Familiensachen und in Angelegenheiten der freiwilligen Gerichtsbarkeit ist in den **§§ 86 ff. FamFG** geregelt. Gemäß § 95 FamFG richtet sich die Vollstreckung jedoch auch in den meisten Vollstreckungsfällen des FamFG nach dem achten Buch der ZPO. **12**

Die Vorschriften über die Zwangsvollstreckung nach der ZPO erlangen durch **Verweisungen** auch in den anderen Gerichtszweigen Bedeutung (vgl. § 62 Abs. 2 ArbGG, § 167 Abs. 1 S. 1 VwGO, § 198 Abs. 1 SGG, § 151 Abs. 1 FGO). **13**

Für die Tätigkeit der Gerichtsvollzieher gelten die in allen Bundesländern einheitlich erlassene Gerichtsvollzieherordnung (**GVO**) und die Gerichtsvollziehergeschäftsanweisung (**GVGA**). **14**

Neben den nationalen Rechtsquellen hat das **Europarecht** Einfluss auf den Zivilprozess und die Vollstreckung. Allen voran ist die **EuGVVO** (Verordnung (EU) Nr. 1215/2012) zu nennen, auch als „Brüssel Ia-VO" bezeichnet. Sie betrifft die gerichtliche Zuständigkeit sowie die Anerkennung und Vollstreckung von Entscheidungen in Zivil- und Handelssachen. Die Vollstreckung von Urteilen aus anderen Mitgliedsstaaten wird erleichtert, Art. 39 EuGVVO. Nähere Details finden sich im Anerkennungs- und Vollstreckungsausführungsgesetz (**AVAG**) sowie in den §§ 1110–1117 ZPO. Mit der EuGVVO weitgehend identische Regeln enthält das **Lugano-Übereinkommen** („LugÜ"). Es ist auf Staaten anwendbar, die nicht durch die EuGVVO gebunden sind, derzeit die Schweiz, Norwegen, Island und Dänemark. **15**

Die **EuBagatellVO** (Verordnung (EG) Nr. 861/2007) gilt für grenzüberschreitende Rechtssachen in Zivil- und Handelssachen, wenn der Streitwert **16** der Klage ohne Zinsen, Kosten und Auslagen zum Zeitpunkt des Eingangs beim zuständigen Gericht 2.000 Euro nicht überschreitet. Ziel ist es, derartige Verfahren zu vereinfachen und zu beschleunigen. In Deutschland ist das Verfahren für geringfügige Forderungen nach der EuBagatellVO in den §§ 1097–1109 ZPO geregelt.

17 In Ehesachen und Verfahren betreffend die elterliche Verantwortung ist die **EuEheVO** (Verordnung (EG) Nr. 2201/2003 – „Brüssel IIa-VO") zu beachten, die unter anderem regelt, dass in einem Mitgliedstaat ergangene Entscheidungen in den genannten Verfahren in anderen Mitgliedstaaten vollstreckt werden können, wenn sie dort auf Antrag einer Partei für vollstreckbar erklärt wurden.

18 Die **EuVTVO** (Verordnung (EG) Nr. 805/2004) hat den europäischen Vollstreckungstitel eingeführt. Entscheidungen, Vergleiche und öffentliche Urkunden können ohne Vollstreckbarerklärung vollstreckt werden. Voraussetzung ist eine Bestätigung des Entscheidungsstaates, dass die Entscheidung ein europäischer Vollstreckungstitel ist. In den §§ 1079 ff. regelt die ZPO die Bestätigung inländischer Titel als Europäische Vollstreckungstitel sowie das Verfahren der Zwangsvollstreckung aus Europäischen Vollstreckungstiteln im Inland.

19 Die **Richtlinie 2003/8/EG** soll den Zugang zum Recht bei Streitsachen mit grenzüberschreitendem Bezug verbessern. Sie legt Mindestvorschriften für die **Prozesskostenhilfe** in solchen Streitsachen fest. Sie gilt auch für die Zwangsvollstreckung. Die §§ 1076–1078 ZPO setzen die Richtlinie um.

20 Mit der **Zwangsvollstreckung aus ausländischen Urteilen** befassen sich auch die §§ 722, 723 ZPO. Die soeben skizzierten europarechtlichen Vorgaben sowie die nationalen Umsetzungsvorschriften sind jedoch vorrangig. Gleiches gilt für das LugÜ. Bedeutsam werden die §§ 722, 723 ZPO bei der Vollstreckung von Urteilen ausländischer Staaten, die nicht der EU angehören und nicht dem LugÜ unterfallen.

III. Öffentliches Recht oder Privatrecht

21 Öffentliches Recht und Privatrecht werden üblicherweise nach der modifizierten Subjekttheorie abgegrenzt. Danach ist eine Norm öffentlich-rechtlich, wenn zumindest eines ihrer Zuordnungssubjekte – also Verpflichteter oder Berechtigter – zwingend ein Hoheitsträger in seiner Eigenschaft als solcher ist (vgl. etwa MüKoBGB/*Säcker* Einl. zum BGB AT Rn. 3; *Maurer* AllgVerwR § 3 Rn. 13). Ebenfalls weit verbreitet ist die Subordinationstheorie. Danach sind solche Normen öffentlich-rechtlich, die ein Verhältnis der Über- bzw. Unterordnung zum Gegenstand haben (vgl. dazu etwa Schoch/Schneider/Bier/*Ehlers/Schneider* VwGO § 40 Rn. 221 f.).

Die meisten Regeln des Zwangsvollstreckungsrechts richten sich an **Hoheitsträger** in ihrer Eigenschaft als solche, insbesondere an die Vollstreckungsorgane. Zudem ist das Verhältnis der Beteiligten und betroffener Dritter zum Vollstreckungsorgan durch ein Verhältnis der **Unterordnung** gekennzeichnet, ebenso wie das Verhältnis der Parteien, Zeugen und Sachverständigen zum Gericht in den vollstreckungsrechtlichen Klagen (zB § 771 ZPO). Die meisten Vorschriften des Vollstreckungsrechts sind daher **dem öffentlichen Recht** zuzuordnen. Nur vereinzelte Normen sind **privatrechtlicher Natur**, zB die Schadensersatzansprüche nach den §§ 717 Abs. 2, 945 ZPO. 22

IV. Abgrenzung des Zwangsvollstreckungsverfahrens

Das Zwangsvollstreckungsverfahren ist vom **Erkenntnisverfahren** zu unterscheiden. In Letzterem wird geklärt, ob dem Gläubiger eine bestimmte Rechtsposition zusteht („für Recht erkennen"). So wird etwa der Schuldner im Zivilprozess verurteilt, an den Gläubiger eine bestimmte Summe zu zahlen. Im Zwangsvollstreckungsverfahren wird diese Rechtsposition dann durchgesetzt. Es wird auf das Vermögen des verurteilten Schuldners zugegriffen, um den Gläubiger aus diesem Vermögen zu befriedigen. 23

Erkenntnis- und Vollstreckungsverfahren finden nicht notwendigerweise nacheinander statt. Zwar wird häufig ein Zivilprozess durchgeführt und beendet, bevor die Zwangsvollstreckung beginnt, zwingend ist das aber nicht. So kann, während in einem Zivilprozess noch über ein Rechtsmittel zu entscheiden ist, idR **gleichzeitig** aus der erstinstanzlichen Entscheidung vollstreckt werden (§§ 708 ff. ZPO; → Rn. 85 ff.). Auch kann **ohne Erkenntnisverfahren** vollstreckt werden, wenn andere Vollstreckungstitel vorliegen, zB vollstreckbare Urkunden iSv § 794 Abs. 1 Nr. 5 ZPO (→ Rn. 95 ff.). Umgekehrt gibt es auch Erkenntnisverfahren, an die sich **kein Vollstreckungsverfahren** anschließt, zB wenn der Schuldner freiwillig leistet oder ein Urteil keinen vollstreckbaren Inhalt hat wie etwa ein Feststellungsurteil. 24

Zudem ist die Zwangsvollstreckung iSd **Einzelvollstreckung** durch einen Gläubiger von der **Gesamtvollstreckung** für sämtliche Gläubiger eines Schuldners zu unterscheiden. Letztere findet im Insolvenzverfahren statt und richtet sich nach der InsO (→ Rn. 840 ff.). In der Einzelvollstreckung setzt der Einzelne individuell sein Recht durch. Wie er bei einer Konkurrenz mehrerer einzelner Gläubiger dasteht, regelt § 804 Abs. 3 ZPO. Danach gilt das aus dem Sachenrecht bekannte **Prioritätsprinzip**: Wer als Erster vollstreckt, erlangt ein vorrangiges Pfändungspfandrecht und ist damit auch vorrangig am Erlös beteiligt. In der Gesamtvollstreckung dagegen wird das gesamte Vermögen des Insolvenzschuldners auf die Gläubiger verteilt, die grds. gleich behandelt werden (vgl. MüKoInsO/*Stürner* Einl. 25

Rn. 1). Sobald das Insolvenzverfahren eröffnet ist (zu den Eröffnungsgründen → Rn. 874ff.), scheidet eine Einzelvollstreckung nach dem achten Buch der ZPO grds. aus, vgl. §89 Abs. 1 InsO.

V. Sachnähe zum Privatrecht

26 Das Zwangsvollstreckungsrecht hat mehr **Verbindungen zum materiellen Recht** als das Recht des Erkenntnisverfahrens. In der Zwangsvollstreckung sollen die dem Gläubiger zugesprochenen Ansprüche durchgesetzt werden. Es müssen also die materiellen Verfügungsformen, etwa die Übereignung eines Gegenstandes, die Abtretung einer Forderung oder die Zahlung einer Geldsumme, in diesem Verfahren herbeigeführt werden. Ohne ein genaues Verständnis von der materiellen Verfügungsform lässt sich die passende Vollstreckungsart nicht ermitteln. Soll etwa eine bewegliche Sache übereignet werden, folgt aus §929 S. 1 BGB, dass eine dingliche Einigung zu erklären und der Gegenstand zu übergeben ist. Es muss also im Vollstreckungsrecht auf die Abgabe einer Willenserklärung ebenso hingewirkt werden wie auf die tatsächliche Verschaffung des Besitzes. Soll eine Geldsumme gezahlt werden, erfolgt der Zugriff auf das Vermögen des Schuldners mittels Pfändung, die einer materiell-rechtlichen Verpfändung ähnelt. Insgesamt spielen daher Bezüge zum Sachenrecht eine besonders große Rolle.

VI. Überblick über die Arten der Zwangsvollstreckung

27

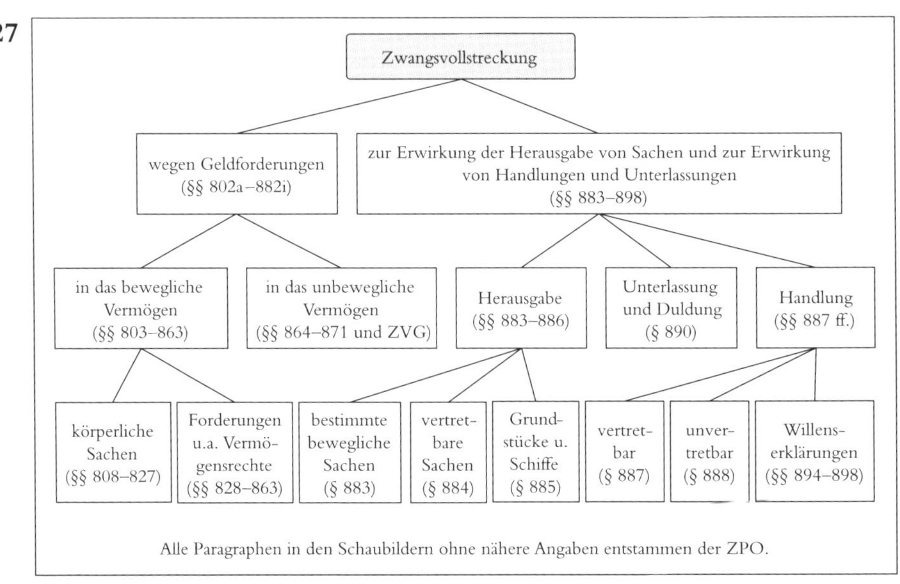

Alle Paragraphen in den Schaubildern ohne nähere Angaben entstammen der ZPO.

Welche Arten der Zwangsvollstreckung die ZPO kennt, ergibt sich aus der Gliederung der ZPO und der näheren Lektüre der einschlägigen Kernvorschriften. Das achte Buch der ZPO beginnt mit allgemeinen Vorschriften (§§ 704–802 ZPO). Es folgt ein langer Abschnitt, der der Zwangsvollstreckung wegen Geldforderungen gewidmet ist (§§ 802a-882i ZPO), gefolgt von Regeln über die Zwangsvollstreckung zur Erwirkung der Herausgabe von Sachen und zur Erwirkung von Handlungen und Unterlassungen (§§ 883–898 ZPO). Der letztgenannte Abschnitt umfasst die Durchsetzung von Ansprüchen auf Herausgabe, auf Abgabe einer Willenserklärung, auf Vornahme einer vertretbaren oder unvertretbaren Handlung oder auf Duldung oder Unterlassung. Will man die einschlägige Art der Zwangsvollstreckung herausfinden, muss man also zunächst nach dem **Inhalt des zu vollstreckenden Anspruchs** fragen. Im Rahmen der Zwangsvollstreckung wegen Geldforderungen ist dann weiter nach dem **Gegenstand der Vollstreckung** zu differenzieren, also danach, auf welche Vermögensgegenstände zugegriffen werden soll. Der Gläubiger kann in das bewegliche (§§ 803–863 ZPO) und in das unbewegliche (§§ 864–871 ZPO iVm ZVG) Vermögen vollstrecken. Bei der Vollstreckung in das bewegliche Vermögen ist weiter zu unterscheiden zwischen der Vollstreckung in körperliche Sachen (§§ 804–827 ZPO), in Forderungen (§§ 828–856 ZPO) und in andere Vermögensrechte (§§ 857–863 ZPO). 28

VII. Beteiligte und Vollstreckungsorgane

An einem Zwangsvollstreckungsverfahren sind der Vollstreckungsgläubiger, der Vollstreckungsschuldner sowie ein Vollstreckungsorgan beteiligt. Zudem können Dritte betroffen sein. 29

1. Vollstreckungsgläubiger und Vollstreckungsschuldner

Zwangsvollstreckungsgläubiger (im Folgenden: Gläubiger) ist, wer die Zwangsvollstreckung betreibt, Zwangsvollstreckungsschuldner (im Folgenden: Schuldner) ist derjenige, gegen den sich die Vollstreckung richtet. In der Regel sind Gläubiger und Schuldner mit den Parteien des zumeist, nicht aber zwingend vorausgehenden (→ Rn. 23 ff.) Erkenntnisverfahrens identisch. Ausnahmen sind in den Fällen der Rechtsnachfolge (§§ 727 ff. ZPO) möglich. 30

2. Dritte

31 Dritte können vom Vollstreckungsverfahren betroffen sein, wenn die Vollstreckung in ihre Rechtspositionen eingreift. So ist von der Vollstreckung in eine Forderung des Schuldners der Drittschuldner betroffen (→ Rn. 347 ff.). Die Vollstreckung kann sich auch auf Sachen beziehen, die im Gewahrsam oder Eigentum eines Dritten stehen. Von besonderer Relevanz sind dann Rechtsbehelfe, mit denen sich der Dritte gegen Vollstreckungsmaßnahmen wehren kann.

32 **Beispielsfall:** Gerichtsvollzieherin GV pfändet auf Antrag des G ein Gemälde in den Geschäftsräumen des S. Das Gemälde gehört E, der es S geliehen hat. Was kann E tun?

E ist von der Vollstreckungsmaßnahme betroffen, da nach der Pfändung auch die Verwertung des Bildes (§§ 814 ff. ZPO) droht. Dazu kann es kommen, weil die im Gewahrsam des Schuldners befindlichen Sachen nach § 808 Abs. 1 ZPO gepfändet werden dürfen. Ist der äußere Tatbestand des Gewahrsams erfüllt, muss GV die Eigentumsverhältnisse grds. nicht prüfen (**Formalisierung der Zwangsvollstreckung**; → Rn. 47). E kann sich aber gegen die Pfändung seines Bildes wehren, hier im Wege der Drittwiderspruchsklage nach § 771 ZPO (→ Rn. 662 ff.).

3. Vollstreckungsorgane

33 Am Vollstreckungsverfahren ist aufgrund des Zwangsmonopols des Staates zwingend ein staatliches Vollstreckungsorgan beteiligt. Die ZPO kennt vier Vollstreckungsorgane, in deren Zuständigkeit sich die gesetzliche Systematik des Zwangsvollstreckungsrechts (→ Rn. 27 f.) widerspiegelt: den Gerichtsvollzieher, das Vollstreckungsgericht, das Prozessgericht sowie das Grundbuchamt.

34

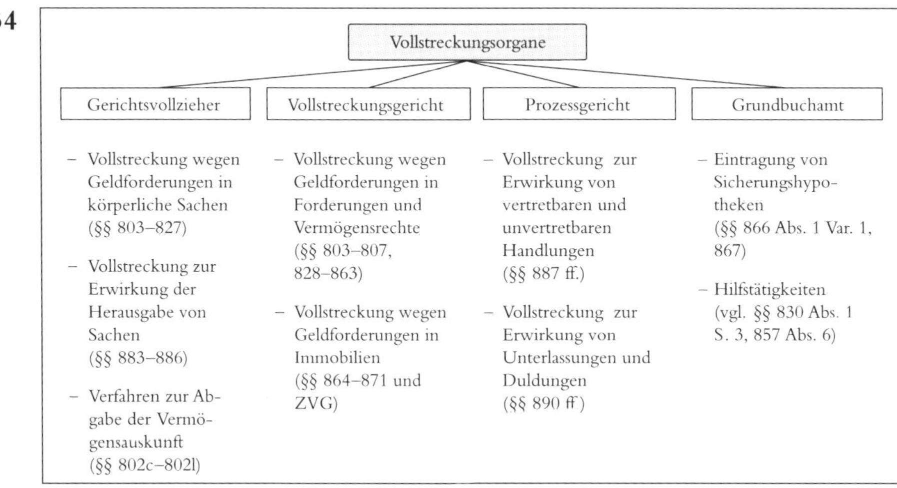

a) Der Gerichtsvollzieher

Der Gerichtsvollzieher ist zuständig, wenn die Zwangsvollstreckung nicht den Gerichten zugewiesen ist (§753 Abs. 1 ZPO). Das Gesetz weist dem Gerichtsvollzieher Befugnisse vor allem im Zusammenhang mit solchen Maßnahmen zu, bei denen ein tatsächlicher Sachzugriff erfolgt und **unmittelbarer Zwang** notwendig werden kann, um Widerstand zu überwinden, wie etwa bei der Pfändung oder Wegnahme von Sachen. Der Gerichtsvollzieher ist zuständig für die Vollstreckung in das bewegliche Vermögen wegen Geldforderungen, die Vollstreckung von Herausgabeansprüchen sowie das Verfahren auf Abgabe der Vermögensauskunft. §802a ZPO lassen sich weitere, nicht abschließende Befugnisse des Gerichtsvollziehers entnehmen. 35

Gerichtsvollzieher sind Beamte (vgl. §154 GVG). Ihre Rechtsstellung wird durch die §§154f. GVG, §§802a, 802b ZPO und die Beamtengesetze ausgestaltet. Zudem haben die Landesjustizverwaltungen bundeseinheitlich die Gerichtsvollzieherordnung (GVO) und die Geschäftsanweisung für Gerichtsvollzieher beschlossen (GVGA). Sie regeln im Einzelnen, wie der Gerichtsvollzieher zu verfahren hat. Diese Regelungen sind Verwaltungsvorschriften, die keine Außenwirkung haben und damit keine materiellen Gesetze darstellen (Kritik daher bei *Schwörer* DGVZ 2010, 73 (74)). Der Gerichtsvollzieher muss sie aber als seine Amtspflichten beachten (vgl. §1 S. 4 GVGA), so dass bei Verstößen ein Amtshaftungsanspruch nach Art. 34 GG, §839 BGB in Betracht kommt (vgl. *Baur/Stürner/Bruns* Rn. 8.4). 36

b) Das Vollstreckungsgericht

Vollstreckungsgericht ist grds. das Amtsgericht, in dessen Bezirk das Vollstreckungsverfahren stattfinden soll oder stattgefunden hat (§764 Abs. 2 ZPO). In seinen Zuständigkeitsbereich fällt die Durchsetzung von Geldforderungen durch Vollstreckung in Geldforderungen (§§828ff. ZPO) und in Immobilien (§§864ff. ZPO) des Schuldners, mit Ausnahme der Eintragung einer Zwangshypothek, die dem Grundbuchamt obliegt (§§866 Abs. 1 Var. 1, 867 ZPO). Die Zuständigkeiten des Vollstreckungsgerichts sind zwischen dem Richter und dem Rechtspfleger aufgeteilt (vgl. §§3 Nr. 3 lit. a, 20 Nr. 17 RPflG). Grundsätzlich wird der Rechtspfleger für das Vollstreckungsgericht tätig. Etwas anderes gilt in den Fällen des §20 Nr. 17 S. 2 RPflG, insbesondere also für Entscheidungen nach §766 ZPO. 37

Bei einem Rechtspfleger handelt es sich um einen Beamten des gehobenen Justizdienstes (vgl. §2 RPflG). Er ist nach §9 RPflG sachlich unabhängig und nur an Recht und Gesetz gebunden (vgl. im Einzelnen *Speckbrock* Ad Legendum 2012, 315ff.). 38

c) Das Prozessgericht

39 Das Prozessgericht des ersten Rechtszuges ist zuständig, soweit es um die Durchsetzung von Ansprüchen auf vertretbare oder unvertretbare Handlungen, auf Duldung oder auf Unterlassung geht (§§ 887 f., 890 ZPO). So kann das Prozessgericht den Schuldner bspw. durch Verhängung eines Zwangsgeldes zur Vornahme von unvertretbaren Handlungen anhalten (→ Rn. 450 ff.). Prozessgericht des ersten Rechtszuges ist das Gericht, das den zu vollstreckenden Titel in erster Instanz erlassen hat. Für das Gericht wird der Richter (Amts- oder Arbeitsgericht) oder die jeweilige Kammer (Landgericht) tätig.

d) Das Grundbuchamt

40 Sofern der Vollstreckungsgläubiger wegen einer Geldforderung die Zwangsvollstreckung in ein Grundstück durch Eintragung einer Sicherungshypothek betreibt (§§ 866 Abs. 1 Var. 1, 867 ZPO), ist das Grundbuchamt zuständig. Es nimmt im Vollstreckungsverfahren auch Hilfstätigkeiten wahr (vgl. §§ 830 Abs. 1 S. 3, 857 Abs. 6 ZPO).

VIII. Rechtsverhältnisse zwischen den Beteiligten

41 Während des Vollstreckungsverfahrens bestehen zwischen den Beteiligten und den Vollstreckungsorganen rechtliche Beziehungen. Unterschieden werden können das Verhältnis zwischen Gläubiger und Organ (**Antragsverhältnis**), das Verhältnis zwischen Organ und Schuldner (**Eingriffsverhältnis**) sowie das Verhältnis zwischen Gläubiger und Schuldner (**Vollstreckungsverhältnis**). Diese Verhältnisse werden in begrifflicher Anlehnung an das während des Erkenntnisverfahrens bestehende Prozessrechtsverhältnis
42 (dazu *Rosenberg/Schwab/Gottwald* ZivilProzR § 2) unter dem Begriff **Vollstreckungsrechtsverhältnis** zusammengefasst (vgl. etwa *Baur/Stürner/Bruns* Rn. 5.5; *Gaul/Schilken/Becker-Eberhard* § 8 Rn. 1 ff.).

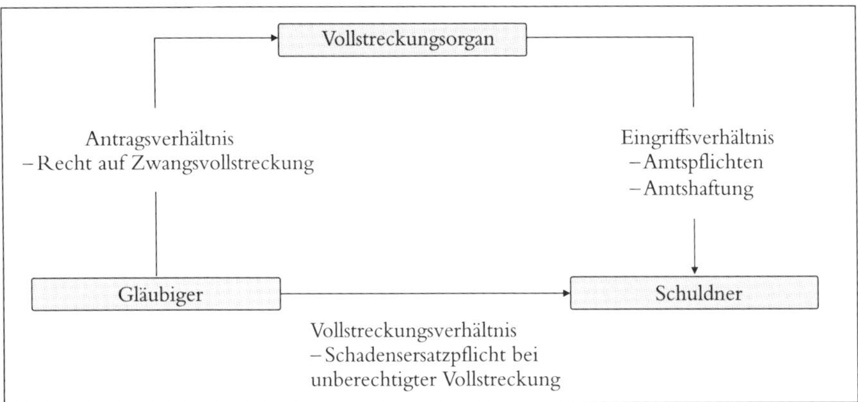

1. Das Antragsverhältnis

Die Zwangsvollstreckung wird nicht von Amts wegen, sondern auf **Antrag** des Gläubigers (vgl. §§753, 802a, 866 Abs. 2, 887–890 ZPO; §15 ZVG) eingeleitet. Das Verhältnis zwischen Gläubiger und Vollstreckungsorgan wird daher Antragsverhältnis genannt. Es handelt sich um ein **öffentlich-rechtliches Verhältnis**. Das gilt auch für das Verhältnis zum Gerichtsvollzieher, obwohl das Gesetz in §§753 Abs. 1, 766 Abs. 2 ZPO missverständlich von einem „Auftrag" spricht (RGZ 82, 85 (86ff.); BGH NJW 2011, 2149 (2150); *Baur/Stürner/Bruns* Rn. 8.5; *Brox/Walker* Rn. 12). Der Gerichtsvollzieher ist daher **weder Vertreter noch Erfüllungs- oder Verrichtungsgehilfe** des Gläubigers. Für etwaige Pflichtverletzungen des Gerichtsvollziehers haftet nicht der Gläubiger, sondern unter den Voraussetzungen der Art. 34 GG, §839 BGB der Staat (Musielak/Voit/*Lackmann* ZPO §765 Rn. 3). 43

Beispielsfall: G beauftragt Gerichtsvollzieher GV mit der Pfändung einer der S gehörenden Ming-Vase. GV lässt die Vase aus Unachtsamkeit fallen. S verlangt von G Schadensersatz. Zu Recht? 44

Eine Haftung des G nach §§280 Abs. 1, 278 BGB scheidet aus. GV ist nicht Erfüllungsgehilfe des G, weil er nur seine eigenen Amtspflichten erfüllt. Er ist auch nicht gesetzlicher Vertreter des G, denn er handelt nicht in dessen Namen, sondern für den Staat. Ein deliktischer Anspruch nach §831 Abs. 1 BGB scheitert daran, dass GV nicht den Weisungen des G unterworfen und daher nicht sein Verrichtungsgehilfe ist.

2. Das Eingriffsverhältnis

Vollstreckungsmaßnahmen stellen einen Eingriff in die grundrechtlich geschützte Sphäre (insbesondere Art. 2 Abs. 2 S. 2, 13, 14 GG) des Schuldners dar. Das Verhältnis zwischen Vollstreckungsorgan und Schuldner wird daher als Eingriffsverhältnis bezeichnet. Auch dieses ist **öffentlich-rechtlicher Natur**. 45

Angesichts der **Grundrechtsrelevanz** hoheitlicher Vollstreckungsakte ist der **Gesetzmäßigkeitsgrundsatz** zu beachten (*Baur/Stürner/Bruns* Rn. 5.10). Vollstreckungsmaßnahmen sind nur zulässig, wenn und soweit das Verfahrensrecht sie gestattet. Verstößen gegen verfahrensrechtliche Vorschriften kann der Schuldner mit speziellen Rechtsbehelfen, vor allem der Erinnerung nach §766 ZPO begegnen (→ Rn. 512ff.). Bei schuldhaften Pflichtverletzungen der Vollstreckungsorgane kommt ein Amtshaftungsanspruch (Art. 34 GG, §839 BGB) in Betracht. 46

Die Eingriffsvoraussetzungen sind im Interesse eines wirksamen Vollstreckungsverfahrens stark **formalisiert**. So haben die Vollstreckungsorgane grds. weder die Pflicht noch das Recht, zu überprüfen, ob ein Vollstreckungsakt der materiellen Rechtslage zuwiderläuft (**Grundsatz der Formalisierung der Zwangsvollstreckung**). Jedoch können materielle 47

Einwendungen im Wege spezieller Klagen, allen voran der Vollstreckungsgegenklage (§767 ZPO) und der Drittwiderspruchsklage (§771 ZPO), vorgebracht werden.

48 Vor dem Hintergrund der Grundrechtsrelevanz von Vollstreckungsmaßnahmen sowie des **Sozialstaatsprinzips** (Art. 20, 28 GG) muss das Verfahrensrecht auch jenseits des Gesetzmäßigkeitsgrundsatzes auf die Interessen des Schuldners Rücksicht nehmen. So verbietet bspw. §811 ZPO die Pfändung bestimmter Gegenstände, die der Schuldner für eine bescheidene Lebensführung sowie seine Erwerbstätigkeit benötigt. Auch sind bei der Auslegung unbestimmter Rechtsbegriffe des Verfahrensrechts die Grundrechte des Schuldners zu berücksichtigen.

49 Das Zwangsvollstreckungsrecht dient aber primär den Interessen des Gläubigers und darf nicht als „Schuldnerschutzrecht" missverstanden werden. Die effektive Durchsetzung des Gläubigeranspruchs ist im Hinblick auf die Eigentumsgarantie (Art. 14 Abs. 1 GG) sowie das Grundrecht auf effektiven Rechtsschutz ebenfalls verfassungsrechtlich geboten (vgl. MüKoZPO/*Gruber* §811 Rn. 3). Für das Vollstreckungsverfahren sind damit **Grundrechtskollisionen** typisch (*Lippross/Bittmann* Einführung Rn. 14).

50 **Beispielsfall** (nach BVerfGE 52, 214 = NJW 1979, 2607 und BGH NJW 2005, 1859): S wurde rechtskräftig zur Räumung einer Mietwohnung verurteilt. Da S die Wohnung nicht räumt, beauftragt Vermieter G, der die Wohnung schnell wieder vermieten möchte, den Gerichtsvollzieher GV mit der Zwangsräumung. S leidet seit einigen Jahren an einer Depression und wurde aufgrund mehrerer Selbstmordversuche wiederholt stationär behandelt. Bei einer Zwangsräumung ist mit akuter Lebensgefahr zu rechnen, der nur durch eine Unterbringung des S in der Psychiatrie und eine erneute Therapie des S begegnet werden könnte. Kann S etwas gegen die Zwangsräumung unternehmen?

In Betracht kommt ein Antrag des S nach §765a ZPO (vgl. dazu noch → Rn. 749ff.). Danach kann das Vollstreckungsgericht eine Maßnahme der Zwangsvollstreckung aufheben, untersagen oder einstweilen einstellen, wenn die Maßnahme unter voller Würdigung des Schutzbedürfnisses des Gläubigers wegen ganz besonderer Umstände eine Härte bedeutet, die mit den guten Sitten unvereinbar ist (§765a Abs. 1 S. 1 ZPO). Bei der Auslegung von §765a ZPO sind zugunsten des Schuldners die **Wertentscheidungen des Grundgesetzes** sowie die Grundrechte des Schuldners zu berücksichtigen (BVerfG NJW 1979, 2607). Zu würdigen sind freilich auch die **Grundrechte des Gläubigers**, insbesondere das Grundrecht auf (wirksamen) Schutz des Eigentums (Art. 14 Abs. 1, 19 Abs. 4 GG). Derartige **Grundrechtskollisionen** müssen im Wege **praktischer Konkordanz** *(Konrad Hesse)* aufgelöst werden. Bedroht die Vollstreckungsmaßnahme die Rechtsgüter Leben und körperliche Unversehrtheit (Art. 2 Abs. 2 S. 1 GG), liegt eine sittenwidrige Härte nahe (vgl. allgemein Musielak/Voit/*Lackmann* ZPO §765a Rn. 7). Doch auch in diesen Fällen ist eine **sorgfältige Abwägung** unter Berücksichtigung der Interessen des Gläubigers geboten. Insbesondere dürfen dem Gläubiger nicht Aufgaben überbürdet werden, deren Erfüllung im Hinblick auf das Sozialstaatsprinzip der Allgemeinheit obliegt (BGH NJW 2005, 1859 (1860) mwN). Insoweit ist auch bei akuter Suizidgefahr zu prüfen, ob nicht andere Möglichkeiten als die (vorübergehende) Einstellung der Zwangsvollstreckung bestehen, um die Gefahr für Leib oder Leben abzuwenden. In Betracht kommt etwa die Unterbringung des Suizidgefährdeten, zB nach den Vorschriften des NWPsychKG (BGH NJW 2005, 1859 (1860) mwN). Zudem ist von S zu erwarten, dass er alles ihm Zumutbare unternimmt, um die für ihn mit der Vollstreckung einhergehenden Risiken zu verringern, also etwa ärztliche Hilfe zu suchen (BGH NJW 2005, 1859 (1860) mwN). Ist dagegen die Suizidgefahr keiner Änderung zum Besseren zugänglich und würde eine Unterbringung diese Gefahr erhöhen, kann es geboten sein, Vollstreckungsschutz auf Dauer zu gewähren (BVerfG NJW 2016, 3090 (3091)). Da der Suizidgefahr hier durch eine Unterbringung des S in der Psychiatrie sowie eine Therapie begegnet werden kann, dürften die Interessen des G die Interessen des S an dem Verbleib in der Wohnung überwiegen. Eine Einstellung der Zwangsvollstreckung scheidet mithin aus (vgl. ausführlich *Schuschke* NZM 2015, 233ff.).

3. Das Vollstreckungsverhältnis

Die rechtlichen Beziehungen zwischen Gläubiger und Schuldner während **51** des Vollstreckungsverfahrens werden **Vollstreckungsverhältnis** genannt. Dabei handelt es sich um ein Rechtsverhältnis eigener Art, das nicht mit den materiellen Rechtsbeziehungen zwischen Gläubiger und Schuldner identisch ist (wie hier *Gaul/Schilken/Becker-Eberhard* §8 Rn. 16; anders zB *Gerhardt* §2 I 3). Es kann als dogmatische Grundlage gesetzlicher Pflichten zwischen Gläubiger und Schuldner eingeordnet werden, so bspw. der Schadensersatzpflicht des Gläubigers nach §717 Abs. 2 ZPO (*Gaul/Schilken/Becker-Eberhard* §8 Rn. 19).

Ob aus dem Vollstreckungsverhältnis über die gesetzlich ausdrücklich nor- **52** mierten Pflichten hinaus Schutz- und Rücksichtnahmepflichten zwischen Gläubiger und Schuldner oder zwischen Gläubiger und Drittbetroffenen abgeleitet werden können, ist umstritten. Das überwiegende Schrifttum verneint dies (vgl. zB *Gaul/Schilken/Becker-Eberhard* §8 Rn. 26; *Gerhardt* §2 I 3). Der BGH hat demgegenüber auf der Grundlage einer **gesetzlichen Sonderbeziehung privatrechtlicher Art** Schutz- und Rücksichtnahmepflichten des Gläubigers sowohl gegenüber dem Schuldner als auch gegenüber solchen Dritten befürwortet, die von Vollstreckungsmaßnahmen betroffen sind (BGHZ 85, 207 = NJW 1972, 1048 (1049f.); BGH NJW 1985, 3080 (3081))

Beispiel: In BGHZ 85, 207 = NJW 1972, 1048 war zugunsten des Gläubigers G ein **53** Auto gepfändet worden, das nicht dem Schuldner, sondern dem D gehörte. Dieser hatte von dem von G eingeschalteten Rechtsanwalt R verlangt, das Fahrzeug freizugeben, und sein Eigentum glaubhaft gemacht. R gab den Wagen erst auf eine Drittwiderspruchsklage des D hin frei. Infolge der verzögerten Freigabe des Fahrzeugs entstand dem D ein Schaden für die Anmietung eines Ersatzfahrzeugs. Der BGH hat hier eine Schadensersatzhaftung des G nach §280 Abs. 1 BGB angenommen und diesem das Fehlverhalten sowie das Verschulden des R nach §278 BGB zugerechnet. Die Pflicht des G zur gewissenhaften Prüfung des von D erhobenen Anspruchs leitete der BGH aus einer rechtlichen Sonderbeziehung ab. Eine solche Beziehung ergebe sich aus dem

Vollstreckungseingriff sowohl zwischen dem Gläubiger und dem im Titel genannten Schuldner als auch zwischen dem Gläubiger und etwaigen Drittberechtigten, die von Vollstreckungsmaßnahmen betroffen sind.

IX. Kontrollfragen

1. Was versteht man unter dem Zwangsvollstreckungsrecht?
2. Welches sind die wichtigsten Rechtsquellen des Zwangsvollstreckungsrechts?
3. Welche Verfahren gibt es zur Vollstreckung von Titeln aus dem Ausland?
4. Nach welchen Vorschriften werden Urteile vollstreckt, in denen der Schuldner verurteilt ist
   a) es zu unterlassen, für sein Möbelgeschäft mit der Aussage „Der größte Möbeldiscounter des Münsterlandes" zu werben,
   b) an den Gläubiger 100.000 Euro zu zahlen,
   c) seine Aussage, der Gläubiger habe Geld seiner Kunden veruntreut, zu widerrufen,
   d) den PKW des Gläubigers zu reparieren,
   e) sein Auto an den Gläubiger herauszugeben?
5. Nach welchen Vorschriften erfolgt die Vollstreckung im Fall 4 b), wenn der Gläubiger auf
   a) das Auto des Schuldners,
   b) das Arbeitseinkommen des Schuldners,
   c) das Grundstück des Schuldners
   zugreifen will?
6. Welche Vollstreckungsorgane sind zu unterscheiden und welche Vollstreckungsarten fallen in ihren jeweiligen Zuständigkeitsbereich?
7. Wie sind die Verhältnisse zwischen den Beteiligten der Zwangsvollstreckung jeweils zu bezeichnen?

Empfehlungen zur vertiefenden Lektüre:

Allgemeines: *Gaul,* Das geltende deutsche Zwangsvollstreckungsrecht – Ergebnis eines Wandels der Rechtsanschauung oder einer ungebrochenen Kontinuität, ZZP 2017, 499; *Lissner,* Vollstreckungsrecht: wichtige Rechtsprechung, Neuerungen, Entwicklungen und ihre Auswirkungen – Teil I, JurBüro 2021, 14; *ders.,* Aktuelle Rechtsprechung: Insolvenz und Zwangsvollstreckung, ZVI 2021, 5; *ders.,* Die Grundlagen des Zwangsvollstreckungsrechts nach Zivilprozessordnung und des Insolvenzrechts (Teil 1), KKZ 2018, 169; *ders.,* Die Grundlagen des Zwangsvollstreckungsrechts nach Zivilprozessordnung und des Insolvenzrechts (Teil 2), KKZ 2018, 193; *Marotzke,* Wem gehört das deutsche Zwangsvollstreckungsrecht?, ZZP 2017, 247; *Schäfers,* Einführung in das Zwangsvollstreckungsrecht, Teil 1: Überblick über das Verfahren, Ad Legendum 2013, 143; *Rauscher,* COVID-19-Pandemie und Zivilprozess, COVuR 2020, 2; *Schneider,* Zwangsvollstreckung für Anfänger, AGS 2017 III; *Wendland,* Grundsätze des Vollstreckungsverfahrens, ZZP 2016, 347.

§2. Die Voraussetzungen der Zwangsvollstreckung

Eine Zwangsvollstreckung ist nur rechtmäßig, wenn die Voraussetzungen für eine zwangsweise Durchsetzung der betreffenden Pflicht gegeben sind. Zu diesen gehören zunächst die **allgemeinen Verfahrensvoraussetzungen** (→ Rn. 56 ff.). Sie entsprechen weitgehend den Sachurteilsvoraussetzungen des Erkenntnisverfahrens (dazu *Pohlmann* ZivilProzR Rn. 192 ff.). Hinzu kommen weitere Voraussetzungen, die für alle Arten der Zwangsvollstreckung vorliegen müssen, die sog. **allgemeinen Voraussetzungen der Zwangsvollstreckung** (→ Rn. 77 ff.). Für bestimmte Vollstreckungssituationen gelten **besondere Voraussetzungen**, damit vollstreckt werden darf (→ Rn. 168 ff.). Schließlich können **Vollstreckungshindernisse** die Vollstreckung ausschließen (→ Rn. 182 ff.). 54

Sind diese Voraussetzungen gegeben, ist weiter zu prüfen, wie zu vollstrecken ist (dazu im nächsten Kapitel → Rn. 201 ff.). Sind auch die Vorgaben für die Durchführung der Vollstreckung beachtet worden, ist sie rechtmäßig. 55

I. Die allgemeinen Verfahrensvoraussetzungen

Die allgemeinen Verfahrensvoraussetzungen sind zum Teil speziell im Vollstreckungsrecht geregelt, zum Teil sind die Vorschriften des Erkenntnisverfahrens anwendbar (*Lackmann* Rn. 28). 56

Klausurhinweis: Die allgemeinen Verfahrensvoraussetzungen sind in einer Klausur immer zu durchdenken. In der gutachterlichen Lösung sind sie dagegen nur anzusprechen, wenn der Sachverhalt das nahelegt. 57

1. Deutsche Gerichtsbarkeit

Nach dem **Territorialitätsprinzip** unterliegen grds. alle Personen und Gegenstände, die sich auf deutschem Hoheitsgebiet befinden, der deutschen Gerichtsbarkeit und damit auch der Zwangsvollstreckung. Wie im Erkenntnisverfahren gibt es hiervon Ausnahmen nach den §§ 18–20 GVG iVm dem Völkerrecht (Immunität, Exterritorialität). Sie schließen auch eine Zwangsvollstreckung aus und führen zur Nichtigkeit etwaiger Vollstreckungsakte (zu letzterem *Baur/Stürner/Bruns* Rn. 12.7). 58

59 **Beispiel** (nach BGH NJW-RR 2003, 1218): G ist bei der kenianischen Botschaft angestellt. Er hat gegen den Staat Kenia ein Urteil auf Zahlung rückständigen Lohnes erwirkt. Auf seinen Antrag wird die Zwangsversteigerung eines in Deutschland belegenen, dem Staat Kenia gehörenden Grundstücks angeordnet, auf dem sich die kenianische Botschaft befindet. Die deutsche Gerichtsbarkeit bestimmt sich mangels völkerrechtlicher Verträge nach den allgemein geltenden Regeln des Völkerrechts (§ 20 Abs. 2 GVG), die nach Art. 25 GG als Bundesrecht gelten. Völkerrechtlich ist die Vollstreckung gegen einen fremden Staat und in seine in Deutschland befindlichen Vermögensgegenstände zwar nicht ausgeschlossen. Dient der Vermögensgegenstand aber, wie hier, hoheitlichen Zwecken dieses Staates, hat die Vollstreckung zu unterbleiben, wenn er ihr nicht zustimmt.

2. Zulässigkeit des Rechtswegs

60 Die Zwangsvollstreckung nach der ZPO findet aus den in §§ 704, 794 ZPO genannten Titeln statt (→ Rn. 78 ff.). Für sie ist der Rechtsweg zu den Zivilgerichten gegeben. Auch wenn andere Gesetze die Vollstreckung in die Hände der Zivilgerichte legen, wie §§ 62 Abs. 2, 85 Abs. 1 ArbGG und § 406b StPO, sind diese zuständig (anders aber § 167 Abs. 1 VwGO: Vollstreckung durch die Verwaltungsgerichte). Auf die Rechtsnatur des zu vollstreckenden Anspruchs kommt es nicht an.

61 **Beispiel** (BGH NJW-RR 2006, 645): Unterwirft sich der Schuldner für öffentlich-rechtliche Erschließungsbeiträge der sofortigen Zwangsvollstreckung in der Form des § 794 Abs. 1 Nr. 5 ZPO, richtet sich die Zwangsvollstreckung aus diesem Titel trotz der öffentlich-rechtlichen Natur des Anspruchs nach den Vorschriften der ZPO. Die Unterwerfungserklärung iSv § 794 Abs. 1 Nr. 5 ZPO ist eine einseitige, allein auf das Zustandekommen des Titels gerichtete zivilprozessuale Willenserklärung. Nach Maßgabe der ZPO errichtete Titel werden auch nach ihr vollstreckt.

3. Zuständigkeit des Vollstreckungsorgans

62 Das Vollstreckungsorgan muss **funktionell** zuständig sein, dh ihm muss die konkrete Vollstreckungsmaßnahme zugewiesen sein. Wer funktionell zuständig ist, richtet sich nach der begehrten Vollstreckungsmaßnahme und wird daher im Zusammenhang mit dieser erläutert (→ Rn. 211, → Rn. 309, → Rn. 542, 594). **Örtlich** zuständig ist grds. das Vollstreckungsorgan, in dessen Bezirk die Vollstreckungsmaßnahme vorgenommen werden soll (§ 764 Abs. 2 ZPO, Ausnahme insbesondere § 828 Abs. 2 ZPO). Die **sachliche** Zuständigkeit ist zu prüfen, wenn Gerichte Vollstreckungsorgan sind. Für die Aufgabe des Vollstreckungsgerichts ist unabhängig vom Streitwert das Amtsgericht sachlich zuständig, § 764 Abs. 1 ZPO. Auch die Aufgaben des Grundbuchamts nimmt das Amtsgericht wahr (§ 1 Abs. 1 S. 1 GBO).

Beispiel: G aus Münster betreibt wegen einer Kaufpreisforderung die Zwangsvollstreckung gegen den in Arnsberg wohnhaften S. G möchte ein Bild, das sich in den Geschäftsräumen des S in Iserlohn befindet, sowie eine Forderung, die dem S gegen den in Dortmund wohnenden D zusteht, pfänden lassen. 63

1. Funktionell ist der Gerichtsvollzieher für die Pfändung des Bildes zuständig, §§753 Abs. 1, 808ff. ZPO. Örtlich zuständig ist nach §14 Abs. 1 GVO NW der Gerichtsvollzieher im Amtsgerichtsbezirk Iserlohn, dem der Gerichtsvollzieherbezirk, in dem sich die Geschäftsräume des S befinden, zugewiesen ist.
2. Für die Pfändung der Forderung ist das Vollstreckungsgericht funktionell zuständig (§828 Abs. 1 ZPO), sachlich ist hier das Amtsgericht zuständig (§764 Abs. 1 ZPO). Für das Vollstreckungsgericht wird der Rechtspfleger tätig (§§3 Nr. 3 lit. a, 20 Abs. 1 Nr. 17 Hs. 1 RPflG). Örtlich zuständig ist nach §828 Abs. 2 iVm §§12, 13 ZPO das Amtsgericht in Arnsberg.

Nach **§802 ZPO** sind die im achten Buch der ZPO angeordneten Gerichtsstände **ausschließliche.** Das gilt für die örtliche und die sachliche Zuständigkeit sowie analog für die funktionelle (MüKoZPO/*Wolfsteiner* §802 Rn. 2). Eine Gerichtsstandsvereinbarung ist daher nicht zulässig (§40 Abs. 2 Nr. 2 ZPO). Soweit das achte Buch die sachliche Zuständigkeit nicht regelt, ist auf §§23, 71 GVG zurückzugreifen. 64

4. Antrag des Gläubigers

Vollstreckt wird nur auf Antrag des Gläubigers oder seines Vertreters (s. auch §81 Hs. 1 Fall 4 ZPO sowie → Rn. 214f.). Der Antrag kann grds. **formlos** gestellt werden, etwa auch elektronisch oder mündlich. Allerdings ist inzwischen ein **Formularzwang** für die wichtigsten Anträge eingeführt worden, etwa für den Antrag auf Vollstreckung durch den Gerichtsvollzieher in der Gerichtsvollzieherformular-Verordnung (GVFV). Ist Vollstreckungsorgan das Prozessgericht des ersten Rechtszugs und ist dieses ein Landgericht, besteht nach §78 ZPO Anwaltszwang (*Muthorst* Rn. 4). 65

5. Parteifähigkeit

Gläubiger und Schuldner müssen parteifähig sein. Hier gilt im Wesentlichen dasselbe wie im Erkenntnisverfahren (vgl. *Pohlmann* ZivilProzR Rn. 234ff.). Für die Gesellschaft bürgerlichen Rechts (GbR) gelten folgende Besonderheiten: Die GbR ist seit einem BGH-Urteil von 2001 rechts- und parteifähig, soweit sie als Außengesellschaft am Rechtsverkehr teilnimmt (BGH NJW 2001, 1056ff.). Das gilt auch im Vollstreckungsverfahren, sodass gegen die **GbR als Schuldnerin** vollstreckt werden kann. §736 ZPO verlangt zwar einen Vollstreckungstitel **gegen alle Gesellschafter**, um in das GbR-Vermögen zu vollstrecken. Diese Norm beruht aber noch auf der 66 früheren Rechtslage, als die GbR nicht parteifähig war, und schließt die heute anerkannte Vollstreckung aufgrund eines Titels gegen die GbR nicht aus. Daneben bleibt der Weg, mit einem Titel gegen alle Gesellschafter in das GbR-Vermögen zu vollstrecken, nach §736 ZPO möglich. Vorteil eines Titels gegen die Gesellschafter ist, dass mit ihm auch in das Privatvermögen der einzelnen Gesellschafter vollstreckt werden kann (MüKoZPO/*Heßler,* 5. Aufl. 2016, §736 Rn. 30). Der Nachteil dieses Weges ist, dass es mangels GbR-Registers schwierig sein kann festzustellen, welche Gesellschafter eine GbR hat. Übersieht man nur einen, kann mit dem Titel gegen die anderen nicht in das gemeinsame GbR-Vermögen, aber immerhin in das Privatvermögen der im Titel Genannten vollstreckt werden. Will man auf das Gesellschafts- und Gesellschaftervermögen zugreifen, kombiniert man am besten beide Wege.

6. Prozessfähigkeit

67 Prozessfähig ist, wer Prozesshandlungen selbst oder durch einen selbst bestellten Vertreter vornehmen kann (*Brox/Walker* Rn. 25). Auch hier gilt das zum Erkenntnisverfahren Gesagte (*Pohlmann* ZivilProzR Rn. 243ff.). Abweichend davon wird für den **Vollstreckungsschuldner** vereinzelt vertreten, er müsse für sichernde, insbesondere rangwahrende Maßnahmen des Gläubigers nicht prozessfähig sein, weil er diese nur dulden müsse (Thomas/Putzo/*Seiler* ZPO Vorb. §704 Rn. 43). Der Prozessunfähige ist aber auch insofern schutzbedürftig. Zudem muss er in der Lage sein zu beurteilen, ob er sich gegen die Vollstreckung zur Wehr setzen will (*Muthorst* Rn. 15).

68 **Beispielsfall:** Die 16-jährige S beginnt mit Ermächtigung ihrer Eltern nach §113 Abs. 1 BGB ein Arbeitsverhältnis bei G. S beschädigt grob fahrlässig Arbeitsgeräte des G. S wird durch das Arbeitsgericht zur Zahlung von Schadensersatz iHv 2.000 Euro verurteilt. Als S nicht zahlt, beantragt G die Zwangsvollstreckung. Das Arbeitsverhältnis wird zwischenzeitlich einvernehmlich beendet. Die Eltern der S nehmen auch ihre Ermächtigung zurück, was S dem Gerichtsvollzieher GV mitteilt. Dieser fragt sich, ob er wie geplant das neue Moped der S pfänden kann.

Die Vollstreckung aus arbeitsgerichtlichen Titeln richtet sich nach der ZPO (vgl. §62 Abs. 2 S. 1 ArbGG). Damit der GV mit Vollstreckungsmaßnahmen gegenüber S beginnen darf, müssen zunächst die allgemeinen Verfahrensvoraussetzungen vorliegen. Zweifel bestehen hier an der Prozessfähigkeit der S. Sie ist nicht volljährig und damit auch nicht prozessfähig, §52 ZPO. Eine mit der beschränkten Geschäftsfähigkeit korrespondierende beschränkte Prozessfähigkeit gibt es nicht (MüKoZPO/*Lindacher* §52 Rn. 4). Hier haben aber die Eltern als gesetzliche Vertreter (§§1626, 1629 BGB) die S nach §113 Abs. 1 BGB ermächtigt, das Arbeitsverhältnis einzugehen. S ist damit in dem in §113 Abs. 1 BGB genannten Umfang voll geschäftsfähig und auch prozessfähig. Das gilt auch für die Zwangsvollstreckung (Staudinger/*Knothe* BGB §113 Rn. 25). S konnte daher den Prozess vor dem Arbeitsgericht selbstständig führen. Danach haben die Eltern jedoch die Ermächtigung nach § 113 Abs. 2 BGB zurückgenommen. Damit ist S für das laufende Vollstreckungsverfahren nicht mehr prozessfähig. Der GV muss daher sicherstellen, dass die prozessunfähige S durch ihre Eltern vertreten wird, wenn der GV die Pfändung vornimmt.

7. Prozessführungsbefugnis

Prozessführungsbefugt ist ohne weiteres, wer ein vermeintliches oder bestehendes eigenes Recht im eigenen Namen geltend macht (*Pohlmann* ZivilProzR Rn. 247 ff.). Macht jemand im eigenen Namen das Recht eines Dritten geltend (sog. **Prozessstandschaft**), ist das nur zulässig, wenn das Gesetz es gestattet (gesetzliche Prozessstandschaft, zB § 1368 BGB, §§ 21 Abs. 2 Nr. 1, 22, 80 Abs. 1 InsO) oder wenn der Dritte den Prozessstandschafter dazu ermächtigt hat und dieser ein eigenes schutzwürdiges rechtliches Interesse daran hat, den Prozess anstelle des Dritten zu führen (gewillkürte Prozessstandschaft). 69

Im Zwangsvollstreckungsverfahren wird statt von der Prozessführungsbefugnis von der **Vollstreckungsbefugnis** gesprochen. Befugt zu vollstrecken ist der im Titel genannte Gläubiger (zur Möglichkeit der Umschreibung des Titels auf Dritte → Rn. 142 ff.). Ob der Gläubiger den Titel als Prozessstandschafter erworben hat, ist unerheblich (BGH NJW 1983, 1678; *Lippross/Bittmann* § 4 Rn. 23). Eine andere Frage ist, ob der Titelgläubiger einen anderen ermächtigen kann, aus dem Titel zu vollstrecken. sog. **gewillkürte isolierte Vollstreckungsstandschaft**. 70

Beispiel: G hat einen Titel gegen S erwirkt. G schuldet seinerseits dem D Geld und möchte aus Vereinfachungsgründen den D ermächtigen, aus dem Titel gegen S im eigenen Namen die Vollstreckung zu betreiben. 71

Die hM hält das für unzulässig (BGH NJW 1985, 809 (810); *Brox/Walker* Rn. 27). Gläubiger und Vollstreckungsstandschafter könnten sonst parallel gegen den Schuldner vorgehen. Auch drohe die Gefahr, dass die Vollstreckung von „rabiaten Spezialisten" betrieben werde (*Heiderhoff/Skamel* Rn. 70). Andere wollen die Vollstreckungsstandschaft zulassen, wenn der Gläubiger den Vollstreckungsstandschafter auch materiell zur Einziehung ermächtigt und der Vollstreckungsstandschafter ein schutzwürdiges Interesse an der Vollstreckung im eigenen Namen hat (HK-ZPO/*Kindl* § 727 Rn. 7 aE). 72

Lernhinweis: Wiederholen Sie die materiell-rechtliche Einziehungsermächtigung (Rechtsgrundlage, Wirkungen) sowie die Prozessstandschaft (Rechtsgrundlage, Voraussetzungen, Wirkungen, *Pohlmann* ZivilProzR Rn. 247 ff.). Spielen Sie an einer einfachen Fallkonstellation durch, welche Folgen jeweils auf materieller und auf prozessualer Ebene (Erkenntnis- und Vollstreckungsverfahren) eintreten. 73

8. Rechtsschutzbedürfnis

74 Wie das Erkenntnisverfahren setzt auch die Vollstreckung ein **Rechtsschutzbedürfnis** des Gläubigers voraus. Es ergibt sich für die Vollstreckung aus dem Gewaltmonopol des Staates (→ Rn. 2) und fehlt nur ganz ausnahmsweise. Das ist etwa der Fall, wenn der Gläubiger sein **Ziel einfacher** oder mit der begehrten Vollstreckungsmaßnahme **nicht erreichen kann** (*Brox/Walker* Rn. 28). Die Unzulässigkeit zweckloser Vollstreckungsmaßnahmen ist ein allgemeiner Rechtsgedanke, der in §803 Abs. 2 ZPO zum Ausdruck kommt (*von Sachsen Gessaphe* Rn. 77). Danach hat die Pfändung zu unterbleiben, wenn die Verwertung der zu pfändenden Gegenstände keinen Überschuss über die Kosten der Zwangsvollstreckung erwarten lässt. Das Rechtsschutzbedürfnis fehlt auch, wenn der Gläubiger **Ziele** verfolgt, die dem **Zweck der Vollstreckung** nicht entsprechen, so wenn er den Schuldner schädigen oder schikanieren will (vgl. BGH NJW 2002, 3178 (3179)).

75 Dagegen besteht das Rechtsschutzbedürfnis grds. auch bei der Vollstreckung von **Bagatellforderungen** (*Gaul/Schilken/Becker-Eberhard* Rn. 35; *Buß* NJW 1998, 337 ff.). Sonst könnte der Schuldner die vollständige Befriedigung des Gläubigers verhindern. Ob und unter welchen Voraussetzungen ausnahmsweise das Rechtsschutzbedürfnis fehlt, weil eine Vollstreckung geringfügiger Forderungen **unverhältnismäßig** wäre, wird vor allem bei der Vollstreckung in Immobilien diskutiert (*Brox/Walker* Rn. 28, 854; *Stöber* ZVG Einl. Rn. 48.4; BVerfG NJW 1979, 534 (536 ff.) mit Sondervotum von *Böhmer*).

76 **Beispielsfall** (nach BVerfG NJW 1979, 534): G beantragt wegen einer titulierten Forderung gegen S iHv 1.000 Euro die Zwangsversteigerung des von S bewohnten Grundstücks im Wert von 41.000 Euro. Die Vollstreckung in andere Vermögensgegenstände wurde nicht versucht. Ist das Rechtsschutzbedürfnis zu bejahen?

Der Staat ist bei der Durchsetzung privater Rechte an Grundrechte, insbesondere Art. 14 GG, gebunden. Eine Vollstreckung könnte wegen des relativ geringen Umfangs der Forderung das Interesse des Gläubigers an der Durchsetzung der Forderung gegenüber dem Interesse des Schuldners am Erhalt seines Grundeigentums ungerechtfertigt bevorzugen. Bei der Zwangsversteigerung eines Grundstücks wird häufig nur ein Versteigerungserlös erzielt, der weit hinter dem Wert des Grundstücks zurückbleibt. Die Versteigerung würde das Vermögen des S, der nach der Versteigerung den Rest des Erlöses erhält, also erheblich entwerten. Zudem würde S seine Wohnstätte verlieren. Daher wären zunächst mildere Vollstreckungsmöglichkeiten zu versuchen. Sind jedoch keine anderen Vermögensgegenstände vorhanden, ist nicht ersichtlich, warum man der G die Durchsetzung der Forderung versagen sollte. Schließlich wäre es S leicht möglich, die Vollstreckung durch Zahlung zu begleichen, und sei es durch Aufnahme eines Darlehens. Für die Eintragung einer Sicherungshypothek gilt jedoch ein Mindestbetrag von mehr als 750 Euro (§866 Abs. 3 S. 1 ZPO → Rn. 448).

II. Die allgemeinen Voraussetzungen der Zwangsvollstreckung

Neben den allgemeinen Verfahrensvoraussetzungen müssen die **allgemeinen Voraussetzungen der Zwangsvollstreckung** vorliegen. Als solche werden der **Vollstreckungstitel**, die **Vollstreckungsklausel** und die **Zustellung** bezeichnet. Sie heißen „allgemeine“ Voraussetzungen, weil sie grds. (Ausnahmen → Rn. 139 ff.) bei jeder Vollstreckung vorliegen müssen, im Gegensatz zu „besonderen“ Vollstreckungsvoraussetzungen, die nur in besonderen Situationen verlangt werden. Ob diese Voraussetzungen vorliegen, muss das Vollstreckungsorgan von Amts wegen prüfen. Vollstreckungsmaßnahmen, die ergehen, obwohl kein Titel vorliegt, sind **nichtig**. Ist dagegen eine erforderliche Vollstreckungsklausel nicht erteilt oder der Titel nicht zugestellt worden, sind gleichwohl ergangene Vollstreckungsmaßnahmen nur **anfechtbar** (vgl. Thomas/Putzo/*Seiler* ZPO Vor § 704 Rn. 46, 58 f.). **77**

1. Vollstreckungstitel

Die Zwangsvollstreckung findet aus einem Vollstreckungstitel statt. Das ist eine **öffentliche Urkunde**, aus der sich ergibt, dass der zu vollstreckende Anspruch besteht und der Gläubiger die Durchsetzung des Anspruchs im Wege des Vollstreckungsverfahrens verlangen kann. Ob der titulierte, also im Titel genannte, Anspruch tatsächlich besteht, ist für die Zulässigkeit der Zwangsvollstreckung grds. (Ausnahmen → Rn. 139 ff.) unerheblich: Nach dem Grundsatz der Formalisierung der Zwangsvollstreckung reicht es, dass der Anspruch in der Urkunde verbrieft ist (*Baur/Stürner/Bruns* Rn. 13.1). **78**

Als Titel kommen zunächst Endurteile nach § 704 ZPO in Betracht. Das Endurteil beendet das Erkenntnisverfahren und ist Grundlage der Vollstreckung. Außerdem kann noch aus einer Reihe weiterer Urkunden vollstreckt werden (s. § 794 ZPO sowie weitere Normen → Rn. 103 f.). **79**

a) Rechtskräftige oder für vorläufig vollstreckbar erklärte Endurteile

Nach § 704 ZPO findet die Zwangsvollstreckung aus **Endurteilen** statt, die rechtskräftig oder für vorläufig vollstreckbar erklärt sind. **80**

aa) Endurteil

Endurteile sind solche Urteile, durch die eine Instanz endgültig abgeschlossen wird (vgl. § 300 ZPO). Auch Teilurteile (§ 301 ZPO), Versäumnisurteile (§§ 330, 331 ZPO), Verzichtsurteile (§ 306 ZPO) und Anerkenntnisurteile (§ 307 ZPO) gehören zu den Endurteilen (Thomas/Putzo/*Seiler* **81**

ZPO §704 Rn. 1). Vorbehaltsurteile sind für die Zwangsvollstreckung als Endurteile anzusehen, §§302 Abs. 3, 599 Abs. 3 ZPO.

bb) Rechtskraft

82 Die Zwangsvollstreckung aus dem Urteil kann erfolgen, wenn das Urteil **formell rechtskräftig** ist, §704 Var. 1 ZPO (zur Unterscheidung von der materiellen Rechtskraft *Pohlmann* ZivilProzR Rn. 440). Die ZPO definiert den Begriff der formellen Rechtskraft nicht positiv, sondern sagt in §705 S. 1 nur, wann sie noch nicht eintritt (HK-ZPO/*Kindl* §705 Rn. 1). Positiv formuliert tritt formelle Rechtskraft ein, wenn die Entscheidung nicht mehr mit einem Rechtsmittel oder einem Rechtsbehelf angegriffen werden kann (Thomas/Putzo/*Seiler* ZPO §705 Rn. 1a f.; zu Einzelheiten *Brox/Walker* Rn. 48).

83 Das ist zunächst der Fall, wenn gegen das Urteil kein Rechtsmittel (Berufung oder Revision) und auch kein Einspruch (§338 ZPO) **statthaft** ist (zB Urteile des BGH mit Ausnahme des ersten Versäumnisurteils). Dann wird das Urteil mit der Verkündung, in den Fällen des §310 Abs. 3 ZPO mit der Zustellung formell rechtskräftig. Das Urteil kann auch dann nicht mehr angegriffen werden, wenn die Parteien auf Rechtsmittel verzichtet haben. Sobald der Verzicht wirksam ist, tritt die formelle Rechtskraft ein.

84 Sind Rechtsmittel oder der Einspruch gegen das Urteil statthaft, wird es erst mit Ablauf der Fristen für diese Behelfe formell rechtskräftig, §705 S. 1 ZPO.

cc) Vorläufige Vollstreckbarkeit

85 Den Interessen des Gläubigers an einem schnellen Zugriff auf das Vermögen des Schuldners wäre nicht gedient, wenn der Gläubiger nur aus einem formell rechtskräftigen Urteil vollstrecken könnte. Dann hätte es der Schuldner in der Hand, die Befriedigung des Gläubigers dadurch hinauszuzögern, dass er unbegründete Rechtsmittel einlegt. §704 Var. 2 ZPO erlaubt dem Gläubiger die Zwangsvollstreckung daher unabhängig vom Eintritt der formellen Rechtskraft aus Urteilen, die **für vorläufig vollstreckbar erklärt worden** sind.

86 Die vorläufige Vollstreckbarkeit ist in den §§708 ff. ZPO ausführlich geregelt. Grundsätzlich werden Urteile nur gegen eine der Höhe nach vom Gericht zu bestimmende **Sicherheit** für vorläufig vollstreckbar erklärt, vgl. §709 S. 1 ZPO.

87 **Beispiel:** Das Urteil ist gegen Sicherheitsleistung iHv 110% des jeweils zu vollstreckenden Betrags vorläufig vollstreckbar.

88 Die Sicherheitsleistung schützt den Schuldner. Das für vorläufig vollstreckbar erklärte Urteil kann sich im Nachhinein nämlich als unrichtig erweisen. Hat der Gläubiger die Vollstreckung aber schon betrieben, können

dem Schuldner Nachteile entstehen. **§717 Abs. 2 ZPO** sieht daher eine **verschuldensunabhängige Schadensersatzhaftung** des Gläubigers gegenüber dem Schuldner für den Fall vor, dass ein für vorläufig vollstreckbar erklärtes Urteil später aufgehoben oder abgeändert wird und dem Schuldner durch die Vollstreckung oder durch eine zur Abwendung der Vollstreckung gemachte Leistung ein Schaden entstanden ist. Die Sicherheitsleistung sichert diesen Schadensersatzanspruch ab. Wird ein Urteil gegen Sicherheitsleistung für vorläufig vollstreckbar erklärt, darf mit der Zwangsvollstreckung nur begonnen werden, wenn die Sicherheitsleistung auch erbracht worden ist, **§751 Abs. 2 ZPO**. Bei dem **Nachweis der Sicherheitsleistung** handelt es sich um eine **besondere Voraussetzung der Zwangsvollstreckung** (→ Rn. 172 ff.).

Die in §708 ZPO genannten Urteile sind **ohne Sicherheitsleistung** für **89** vorläufig vollstreckbar zu erklären. In den angesprochenen Konstellationen geht das Gesetz von einer geringeren Schutzbedürftigkeit des Schuldners aus. Wird ein Urteil nach §708 Abs. 1 Nr. 4–11 ZPO ohne Sicherheitsleistung für vorläufig vollstreckbar erklärt, kann der Schuldner die Zwangsvollstreckung abwenden, indem er seinerseits eine Sicherheit leistet (§711 S. 1 iVm §708 Abs. 1 Nr. 4–11 ZPO). Macht der Schuldner von dieser **Abwendungsbefugnis** Gebrauch und leistet der Gläubiger daraufhin nicht selbst eine Sicherheit (§711 S. 1 aE ZPO), so ist die Vollstreckung einzustellen (§775 Nr. 3 ZPO).

b) Weitere Vollstreckungstitel

Die Zwangsvollstreckung ist auch aus anderen Vollstreckungstiteln mög- **90** lich. Erforderlich ist aber stets, dass eine gesetzliche Vorschrift ausdrücklich bestimmt, dass aus einer Urkunde die Zwangsvollstreckung betrieben werden kann (*Lackmann* Rn. 38).

aa) Vollstreckungstitel nach § 794 Abs. 1 ZPO

Bei den in §794 Abs. 1 ZPO genannten Titeln handelt es sich um gericht- **91** liche Entscheidungen oder um beurkundete rechtsgeschäftliche Erklärungen. Auf sie sind die §§724–793 ZPO entsprechend anwendbar, soweit in den §§795a-800 ZPO nichts Abweichendes geregelt ist, §795 S. 1 ZPO. Von besonderer Relevanz für das Examen und die Praxis ist die Vollstreckung aus Prozessvergleichen und notariellen Unterwerfungserklärungen:

(1) Prozessvergleiche

Prozessvergleiche iSv §794 Abs. 1 Nr. 1 ZPO sind Vergleiche, die zwi- **92** schen den Parteien während eines anhängigen Rechtsstreits oder eines anderen geeigneten Verfahrens zur vollständigen oder teilweisen Beilegung dieses Rechtsstreits abgeschlossen werden (zum Prozessvergleich ausführlich *Pohlmann* ZivilProzR Rn. 536 ff.). Vergleiche müssen vor einem deutschen Gericht oder einer anerkannten Gütestelle geschlossen werden. Sie müssen protokolliert (§160 ZPO), vorgelesen und genehmigt (§162 ZPO) werden. Genügt ein Vergleich diesen Voraussetzungen, kann unmittelbar aus ihm die Zwangsvollstreckung betrieben werden.

93 **Beispiel** (nach OLG Köln OLGZ 1975, 254): M und F einigen sich vor Gericht vergleichsweise dahingehend, dass F als Bezugsberechtigte des zwischen M und der V-Versicherung bestehenden Lebensversicherungsvertrages eingesetzt wird. M verpflichtet sich in dem Vergleich zur Abgabe einer entsprechenden Willenserklärung gegenüber der V-Versicherung. Falls M die Erklärung nicht abgibt, kann F aus dem Prozessvergleich nach §888 ZPO vollstrecken, um den M mittels Zwangsgelds oder gar Zwangshaft zur Abgabe der Erklärung zu zwingen; §894 ZPO, der die Angabe der Erklärung mit Rechtskraft fingiert, ist auf Vergleiche nicht anwendbar (OLG Köln OLGZ 1975, 254 (255); OLG Hamm NJW 1956, 918). F hätte daher beim Abschluss des Vergleichs am besten darauf hingewirkt, dass M die Willenserklärung bereits in dem Vergleich selbst abgibt.

94 **Außergerichtliche Vergleiche** fallen nicht unter §794 Abs. 1 Nr. 1 ZPO. Die Parteien können aber den Abschluss eines außergerichtlichen Vergleichs sowie dessen Inhalt nach §278 Abs. 6 ZPO durch Gerichtsbeschluss feststellen lassen (HK-ZV/*Müller* ZPO §794 Rn. 16). Der Feststellungsbeschluss macht den Vergleich zum Vollstreckungstitel iSv §794 Abs. 1 Nr. 1 ZPO (MüKoZPO/*Wolfsteiner* §794 Rn. 92).

(2) Vollstreckbare Urkunden

95 §794 Abs. 1 Nr. 5 ZPO erfasst **Urkunden**, in denen sich der **Schuldner der sofortigen Zwangsvollstreckung unterwirft**. Die Unterwerfung unter die sofortige Zwangsvollstreckung dient in erster Linie den Interessen des Gläubigers: Er erlangt einen Vollstreckungstitel, ohne zuvor ein langwieriges und kostspieliges Erkenntnisverfahren zu durchlaufen. Mittelbar profitiert davon häufig auch der Schuldner, zB durch günstigere Kreditbedingungen (vgl. etwa *Heiderhoff/Skamel* Rn. 81).

96 Das Gesetz spricht davon, dass die Urkunde von einem deutschen Gericht oder einem deutschen Notar aufgenommen sein muss. Wegen der grundsätzlichen Allzuständigkeit der Notare für Beurkundungen (vgl. §63 Abs. 4 BeurkG, §20 Abs. 1 S. 1 BNotO) ist eine gerichtliche Zuständigkeit jedoch nur noch ausnahmsweise dann begründet, wenn sie durch Gesetz ausdrücklich angeordnet ist, so in bestimmten familienrechtlichen Angelegenheiten, §67 BeurkG.

97 Die Urkunde muss nach §794 Abs. 1 Nr. 5 ZPO über einen **Anspruch** errichtet sein, der einer vergleichsweisen Regelung zugänglich ist. Sie muss daher einen Gegenstand betreffen, über den Gläubiger und Schuldner verfügen können (vgl. *Brox/Walker* Rn. 88a). Der Anspruch darf nicht auf die Abgabe einer Willenserklärung gerichtet sein und nicht den Bestand eines Mietverhältnisses über Wohnraum betreffen. Erforderlich ist zudem, dass der Anspruch inhaltlich hinreichend bestimmt ist (→ Rn. 108).

Die **Unterwerfungserklärung** ist eine **einseitige Prozesshandlung**, 98
die darauf gerichtet ist, einen Vollstreckungstitel zu schaffen (vgl. zB BGH NJW-RR 2008, 1075 (1076)). Sie ist kein Rechtsgeschäft, kann also nicht nach §§ 119 ff. BGB angefochten werden. In ihrem Bestand ist sie von der Wirksamkeit einer materiell-rechtlichen Einigung, aus der sich die Forderung des Gläubigers ergibt, unabhängig (BGH NJW-RR 2008, 1075 (1076)). Will der Schuldner Einwendungen gegen den Schuldgrund erheben, muss er Vollstreckungsabwehrklage (§ 767 ZPO) erheben (BGH NJW-RR 2007, 1343 (1344)); die Präklusionsvorschrift des § 767 Abs. 2 ZPO (vgl. → Rn. 631 ff.) ist dann nicht anwendbar (§ 797 Abs. 4 ZPO).

Beispielsfall (nach BGH NJW 2010, 2041 und NJW 2008, 3363): M und F sind 99
miteinander verheiratet und leben im Güterstand der Zugewinngemeinschaft. Zur Sicherung eines Kredits, den M bei G aufnimmt, bestellt M in einer formularmäßig vorformulierten notariellen Urkunde zu Gunsten der G eine Grundschuld an einem Grundstück, dessen Alleineigentümer er ist. Weitere Vermögenswerte besitzt M nicht. In derselben Urkunde unterwirft sich M wegen der Ansprüche, die G aus der Grundschuld zustehen (§ 1147 iVm § 1192 Abs. 1 BGB), der sofortigen Zwangsvollstreckung in das belastete Grundeigentum und sein übriges Vermögen. F hatte von der Unterwerfungserklärung keine Kenntnis und ist im Nachhinein nicht mit ihr einverstanden. Nachdem M mit der Rückzahlung des Darlehens in Verzug geraten ist, kündigt G wirksam den Darlehensvertrag. Kann G aus der notariellen Urkunde die Zwangsvollstreckung in das Grundstück des M betreiben?

Bedenken gegen die Wirksamkeit der Unterwerfungserklärung ergeben sich zunächst aus § 1365 Abs. 1 BGB. Da M und F im Güterstand der Zugewinngemeinschaft leben, kann sich M nur mit Einwilligung der F dazu verpflichten, über sein **Vermögen im Ganzen** zu verfügen (§ 1365 Abs. 1 S. 1 BGB). Eine ohne Zustimmung der F eingegangene Verpflichtung kann er nur mit ihrer Einwilligung erfüllen, also auch das zur Erfüllung erforderliche Verfügungsgeschäft nicht ohne sie vornehmen (§ 1365 Abs. 1 S. 2 BGB). Bei der Unterwerfungserklärung handelt es sich jedoch um eine ausschließlich **prozessuale Willenserklärung**. Sie enthält **keine Verfügung** über das Vermögen oder Teile davon und auch keine **Verpflichtung** zu einer Verfügung (vgl. BGH NJW 2008, 3363 (3364)). F müsste sich gegen die Vollstreckung nach § 767 ZPO wehren, wenn sie geltend machen will, dass die Grundschuldbestellung nach § 1365 Abs. 1 S. 2 BGB und die darauf gerichtete Verpflichtung nach § 1365 Abs. 1 S. 1 BGB wegen fehlender Einwilligung unwirksam sind. Das ist bei vollständiger Ausschöpfung des Grundstückswertes und fehlendem sonstigen Vermögen der Fall (dazu BGH NJW 2011, 3783).

Die Unterwerfungserklärung ist auch nicht nach § 307 Abs. 1 BGB unwirksam. Zwar ist sie **einer Kontrolle nach §§ 305 ff. BGB zugänglich** (vgl. etwa BGH NJW 2010, 2041 (2042); *Brox/Walker* Rn. 89a mwN). Der Umstand, dass sich der Schuldner gerade durch AGB der sofortigen Zwangsvollstreckung unterwirft, genügt allein jedoch nicht, um von seiner unangemessenen Benachteiligung auszugehen (BGH NJW 1987, 904; HK-ZPO/*Kindl* § 794 Rn. 37). Da hier keine weiteren Gesichtspunkte ersichtlich sind, die für die AGB-rechtliche Unwirksamkeit der Unterwerfungserklärung sprechen, kann G die Zwangsvollstreckung aus der Urkunde in das Grundstück des M betreiben, solange F nicht nach § 767 ZPO vorgeht.

(3) Weitere Vollstreckungstitel nach § 794 Abs. 1 ZPO

100 Ein **Schiedsspruch** hat gem. § 1055 ZPO unter den Parteien die Wirkungen eines rechtskräftigen Urteils. Anders als gerichtliche Urteile haben Schiedssprüche indes nicht die Wirkung eines Vollstreckungstitels (HK-ZPO/*Saenger* § 1055 Rn. 1: keine „Titelkraft"). Der Schiedsspruch muss daher von dem nach § 1062 Abs. 1 Nr. 4 ZPO zuständigen OLG für vollstreckbar erklärt werden. Die Entscheidung ist nach § 794 Abs. 1 Nr. 4a ZPO vollstreckbar.

101 **Kostenfestsetzungsbeschlüsse** (§ 794 Abs. 1 Nr. 2 ZPO), **beschwerdefähige Entscheidungen** (§ 794 Abs. 1 Nr. 3 ZPO, Beispiel → Rn. 472) und **Vollstreckungsbescheide** aus dem Mahnverfahren (§§ 794 Abs. 1 Nr. 4, 699 ZPO) sind ebenfalls Vollstreckungstitel.

102 Die Zwangsvollstreckung findet ferner aufgrund europarechtlicher Regelungen statt aus

- Europäischen Zahlungsbefehlen, § 794 Abs. 1 Nr. 6 ZPO;
- Titeln, die in einem anderen Mitgliedstaat der EU erlassen und nach der VO (EU) Nr. 805/2004 als **Europäischer Vollstreckungstitel** bestätigt worden sind (vgl. dazu auch → Rn. 18), § 794 Abs. 1 Nr. 7 ZPO;
- Titeln, die im **europäischen Verfahren für geringfügige Forderungen** erlassen wurden, § 794 Abs. 1 Nr. 8 ZPO;
- Titeln nach der **EuGVVO**, § 794 Abs. 1 Nr. 9 ZPO.

bb) Weitere Vollstreckungstitel

103 Weitere Vollstreckungstitel sieht die ZPO im Verfahren des **einstweiligen Rechtsschutzes** vor (§§ 916–945b ZPO; → Rn. 782 ff.).

104 Auch **Titel aufgrund anderer Gesetze** werden nach der ZPO vollstreckt. Praktisch bedeutsam sind vor allem der Zuschlagsbeschluss im Zwangsversteigerungsverfahren (§§ 93 Abs. 1 S. 1, 132 ZVG) sowie der Insolvenzplan (§ 257 Abs. 1 und 2 InsO). Weitere Titel sind zB Entscheidungen und Vergleiche der Arbeitsgerichte (§§ 62, 64 Abs. 7, 85 ArbGG) oder vermögensrechtliche Entscheidungen im Strafverfahren (§§ 464b, 406, 406b StPO).

105

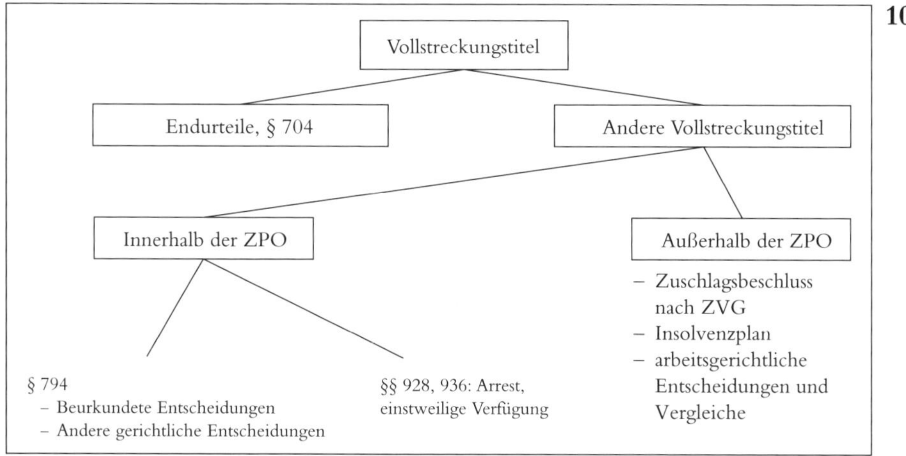

c) Allgemeine Voraussetzungen für die Vollstreckbarkeit eines Titels

Die Zwangsvollstreckung darf nur betrieben werden, wenn der Titel einen vollstreckungsfähigen Inhalt hat und hinreichend bestimmt ist. 106

aa) Vollstreckungsfähiger Inhalt

Einen vollstreckungsfähigen Inhalt haben nur Titel, die auf eine **mögliche** (BGH NJW-RR 1992, 450) **Leistung** des Schuldners gerichtet sind. Die Leistung kann in einem Tun, Dulden oder Unterlassen bestehen. Gestaltungsurteile und Feststellungsurteile haben keinen vollstreckungsfähigen Inhalt (vgl. dazu auch → Rn. 764), ebensowenig klageabweisende Urteile. Auch solche Urteile enthalten zwar einen Ausspruch darüber, wer die Kosten des Rechtsstreits zu tragen hat. Vollstreckungstitel ist aber erst der darauf beruhende Kostenfestsetzungsbeschluss, der die zu vollstreckende Summe benennt (§ 794 Abs. 1 Nr. 2 ZPO). 107

bb) Bestimmtheit des Titels

Der Titel muss **inhaltlich hinreichend bestimmt** sein, damit das Vollstreckungsorgan weiß, welche Vollstreckungsmaßnahmen gegenüber wem vorzunehmen sind. Das Bestimmtheitserfordernis schützt auch den Schuldner, der wissen muss, durch welche Leistung er den zwangsweisen Zugriff auf sein Vermögen verhindern kann. 108

109

Lernhinweis: Das Bestimmtheitsgebot ist Ihnen auch aus anderen Bereichen des öffentlichen Rechts bekannt. So muss ein Verwaltungsakt nach § 37 Abs. 1 VwVfG inhaltlich hinreichend bestimmt sein. Wie im Verwaltungsrecht dient das Bestimmtheitsgebot in der Zwangsvollstreckung auch der **Begrenzung staatlicher Zwangsbefugnisse**.

110 Dem Titel muss sich entnehmen lassen, **wer** (genaue Bezeichnung des Gläubigers) **von wem** (genaue Bezeichnung des Schuldners) **welche Leistung** (genaue Bezeichnung des vollstreckbaren Anspruchs) verlangen kann.

(1) Bezeichnung der Parteien des Vollstreckungsverfahrens

111 Nach § 750 Abs. 1 ZPO darf die Zwangsvollstreckung nur beginnen, wenn die Personen, für und gegen die sie stattfinden soll, in dem Urteil oder in der ihm beigefügten Vollstreckungsklausel namentlich bezeichnet sind. Auf Grundlage des Titels oder der Klausel muss eine Individualisierung der Parteien des Vollstreckungsverfahrens möglich sein.

(a) Vollstreckung gegen Personenmehrheiten

112 In das Vermögen eines **nicht rechtsfähigen Vereins** kann aufgrund eines Titels gegen den Verein vollstreckt werden (§ 735 ZPO). Zusätzlich kann analog § 736 ZPO aufgrund eines Titels gegen alle Vereinsmitglieder auf das Vereinsvermögen zugegriffen werden (hM, s. MüKoZPO/*Heßler* § 735 Rn. 17 mwN).

113 Für die **GbR als Schuldnerin** sieht § 736 ZPO vor, dass ein Titel gegen alle Gesellschafter erforderlich ist, um in das Vermögen der Gesellschaft vollstrecken zu können. Da heute die am Rechtsverkehr teilnehmende Außen-GbR als rechts- und parteifähig anerkannt ist, kann aber auch ein Titel gegen die GbR selbst ergehen (→ Rn. 66). Beide Wege haben Vor- und Nachteile (→ Rn. 66). Es kann daher ratsam sein, sowohl die Gesellschaft als solche als auch die einzelnen Gesellschafter zu verklagen.

114 Für die Vollstreckung in das Vermögen einer **OHG** oder einer **KG** ist ein Titel gegen die Gesellschaft erforderlich, §§ 124 Abs. 2, 161 Abs. 2 HGB. Anders als bei der GbR erlaubt ein Titel gegen sämtliche Gesellschafter hier keinen Zugriff auf das Gesellschaftsvermögen. Umgekehrt kann aus einem Titel gegen die Gesellschaft nicht in das Privatvermögen der einzelnen Gesellschafter vollstreckt werden (§ 129 Abs. 4 HGB).

115 Durch die **eheliche Gütergemeinschaft** werden das Vermögen des Mannes und dasjenige der Frau zu gemeinschaftlichem Vermögen beider Ehegatten (Gesamtgut, § 1416 Abs. 1 S. 1 BGB). Für die Zulässigkeit der Zwangsvollstreckung in das Gesamtgut kommt es darauf an, wer das Vermögen verwaltet: Verwalten die Ehepartner das Vermögen gemeinschaftlich, kann in das Gesamtgut nur vollstreckt werden, wenn ein Titel gegen beide Ehegatten vorliegt (§ 740 Abs. 2 ZPO). Verwaltet es ein Ehegatte allein, genügt ein Titel gegen diesen, um in das Gesamtgut zu vollstrecken (§ 740 Abs. 1 ZPO). Zu weiteren Sonderfällen der Zwangsvollstreckung bei Gütergemeinschaft s. §§ 741–745 ZPO. Die Vorschriften gelten für eingetragene Lebenspartner entsprechend, § 7 LPartG.

116 Die **Miterbengemeinschaft** ist eine nicht rechtsfähige Gesamthandsgemeinschaft. Nach § 747 ZPO muss zur Zwangsvollstreckung in den ungeteilten Nachlass ein Titel gegen alle Erben vorliegen. Aus einem „gegen die

Miterbengemeinschaft" ergangenen Titel kann die Zwangsvollstreckung nicht betrieben werden.

(b) Vollstreckung gegen Einzelkaufmann

Betreibt der Gläubiger die Zwangsvollstreckung gegen einen Einzelkaufmann, ist fraglich, ob aus einem Titel die Zwangsvollstreckung betrieben werden kann, in dem die „Firma" des Kaufmanns als Schuldnerin der zu vollstreckenden Forderung genannt ist. **117**

Beispielsfall: S betreibt unter der Firma „Biberfreund e. K." einen Kleintierzoohandel. G erwirkt gegen „die Firma Biberfreund e. K." einen Zahlungstitel iHv 3.000 Euro wegen einer offenen Kaufpreisforderung. Kann aus diesem Titel die Zwangsvollstreckung betrieben werden? **118**

Fraglich ist, ob der Titel hinreichend bestimmt ist. Das setzt voraus, dass der Schuldner in dem Titel oder in der ihm beigefügten Klausel namentlich bezeichnet ist, § 750 Abs. 1 S. 1 ZPO. Schuldner der Kaufpreisforderung ist S. Die Firma eines Kaufmanns ist der Name, unter dem ein Kaufmann seine Geschäfte betreibt und die Unterschrift abgibt, § 17 Abs. 1 HGB. S selbst ist in dem Titel als Schuldner nicht genannt. Gemäß § 17 Abs. 2 HGB kann ein Kaufmann jedoch unter seiner Firma klagen und verklagt werden. Die Firma eines Kaufmanns ist als namentliche Bezeichnung des Kaufmanns iSv § 750 Abs. 1 ZPO anzusehen (MüKoZPO/*Heßler* § 750 Rn. 35). Aus einem auf die Firma lautenden Titel kann demnach sowohl in das Privatvermögen als auch in das Geschäftsvermögen desjenigen vollstreckt werden, der zum Zeitpunkt des Titelerlasses das Geschäft betrieben hat. Das gilt auch dann, wenn der bürgerliche Name des Kaufmanns mit einem in der Firma enthaltenen bürgerlichen Namen nicht identisch ist (MüKoZPO/*Heßler* § 750 Rn. 35). Virulent wird dies vor allem in den Fällen der §§ 21, 22 HGB.

(c) Vollstreckung gegen namentlich unbekannte Personen

Schwierigkeiten ergeben sich, wenn gegen **namentlich unbekannte Personen** vollstreckt werden soll. **119**

Beispiel (nach LG Kassel NJW-RR 1991, 381): G ist Eigentümer eines Hauses, das von einer Gruppe „Autonomer" besetzt wird. Diese verweigern auch gegenüber der Polizei die Angabe ihrer Personalien. **120**

Gerichte gehen zum Teil davon aus, dass es bei einer einstweiligen Verfügung genüge, den Räumungsschuldner im Titel nicht namentlich, sondern **anhand sonstiger Konkretisierungsmerkmale** (etwa Bezeichnung des Gebäudes, Anzahl der Personen etc.) zu individualisieren. Auch eine einstweilige Verfügung gegen Unbekannt komme in Betracht, wenn es dem Antragsteller nicht möglich sei, sich die Namen der Schuldner in zumutbarer Weise selbst zu beschaffen (so etwa LG Kassel NJW-RR 1991, 381 (382); vgl. auch *Baur/Stürner/Bruns* Rn. 39.10). Die Ausübung hoheitlicher Vollstreckungsgewalt gegenüber einer Person kann aber grds. nur gerechtfertigt sein, wenn diese Person in dem den Eingriff legitimierenden Titel klar individualisiert ist (vgl. *Heiderhoff/Skamel* Rn. 88; kritisch auch MüKoZPO/*Heßler* **121**

§ 751 Rn. 51). Denn ohne Ansehen der Person kann behördliches Ermessen nicht ausgeübt werden. Der Gläubiger kann in derartigen Konstellationen auf öffentlich-rechtliche Unterstützung zurückgreifen, zB indem er den Erlass einer Räumungsverfügung durch die Ordnungsbehörde oder die behördliche Ermittlung der Identität der Hausbesetzer beantragt (MüKoZPO/*Henßler* § 750 Rn. 51; *Lackmann* Rn. 65). Etwas anders liegt der Fall, wenn ein Titel gegen einzelne, aber nicht alle in der Wohnung anwesenden Personen vorliegt, wie zB Familienangehörige (dazu BGH NJW 2004, 3041: bei Mitbesitz Titel erforderlich; *Heiderhoff/Skamel* Rn. 91 ff.) § 940a Abs. 2 ZPO erlaubt in dem praktisch häufigen Fall, dass der Mieter den Vermieter über (Mit-)Besitzer nicht rechtzeitig informiert, die Vollstreckung ohne Titel gegen sie.

(2) Inhaltliche Bestimmtheit des Vollstreckungstitels

122 Der Vollstreckungstitel muss aus sich heraus inhaltlich so bestimmt sein, dass sich für jeden Dritten ergibt, was der Schuldner dem Gläubiger schuldet. Es genügt jedoch, wenn der Inhalt des Titels im Wege der **Auslegung** durch das Vollstreckungsorgan **bestimmbar** ist. Handelt es sich bei dem Titel um ein Urteil, kann das Organ neben dem Tenor auch den Tatbestand und die Entscheidungsgründe, uU sogar die Klagebegründung, berücksichtigen (BGH GRUR 2014, 605 (606); MüKoZPO/*Götz* § 704 Rn. 8 mwN). Teils stützen sich die Gerichte für die Auslegung normativ auf die §§ 133, 157 BGB (OLG Saarbrücken BeckRS 2018, 9506 Rn. 9). Maßgeblich ist der Erkenntnishorizont des Vollstreckungsorgans. Außerhalb des Titels liegende Umstände dürfen grds. nicht berücksichtigt werden (BGH NJW 2010, 2137 Rn. 6), jedoch ausnahmsweise dann, wenn sie **offenkundig** iSv § 291 ZPO sind, insbesondere also allgemein zugänglichen Quellen wie etwa dem Grundbuch oder Bauplänen entnommen werden können (zB BGH NJW 2013, 2287 Rn. 17).

123 Die Anforderungen an die Bestimmtheit des Titels dürfen im Interesse einer effektiven Zwangsvollstreckung nicht überspannt werden. Ist ein Titel so bestimmt gefasst wie nach den Umständen des Falles möglich, ist bei verbleibenden Unsicherheiten zu fragen, ob das Vollstreckungsorgan die zu vollstreckende Leistung durch **zumutbare Nachforschungen** ermitteln kann (*Brox/Walker* Rn. 43).

124 **Beispiele:** In der Praxis wird der Schuldner mitunter zur Zahlung eines bestimmten Geldbetrags „zuzüglich Zinsen in Höhe von 5 Prozent über dem jeweiligen Basiszinssatz" seit Rechtshängigkeit verurteilt. Ein derartiger Titel ist zunächst dahingehend auszulegen, dass der Schuldner Zinsen iHv 5 Prozent*punkten* über dem jeweiligen Basiszinssatz (vgl. § 291 S. 1 iVm § 288 Abs. 1 S. 2 BGB) schuldet (s. etwa OLG Hamm NJW 2005, 2238 (2239)). Der jeweilige Basiszinssatz wird von der Bundesbank veröffentlicht und ist damit allgemein zugänglich. Dem Vollstreckungsorgan ist es zumutbar, den konkret zu vollstreckenden Betrag zu berechnen.

Schwierigkeiten bereiten in der Praxis **Wertsicherungsklauseln** (zB: „Die zu zahlende Unterhaltsrente soll in ihrer Höhe abhängig sein von der Entwicklung des vom statistischen Bundesamts festgestellten Preisindex für die Lebenshaltungskosten aller privaten Haushalte, der ausgehend von der Basis 1970 = 100 im Juni 1974 127 betrug."). Nach der Rechtsprechung sind Titel mit solchen Wertsicherungsklauseln hinreichend bestimmt. Diese Indizes lassen sich nämlich dem Bundesanzeiger und anderen Quellen entnehmen (BGH NJW-RR 2005, 366). Als nicht bestimmt genug sah der BGH bisher Klauseln an, welche die Leistung an ein bestimmtes **Beamtengehalt** koppeln (BGH NJW 1957, 23 (24); NJW-RR 2010, 1365 (1366 mwN); vgl. zur Problematik *Brox/ Walker* Rn. 42f.).

Beispielsfall (nach BGH NJW 2013, 2287): S hatte von G das Hausgrundstück Kanalstr. 5 zusammen mit Räumlichkeiten im Erdgeschoss des Nachbarhauses Kanalstr. 3 gemietet. Beide Häuser sind durch einen Durchbruch im Wohnzimmer des Hauses Kanalstr. 5 miteinander verbunden. S ist rechtskräftig zur Räumung sowie zur Herausgabe des Einfamilienhauses Kanalstr. 5 nebst Garage, Kellerraum und Garten an G verurteilt worden. Da S dem nicht nachkommt, erteilt G der Gerichtsvollzieherin GV einen Vollstreckungsauftrag. Diese fragt sich, ob sie aus dem Titel die Zwangsvollstreckung betreiben kann. 125

Fraglich ist, ob der Titel hinreichend bestimmt ist. Für das Vollstreckungsorgan muss erkennbar sein, welche Räumlichkeiten und Bauteile zu dem zu räumenden Grundstück gehören. Hier bezieht sich der Titel nur auf das Grundstück Kanalstr. 5, obwohl S auch Räumlichkeiten des Hauses auf dem Grundstück Kanalstr. 3 gemietet hatte und beide Häuser durch einen Durchbruch verbunden sind. Der BGH ist in einem vergleichbaren Fall davon ausgegangen, dass die Gerichtsvollzieherin die Zwangsvollstreckung nicht von vornherein unter Hinweis auf die Unbestimmtheit des Titels ablehnen dürfe, sondern zunächst klären müsse, welche Gebäudeteile dem zu räumenden Grundstück zuzuordnen sind. Insoweit habe sie die Örtlichkeiten auf Anhaltspunkte hin zu untersuchen. Sollte dies keinen Aufschluss geben, müsse sie sich mit allgemein zugänglichen Hilfsmitteln wie Bauplänen vergewissern oder Hilfspersonen zu Rate ziehen (vgl. BGH NJW 2013, 2287 mit krit. Anm. *Lamberz* NJW 2013, 2288).

Hängt die Vollstreckung nach dem Titel von einer **Zug um Zug** zu bewirkenden Leistung des Gläubigers an den Schuldner ab (vgl. dazu § 765 ZPO sowie → Rn. 175), muss auch die vom Gläubiger zu bewirkende Gegenleistung im Titel hinreichend bestimmt bezeichnet sein. 126

Beispielsfall: S ist zur Zahlung von 3.000 Euro an G verurteilt worden, Zug um Zug gegen Übergabe und Übereignung eines nicht näher bezeichneten PKW (s. § 322 BGB). Der von G beauftragte Gerichtsvollzieher GV fragt sich, ob er die Vollstreckung aus dem Titel betreiben kann. 127

Nach § 756 Abs. 1 ZPO darf der Gerichtsvollzieher die Zwangsvollstreckung grds. erst beginnen, wenn er dem S die diesem gebührende Leistung in einer den Verzug der Annahme begründenden Weise angeboten hat. GV kann hier dem Titel nicht entnehmen, welches Auto der G dem S übergeben und übereignen muss. Wenn G dem GV ein bestimmtes Auto zur Verfügung stellt, das dem S angeboten werden soll, kann GV nicht erkennen, ob es das geschuldete Auto oder zB ein minderwertiges ist. Die Zwangsvollstreckung muss daher mangels hinreichender Bestimmtheit des Titels unterbleiben.

128 Ist der Titel zu unbestimmt, ist er **nicht vollstreckungsfähig** (*Gaul/Schilken/Becker-Eberhard* § 10 Rn. 43). Die Parteien können den Inhalt des Titels dann im Rahmen eines Erkenntnisverfahrens feststellen (§ 256 ZPO) lassen (*Brox/Walker* Rn. 44). Mit dieser Feststellung des Titelinhalts wird der ursprüngliche Titel vollstreckungsfähig, sodass aus ihm vollstreckt werden kann. Für eine erneute Leistungsklage besteht kein Rechtsschutzbedürfnis (Schuschke/Walker/Kessen/Thole/*Schuschke* ZPO Vor §§ 704–707 Rn. 18; s. auch BGH NJW 1962, 109 (110); aA *Lippross/Bittmann* § 5 Rn. 40).

2. Vollstreckungsklausel

a) Begriff und Zweck der Vollstreckungsklausel

129 Die Zwangsvollstreckung findet zwar *aus* einem Vollstreckungstitel statt. Durchgeführt wird sie jedoch *aufgrund* einer **vollstreckbaren Ausfertigung** (Legaldefinition in § 724 Abs. 1 ZPO) des Titels. Dabei handelt es sich um eine beglaubigte Abschrift des Titels, die mit der Vollstreckungsklausel versehen ist. Die Klausel lautet, wie § 725 ZPO vorgibt: „Vorstehende Ausfertigung wird dem … (Bezeichnung der Parteien) zum Zwecke der Zwangsvollstreckung erteilt." Das Original des Titels bleibt in den Gerichts- bzw. den Notarakten.

130 Die Vollstreckungsklausel **bescheinigt, dass der Titel besteht und vollstreckungsreif** ist. Sie bringt eine Arbeitserleichterung für die Vollstreckungsorgane mit sich. Diese können nicht ohne Weiteres beurteilen, ob der Titel wirksam und vollstreckbar ist. Diese Fragen werden in dem der Zwangsvollstreckung vorausgehenden Klauselerteilungsverfahren geprüft (→ Rn. 154 ff.). Dadurch wird auch der Schuldner geschützt, insbesondere wird der mehrfachen Vollstreckung aus einem Titel vorgebeugt, denn der Gläubiger erhält nur eine vollstreckbare Ausfertigung. Etwaige Teilleistungen des Schuldners werden nach § 757 Abs. 1 ZPO auf der vollstreckbaren Ausfertigung vermerkt.

b) Erfordernis der Vollstreckungsklausel

131 Die §§ 724 ff. ZPO beziehen sich auf Urteile. Indes bedürfen grds. **sämtliche Titel**, die nach den Vorschriften der ZPO vollstreckt werden, einer Vollstreckungsklausel. Für die in § 794 ZPO genannten Titel ergibt sich dies aus § 795 ZPO. Nur in gesetzlich geregelten Ausnahmefällen ist eine Vollstreckungsklausel nicht erforderlich: **Vollstreckungsbescheide** (§ 699 ZPO) und **Entscheidungen im einstweiligen Rechtsschutz** (→ Rn. 827 ff.) bedürfen einer Vollstreckungsklausel nur, wenn nicht für und gegen diejenigen Personen vollstreckt wird, die im Titel bezeichnet sind, vgl. §§ 796 Abs. 1, 929 Abs. 1, 936 ZPO. Ebenfalls keiner Vollstreckungsklausel bedürfen die **Vorpfändung** (§ 802a Abs. 1 S. 2 Nr. 5 ZPO) und der **Haftbefehl** nach

§ 802g Abs. 1 ZPO. Weitere Ausnahmen finden sich in §§ 795a, 830 Abs. 1 und 836 Abs. 3 S. 5 ZPO.

c) Arten der Vollstreckungsklausel

aa) Einfache Vollstreckungsklausel

Die **einfache Vollstreckungsklausel** (§ 724 ZPO) genügt, wenn kein Ausnahmefall nach den §§ 726 ff. ZPO vorliegt. Die §§ 726–729 ZPO regeln die **qualifizierten Vollstreckungsklauseln**. Bei ihnen leistet die Klausel mehr, als nur die Vollstreckbarkeit nachzuweisen: Sie ergänzt den Titel oder schreibt ihn auf eine andere Person um. Zu unterscheiden sind titelergänzende (→ Rn. 133 ff.) und titelumschreibende (→ Rn. 142 ff.) Klauseln. **132**

bb) Titelergänzende Vollstreckungsklausel

Eine titelergänzende Klausel (§ 726 ZPO) ist erforderlich, wenn die Vollstreckung nach dem Titel von dem **Eintritt** bestimmter, **vom Gläubiger zu beweisender Tatsachen** abhängt. Das ist zB der Fall, wenn die titulierte Forderung aufschiebend bedingt ist. **133**

Beispiel: S hat sich in einem Prozessvergleich gegenüber G verpflichtet, dieser 12.000 Euro für den Fall zu zahlen, dass das Mietverhältnis zwischen G und dem Dritten D durch außerordentliche Kündigung beendet wird. Das Vollstreckungsorgan kann nicht überprüfen, ob das Mietverhältnis zwischen G und D tatsächlich durch außerordentliche Kündigung beendet worden ist. **134**

Die Klausel nimmt dem Vollstreckungsorgan die oft schwierige Feststellung des Eintritts der jeweiligen Tatsache ab. Sie wird erteilt, wenn der Beweis des Eintritts der Tatsache durch öffentliche (§§ 415, 417, 418 ZPO) oder öffentlich beglaubigte Urkunden (§ 129 BGB, § 40 BeurkG) geführt wird. **135**

Beispiel: Im oben genannten Fall muss G im Klauselverfahren beweisen, dass das Mietverhältnis durch außerordentliche Kündigung beendet wurde. Gelingt G der Beweis, wird die qualifizierte Klausel erteilt (§§ 795, 794 Abs. 1 Nr. 1, 726 Abs. 1 ZPO) und G kann aus dem Prozessvergleich die Zwangsvollstreckung betreiben. **136**

§ 726 Abs. 1 ZPO greift nur, wenn der Gläubiger die **Beweislast** für den Eintritt der Tatsache trägt (s. § 726 Abs. 1 ZPO). Unanwendbar ist § 726 Abs. 1 ZPO damit auf **auflösende Bedingungen**. **137**

Beispiel: S verpflichtet sich in einem Vergleich, an G monatlich eine Rente iHv 500 Euro zu zahlen, bis G wieder erwerbsfähig ist. S muss beweisen, dass G wieder erwerbsfähig ist und damit die auflösende Bedingung eingetreten ist. G kann aus dem Titel vollstrecken, ohne im Klauselverfahren nachweisen zu müssen, dass sie nicht erwerbsfähig ist. S kann sich gegen die Vollstreckung nach § 767 ZPO wehren, wenn G wieder erwerbsfähig ist. **138**

Das Gesetz sieht **Ausnahmefälle** vor, in denen die Vollstreckung von dem Eintritt einer Tatsache abhängt, eine einfache Klausel jedoch ausreicht. Es handelt sich um einfach gelagerte Fälle, in denen das **Vollstreckungsorgan** **139** den Eintritt der Tatsache **selbst** leicht überprüfen kann (§§ 751 Abs. 1, 756, 765 ZPO, s. im Einzelnen → Rn. 168 ff.). Der Zug-um-Zug-Mechanismus der §§ 274, 322 BGB wird üblicherweise gem. §§ 756, 765 ZPO durch das Vollstreckungsorgan selbst sichergestellt (besondere Voraussetzungen der Zwangsvollstreckung; → Rn. 175). Handelt es sich bei der dem Schuldner obliegenden Leistung dagegen um die **Abgabe einer Willenserklärung**, wird die Vollstreckungsklausel nur erteilt, wenn der Gläubiger beweist, dass der Schuldner befriedigt oder im Verzug der Annahme ist, § 726 Abs. 2 aE ZPO.

140 **Beispiel:** S wird zur Abgabe einer dinglichen Einigungserklärung nach § 929 S. 2 BGB gegenüber G verurteilt, Zug um Zug gegen Zahlung von 10.000 Euro.

141 Diese Ausnahme erklärt sich vor dem Hintergrund von **§ 894 ZPO**: Nach dessen Satz 1 gilt für den Fall, dass der Schuldner zur Abgabe einer Willenserklärung verurteilt worden ist, die Erklärung als abgegeben, sobald das Urteil die Rechtskraft erlangt hat. Würde diese Fiktion auch dann eintreten, wenn der Schuldner zur Abgabe der Willenserklärung Zug um Zug gegen eine vom Gläubiger zu bewirkende Leistung verpflichtet ist, wäre der Schuldner im Ergebnis vorleistungspflichtig. Nach § 894 S. 2 ZPO tritt die Wirkung des § 894 S. 1 ZPO daher erst ein, sobald nach den Vorschriften der §§ 726, 730 ZPO eine vollstreckbare Ausfertigung des rechtskräftigen Urteils erteilt ist; dies macht § 726 Abs. 2 ZPO wiederum von dem Beweis des Gläubigers abhängig, dass der Schuldner befriedigt oder im Annahmeverzug ist.

cc) Titelumschreibende Klausel

(1) Funktion

142 Die subjektive Rechtskraft von Urteilen erstreckt sich nicht nur auf die Parteien, sondern ggf. auch auf andere Personen, insbesondere die Rechtsnachfolger der Parteien (§§ 325–327 ZPO; vgl. zu Einzelheiten *Pohlmann* ZivilProzR Rn. 710 ff.). Soll die Zwangsvollstreckung für oder gegen jemanden erfolgen, **auf den sich die Rechtskraft des Urteils erstreckt**, der aber in dem Vollstreckungstitel nicht genannt ist, muss der Titel umgeschrieben werden. Eine titelumschreibende Klausel kommt insbesondere in den Fällen der Rechtsnachfolge (§ 727 ZPO), der Nacherbfolge (§ 728 Abs. 1 ZPO), der Testamentsvollstreckung (§ 728 Abs. 2 ZPO) sowie der Vermögens- und Firmenübernahme (§ 729 ZPO) in Betracht.

143 Die Vorschriften über die Titelumschreibung verhindern, dass über denselben prozessualen Anspruch erneut ein Rechtsstreit geführt werden muss. Sofern eine Umschreibung des Titels möglich ist, kann eine erneute Klage über den prozessualen Anspruch mangels Rechtsschutzbedürfnisses nicht erhoben werden; ggf. steht einer erneuten Klage zudem der Einwand der Rechtskraft entgegen (vgl. *Lackmann* Rn. 73; *Lippross/Bittmann* § 5 Rn. 55).

144 **Beispiel:** S wird zur Zahlung von 10.000 Euro an G verurteilt. Noch bevor G die Zwangsvollstreckung aus dem Urteil betreibt, stirbt S und wird von E beerbt. Als Gesamtrechtsnachfolgerin haftet E zwar für sämtliche Verbindlichkeiten des S gegenüber dessen Gläubigern (§§ 1922 Abs. 1, 1967 BGB). In dem Titel ist sie jedoch nicht als Schuldnerin genannt. Es wäre nicht prozessökonomisch, müsste S einen neuen Prozess gegen E führen. § 727 Abs. 1 ZPO sieht daher die Möglichkeit vor, den gegen S erstrittenen Titel auf E als Rechtsnachfolgerin des S umschreiben zu lassen. Eine erneute Klage des G gegen E auf Zahlung von 10.000 Euro wäre mangels Rechtsschutzbedürfnisses unzulässig, weil mit § 727 ZPO ein einfacherer und günstigerer Weg der Rechtsverfolgung besteht.

(2) Vollstreckbare Ausfertigung für und gegen Rechtsnachfolger, § 727 Abs. 1 ZPO

§ 727 ZPO ermöglicht die Umschreibung des Titels für den Rechtsnachfolger des im Titel genannten **Gläubigers** sowie gegen Rechts- oder Besitznachfolger des **Schuldners** (vgl. HK-ZPO/*Kindl* § 727 Rn. 1). § 727 ZPO gilt also für beide Parteien. 145

Eine **Rechtsnachfolge** auf Seiten des **Gläubigers** liegt in allen Fällen der Einzelrechtsnachfolge (zB Abtretung einer Forderung) und der Gesamtrechtsnachfolge (zB Erbfall) vor. Sie kann auf Rechtsgeschäft, Gesetz (zB §§ 426 Abs. 2 S. 1, 412 BGB) oder Hoheitsakt beruhen (zB Eigentumserwerb durch Zuschlag nach § 90 Abs. 1 ZVG). Eine Rechtsnachfolge auf Seiten des **Schuldners** liegt vor, wenn sich die Person des Schuldners des titulierten Anspruchs ändert (BeckOK ZPO/*Ulrici* § 727 Rn. 12). Wichtiger Anwendungsfall ist die Gesamtrechtsnachfolge bei Tod des im Titel genannten Schuldners; nach Beginn der Vollstreckung ist die Umschreibung aber nach § 779 Abs. 1 ZPO entbehrlich. 146

In Klausuren spielt § 727 Abs. 1 ZPO oft in Konstellationen eine Rolle, in denen der im Titel genannte Schuldner die streitbefangene Sache nach Eintritt der Rechtshängigkeit an einen Dritten veräußert. 147

Beispielsfall: G verklagt S auf Herausgabe eines in ihrem Eigentum stehenden PKW. Nachdem S die Klage zugestellt worden ist, übergibt und übereignet S den PKW an die D (s. § 265 Abs. 1 ZPO), den S gutgläubig für den Eigentümer des PKW hält und keine Kenntnis von dem Prozess zwischen G und S hat. Sodann wird S zur Herausgabe des PKW an G verurteilt. G beantragt beim zuständigen Rechtspfleger, eine Vollstreckungsklausel gegen D zu erteilen. Wird der Rechtspfleger die Klausel antragsgemäß erteilen? 148

In Betracht kommt eine Titelumschreibung nach § 727 Abs. 1 Var. 3 ZPO. Danach kann eine vollstreckbare Ausfertigung gegen den Besitzer der in Streit befangenen Sache, gegen den das Urteil nach § 325 ZPO wirksam ist, erteilt werden.

D ist hier Besitzerin des PKW, auf den sich der Titel der G bezieht, und damit der streitbefangenen Sache (Einzelheiten bei MüKoZPO/*Wolfsteiner* § 727 Rn. 39 ff.). Auch könnte das zwischen G und S ergangene Urteil nach § 325 Abs. 1 ZPO grds. für und gegen D wirken, weil die Nachfolge in den Eigenbesitz als Rechtsnachfolge iSv § 325 Abs. 1 ZPO zu qualifizieren ist (MüKoZPO/*Gottwald* § 325 Rn. 35). Nach § 325 Abs. 2 ZPO gelten jedoch die bürgerlich-rechtlichen Vorschriften über den gutgläubigen Erwerb entsprechend. Demnach wirkt die Rechtskraft des Urteils entgegen § 325 Abs. 1 ZPO nicht gegenüber demjenigen Rechtsnachfolger, der den Veräußerer gutgläubig für den Berechtigten hält und zudem gutgläubig hinsichtlich der fehlenden Rechtshängigkeit ist (Thomas/Putzo/*Seiler* ZPO § 325 Rn. 8). Der Rechtsnachfolger wird unter diesen Voraussetzungen also Eigentümer der streitbefangenen Sache – die Rechtshängigkeit steht der Veräußerung der Sache nicht entgegen (§ 265 Abs. 1 ZPO) – und muss sie auch nicht an den im Titel genannten Gläubiger herausgeben. Diese Voraussetzungen liegen hier vor, denn D hielt den S gutgläubig für den Eigentümer des PKW und hatte keine Kenntnis oder grob fahrlässige Unkenntnis von dem Prozess zwischen S und G. Danach wirkt das Urteil nicht gegen D, so dass die Klausel nicht erteilt werden müsste.

Allerdings weiß der Rechtspfleger in der Praxis nicht, ob der Rechtsnachfolger bös- oder gutgläubig war. Er kann und darf dies vor Erteilung der Klausel auch nicht überprüfen (Formalisierungsgrundsatz). Nach hM muss er deshalb, wenn die Besitznachfolge nachgewiesen ist, die Klausel erteilen (MüKoZPO/*Wolfsteiner* § 727 Rn. 43; HK-ZPO/*Kindl* § 727 Rn. 11; *Brox/Walker* Rn. 118). Dem Rechtsnachfolger bleibt die Möglichkeit, seinen gutgläubigen Erwerb im Wege eines **Rechtsbehelfs** gegen die titelübertragende Klausel (→ Rn. 769 ff., 779 ff.) geltend zu machen.

(3) Sonstige Fälle der Titelumschreibung

149 Gemäß § 728 Abs. 1 ZPO ist die Umschreibung eines Titels, der gegenüber dem Vorerben ergangen ist, für und gegen den Nacherben möglich. Die Vorschrift knüpft an die Rechtskrafterstreckung bei Nacherbfolge (§ 326 ZPO) an und erklärt § 727 ZPO für entsprechend anwendbar. Dieser Verweisung bedarf es, weil der Nacherbe nicht Rechtsnachfolger des Vorerben, sondern Rechtsnachfolger des Erblassers ist.

150 **Beispiel:** Erblasser E stirbt. Er hatte testamentarisch V als Vorerbin und N als Nacherbin eingesetzt. V verklagt D auf Übergabe und Übereignung eines PKW, den E kurz vor seinem Tod bei D gekauft und schon bezahlt hatte. Der Klage wird stattgegeben (§§ 433 Abs. 1 S. 1, 1922 Abs. 1 BGB). Nach Eintritt der Rechtskraft stirbt auch V. N möchte aus dem Titel die Zwangsvollstreckung gegen D betreiben. Dazu muss sie beantragen, dass der von V als Vorerbin erstrittene Titel gem. § 728 ZPO auf sie umgeschrieben wird. Der Anspruch nach § 433 Abs. 1 S. 1 BGB ist ein der Nacherbfolge unterliegender Gegenstand, denn V hat den Anspruch ihrerseits aufgrund ihrer Vorerbenstellung erworben (§ 1922 Abs. 1 BGB). Mithin liegen die Voraussetzungen des § 728 Abs. 1 ZPO vor.

151 Wer ein unter Lebenden erworbenes **Handelsgeschäft** unter der bisherigen Firma fortführt, haftet für alle im Betrieb des Geschäfts begründeten Verbindlichkeiten des früheren Inhabers, **§ 25 Abs. 1 HGB**. Der Erwerber des Handelsgeschäfts ist nicht Rechtsnachfolger des früheren Inhabers, sondern haftet neben diesem als Gesamtschuldner (vgl. auch § 26 HGB). § 727 ZPO gilt daher nicht unmittelbar, über § 729 Abs. 2 ZPO jedoch entsprechend. Das bedeutet, dass der Gläubiger des früheren Geschäftsinhabers einen gegen diesen erstrittenen Titel auf den Erwerber des Handelsgeschäfts umschreiben lassen kann. Die Titelumschreibung setzt aber voraus, dass die

Verbindlichkeiten, für die der Erwerber nach §25 HGB haftet, vor dem Erwerb des Geschäfts gegen den früheren Inhaber **rechtskräftig festgestellt** worden sind.

Analog wird §729 Abs. 2 ZPO in den Fällen des §28 HGB angewandt, also dann, wenn jemand als persönlich haftender Gesellschafter oder als Kommanditist in das Geschäft eines Einzelkaufmanns eintritt (vgl. nur HK-ZPO/*Kindl* §729 Rn. 3). 152

Beispiel: Einzelkaufmann E ist aufgrund eines zu seinem Handelsgewerbe gehörenden Kaufvertrages rechtskräftig zur Zahlung von 15.000 Euro an G verurteilt worden. Nach Rechtskraft des Urteils tritt K als persönlich haftender Gesellschafter in das Geschäft des E ein. Hier kann G eine Klausel zusätzlich sowohl gegen K als auch gegen die neu entstandene Gesellschaft beantragen. 153

d) Klauselerteilungsverfahren

Die Vollstreckungsklausel wird in einem besonderen Verfahren erteilt. Dieses Klauselerteilungsverfahren ist nicht Teil des Vollstreckungsverfahrens, sondern geht diesem als selbstständiges Verfahren voraus. Deshalb sieht die ZPO in den §§731, 732 und 768 ZPO spezielle Rechtsbehelfe vor (→ Rn. 754ff.). 154

Die Vollstreckungsklausel wird auf formlosen **Antrag** des Titelgläubigers oder des eine Umschreibung begehrenden Dritten erteilt. **Zuständig** ist nach §724 Abs. 2 ZPO grds. der Urkundsbeamte der Geschäftsstelle des Gerichts des ersten Rechtszugs. Qualifizierte Vollstreckungsklauseln erteilt grds. der Rechtspfleger, §§3 Nr. 3 lit. a, 20 Abs. 1 Nr. 12 RPflG, ausnahmsweise nach §795b ZPO der Urkundsbeamte der Geschäftsstelle. Bedeutung hat diese Ausnahme insbesondere für Vergleiche, die unter Widerrufsvorbehalt geschlossen worden sind (vgl. zum Vergleich unter Widerrufsvorbehalt *Pohlmann* ZivilProzR Rn. 549). Handelt es sich bei dem Vollstreckungstitel um eine **notarielle Urkunde** (§794 Abs. 1 Nr. 5 ZPO), werden sowohl die einfache als auch die qualifizierte Vollstreckungsklausel grds. vom **Notar** erteilt (§797 Abs. 2 S. 1 ZPO). 155

Das zuständige Organ muss prüfen, ob die folgenden **Voraussetzungen** für die Erteilung der Klausel vorliegen: 156

- Es muss ein jedenfalls dem äußeren Anschein nach wirksamer Titel vorliegen, der noch in Kraft ist. Urteile müssen die äußeren Formalia (§313 Abs. 1 Nr. 1–4 ZPO) einhalten, unterschrieben (§315 Abs. 1 ZPO) und durch Verkündung (§311 Abs. 2 ZPO) oder Zustellung (§310 Abs. 3 ZPO) wirksam geworden sein (HK-ZPO/*Kindl* §724 Rn. 7).
- Der Titel muss einen vollstreckungsfähigen Inhalt haben (→ Rn. 107).
- Der Titel muss vollstreckbar, ein Urteil also rechtskräftig oder für vorläufig vollstreckbar erklärt worden sein.

- Bei qualifizierten Klauseln müssen die in den §§726 ff. ZPO genannten Umstände nachgewiesen sein, was unter anderem durch öffentliche Urkunden (§§415, 417, 418 ZPO) und durch öffentlich beglaubigte Urkunden (§129 BGB) geschehen kann.

157 **Angehört** wird der Schuldner nach §730 ZPO vor der Erteilung der Klausel nur in den Fällen des §726 Abs. 1 ZPO und der §§727–729 ZPO. §730 ZPO schränkt den Anspruch des Schuldners auf rechtliches Gehör ein, um zu verhindern, dass er schon vor Klauselerteilung Einwendungen erhebt und so die Vollstreckung hinauszögert (HK-ZPO/*Kindl* §730 Rn. 1). Die Rechte des Schuldners sind gleichwohl ausreichend gewahrt, weil er sich gegen die erteilte Klausel wehren kann (→ Rn.754 ff.).

3. Zustellung

a) Allgemeines

158 Mit der Zwangsvollstreckung darf grds. nur begonnen werden, wenn dem Schuldner der Titel zugestellt worden ist, vgl. §750 Abs. 1 ZPO (iVm §795 ZPO). Die Zustellung hat eine **Informations- und Warnfunktion**: Der Schuldner soll darüber in Kenntnis gesetzt werden, dass und aus welchem Grund gegen ihn vollstreckt wird. Ihm wird damit zugleich die Möglichkeit gegeben, die Rechtmäßigkeit der Vollstreckung zu überprüfen und sie durch Befriedigung des Gläubigers abzuwenden (BGH NJW-RR 2007, 358 (359)). Zustellungsmängel führen zur Anfechtbarkeit des späteren Vollstreckungsaktes (BGH NJW-RR 2017, 57 (58); Musielak/Voit/*Lackmann* ZPO §750 Rn. 19).

b) Durchführung der Zustellung

159 Für die Zustellung gelten die **allgemeinen Vorschriften der §§166 ff.** ZPO. Zustellungsadressat iSd §182 Abs. 2 Nr. 1 ZPO ist der Schuldner. Ist er prozessunfähig, muss an den gesetzlichen Vertreter zugestellt werden (§170 Abs. 1 S. 1 und 2 ZPO). Hat er einen Prozessbevollmächtigten bestellt, so muss an diesen zugestellt werden (§172 Abs. 1 ZPO).

160 Die Zustellung erfolgt von Amts wegen oder auf Betreiben des Gläubigers, (§750 Abs. 1 S. 2 ZPO). Von Amts wegen werden unter anderem Urteile zugestellt (§317 Abs. 1 iVm §166 Abs. 2 , 167 ff. ZPO). Die Zustellung auf Betreiben des Gläubigers erfolgt auf dessen Antrag durch den Gerichtsvollzieher nach den §§192 ff. ZPO.

161 Grundsätzlich muss nur der **Titel**, nicht auch die Vollstreckungsklausel zugestellt werden (*arg e* §750 Abs. 2 ZPO). In den Fällen der titelübertragenden (→ Rn. 142 ff.) und der titelergänzenden (→ Rn. 133 ff.) Vollstreckungsklausel muss jedoch auch die **Vollstreckungsklausel** und, sofern diese auf

Grund öffentlicher oder öffentlich beglaubigter Urkunden erteilt ist, auch eine Abschrift dieser Urkunde zugestellt werden (§ 750 Abs. 2 ZPO). Erst dadurch wird der Schuldner über den Eintritt der Vollstreckungsreife informiert, mit der er in diesen Fällen, anders als in den Fällen der einfachen Klausel, nicht jederzeit rechnen muss (vgl. BGH NJOZ 2005, 3304 (3305)).

c) Zeitpunkt der Zustellung und Beachtung von Wartefristen

Die Zwangsvollstreckung darf nur beginnen, wenn der Titel und – in **162**
den Fällen des § 750 Abs. 2 ZPO – die Klausel sowie etwaige Urkunden dem Schuldner bereits zugestellt worden sind oder gleichzeitig mit dem Vollstreckungsbeginn zugestellt werden, § 750 Abs. 1 S. 1, Abs. 2 ZPO. Die Zustellung des Titels bei Vollstreckungsbeginn ist jedoch nur in den Fällen der Vollstreckung durch den Gerichtsvollzieher zulässig (HK-ZPO/*Kindl* § 750 Rn. 7; *Brox/Walker* Rn. 153).

Mit einer Sicherungsvollstreckung nach § 720a ZPO darf nach dem Wort- **163**
laut des § 750 Abs. 3 ZPO nur begonnen werden, wenn das **Urteil und die Vollstreckungsklausel** mindestens zwei Wochen vorher zugestellt worden sind (Wartefrist). Dadurch soll der Schuldner in die Lage versetzt werden, die nach § 720a Abs. 1 ZPO ohne Sicherheitsleistung mögliche Zwangsvollstreckung durch Leistung einer eigenen Sicherheit (→ Rn. 172 ff.) abzuwenden (Zöller/*Stöber* ZPO § 750 Rn. 23).

164
Beispielsfall: Die S wird zur Zahlung von 4.000 Euro an G verurteilt. Das Urteil ist gegen Sicherheitsleistung vorläufig vollstreckbar. Der S wird das Urteil, nicht aber die Klausel, am 1.6. zugestellt. Am 15.6. beauftragt G den Gerichtsvollzieher GV mit der Zwangsvollstreckung bei S. GV fragt sich, ob er mit der Zwangsvollstreckung beginnen kann, obwohl G seine Sicherheitsleistung noch nicht erbracht hat und S die Vollstreckungsklausel noch nicht zugestellt worden ist.

Da die Zwangsvollstreckung von einer dem G obliegenden Sicherheitsleistung abhängt, darf mit ihr an sich nur begonnen werden, wenn die Sicherheitsleistung durch eine öffentliche oder öffentlich beglaubigte Urkunde nachgewiesen und eine Abschrift dieser Urkunde bereits zugestellt ist oder gleichzeitig zugestellt wird, § 751 Abs. 2 ZPO (vgl. dazu → Rn. 172 ff.). § 720a Abs. 1 S. 1 lit. a ZPO ermöglicht dem G aber, bewegliches Vermögen der S auch ohne Sicherheitsleistung zu pfänden. Eine derartige Sicherungsvollstreckung iSv § 720a ZPO – die noch nicht zur Verwertung des gepfändeten Schuldnervermögens führt – darf nach § 750 Abs. 3 ZPO nur beginnen, wenn das Urteil und die Vollstreckungsklausel mindestens zwei Wochen vorher zugestellt worden sind. Hier ist der S allein das Urteil, nicht aber die (einfache) Vollstreckungsklausel zugestellt worden. Der Wortlaut von § 750 Abs. 3 ZPO ist jedoch missverständlich. Der Zweck der Vorschrift besteht darin, den Schuldner vor einer möglichen Sicherungsvollstreckung zu warnen (*Brox/Walker* Rn. 154). Der Schuldner muss im Hinblick auf § 720a ZPO jedoch jederzeit damit rechnen, dass der Gläubiger die Zwangsvollstreckung aus dem Titel ohne vorherige Sicherheitsleistung betreibt (BGH NJOZ 2005, 3304 (3306)). Einer besonderen Information über den Eintritt der Voraussetzungen der Zwangsvollstreckung bedarf der Schuldner nur in den von § 750 Abs. 2 ZPO erfassten Fällen, also bei qualifizierten Vollstreckungsklauseln. Die

Interessen des Schuldners sind ausreichend geschützt, da er nach der Zustellung des Titels zwei Wochen Zeit hat, die Zwangsvollstreckung durch eigene Sicherheitsleistung abzuwenden (BGH NJOZ 2005, 3304 (3306)). Die Sicherungsvollstreckung setzt damit entgegen dem Wortlaut von §750 Abs. 3 ZPO bei einer einfachen Klausel allein die Zustellung des Urteils voraus (BGH NJOZ 2005, 3304ff.; *Brox/Walker* Rn. 154; Zöller/*Stöber* ZPO §750 Rn. 23; HK-ZPO/*Kindl* §750 Rn. 12). GV kann daher mit der Zwangsvollstreckung bei S beginnen.

d) Entbehrlichkeit der Zustellung

165 Das Gesetz sieht für die Vollziehung (=Vollstreckung) eines Arrestes oder einer einstweiligen Verfügung wegen der besonderen Eilbedürftigkeit Ausnahmen von dem Erfordernis einer Zustellung des Titels vor (§§929 Abs. 3, 936 ZPO, → Rn. 812, 831). Auch die Vorpfändung (§845 ZPO) ist ohne vorherige Zustellung des Titels an den Schuldner zulässig, §802a Abs. 2 S. 1 Nr. 5 ZPO.

166 Umstritten ist, ob der Schuldner auf die Zustellung oder die Einhaltung der Wartefirst **verzichten** kann. Die hM hält einen vorherigen Verzicht für unwirksam (aA *Brox/Walker* Rn. 155), bejaht aber die Möglichkeit, bei einem Vollstreckungsakt oder nach dessen Vornahme zu verzichten (*Heiderhoff/Skamel* Rn. 120; Musielak/Voit/*Lackmann* ZPO §750 Rn. 15). Gegen die Zulässigkeit eines vorherigen Verzichts spricht, dass das Vollstreckungsorgan die Wirksamkeit des Verzichts idR nicht überprüfen kann (HK-ZPO/*Kindl* §750 Rn. 13). Gegen einen nachträglichen Verzicht bestehen demgegenüber keine Bedenken. Es macht keinen Unterschied, ob der Schuldner auf eine unterbliebene Zustellung verzichtet oder ob er eine wegen fehlender Zustellung anfechtbare Maßnahme der Zwangsvollstreckung nicht angreift (*Heiderhoff/Skamel* Rn. 120; s. auch die ähnlichen Wertungen bei Vollstreckungsverträgen → Rn. 200).

e) Folgen und Heilung von Zustellungsmängeln

167 Vollstreckungsakte ohne vorherige Zustellung des Titels sind wirksam, können aber mit der Erinnerung nach §766 ZPO angefochten werden (→ Rn. 512ff.). Zustellungsmängel können durch eine nachträgliche Zustellung des Titels (vgl. §189 ZPO sowie BGH NJW 1976, 851 (852)) oder den nachträglichen Verzicht des Schuldners auf die Zustellung (→ Rn. 166) mit Wirkung *ex nunc* geheilt werden. Eine Vollstreckungserinnerung ist dann unbegründet (*Brox/Walker* Rn. 156).

III. Die besonderen Voraussetzungen der Zwangsvollstreckung

Die Zwangsvollstreckung kann nach dem Inhalt des Titels von dem Eintritt besonderer Tatsachen abhängen. Der Eintritt dieser Tatsachen ist zum Teil bereits im Klauselerteilungsverfahren zu prüfen: Das Klauselorgan wird die (qualifizierte) Klausel nur erteilen, wenn der Gläubiger den Eintritt der Tatsache nachgewiesen hat (§ 726 ZPO → Rn. 133). Das Gesetz sieht jedoch drei Fälle vor, in denen das Vollstreckungsorgan den Eintritt der Tatsache vor Beginn der Zwangsvollstreckung selbst ohne Schwierigkeiten überprüfen kann: Den Ablauf des Kalendertages (→ Rn. 169 ff.), den Nachweis der Sicherheitsleistung (→ Rn. 172 ff.) sowie den Nachweis, dass der Gläubiger bei einer Zug-um-Zug-Vollstreckung befriedigt ist oder sich im Verzug der Annahme befindet (→ Rn. 175 ff.). Der Eintritt dieser Tatsachen ist eine **besondere Voraussetzung der Zwangsvollstreckung**. 168

1. Ablauf des Kalendertages (§ 751 Abs. 1 ZPO)

Ist die Geltendmachung des Anspruchs von dem Eintritt eines Kalendertages abhängig, so darf die Zwangsvollstreckung nur beginnen, wenn der **Kalendertag abgelaufen**, die Forderung also fällig ist, § 751 Abs. 1 ZPO. Die Vorschrift erfasst vor allem Fälle, in denen ein Anspruch auf künftige Räumung oder künftige Leistung (§§ 257 ff. ZPO) tituliert worden ist. 169

Beispiel: Mieter S ist verurteilt worden, die der Vermieterin G gehörenden Räumlichkeiten bis zum 2.5. zu räumen. Auf Antrag der G kann ihr bereits vor dem 2.5. die Vollstreckungsklausel (§ 724 ZPO) erteilt werden. Die Räumungsvollstreckung darf jedoch erst beginnen, wenn der Kalendertag abgelaufen ist, § 751 Abs. 1 ZPO, also am 3.5. § 751 Abs. 1 ZPO gilt für Urteile und – über die §§ 794, 795 ZPO – auch für alle übrigen Schuldtitel. Die Voraussetzungen des § 751 Abs. 1 ZPO liegen unproblematisch vor, wenn der Kalendertag in dem Titel bestimmt angegeben ist oder ohne weiteres dem Kalender entnommen werden kann (MüKoZPO/*Heßler* § 751 Rn. 12). 170

Die Zwangsvollstreckung darf erst mit **Ablauf** des Kalendertages, also am folgenden Tag beginnen. Von dem Grundsatz, dass der Gläubiger wegen noch nicht fälliger Ansprüche nicht „auf Vorrat“ pfänden kann, macht § 850d Abs. 3 ZPO im Interesse des Gläubigers eine Ausnahme, wenn dieser Unterhalts- oder Rentenansprüche vollstreckt (sog. **Vorratspfändung**; vgl. im Einzelnen → Rn. 324). 171

2. Nachweis der Sicherheitsleistung (§751 Abs. 2 ZPO)

172 Hängt die Vollstreckung von einer dem Gläubiger obliegenden Sicherheitsleistung ab (→ Rn. 88), darf mit der Zwangsvollstreckung nur begonnen werden, wenn die Sicherheitsleistung durch eine **öffentliche oder öffentlich beglaubigte** Urkunde nachgewiesen und eine Abschrift dieser Urkunde bereits zugestellt ist oder gleichzeitig zugestellt wird, §751 Abs. 2 ZPO. Die Vorschrift stellt die Befriedigung eines etwaigen Schadensersatzanspruchs des Schuldners nach §717 Abs. 2 ZPO (→ Rn. 88) sicher. Betreibt der Gläubiger die Sicherungsvollstreckung, ist eine Sicherheitsleistung entbehrlich, da noch kein Schuldnervermögen verwertet wird (§720a ZPO; → Rn. 163). Dann greift auch §751 Abs. 2 ZPO nicht.

173 In welcher **Art** und in welcher **Höhe** die Sicherheit zu leisten ist, bestimmt das Gericht nach freiem Ermessen, §108 Abs. 1 S. 1 ZPO. Das Gesetz sieht als Regelfälle die Hinterlegung von Geld und bestimmten Wertpapieren sowie die Bürgschaft vor, §108 Abs. 1 S. 2 ZPO.

174 **Beispielsfall:** S ist zur Zahlung von 5.000 Euro an G verurteilt worden. Das Urteil ist gegen Sicherheitsleistung iHv 6.500 Euro vorläufig vollstreckbar. G übersendet dem Gerichtsvollzieher GV eine schriftliche Bürgschaftserklärung der B-Bank und bittet ihn, bei S zu vollstrecken. Als sich GV zu S begibt und diesem die Bürgschaftserklärung der B aushändigt, wendet dieser ein, dass er mit einer Bürgschaft durch die B nicht einverstanden sei. Auch sei die Bürgschaftserklärung nicht öffentlich beglaubigt. Kann GV mit der Zwangsvollstreckung bei S beginnen?

Der Zulässigkeit der Zwangsvollstreckung könnte hier §751 Abs. 2 ZPO entgegenstehen. Da das Gericht keine Bestimmung über die Art der Sicherheitsleistung vorgenommen hat und S und G auch nichts anderes vereinbart haben, ist eine Sicherheitsleistung durch eine schriftliche, unwiderrufliche, unbedingte und unbefristete Bürgschaft eines nach dem KWG im Inland zugelassenen Kreditinstituts zulässig, §108 Abs. 1 S. 2 ZPO.

Eine Bürgschaft setzt einen Vertragsschluss zwischen dem Bürgen und dem Gläubiger eines Dritten voraus, §765 Abs. 1 BGB. Der Dritte ist hier G. Dessen Gläubiger ist (hinsichtlich eines möglichen Schadensersatzanspruchs aus §717 Abs. 2 ZPO) S, so dass der Bürgschaftsvertrag zwischen S und B zustande kommen muss. S ist mit einer Bürgschaft durch die B jedoch nicht einverstanden. Würde man auch im Vollstreckungsverfahren verlangen, dass der Schuldner das Angebot des Bürgen auf Abschluss eines Bürgschaftsvertrages annimmt, hätte es der Schuldner jedoch in der Hand, den Beginn der Zwangsvollstreckung zu vereiteln. Dementsprechend geht die ganz hM davon aus, dass die **Annahmeerklärung des Schuldners durch die gerichtliche Anordnung der Sicherheitsleistung ersetzt werden kann.** Der Bürgschaftsvertrag zwischen der Bank und dem Schuldner kommt damit zustande, sobald die Bürgschaftserklärung dem Schuldner zugeht (BGH NJW 2008, 3220 (3221); *Gaul/Schilken/Becker-Eberhard* §22 Rn. 40; *Brox/Walker* Rn. 168). Der Zugang kann nach §132 BGB durch den Gerichtsvollzieher bewirkt werden, indem dieser dem Schuldner die Bürgschaftserklärung vor Vollstreckungsbeginn aushändigt. Ein Bürgschaftsvertrag zwischen B und S ist demnach zustande gekommen.

Entgegen dem Wortlaut von §751 Abs. 2 ZPO ist bei einer Sicherheitsleistung durch Bürgschaft grds. auch **nicht erforderlich, dass die Sicherheitsleistung durch öffentliche oder öffentlich beglaubigte Urkunde nachgewiesen wird**. Der Wortlaut von §751 Abs. 2 ZPO erklärt sich vor dem Hintergrund, dass die Sicherheitsleistung früher nur durch den Nachweis einer Hinterlegungsstelle erbracht werden konnte. Auf diese Konstellation war auch §751 Abs. 2 ZPO zugeschnitten. Als die Möglichkeit der Sicherheitsleistung durch Bürgschaft nachträglich eingeführt wurde, ist der Wortlaut von §751 Abs. 2 ZPO nicht entsprechend angepasst worden. Wird dem Schuldner die Bürgschaft durch den Gerichtsvollzieher übergeben, ist ihm das Bestehen der Sicherheit zugleich in formalisierter Weise nachgewiesen worden. Es wäre daher zweckloser Formalismus, müsste die Sicherheitsleistung darüber hinaus noch gesondert nachgewiesen werden (BGH NJW 2008, 3220 (3221)). Ausreichend ist daher, dass der Gerichtsvollzieher dem Schuldner die Bürgschaftserklärung vor Beginn der Zwangsvollstreckung übergibt oder zustellt (vgl. BGH NJW 2008, 3220 (3221); *Brox/Walker* Rn. 168). Hier hat GV dem S die Bürgschaftserklärung selbst ausgehändigt, so dass die Voraussetzungen des §751 Abs. 2 ZPO erfüllt sind. GV kann daher mit der Zwangsvollstreckung beginnen.

3. Zug um Zug zu bewirkende Leistung des Gläubigers

Oft wird der Schuldner zu einer Leistung nur Zug um Zug gegen eine 175 vom Gläubiger zu bewirkende Gegenleistung verurteilt (§§274, 322 BGB). Grundsätzlich wird dem Gläubiger die Vollstreckungsklausel erteilt, ohne dass dieser nachweisen müsste, dass er die ihm obliegende Leistung bereits erbracht hat (Ausnahme in §726 Abs. 2 ZPO sowie → Rn. 139). Um zu verhindern, dass der Schuldner entgegen dem Urteil vorleistungspflichtig ist, muss das Vollstreckungsorgan vor Beginn der Zwangsvollstreckung sicherstellen, dass der Gläubiger die ihm obliegende Gegenleistung erbracht hat oder der Schuldner sich im Annahmeverzug befindet (§§756, 765 ZPO).

a) Angebot des Gerichtsvollziehers (§756 ZPO)

Der Gerichtsvollzieher darf die Zwangsvollstreckung nicht beginnen, be- 176 vor er dem Schuldner die diesem gebührende Leistung in einer den Verzug der Annahme begründenden Weise angeboten hat oder der Schuldner auf ein wörtliches Angebot des Gerichtsvollziehers hin erklärt hat, dass er die Leistung nicht annehmen werde (§756 ZPO).

Ob das Angebot des Gerichtsvollziehers den **Annahmeverzug** begrün- 177 det, richtet sich nach den §§293ff. BGB. Der Gerichtsvollzieher muss dem Schuldner die Leistung daher grds. so, wie sie zu bewirken ist, tatsächlich anbieten (§294 BGB).

178

Beispielsfall: S ist zur Zahlung von 5.000 Euro an G verurteilt worden, Zug um Zug gegen Rückgabe eines näher bezeichneten PKW mit „einem Satz neuer verchromter Alufelgen des Modells X20 des Herstellers A“. Als die Gerichtsvollzieherin GV mit dem PKW, der sowohl vom Typ als auch von der Fahrgestellnummer den Angaben im Titel entspricht, und den Felgen bei S erscheint, lehnt dieser die Annahme mit der Begründung ab, dass es sich bei den Felgen zwar um das richtige Modell handele, die Alufelgen aber nicht verchromt seien. Außerdem verweist S zutreffend darauf, dass der PKW Bremsflüssigkeit verliert. Darf GV mit der Zwangsvollstreckung gegen S beginnen?

Die Zwangsvollstreckung darf nur beginnen, wenn die Voraussetzungen des § 756 Abs. 1 ZPO vorliegen. GV hat dem S den PKW tatsächlich angeboten (§ 294 BGB). Fraglich ist jedoch, ob sie dem S die Leistung so angeboten hat, wie sie zu bewirken ist. Ein ordnungsgemäßes Angebot liegt nicht vor, wenn dem Schuldner eine andere Leistung angeboten wird oder die Leistung nicht vollständig oder mangelhaft ist. Welcher Art die geschuldete Leistung ist, richtet sich in erster Linie nach dem Vollstreckungstitel, wobei auch der Tatbestand und die Entscheidungsgründe berücksichtigt werden können (BGH NJOZ 2005, 3395 (3396)). Hier schuldete G nach dem Titel die Übergabe eines PKW mit „einem Satz neuer verchromter Alufelgen des Modells X20 des Herstellers A". Handelt es sich bei den Felgen tatsächlich nicht um verchromte Alufelgen, liegt kein ordnungsgemäßes Angebot vor. Kann GV aus eigener Sachkunde nicht beurteilen, ob es sich bei den Felgen um verchromte Alufelgen handelt, muss sie einen Sachverständigen bestellen (vgl. zB OLG Celle NJW-RR 2000, 828; *Brox/Walker* Rn. 172; *Lackmann* Rn. 97). Was den Verlust von Bremsflüssigkeit angeht, ist problematisch, dass sich dem Titel keine Angaben über die Beschaffenheit des PKW entnehmen lassen. Die Reichweite der Prüfungskompetenz der Vollstreckungsorgane bei individuell bezeichneten Gegenständen ist in derartigen Fällen umstritten. Zum Teil wird vertreten, dass dann, wenn der Gegenstand erhebliche Mängel aufweist, kein ordnungsgemäßes Angebot vorliege (MüKoZPO/*Heßler* § 756 Rn. 29; *Fichtner* DGVZ 2004, 1 ff.). Nach der überwiegenden Gegenauffassung ist allein entscheidend, dass der angebotene Gegenstand – wie hier der PKW – mit dem im Titel bezeichneten Gegenstand identisch ist. Dafür spricht der Grundsatz der Formalisierung der Zwangsvollstreckung, der die Prüfungskompetenz des Vollstreckungsorgans auf den Inhalt des Titels begrenzt (vgl. BGH NJOZ 2005, 3395 (3396); *Brox/Walker* Rn. 172; *Schilken* AcP 181 (1981), 355 (361 f.)). Die Zulässigkeit der Zwangsvollstreckung hängt hier demnach allein davon ab, ob es sich bei den Felgen um einen Satz neuer Chromfelgen handelt.

179 Ausnahmsweise genügt auch ein wörtliches Angebot des Gerichtsvollziehers, wenn der Schuldner auf dieses Angebot hin erklärt, dass er die Leistung nicht annehmen werde, § 756 Abs. 2 ZPO.

b) Beweis der Befriedigung oder des Annahmeverzugs des Schuldners (§§ 756, 765 ZPO)

180 Das Vollstreckungsorgan darf mit der Zwangsvollstreckung beginnen, wenn der Beweis, dass der Schuldner befriedigt oder im Verzug der Annahme ist, durch öffentliche oder öffentlich beglaubigte Urkunden geführt wird und eine Abschrift dieser Urkunden bereits zugestellt ist (§§ 756 Abs. 1, 765 S. 1 Nr. 1 ZPO) oder gleichzeitig zugestellt wird (§ 756 Abs. 1 ZPO). Während § 756 ZPO die Zwangsvollstreckung durch den **Gerichtsvollzieher** zum Gegenstand hat, gilt § 765 ZPO für die Zwangsvollstreckung durch das

Vollstreckungsgericht sowie – über den Wortlaut hinaus – für Vollstreckungsmaßnahmen des **Prozessgerichts** und des **Grundbuchamts**. § 765 ZPO trägt dem Umstand Rechnung, dass die genannten Organe die vom Gläubiger zu bewirkende Gegenleistung dem Schuldner selbst nicht anbieten können (HK-ZPO/*Kindl* § 765 Rn. 1).

Da es sich bei einem Urteil um eine öffentliche Urkunde handelt, kann der **Nachweis**, dass sich der Schuldner im Annahmeverzug befindet, grds. auch durch das Urteil erbracht werden. Das gilt aber nur dann, wenn sich der Annahmeverzug des Schuldners dem Urteil eindeutig und ohne komplizierte rechtliche Prüfung, entnehmen lässt (BGH NJW 1982, 1048 (1049); MüKoZPO/*Heßler* § 756 Rn. 47). Das ist unproblematisch der Fall, wenn der Tenor des Urteils den Annahmeverzug ausdrücklich feststellt, jedoch auch dann denkbar, wenn sich der Annahmeverzug des Schuldners unzweifelhaft aus dem Tatbestand und den Entscheidungsgründen ergibt. **181**

IV. Die Vollstreckungshindernisse

Bestimmte Umstände können dem Beginn oder der Fortführung der Zwangsvollstreckung entgegenstehen und dazu führen, dass bereits ergangene Vollstreckungsmaßnahmen aufgehoben, eingestellt oder beschränkt werden. Diese Umstände nennt man Vollstreckungshindernisse. Ob sie vorliegen, muss das Vollstreckungsorgan nicht von Amts wegen, sondern nur dann prüfen, wenn eine Partei geltend macht, dass ein Vollstreckungshindernis besteht, oder wenn das Organ dienstlich Kenntnis von einem Vollstreckungshindernis erlangt. **182**

183 **Klausurhinweis:** Vollstreckungshindernisse sind in der Klausur nur anzusprechen, wenn der Sachverhalt Anhaltspunkte für ihr Vorliegen bietet.

Vollstreckungshindernisse können sich insbesondere aus § 775 ZPO, aus § 89 InsO und aus Vollstreckungsverträgen ergeben. **184**

1. Vollstreckungshindernisse nach § 775 ZPO

§ 775 ZPO enthält einen Katalog von Voraussetzungen, unter denen die Zwangsvollstreckung einzustellen oder zu beschränken ist. Ob bereits getroffene Vollstreckungsmaßregeln aufzuheben sind, richtet sich nach § 776 ZPO. **185**

Klausurrelevant sind insbesondere die in § 775 Nr. 4 und 5 ZPO genannten Konstellationen, in denen der Schuldner Zahlungsnachweise vorlegt. Nr. 4 erfasst öffentliche Urkunden (§ 415 Abs. 1 ZPO, zB die Quittung des Gerichtsvollziehers nach § 757 Abs. 2 ZPO) oder vom Gläubiger ausgestellte **186**

Privaturkunden, aus denen sich ergibt, dass der Gläubiger nach Erlass des vollstreckenden Urteils befriedigt ist (Quittung) oder Stundung bewilligt hat. Nr. 5 betrifft Nachweise im bargeldlosen Zahlungsverkehr, wie etwa die Bestätigung, dass ein Überweisungsauftrag ausgeführt wurde. Die Zwangsvollstreckung wird eingestellt, wenn sich aus dem Nachweis die vollständige Befriedigung des Gläubigers ergibt. Bei teilweiser Befriedigung wird die Zwangsvollstreckung beschränkt.

187 **Beispielsfall** (vereinfacht nach BGH WM 2016, 83): G erwirkt einen Zahlungstitel iHv 10.000 Euro gegen S und beauftragt den Gerichtsvollzieher GV mit der Zwangsvollstreckung. Als dieser bei S erscheint, legt S einen Überweisungsbeleg vor, aus dem sich ergibt, dass S vor einigen Tagen 10.000 Euro an G überwiesen hat. GV kontaktiert daraufhin G, der jedoch behauptet, dass das Geld nie bei ihm eingegangen sei, und GV anweist, mit Vollstreckungsmaßnahmen zu beginnen. Darf GV mit der Zwangsvollstreckung bei S beginnen?

Der Zwangsvollstreckung könnte das Vollstreckungshindernis aus § 775 Nr. 5 ZPO entgegenstehen. S hat einen Überweisungsnachweis vorgelegt, aus dem sich ergibt, dass der zur Befriedigung des G erforderliche Betrag an diesen überwiesen worden ist. Die Voraussetzungen von § 775 Nr. 5 ZPO liegen vor. Nach dem Wortlaut der Norm muss die Zwangsvollstreckung bei Vorliegen eines Vollstreckungshindernisses zwingend eingestellt werden („ist einzustellen"). Nach hM besteht aber sowohl in den Fällen des § 775 Nr. 5 ZPO als auch in den Fällen des § 775 Nr. 4 ZPO nur ein vorläufiges Vollstreckungshindernis: Demnach muss das Vollstreckungsorgan die Zwangsvollstreckung zwar grds. einstellen, wenn der Schuldner eine entsprechende Urkunde vorlegt. Der Gläubiger kann indes die Fortsetzung der Zwangsvollstreckung erzwingen, indem er den Eintritt der beurkundeten Tatsache bestreitet (BGH WM 2016, 83 (84 f.) mwN; MüKoZPO/*Schmidt/Brinkmann* § 775 Rn. 28). Dafür spricht der Zweck des § 775 Nr. 4 und 5 ZPO (vgl. zum Folgenden BGH WM 2016, 83 (84 f. mwN)). Die Vorschrift dient in beiden Varianten der Verfahrenserleichterung. Nach dem Grundsatz der Formalisierung der Zwangsvollstreckung ist der Schuldner an sich gehalten, materiell-rechtliche Einwendungen wie die Stundung oder die Erfüllung im Wege der Vollstreckungsgegenklage nach § 767 ZPO geltend zu machen (→ Rn. 47). Der Einwand der Erfüllung und der Stundung ist nach § 775 Nr. 4 und 5 ZPO jedoch ausnahmsweise schon im Vollstreckungsverfahren selbst zu berücksichtigen, wenn der Schuldner entsprechend aussagekräftige Urkunden vorlegt. So kann vermieden werden, dass ein unnötiges und kostenverursachendes Klageverfahren nach § 767 ZPO durchgeführt wird. Daran kann gerade auch der Gläubiger ein Interesse haben, etwa, wenn er versäumt hat, das Vollstreckungsorgan rechtzeitig von der Erfüllung oder Stundung zu unterrichten. Die *ratio* des § 775 Nr. 4 und 5 ZPO kommt jedoch nicht zum Tragen, wenn der Gläubiger – wie hier – Befriedigung oder Stundung bestreitet. Dann ist ohnehin der materiell-rechtliche Einwand des Schuldners zu klären. Diese Klärung hat jedoch in dem dafür erforderlichen Verfahren nach § 767 ZPO zu erfolgen. GV darf daher mit der Zwangsvollstreckung bei S beginnen.

2. Eröffnung des Insolvenzverfahrens (§ 89 InsO)

Nach § 89 InsO besteht ein Vollstreckungshindernis, wenn über das Vermögen des Schuldners das Insolvenzverfahren eröffnet worden ist (→ Rn. 894 ff.). An die Stelle der Rechtsdurchsetzung einzelner Gläubiger im Wettstreit miteinander treten die Zwecke der InsO: Sie soll die gleichmäßige Befriedigung der Insolvenzgläubiger sicherstellen. Zugleich soll dem Schuldner ermöglicht werden, sich eine neue wirtschaftliche Existenz aufzubauen (K. Schmidt/*Keller* InsO § 89 Rn. 1; vgl. dazu im Einzelnen → Rn. 840 ff.). **188**

3. Vollstreckung gegen den Erben vor Erbschaftsannahme

Stirbt der Schuldner, ist zu unterscheiden: Hatte die Zwangsvollstreckung bereits begonnen, wird sie **in den Nachlass** fortgesetzt, § 779 Abs. 1 ZPO. Eine Umschreibung des Titels ist nicht erforderlich. In das Vermögen des Erben kann der Gläubiger aus dem Titel aber nicht vollstrecken. Insoweit ist eine Umschreibung des Titels nach § 727 ZPO erforderlich. **189**

Hatte die Vollstreckung noch nicht begonnen, hängt das weitere Vorgehen davon ab, ob der Erbe die **Erbschaft angenommen** hat. **190**

- Ist das **nicht** der Fall, darf wegen eines Anspruchs, der sich gegen den Nachlass richtet, nur in den Nachlass vollstreckt werden, § 778 Abs. 1 ZPO. Die Regelung beruht darauf, dass die Vereinigung zwischen dem Nachlass und dem Eigenvermögen des Erben (§§ 1922, 1942 BGB) nur vorläufig ist, bis der Erbe über die Annahme entschieden hat (HK-ZPO/*Kindl* § 778 Rn. 1). Deshalb können Ansprüche erst nach Annahme gegen den Erben gerichtlich geltend gemacht werden, § 1958 BGB. Eine Umschreibung des Titels auf die Erben kommt daher nicht in Betracht, wenn er die Erbschaft nicht angenommen hat. Vielmehr muss der Titel auf einen Nachlasspfleger, einen Nachlassverwalter oder einen Testamentsvollstrecker umgeschrieben werden (*Lackmann* Rn. 111).
- Hat der Erbe die Erbschaft **angenommen**, kann der Gläubiger den Titel nach § 727 ZPO auf ihn umschreiben lassen und sowohl in den Nachlass als auch in sein Vermögen vollstrecken.

Ist die Erbenhaftung ausnahmsweise nach § 1975 BGB auf den ererbten Nachlass beschränkt, kann der Erbe das nur im Wege der Vollstreckungsabwehrklage geltend machen (§§ 781, 785 ZPO). **191**

4. Vollstreckungsverträge

192

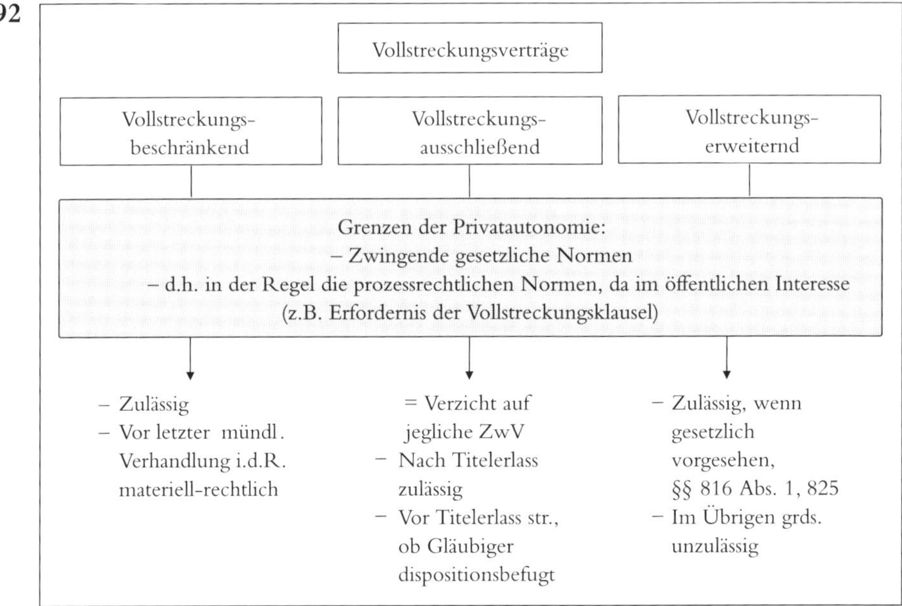

a) Begriff und Zulässigkeit

193 Vollstreckungshindernisse können sich auch aus Vollstreckungsverträgen ergeben. Das sind **Vereinbarungen zwischen Vollstreckungsgläubiger** und Vollstreckungsschuldner, welche die Durchführung der Zwangsvollstreckung betreffen. Sie sind grds. als Ausprägung der Privatautonomie (Art. 2 Abs. 1 GG) zulässig. Die verfahrensrechtlichen Vorschriften sind aber ganz überwiegend zwingend, da sie auch dem Schutz des öffentlichen Interesses dienen (→ Rn. 197 f.). Dann sind sie auch keiner abweichenden Regelung durch den Gläubiger und den Schuldner zugänglich (BGH NJW-RR 2016, 319 Rn. 7). Unzulässig sind insbesondere Vereinbarungen über die Voraussetzungen der Zwangsvollstreckung, über die zulässige Vollstreckungsart oder die funktionelle Zuständigkeit der Vollstreckungsorgane (*Lackmann* Rn. 107).

194 Im Übrigen ist danach zu differenzieren, ob es sich um die **Vollstreckung beschränkende** oder die **Vollstreckung erweiternde Vereinbarungen** handelt (*Brox/Walker* Rn. 201 f.):

195 Erstere beschränken die dem Gläubiger gesetzlich zustehende Vollstreckungsbefugnis. Sie sind grds. zulässig, da der Schuldner nicht belastet wird und der Gläubiger auch die Möglichkeit hat, von der Durchführung der Zwangsvollstreckung insgesamt abzusehen. Letzteres spricht auch dafür, dass der Gläubiger ganz **auf die Vollstreckung verzichten** kann (s. näher *Baur/Stürner/Bruns* Rn. 109), und zwar vor und nach Titelerlass.

Beispiel: G und S vereinbaren, dass G einen bestimmten PKW des S nicht pfänden oder erst sechs Monate nach Zustellung des Titels Zwangsvollstreckungsmaßnahmen einleiten wird. Verpflichtet sich G schon vor der letzen mündlichen Verhandlung, frühestens in sechs Monaten gegen S vorzugehen, liegt darin idR eine materiell-rechtliche Stundung, keine Vollstreckungsbeschränkung. 196

Problematisch sind vollstreckungserweiternde Vereinbarungen, die dem Gläubiger Befugnisse geben, die das Gesetz nicht vorsieht. Sie greifen in die Rechtssphäre des Schuldners ein und sind unwirksam, wenn sie von zwingenden Schutzvorschriften des Schuldners zu seinen Lasten abweichen. Da der Schuldnerschutz auch im öffentlichen Interesse besteht, fehlt den Parteien insoweit die Dispositionsbefugnis. 197

Beispiel: § 811 ZPO enthält einen Katalog unpfändbarer Gegenstände. Die Vorschrift zielt darauf ab, dem Schuldner dasjenige zu belassen, was er für eine bescheidene Lebensführung bedarf. § 811 ZPO besteht auch im öffentlichen Interesse: Der Schuldner soll nicht auf Kosten der Allgemeinheit zum Sozialfall werden. Von § 811 ZPO zu Lasten des Schuldners abweichende Vereinbarungen sind damit unwirksam (*Brox/Walker* Rn. 203; *Lackmann* Rn. 107). 198

b) Bindung der Vollstreckungsorgane und gerichtliche Geltendmachung

Haben die Parteien einen Vollstreckungsvertrag geschlossen, stellt sich die Frage, ob auch das Vollstreckungsorgan an die Vereinbarung gebunden ist. Da Vollstreckungsorgane auch Nachweise nach § 775 Nr. 4 und 5 ZPO berücksichtigen müssen, liegt es nahe, die Vollstreckungsorgane an Vollstreckungsverträge zu binden, sofern eine Urkunde vorgelegt wird, aus der sich die Vereinbarung ergibt, und wenn zudem von keiner Seite die Unwirksamkeit der Vereinbarung gerügt wird. 199

Missachtet das Vollstreckungsorgan den Vollstreckungsvertrag, kann der Gläubiger analog § 766 ZPO Erinnerung einlegen (so auch *Brox/Walker* Rn. 204; *Lackmann* Rn. 109). Ist zwischen den Parteien streitig, ob ein (wirksamer) Vollstreckungsvertrag besteht, muss das Vollstreckungsorgan den Vollstreckungsvertrag ignorieren (s. die Parallele zu → Rn. 187 und 166). Der Schuldner kann den Vollstreckungsvertrag dann im Wege einer Vollstreckungsgegenklage analog § 767 Abs. 2 ZPO geltend machen (*Brox/Walker* Rn. 204; *Lackmann* Rn. 109). 200

V. Kontrollfragen

1. Wie lassen sich die Voraussetzungen eines Zwangsvollstreckungsverfahrens systematisieren?
2. Was versteht man unter einer gewillkürten isolierten Vollstreckungsstandschaft? Ist sie zulässig?

3. Wann liegt das Rechtsschutzbedürfnis des Gläubigers zur Durchführung eines Zwangsvollstreckungsverfahrens vor? Was gilt für Bagatellforderungen?
4. Was versteht man unter einem Vollstreckungstitel? Was sind die zwei Voraussetzungen für die Vollstreckbarkeit eines Titels?
5. Nennen Sie einige wichtige Titel und die dazugehörigen Normen der ZPO.
6. Die als Gesellschaft bürgerlichen Rechts gegründete Arbeitsgemeinschaft „NeuBau" ist zur Zahlung von 10.000 Euro verurteilt worden. D ist Gesellschafter der „Neubau". Der Gerichtsvollzieher pfändet bei D ein wertvolles Gemälde. Ist die Pfändung zulässig?
7. Was ist die Vollstreckungsklausel? Nennen Sie auch die einschlägigen Normen der ZPO. Wozu dient die Vollstreckungsklausel?
8. Was ist eine einfache, was eine qualifizierte Vollstreckungsklausel?
9. Welche Arten qualifizierter Klauseln gibt es?
10. G hat gegen S ein Zahlungsurteil erstritten. S stirbt. G erhebt nun Zahlungsklage gegen den Erben E. Ist die Klage zulässig?
11. G möchte aus einem Urteil vollstrecken, in dem S zur Zahlung von 270 Euro Zug um Zug gegen Herausgabe eines Rasenmähers verurteilt wurde.
    a) Was bedeutet der Zug-um Zug-Mechanismus materiell-rechtlich und für das Erkenntnisverfahren?
    b) Wie wird der Zug-um-Zug-Mechanismus in der Zwangsvollstreckung sichergestellt, wenn
        aa) der Gerichtsvollzieher vollstreckt?
        bb) das Vollstreckungsgericht vollstreckt?
12. Was gilt, wenn S zur Abgabe einer Willenserklärung, zB eines Übereignungsangebotes, Zug um Zug gegen Zahlung von 1.000 Euro verurteilt ist? Wie wird hier der Zug-um-Zug-Mechanismus sichergestellt?
13. Der Schuldner vereinbart mit dem Gläubiger, dass dieser das einzige Fernsehgerät in seiner Wohnung pfänden dürfe. Als der Gerichtsvollzieher sich weigert, legt der Gläubiger Vollstreckungserinnerung ein (§766 Abs. 2 Fall 2 ZPO). Er meint, der Gerichtsvollzieher sei an die Vereinbarung gebunden.

Empfehlungen zur vertiefenden Lektüre:

Allgemeines: *Brögelmann,* Anordnung der vorläufigen Vollstreckbarkeit in Zivilurteilen, JuS 2007, 1006; *Gössl,* Vereinbarungen über qualifizierte Vollstreckungsklauseln bei Sicherungsgrundschulden, BKR 2021, 158; *Gottwald,* Voraussetzungen der Zwangsvollstreckung, FPR 2007, 438; *Meller-Hannich,* ZPO II: Zwangsvollstreckung – Die allgemeinen und besonderen Voraussetzungen der Zwangsvollstreckung, Ad Legendum 2020, 101; *Plum/Wilms,* Die Zwangsvollstreckung aus vollstreckbaren Urkunden, JURA 2018, 1013; *Schmidt,* Zwangsvollstreckungsrecht und Gesellschaftsrecht: Titelvollstreckung bei Rechtsform- und Firmenänderung, JuS 2017, 1221; *Waldschmidt,* Die

Zwangsvollstreckung beginnt bereits im Erkenntnisverfahren, JurBüro 2020, 458; *dies.*, Kosten der Zwangsvollstreckung, JurBüro 2020, 7.

Fälle mit Lösungen: *Hörnig/Knauth,* 12 Kurzfälle zu den Auswirkungen der Insolvenz auf das Sachen- und Zivilverfahrensrecht, JA 2017, 896.

§3. Die Arten der Zwangsvollstreckung

201 Die ZPO kennt verschiedene Arten der Vollstreckung (Übersicht → Rn. 205). Welche einschlägig ist, hängt vom **Inhalt des Titels** ab. Ist dieser auf Zahlung einer Geldsumme gerichtet (§§ 802a-882i ZPO), kommt es weiter darauf an, auf welche Vermögensgegenstände des Schuldners der Gläubiger zugreifen will. Soll mit dem Titel die Herausgabe einer Sache oder eine Handlung oder Unterlassung erwirkt werden (§§ 883–898 ZPO), wird ferner nach der konkret geschuldeten Leistung differenziert.

202 **Klausurhinweis:** Für die Klausur ist die Weichenstellung, welche Vollstreckungsart einschlägig ist, zentral. Daher ist besondere Sorgfalt geboten, wenn der Inhalt des Titels geprüft wird. Es ist genau herauszuarbeiten, was S dem G schuldet: Zahlung einer Geldsumme, Herausgabe, Handlung oder Unterlassung.

203 **Beispiel:** G hat den Hund der S gehütet und dabei eine notwendige tierärztliche Behandlung bei der Tierärztin T vornehmen lassen. Nun hat G gegen S aus §§ 693, 257 S. 1 BGB einen Titel erstritten, wonach S den G von der Schuld gegenüber der T freizustellen hat. Hier muss man sich klarmachen, dass der Freistellungsanspruch nicht dasselbe ist wie ein Zahlungsanspruch. S kann G auch anders als durch Zahlung freistellen, etwa indem sie die Schuld des G gegenüber der T übernimmt. Daher ist die Vollstreckung hier auf eine Handlung iSv § 887 ZPO, nämlich die Freistellung des G von den Ansprüchen der T, gerichtet (HK-ZV/*Bendtsen* ZPO § 887 Rn. 17).

204 In diesem Kapitel werden die einzelnen Arten der Vollstreckung und das dabei zu beachtende Verfahren dargestellt.

I. Die Zwangsvollstreckung wegen Geldforderungen – Überblick

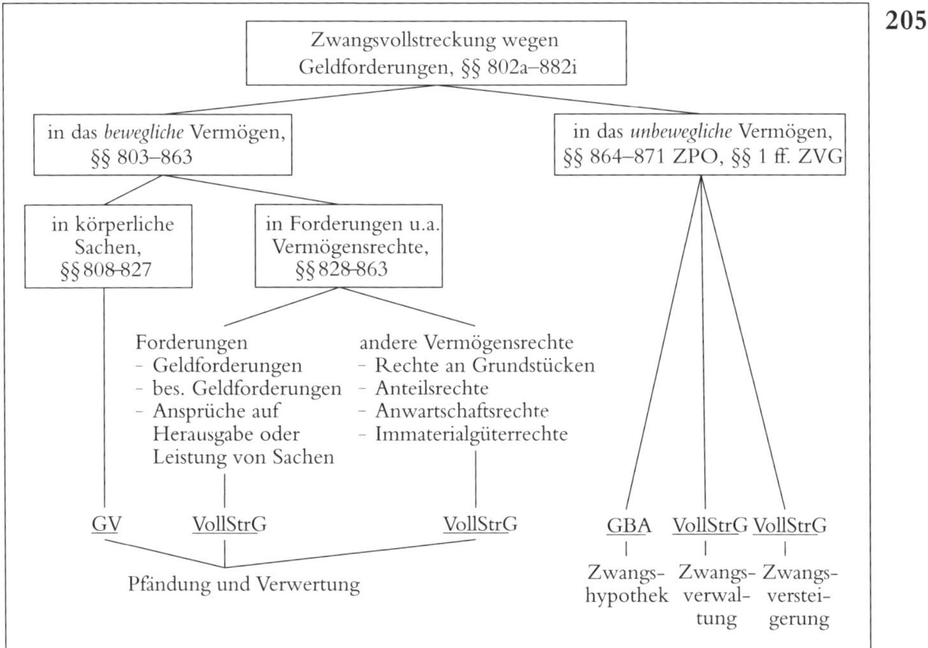
 205

Der Gläubiger kann wegen einer Geldforderung in das bewegliche (§§ 803–863 ZPO) und in das unbewegliche Vermögen (§§ 864–871 ZPO, §§ 1 ff. ZVG; → Rn. 410 ff.) des Schuldners vollstrecken. 206

Der Titel ist auf eine **Geldforderung** gerichtet, wenn er den Schuldner zur Zahlung von Geld oder wegen einer Geldforderung zur Duldung der Zwangsvollstreckung (§ 1147 BGB bei Hypothek/Grundschuld, § 11 AnfG → Rn. 238) verpflichtet (*Lackmann* Rn. 113). 207

Zum beweglichen Vermögen gehören **körperliche Sachen** (§§ 808–827 ZPO) sowie **Forderungen und andere Vermögensrechte** (§§ 828–863 ZPO). Für die Vollstreckung in das bewegliche Vermögen (Fahrnisvollstreckung) enthalten die §§ 803–807 ZPO allgemeine Vorschriften. Die Vollstreckung erfolgt durch **Pfändung** des Vermögensgegenstandes (§ 803 Abs. 1 S. 1 ZPO). Durch die ordnungsgemäße Pfändung wird der Vermögensgegenstand verstrickt (→ Rn. 269) und ein Pfändungspfandrecht (→ Rn. 265) an ihm wird begründet (vgl. § 804 Abs. 1 ZPO). Es schließt sich die **Verwertung** des Gegenstandes zugunsten des Gläubigers an (→ Rn. 289). 208

Die Vollstreckung in das **unbewegliche Vermögen** kann auf drei Wegen erfolgen. Bei Zwangsversteigerung und -verwaltung (§ 866 ZPO iVm ZVG) wird das Grundstück **beschlagnahmt**, was der Pfändung entspricht. Bei 209 der Zwangsversteigerung wird das Grundstück selbst zugunsten des Gläubigers **verwertet**, bei der Zwangsverwaltung werden es die Nutzungen des Grundstücks. Bei der Zwangshypothek wird eine Sicherungshypothek am Grundstück bestellt (§§866–868 ZPO).

210 Für den Gläubiger ist zu Beginn der Vollstreckung oft unklar, ob beim Schuldner überhaupt Vermögensgegenstände vorhanden sind. Der Gerichtsvollzieher kann daher auf Antrag des Gläubigers bereits vor dem ersten Vollstreckungszugriff vom Schuldner eine **Vermögensauskunft** einholen. Die einschlägigen Vorschriften sind mit weiteren allgemeinen Regelungen zu **Befugnissen des Gerichtsvollziehers** und zum **Schuldnerverzeichnis** in §§802a–802c ZPO zu finden (→ Rn. 496 ff.). Der Zugriff auf Vermögensgegenstände, die der Schuldner aus seinem Vermögen weggegeben hat, um den Gläubiger zu benachteiligen, richtet sich nach dem AnfG (→ Rn. 248 ff.).

II. Die Zwangsvollstreckung wegen Geldforderungen in bewegliche körperliche Sachen

1. Die Voraussetzungen der Pfändung

a) Funktionell und örtlich zuständiges Vollstreckungsorgan

211 Die Pfändung ist von dem zuständigen Vollstreckungsorgan vorzunehmen (allgemeine Voraussetzung der Zwangsvollstreckung, → Rn. 77 ff.). **Funktionell** ist der **Gerichtsvollzieher** zuständig dafür, wegen Geldforderungen in bewegliches Vermögen zu vollstrecken (§§753, 808 ZPO). Abgrenzungsfragen ergeben sich hier idR nur, wenn bewegliche Sachen der Immobiliarvollstreckung unterfallen, zB weil sie Zubehör eines Grundstücks sind (§865 ZPO; → Rn. 217). Für sie ist der Gerichtsvollzieher dann nicht zuständig. **Örtlich** ist der Gerichtsvollzieher zuständig, in dessen Bezirk die Vollstreckung durchzuführen ist, §16 Abs. 1 S. 1 GVO.

212 Vollstreckungsakte des funktionell unzuständigen Gerichtsvollziehers sind grds. nichtig. Pfändet der Gerichtsvollzieher aber eine bewegliche Sache, die der Immobiliarvollstreckung unterfällt, ist die Pfändung lediglich anfechtbar (§766 ZPO), da oft nicht ohne Weiteres erkennbar ist, ob die Sache zum Grundstück gehört (*Brox/Walker* §11 Rn. 207; aA BLHAG/*Nober* ZPO §865 Rn. 13; Zöller/*Stöber* ZPO §865 Rn. 11; → §9 Klausur 2). Nur anfechtbar ist auch eine Maßnahme des örtlich unzuständigen Gerichtsvollziehers.

213 **Klausurhinweis:** Verfahrensfehler im Vollstreckungsverfahren können zur Nichtigkeit oder Anfechtbarkeit der Maßnahme führen. Die Voraussetzungen, unter denen ausnahmsweise Nichtigkeit angenommen wird, ähneln denjenigen für Verwaltungsakte im öffentlichen Recht (*Maurer/Waldhoff,* Allgemeines Verwaltungsrecht,

20. Aufl. 2020, § 10 Rn. 86 ff.). Es bietet sich an, typische Fälle von Nichtigkeit bei der Lektüre dieses Buches zusammenzustellen.

b) Vollstreckungsantrag

Der Gerichtsvollzieher wird nur auf (formulargebundenen, § 753 Abs. 3 ZPO iVm GVFV) Antrag des Gläubigers tätig (allgemeine Verfahrensvoraussetzung → Rn. 65). § 753 Abs. 1 letzter Hs. ZPO spricht vom Vollstreckungsauftrag, meint aber kein Auftragsverhältnis nach §§ 662 ff. BGB, sondern den Verfahrensantrag (vgl. zur öffentlich-rechtlichen Natur des Antragsverhältnisses schon → Rn. 43). Auf diesen hin hat der Gerichtsvollzieher nach § 753 Abs. 1 ZPO die Vollstreckung zu bewirken und dabei auf Effizienz und gütliche Erledigung bedacht zu sein (§§ 802a Abs. 1, 802b Abs. 1 ZPO). **214**

Der Gläubiger kann dem Gerichtsvollzieher Weisungen erteilen, sofern diese nicht gegen das Gesetz oder die GVGA verstoßen und keine zusätzlichen Kosten verursachen (vgl. auch § 58 Abs. 2 GVGA; Thomas/Putzo/*Seiler* ZPO § 753 Rn. 15). So kann er ihn zB anweisen, eine bestimmte Sache des Schuldners zu pfänden, etwa weil die Verwertung dieser Sache einen ausreichenden Erlös verspricht, oder eine bestimmte Sache nicht zu pfänden. Verstöße gegen zulässige Weisungen machen die Maßnahme anfechtbar. **215**

c) Bewegliche körperliche Sachen

Gepfändet werden können bewegliche körperliche Sachen (§ 808 Abs. 1 ZPO und Überschrift vor § 803 ZPO), dh Sachen iSv § 90 ff. BGB. Nicht dazu gehören Grundstücke, grundstücksgleiche Rechte wie das Wohnungseigentum und wesentliche Bestandteile eines Grundstücks (§§ 93–95 BGB), denn an letzteren können nach § 93 BGB keine besonderen Rechte, also auch keine Pfändungspfandrechte bestehen. **216**

Über diese Fälle hinaus sind unter bestimmten Voraussetzungen weitere **bewegliche Sachen** aufgrund ihrer Zugehörigkeit zu einem Grundstück **von der Pfändung ausgenommen**. § 865 Abs. 2 iVm Abs. 1 ZPO schließt Gegenstände, „auf die sich die Hypothek erstreckt", von der Fahrnisvollstreckung aus. Damit sind solche Gegenstände gemeint, die nach §§ 1120 ff. BGB in den sog. **Haftungsverband der Hypothek** fallen würden, wenn eine Hypothek bestünde. Ob tatsächlich eine Hypothek am Grundstück besteht, ist irrelevant. Zu diesen Gegenständen zählen das dem Schuldner gehörende Zubehör, Erzeugnisse und nichtwesentliche (sonstige) Bestandteile. Die wirtschaftliche Einheit des Grundstücks unterliegt also in ihrer Gesamtheit der Immobiliarvollstreckung. Sie wird so davor geschützt, in der Zwangsvollstreckung zerschlagen zu werden. **217**

218 **Beispielsfall:** S ist Eigentümer eines Gabelstaplers, den er auf seinem Lagergrundstück nutzt. Die örtlich zuständige Gerichtsvollzieherin GV will diesen im Auftrag des G pfänden. Darf sie das?

GV ist örtlich und nach § 808 Abs. 1 ZPO funktionell für die Pfändung beweglicher Sachen zuständig. Der Gabelstapler ist eine bewegliche Sache. Er könnte jedoch nach § 865 Abs. 2 S. 1 ZPO unpfändbar sein. Das setzt voraus, dass er Zubehör ist und zugleich ein Gegenstand iSv § 865 Abs. 1 ZPO, auf den sich die Hypothek erstreckt. Nach § 1120 BGB erstreckt sich die Hypothek auf das Zubehör, das dem Grundstückseigentümer gehört. Der Gabelstapler ist gem. § 97 Abs. 1 S. 1 BGB Zubehör und gehört dem S als Grundstückseigentümer. Daher ist GV funktionell nicht zuständig, den Gabelstapler zu pfänden. Dieser kann nur im Wege der Immobiliarvollstreckung beschlagnahmt und verwertet werden.

Abwandlung: S hat den Gabelstapler von D unter Eigentumsvorbehalt erworben. Darf GV jetzt pfänden?

Nach § 1120 letzter Hs. BGB fällt Zubehör, das nicht in das Eigentum des Grundstückseigentümers gelangt ist, nicht in den Hypothekenverband. Es kann daher gepfändet werden. Allerdings hat der S ein Anwartschaftsrecht am Gabelstapler. Dieses Recht fällt analog § 1120 BGB in den Haftungsverband der Hypothek (vgl. BGH NJW 1961, 1349 f.). Ob deshalb auch die Sache selbst vor Übergang des Eigentums in den Haftungsverband fällt, ist umstritten (dafür Musielak/Voit/*Flockenhaus* ZPO § 865 Rn. 5; dagegen BeckOGK/*Kern* BGB § 1120 Rn. 49, Stand: 1.5.2021). Dafür spricht, dass schon eine wirtschaftliche Einheit zwischen Grundstück und Zubehörsache besteht.

Hinweis: Das Nebeneinander von Eigentum und Anwartschaftsrecht verdoppelt die Rechtsposition in Bezug auf die Sache. Das führt im Vollstreckungsrecht an verschiedenen Stellen zu Problemen, ähnlich wie im Sachenrecht. S. zum Pfandrecht am Anwartschaftsrecht → Rn. 400 ff., zum Anwartschaftsrecht als veräußerungshinderndem Recht iSv § 771 ZPO → Rn. 684.

219 Umgekehrt wird die **Pfändbarkeit** von Sachen in den Bereich der unbeweglichen Sachen **erweitert**, indem nach § 810 ZPO ungetrennte Früchte („Früchte auf dem Halm"), die wesentliche Bestandteile des Grundstücks und damit an sich nicht sonderrechtsfähig sind (§ 94 Abs. 1 BGB), so lange vom Gerichtsvollzieher gepfändet werden können, bis sie im Rahmen einer Immobiliarvollstreckung beschlagnahmt sind. Zudem werden bestimmte nichtkörperliche Sachen, nämlich verbriefte Forderungen, gepfändet, indem das Papier gepfändet wird (§§ 808 Abs. 2 S. 1, 821, 831 ZPO, s. dazu HK-ZPO/*Kemper* § 808 Rn. 13).

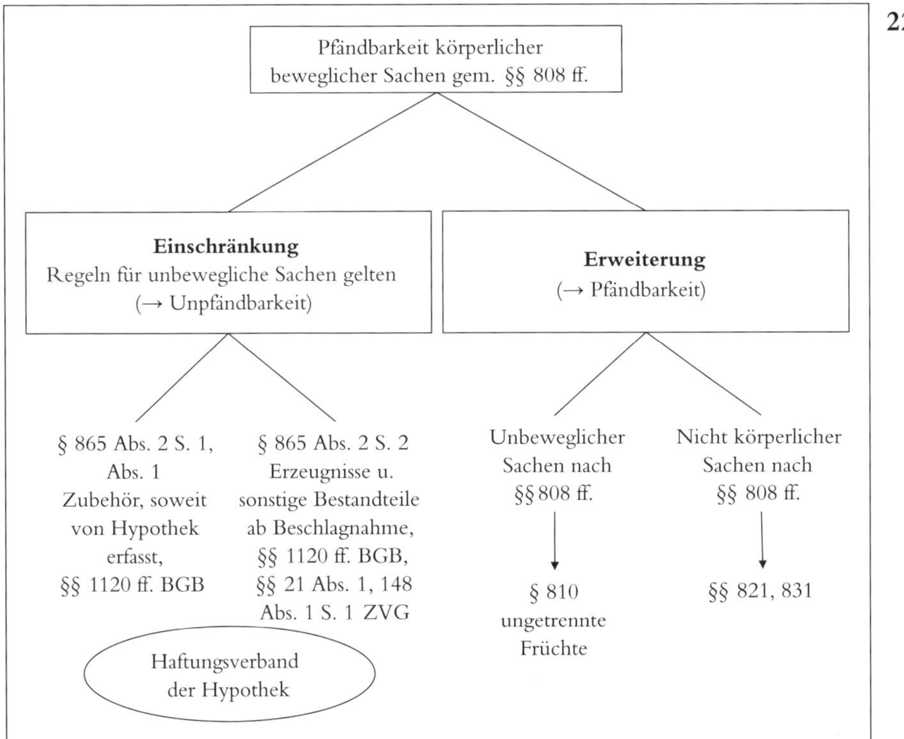 220

d) Gewahrsam

Die zu pfändende Sache muss sich gem. § 808 Abs. 1 ZPO im Gewahrsam des Schuldners oder gem. § 809 ZPO in dem des Gläubigers oder eines herausgabebereiten Dritten befinden. Auf das Eigentum des Schuldners kommt es grds. nicht an, denn die Zwangsvollstreckung ist aus Effizienzgründen weitgehend formalisiert (→ Rn. 47). Gewahrsam ist die **tatsächliche Sachherrschaft** und nicht mit dem Besitz des BGB (§§ 854 ff. BGB) gleichzusetzen. Der Gerichtsvollzieher kann sich nur an den tatsächlichen Umständen orientieren und keine Rechtsverhältnisse prüfen. Daher haben der mittelbare Besitzer (§ 868 BGB) und Erbenbesitzer (§ 857 BGB, „fiktiver" Besitz zum Schutz des Erben; *Röthel* Jura 2012, 947 ff.) mangels tatsächlicher Gewalt keinen Gewahrsam iSd § 808 ZPO. Ihre Gläubiger können die Sache nicht pfänden, es sei denn, der Gewahrsamsinhaber ist gem. § 809 Fall 2 ZPO zur Herausgabe bereit. Der Besitzdiener nach § 855 BGB hat zwar tatsächlichen Zugriff auf die Sachen des Besitzherrn, übt ihn jedoch für einen anderen aus und hat daher keinen eigenen Gewahrsam. Das ist idR auch für den Gerichtsvollzieher erkennbar. 221

Für **juristische Personen** wie die AG oder die GmbH, ebenso die UG, haben ihre Organe den Gewahrsam inne, für die OHG oder die GbR die 222 geschäftsführenden Gesellschafter (Musielak/Voit/*Flockenhaus* ZPO § 808 Rn. 9). Gesetzliche Vertreter natürlicher Personen üben für diese den Gewahrsam aus (MüKoZPO/*Gruber* § 808 Rn. 17).

223 Nur Sachen, die im **Alleingewahrsam** des Schuldners stehen, können ohne Weiteres gepfändet werden. Hat ein anderer Mitgewahrsam, können die Sachen nur gepfändet werden, wenn der andere zustimmt oder wenn es der Gläubiger ist, der Mitgewahrsam hat (§ 809 ZPO). Bei zusammenlebenden **Ehegatten und Lebenspartnern** würde eine Vollstreckung wesentlich erschwert, wenn der Schuldner bei jedem Vermögensgegenstand einwenden könnte, er stehe im Mitgewahrsam seines Partners und könne ohne dessen Zustimmung nicht gepfändet werden. Deshalb vermutet § 739 ZPO zugunsten der Gläubiger eines Ehegatten oder Lebenspartners unwiderlegbar (!), dass nur der Schuldner Gewahrsamsinhaber und Besitzer ist. Diese Gewahrsamsvermutung knüpft an die – nur für bewegliche Sachen geltenden – Eigentumsvermutungen in § 1362 BGB, § 8 LPartG an. Diese können zwar widerlegt werden, aber nicht im Vollstreckungsverfahren, da der Gerichtsvollzieher die Eigentumsverhältnisse nicht prüfen kann (MüKoZPO/*Heßler* § 739 Rn. 10). Der Einwand des Dritteigentums ist daher über die Drittwiderspruchsklage (§ 771 ZPO) zu führen.

224 **Beispielsfall:** Gerichtsvollzieherin GV will im Auftrag des Gläubigers G des M in der Wohnung des M eine Geige pfänden. F, die Ehefrau des M, wendet zutreffend ein, die Geige gehöre ihr allein und nur sie nutze sie für ihren Beruf als Musikerin. Ihr Mann habe zwei linke Hände und dürfe die Geige nicht einmal in die Hand nehmen. Darf GV pfänden?

Die Pfändung setzt gem. § 808 Abs. 1 ZPO voraus, dass die Geige im Gewahrsam des M steht. Trotz der Aussagen der F wird der Gewahrsam des M nach § 739 Abs. 1 ZPO unwiderlegbar vermutet, wenn nach § 1362 Abs. 1 S. 1 BGB zugunsten des G vermutet wird, dass M Eigentümer der Geige ist. Das setzt voraus, dass die Geige im Besitz eines oder beider Ehegatten steht. Das ist hier der Fall, denn F ist Alleinbesitzerin; M hat keinen Mitbesitz iSv § 866 BGB (vgl. MüKoBGB/*Schäfer* § 866 Rn. 6). Jedoch gilt die Vermutung des § 1362 Abs. 1 S. 1 BGB nicht, wenn § 1362 Abs. 2 BGB eingreift. Danach wird vermutet, dass die als Arbeitsgerät zum persönlichen Gebrauch zählende Geige der F gehört. Die Vermögenslage des M wird nicht zulasten des G verschleiert, soweit es um Sachen geht, die dem persönlichen Gebrauch der F dienen (vgl. BeckOGK/*Erbarth* BGB § 1362 Rn. 13, Stand: 1.6.2021). Auch die Gewahrsamsvermutung des § 739 Abs. 1 ZPO greift, da das Eigentum des M nicht vermutet wird, nicht ein. GV darf die Geige nicht pfänden.

225 Der Gesetzgeber hat die Regelung bewusst nicht auf **nichteheliche Lebensgemeinschaften** erstreckt, so dass sie insoweit auch nicht analog anwendbar ist (*Heiderhoff/Skamel* Rn. 600). § 1362 BGB, § 8 LPartG und § 739 ZPO benachteiligen also Eheleute und Lebenspartner einer eingetragenen Lebenspartnerschaft gegenüber nichtehelichen Gemeinschaften. Ob dies gegen **Art. 3 Abs. 1, Art. 6 Abs. 1 GG** verstößt, wird kontrovers diskutiert

(Staudinger/*Voppel* BGB § 1362 Rn. 4 f. mwN). Eine willkürliche Ungleichbehandlung liegt allerdings nicht vor, da die erfassten Gemeinschaften durch eine rechtliche, nicht ohne weiteres zu lösende Bindung charakterisiert sind, die die Anwendung der Vermutung erst rechtfertigt (MüKoZPO/*Heßler* § 739 Rn. 21 mwN). Ohne einen formellen Begründungsakt fehlt es an einem klaren Anknüpfungspunkt für die Eigentums- und Gewahrsamsvermutung.

Sachen im Gewahrsam des **Gläubigers** oder eines **zur Herausgabe bereiten Dritten** dürfen nach § 809 ZPO gepfändet werden. Letzteres wird relevant, wenn ein Dritter Allein- oder Mitgewahrsam hat. 226

Beispiel: S lebt in einer studentischen Wohngemeinschaft mit D. S gehört ein Laptop, den beide gemeinsam nutzen, um zu spielen und Netflix-Serien zu schauen. Der Laptop darf nur dann zugunsten des Gläubigers G des S gepfändet werden, wenn D herausgabebereit, also damit einverstanden ist, dass er im Falle der Verwertung aus der Wohngemeinschaft entfernt wird. 227

Hat der Schuldner gegen den Dritten einen Herausgabeanspruch, etwa, weil er ihm den Gegenstand geliehen hat und die Leihe beendet ist, könnte man in Betracht ziehen, auf die Herausgabebereitschaft des Dritten zu verzichten. Gegen eine solche teleologische Reduktion des § 809 Fall 2 ZPO spricht, dass der Gerichtsvollzieher nicht prüfen kann, ob der Schuldner gegen den Dritten einen Herausgabeanspruch hat (Schuschke/Walker/Kessen/Thole/*Walker* ZPO § 809 Rn. 3; aA BLHAG/*Vogt-Beheim* ZPO § 809 Rn. 7; *Knoche* ZZP 114 (2001), 399 (438) bei Kollusion zwischen Schuldner und Drittem zulasten des Gläubigers). Ist der Dritte nicht herausgabebereit, kann der Gläubiger nur in den Herausgabeanspruch des Schuldners gegen den Dritten vollstrecken (§ 846 ZPO; → Rn. 372). 228

e) Unpfändbare Sachen

Die Zwangsvollstreckung muss als staatlicher Eingriff das **Sozialstaatsprinzip** (Art. 20, 28 GG) ebenso wahren wie zB die Menschenwürde, Art. 1 GG, oder das Grundrecht der freien Entfaltung der Persönlichkeit, Art. 2 GG (MüKoZPO/*Gruber* § 811 Rn. 2; → Rn. 48). Dem Schuldner ist daher ein Existenzminimum zu belassen. Daher sind bestimmte Sachen nach §§ 811–812 ZPO (ab 1.1.2022: § 811 ZPO) unpfändbar, manche von ihnen (auch) wegen der Betroffenheit anderer Grundrechte wie der Religionsfreiheit, s. etwa § 811 Abs. 1 Nr. 10 ZPO (ab 1.12.2021: § 811 Abs. 1 Nr. 10a ZPO; ab 1.1.2022: § 811 Abs. 1 Nr. 1 lit. d ZPO; *Heiderhoff/Skamel* Rn. 320). Wird eine danach unpfändbare Sache gepfändet, ist die Pfändung anfechtbar (§ 766 ZPO). 229

Die in **§ 811 ZPO** als unpfändbar aufgezählten Gegenstände zeigen, dass die ZPO aus einer Zeit stammt, in der Deutschland landwirtschaftlich geprägt war; so ist bspw. eine Milchkuh zu belassen (§ 811 Abs. 1 Nr. 3 ZPO). Zum 1.1.2022 wird § 811 ZPO modernisiert (Gerichtsvollzieherschutzgesetz v. 7.5.2021, BGBl. I 850). Die persönliche und sachliche Reichweite des 230

Pfändungsschutzes wird vergrößert (Begr. RegE BT-Drs. 19/27636, 20f.). Welcher Gegenstände der Schuldner für eine angemessene, bescheidene Lebensführung bedarf, ist angesichts des gestiegenen Lebensstandards heute anders zu beurteilen als bei Inkrafttreten der ZPO. Ein Fernseher ist heute unpfändbar (Musielak/Voit/*Flockenhaus* ZPO §811 Rn. 12). Das ist richtigerweise auch für einen Computer zu bejahen (VG Gießen NJW 2011, 3179; zweifelnd *Brox/Walker* Rn. 279; anders VG Münster DGVZ 2013, 183). Häufig wird ein solcher auch als Arbeitsgerät unter §811 Abs. 1 Nr. 5 ZPO (ab 1.1.2022: §811 Abs. 1 Nr. 1 lit. b ZPO) fallen. Diese Vorschrift sichert nach ihrem klaren Wortlaut dem Schuldner die Mittel, die er für eine auf **persönlicher Leistung** beruhende Erwerbstätigkeit braucht. Nicht geschützt sind Gegenstände, die Grundlage einer kapitalistischen Erwerbstätigkeit sind, wie etwa PKWs für eine Vermietung (*Brox/Walker* Rn. 284). Grundsätzlich unpfändbar sind nach **§811c ZPO** (ab 1.1.2022: §811 Abs. 1 Nr. 8 Abs. 3 ZPO) auch Haustiere.

231 Sind die unter §811 ZPO fallenden Sachen von hohem Wert – etwa ein Designer-Fernsehgerät allerhöchster Qualität – kann der Gläubiger dem Schuldner im Wege der **Austauschpfändung** ein geeignetes Ersatzstück geringeren Wertes überlassen und den höherwertigen Gegenstand pfänden **(§811a ZPO)**.

232 Für den Pfändungsschutz ist es grds. unerheblich, wer Eigentümer der unpfändbaren Sache ist, denn dem Schuldner soll die Nutzungsmöglichkeit belassen bleiben (vgl. *Lüke* §25 Rn. 6). Hat aber der **Gläubiger** eine nach §811 Abs. 1 Nr. 1, 4, 5–7 ZPO (ab 1.1.2022: §811 Abs. 1 Nr. 1 lit. a, b, Nr. 2, Nr. 8 lit. b ZPO) unpfändbare Sache unter Eigentumsvorbehalt an den Schuldner geliefert, kann er sie pfänden, wenn er wegen der durch den Eigentumsvorbehalt gesicherten Geldforderung aus ihrem Verkauf vollstreckt (§811 Abs. 2 ZPO). Diese Ausnahme ist gerechtfertigt, weil der Gläubiger ohnehin vom Vertrag zurücktreten, die Herausgabe der Sache verlangen und nach §883 ZPO vollstrecken könnte. §811 ZPO verbietet die Pfändung, nicht die Herausgabevollstreckung (*Lüke* §25 Rn. 6).

233 **Beispielsfall:** S hat von G ein Auto unter Eigentumsvorbehalt erworben, das sie für ihre Fahrten als Handelsvertreterin zwingend benötigt. S zahlt die Kaufpreisraten nicht mehr. G erstreitet einen Zahlungstitel gegen S. Darf GV das Auto pfänden?

Das Auto könnte nach §811 Abs. 1 Nr. 5 ZPO (ab 1.1.2022: §811 Abs. 1 Nr. 1 lit. b ZPO) unpfändbar sein. Die Tätigkeit als Handelsvertreterin ist eine persönliche Leistung, die die Nutzung eines PKW erfordert. Jedoch ist nach §811 Abs. 2 S. 1 ZPO die Pfändung zulässig, da G aus der Kaufpreisforderung vollstreckt. Allerdings muss G den Eigentumsvorbehalt durch Urkunden nachweisen, §811 Abs. 2 S. 2 ZPO, da im Verfahren vor dem Gerichtsvollzieher Rechtsverhältnisse nicht aufwendig geprüft werden können.

Abwandlung: S hat das Auto, das in ihrem Eigentum stand, zur Sicherheit an ihren Darlehensgläubiger G übereignet. S zahlt die Darlehensraten nicht zurück. G erlangt einen Zahlungstitel und will nun das Auto pfänden.

Fraglich ist, ob §811 Abs. 2 S. 1 ZPO auf die Sicherungsübereignung analog anwendbar ist. Es fehlt jedoch schon an einer planwidrigen Gesetzeslücke. Der Gesetzgeber hat den Sicherungseigentümer bewusst nicht so privilegiert wie den Vorbehaltseigentümer (Begr. RegE BT-Drs. 13/341, 25). Der Sicherungseigentümer habe pfändungsfreies Vermögen beeinträchtigt, indem er sich den Gegenstand übereignen ließ. Zudem widerspreche eine Anwendung des §811 Abs. 2 ZPO auf ihn der gesetzgeberischen Wertung, unpfändbare Sachen vom besitzlosen Pfandrecht auszunehmen (§§562 Abs. 1 S. 2, 592 S. 3, 704 S. 2 BGB). Der Sicherungseigentümer kann daher nur über die Herausgabeklage auf den PKW zugreifen (vgl. §883 ZPO).

2. Die Gläubigeranfechtung

a) Bedeutung des Eigentums des Schuldners für die Pfändung

Grundsätzlich ist das **gesamte gegenwärtige Vermögen** des Schuldners der Zwangsvollstreckung unterworfen, mit den insbesondere aus §§811–812 (ab 1.1.2022: §811 ZPO), 865 ZPO folgenden Ausnahmen. Ob die im Gewahrsam des Schuldners befindlichen Sachen ihm gehören, prüft der Gerichtsvollzieher grds. nicht (Grundsatz der Formalisierung der Zwangsvollstreckung). Ein Dritteigentümer muss sich nach §771 ZPO wehren. Lediglich bei **offenkundigem Dritteigentum** darf der Gerichtsvollzieher nicht pfänden (§71 Abs. 2 GVGA), zB mit Stempel gekennzeichnete Bücher aus einer Leihbibliothek oder einem Frachtführer zum Transport übergebene Sachen. Die Vollstreckung ist dann verfahrensfehlerhaft und neben §771 ZPO auch nach §766 ZPO angreifbar (→ Rn. 512 ff.). Schriftliche Belege (zB KFZ-Brief) begründen allein keine Offenkundigkeit, weil der Gerichtsvollzieher sie nicht prüfen kann. 234

b) Zweck der Gläubigeranfechtung

Durch die **Gläubigeranfechtung** können auch solche Gegenstände der Vollstreckung unterworfen werden, bei denen feststeht, dass sie dem Schuldner gegenwärtig **nicht gehören**. Man schützt damit den Gläubiger davor, dass der Schuldner Vermögensgegenstände zum Nachteil der Gläubiger an Dritte überträgt oder einzelne Gläubiger benachteiligt, indem er andere Gläubiger befriedigt. 235

Beispiel: S rechnet mit der Zwangsvollstreckung durch seine, wie er findet, aufdringliche Gläubigerin G1. Um zu vermeiden, dass G1 pfändbares Vermögen vorfindet, schenkt S seiner Schwester D sein Fernsehgerät und seinen VW Golf. Außerdem überweist er von seinem Bankguthaben seinem Gläubiger G2 10.000 Euro auf eine Darle- 236 hensschuld, obwohl diese noch lange nicht fällig ist. Weiteres pfändbares Vermögen hat S nicht. G1 möchte dagegen vorgehen.

237 In solchen Situationen ermöglicht die Gläubigeranfechtung es dem benachteiligten Gläubiger, unter bestimmten Voraussetzungen auf die weggegebenen Vermögensgegenstände zuzugreifen. Diese Anfechtung ist im Anfechtungsgesetz (AnfG) geregelt. Nach §1 Abs. 1 AnfG können Rechtshandlungen des Schuldners, die seine Gläubiger benachteiligen, nach Maßgabe dieses Gesetzes angefochten werden.

238 Anders als bei der **Anfechtung nach dem BGB** greift der Anfechtende also nicht seine eigene Rechtshandlung an, sondern die Rechtshandlung seines Schuldners. Ein weiterer Unterschied zur bürgerlich-rechtlichen Anfechtung (s. §142 Abs. 1 BGB) liegt darin, dass der benachteiligte Gläubiger das Rechtsgeschäft durch die Gläubigeranfechtung nicht unwirksam machen kann. Seinen Interessen genügt es, wenn er in den weggegebenen Gegenstand vollstrecken kann. Genau das ist deshalb die **Rechtsfolge der Gläubigeranfechtung**. Nach §11 Abs. 1 S. 1 AnfG muss der Dritte, also der Empfänger des weggegebenen Gegenstandes, diesen dem Gläubiger zur Verfügung stellen, soweit es zu dessen Befriedigung erforderlich ist. Damit ist gemeint, dass der Dritte dem Gläubiger den **vollstreckungsrechtlichen Zugriff auf den Gegenstand** so ermöglichen muss, als befände sich dieser noch im Vermögen des Schuldners. Der Dritte muss also die **Zwangsvollstreckung in den Gegenstand** dulden. Ist eine Vollstreckung nicht mehr möglich, schuldet der Dritte **Wertersatz** (→ Rn. 243; *Brox/Walker* Rn. 263; HK-ZV/*Haertlein* AnfG §11 Rn. 1).

c) Ausübung des Anfechtungsrechts

239 Die Gläubigeranfechtung wird durch Klage ausgeübt (s. §13 AnfG), denn der anfechtende Gläubiger will einen vollstreckbaren Titel gegen den Dritten erlangen, um in die betreffende Sache zu vollstrecken. Es gibt aber auch Situationen, in denen der Anfechtungsberechtigte die Anfechtung – also seinen Anspruch auf Duldung der Zwangsvollstreckung in den Gegenstand – durch Einrede in einem gegen ihn geführten Prozess geltend machen kann (§9 AnfG, → Rn. 724 bei der Drittwiderspruchsklage).

d) Zulässigkeit der Anfechtungsklage

240 Die Zulässigkeit der Anfechtungsklage setzt voraus:

- Klageantrag
- Richtiger Anfechtungsgegner
- Allgemeine Sachurteilsvoraussetzungen
- Besondere Sachurteilsvoraussetzungen
- Kein Insolvenzverfahren

Der **Klageantrag** muss nach § 13 AnfG bestimmt bezeichnen, in welchem Umfang und in welcher Weise der Anfechtungsgegner das Erlangte zur Verfügung stellen soll. Dazu müssen zunächst die Forderung, aus der der Kläger vorgeht, sowie ihre Höhe benannt werden. Des Weiteren ist, da der vollstreckungsrechtliche Zugriff verlangt wird, der Antrag idR auf **Duldung der Zwangsvollstreckung** in den Gegenstand zu richten (*Brox/Walker* Rn. 263). Aus dem Bürgerlichen Recht ist dieses Anspruchsziel aus § 1147 BGB bekannt, wonach der Hypothekengläubiger vom Grundstückseigentümer Duldung der Zwangsvollstreckung in das Grundstück verlangen kann. **241**

Beispiel: Wie oben → Rn. 236. G1 muss mit der Anfechtungsklage von D die Duldung der Zwangsvollstreckung in das Fernsehgerät und den VW Golf verlangen. **242**

Ist der Gegenstand nicht mehr verfügbar, zB weil er zerstört oder weiterveräußert wurde, tritt an die Stelle des Primäranspruchs auf Duldung der Zwangsvollstreckung ein Sekundäranspruch auf Wertersatz (§ 11 Abs. 1 S. 2 AnfG iVm §§ 819 Abs. 1, 818 Abs. 4, 292 Abs. 1, 989, 990 BGB). Dann ist im Anfechtungsprozess ein **Zahlungsantrag** zu stellen. Ein so erlangter Zahlungstitel gegen den Dritten wird wie jeder andere Zahlungstitel vollstreckt. **243**

Beispiel: Wie oben → Rn. 236. Das ursprüngliche Bankguthaben des S in Gestalt der Forderung des S gegen seine Bank existiert nicht mehr, nachdem S das Geld an G2 überwiesen hat. Ein Zugriff auf diese Forderung kann daher nicht mehr verschafft werden. Daher muss G1 die Anfechtungsklage gegen G2 darauf richten, Wertersatz für die untergegangene Forderung zu leisten. **244**

Anfechtungsgegner ist derjenige, der die betreffenden Vermögensgegenstände erhalten hat, sowie gem. § 15 AnfG sein Rechtsnachfolger. **245**

Es müssen des Weiteren die **allgemeinen Sachurteilsvoraussetzungen** für die Klage vorliegen (*Pohlmann* ZivilProzR Rn. 192 ff.). **Besondere Sachurteilsvoraussetzungen** stellt § 2 AnfG auf. Danach muss **246**

- der Gläubiger einen **fälligen Hauptanspruch** gegen den Schuldner haben;
- über diesen Anspruch ein **vollstreckbarer Titel** vorliegen, denn im Rahmen der Anfechtungsklage soll nur das Recht des Gläubigers zum Zugriff auf den weggegebenen Vermögensgegenstand geprüft werden, nicht aber, ob der Gläubiger einen Anspruch gegen den Schuldner hat (BGH NJW 2000, 2022 (2024)); und
- entweder die Zwangsvollstreckung gegen den Schuldner nicht zu einer vollständigen Befriedigung des Gläubigers geführt haben oder absehbar aussichtslos sein (sog. **Unzulänglichkeit des Schuldnervermögens**).

Die Anfechtung ist nach § 1 Abs. 1 AnfG ausdrücklich nur **„außerhalb des Insolvenzverfahrens"** möglich, also nicht, wenn dieses eröffnet und noch nicht rechtskräftig beendet ist (HK-ZV/*Haertlein* AnfG § 1 Rn. 35; → Rn. 899 f.). Im Insolvenzverfahren wird das gesamte Vermögen des Schuldners zugunsten aller Gläubiger verwertet. Deshalb ist allein der **247**

Insolvenzverwalter berechtigt, die von den Insolvenzgläubigern erhobene Anfechtungsansprüche zu verfolgen (§16 Abs. 1 AnfG). Diese Ansprüche sind dann gem. §143 Abs. 1 S. 1 InsO auf Rückgabe des Gegenstandes in die Insolvenzmasse gerichtet, weil alle Gläubiger von der Anfechtung profitieren sollen. Zudem greifen die **Anfechtungsrechte der InsO (§§129ff. InsO**; → Rn. 899ff.), deren §§133–135, 145, 322 mit den Tatbeständen des AnfG parallel laufen (Kübler/Prütting/Bork/*Bork* InsO Vor §129 Rn. 17). Gläubiger, die nicht Insolvenzgläubiger sind, sondern Massegläubiger (§§53ff. InsO) oder Absonderungsberechtigte (§§49ff. InsO; vgl. dazu → Rn. 861f.), bleiben trotz des Insolvenzverfahrens anfechtungsberechtigt.

e) Begründetheit der Anfechtungsklage

aa) Gläubigerbenachteiligende Rechtshandlung

248 §1 AnfG setzt zunächst eine Rechtshandlung voraus. Darunter fallen alle Handlungen, die rechtliche Wirkungen haben. Dazu zählen nach §1 Abs. 2 AnfG auch bewusste und gewollte Unterlassungen wie etwa das Nichtverfolgen von Ansprüchen (HK-ZV/*Haertlein* AnfG §1 Rn. 3).

249 Die Rechtshandlung muss objektiv (BT-Drs. 12/3803, 56) zu einer Benachteiligung des Gläubigers geführt haben. Das ist der Fall, wenn dem Gläubiger durch die Handlung ein Vollstreckungsgegenstand entzogen wurde und dem Schuldner keine vollwertige Gegenleistung zugeflossen ist (*Brox/Walker* Rn. 268 mit Beispielen). Gibt der Schuldner einen unpfändbaren Gegenstand aus seinem Vermögen weg (§§811–812 (ab 1.1.2022: §811 ZPO), 850–852 ZPO), fehlt es an dieser Voraussetzung. Für die Unpfändbarkeit ist auf die Situation des Schuldners, nicht die des Anfechtungsgegners abzustellen.

250 **Beispiel:** Wie oben → Rn. 236. Der Fernseher ist nach §811 Abs. 1 Nr. 1 ZPO (ab 1.1.2022: §811 Abs. 1 Nr. 1 lit. a ZPO) unpfändbar (→ Rn. 230). Braucht D den PKW zB für ihre Berufstätigkeit als Handelsvertreterin (§811 Abs. 1 Nr. 5 ZPO; ab 1.1.2022: §811 Abs. 1 Nr. 1 lit. b ZPO), spielt das für die Anfechtung keine Rolle, denn ihr anfechtbarer Rechtserwerb ist nicht durch §811 ZPO geschützt. Anders ist die Lage, wenn S beruflich auf den Wagen angewiesen ist. Dann hätte G1 das Auto bei S nicht pfänden können. G1 hat durch die Weitergabe des Wagens an D also keine Nachteile erlitten. Allerdings ist zu bedenken, dass im Anfechtungsprozess D Tatsachen dafür vortragen muss, dass S auf den Wagen angewiesen ist (vgl. MüKoAnfG/*Kirchhof* §1 Rn. 180). Die Tatsache, dass S den Wagen an D weitergegeben hat, erschwert diese Darlegung.

bb) Anfechtungsgründe und -fristen

251 Zu der Benachteiligung muss des Weiteren ein Anfechtungsgrund gem. §§3–6a AnfG hinzutreten. Neben den Sonderfällen der Gesellschafterdarlehen (§§6, 6a AnfG) und Handlungen des Erben (§5 AnfG) gibt es die **Vorsatzanfechtung** des §3 AnfG und die sog. **Schenkungsanfechtung** nach §4 AnfG.

Nach §3 Abs. 1 S. 1 AnfG kann ein Gläubiger eine Rechtshandlung des Schuldners anfechten, die er mit dem **Vorsatz** vorgenommen hat, seine Gläubiger zu benachteiligen. Es genügt, dass der Schuldner die Gläubigerbenachteiligung „als mögliche Folge seines Handelns erkennt und billigend in Kauf nimmt" (BGH NJW-RR 2014, 1325 (1326)), also *dolus eventualis.* Zugleich muss der Anfechtungsgegner zur Zeit der Handlung den **Vorsatz des Schuldners positiv gekannt** haben. Den Nachweis der Kenntnis erleichtert die Vermutung des §3 Abs. 1 S. 2 AnfG. Die Handlung muss zudem innerhalb der letzten 10 Jahre vor der Anfechtung vorgenommen worden sein (Ausnahme in §3 Abs. 2 AnfG; zur Bestimmung dieses Zeitpunktes §8 AnfG, zur Fristberechnung §7 AnfG). 252

Wer eine **unentgeltliche Zuwendung** erhalten hat, ist, wie man es aus dem BGB kennt (zB §§816 Abs. 1 S. 2, 822 BGB), weniger schutzwürdig als jemand, der eine Gegenleistung erbracht hat. Deshalb sind unentgeltliche Leistungen des Schuldners an Dritte gem. §4 Abs. 1 AnfG ohne Weiteres anfechtbar, es sei denn, sie sind früher als vier Jahre vor der Anfechtung vorgenommen worden. Nur gebräuchliche Gelegenheitsgeschenke geringen Werts fallen nicht unter diese Regelung (§4 Abs. 2 AnfG). 253

Beispielsfall: Wie oben → Rn. 236. Liegt hinsichtlich des Autos und der gezahlten Darlehenssumme ein Anfechtungsgrund vor? 254

Für den PKW greift der Anfechtungsgrund des §4 Abs. 1 AnfG. Das Auto ist schon mangels Schenkungsanlasses kein die Anfechtung ausschließendes Gelegenheitsgeschenk nach §4 Abs. 2 AnfG. Im Falle der Darlehenstilgung kann ein Fall des §3 Abs. 1 S. 1 AnfG gegeben sein. Der Benachteiligungsvorsatz des S ist gegeben, da er die Vollstreckung durch G1 abwenden wollte. Es gibt aber keine Anhaltspunkte dafür, dass G2 von dem Vorsatz Kenntnis hatte. Die Vermutung des §3 Abs. 1 S. 2 AnfG hilft auch nicht, da G2 nicht wusste, dass die Zahlungsunfähigkeit des S drohte. Ein Indiz dafür, dass G2 den Benachteiligungsvorsatz des S kannte, ist jedoch, dass seine Forderung vor Fälligkeit erfüllt wurde (sog. inkongruente Deckung, vgl. §131 Abs. 1 InsO; → Rn. 907). Dieses Indiz muss G2 im Prozess entkräften (HK-ZV/*Haertlein* AnfG §3 Rn. 19). Auch die Schenkung an D ist zusätzlich nach §3 Abs. 1 S. 1 AnfG anfechtbar, wenn es D nicht gelingt, im Prozess das Indiz für ihre Kenntnis des Benachteiligungsvorsatzes zu entkräften, das sich aus der schenkweisen Übereignung des Autos ergibt.

f) Rechtsfolgen der Anfechtung

Ist die Anfechtungsklage begründet, führt dies nach dem oben Gesagten (→ Rn. 238) nicht zur Unwirksamkeit der anfechtbaren Handlung. Vielmehr erlangt der Anfechtende einen Vollstreckungstitel, aufgrund dessen der Anfechtungsgegner, also der Empfänger der anfechtbaren Leistung, die Zwangsvollstreckung in den näher bezeichneten Gegenstand dulden muss. War der Gegenstand nicht mehr im Vermögen des Anfechtungsgegners, lautet der Titel auf Zahlung von Wertersatz. 255

3. Die Durchführung der Pfändung

a) Allgemeine Vorschriften

256 §803 ZPO zieht der Vollstreckung in das bewegliche Vermögen Grenzen. Diese gelten nach der Gesetzessystematik (s. Überschriften vor §803 ZPO) nicht nur für die Pfändung von körperlichen Sachen, sondern auch für die Pfändung von Forderungen und sonstigen Rechten, nicht aber für die Immobiliarvollstreckung (→ Rn. 411). Verstößt ein Vollstreckungsakt gegen §803 ZPO, ist er nach §766 ZPO anfechtbar.

257 §803 Abs. 1 S. 2 ZPO ist Ausdruck des Verhältnismäßigkeitsgrundsatzes und verbietet dem Gerichtsvollzieher die **Überpfändung**. Er darf die Pfändung nicht weiter ausdehnen als für die Tilgung der Schuld und die Kostendeckung der Vollstreckung erforderlich. Um feststellen zu können, ob eine Überpfändung droht, muss der Gerichtsvollzieher den zu erwartenden Erlös vorab schätzen. Tritt die Überpfändung nachträglich ein, etwa weil der Schuldner teilweise gezahlt hat, ist die Pfändung insoweit aufzuheben (HK-ZPO/*Kemper* §803 Rn. 14). Umgekehrt muss der Gerichtsvollzieher nachpfänden, wenn die erste Schätzung des Erlöses sich als zu hoch erweist. Das ergibt sich aus dem Vollstreckungsantrag (§753 Abs. 1 ZPO), der noch nicht erfüllt ist.

258 §803 Abs. 2 ZPO verbietet die Pfändung, wenn der Erlös nur die Kosten der Vollstreckung an sich decken würde, sog. **zwecklose Pfändung**. Es fehlt am Rechtsschutzbedürfnis, weil das Ziel der Vollstreckung nicht erreichbar ist. Sobald ein – sei es auch noch so geringer – Überschuss zu erwarten ist, ist die Pfändung zulässig (*Brox/Walker* Rn. 355; s. aber §812 ZPO (ab 1.1.2022: §811 Abs. 4 ZPO) für Haushaltsgegenstände).

259 **Beispielsfall** (nach AG Neubrandenburg DGVZ 2005, 14): V findet bei der Vollstreckung einer Forderung der G iHv 1.900 Euro als einzigen pfändbaren Vermögensgegenstand den Zweitwagen des S vor, der einen Wert von 25.000 Euro hat. Darf er ihn pfänden?

Das Überpfändungsverbot §803 Abs. 1 S. 2 ZPO setzt voraus, dass die Pfändung weiter ausgedehnt wird als erforderlich. Hier ist der einzige und damit erforderliche Weg zur Vollstreckung aber die Pfändung des PKW. Das Überpfändungsverbot greift also nur, wenn eine Auswahl an pfändbaren Gegenständen beim Schuldner vorhanden ist. Wird hier der PKW verwertet, gehört überschüssiger Verwertungserlös dem S (dingliche Surrogation) und ist an ihn auszukehren (→ Rn. 302f.).

b) Besondere Vorschriften für die Pfändung körperlicher Sachen

260 Der Gerichtsvollzieher hat zur Durchführung der Pfändung die Befugnisse nach §§758–759 ZPO. So kann er insbesondere die **Wohnung** des Schuldners **durchsuchen**. Das setzt voraus, dass der Schuldner einwilligt oder die Durchsuchung richterlich angeordnet ist (§758a Abs. 1 ZPO; Art. 13 Abs. 2 GG). Soll zur Nachtzeit (21–6 Uhr, §758a Abs. 4 S. 2 ZPO) oder an

Sonn- und Feiertagen durchsucht werden, muss immer – ggf. neben der Anordnung nach Abs. 1 (HK-ZPO/*Kindl* §758a Rn. 14) – eine „besondere" Anordnung des Richters vorliegen (§758a Abs. 4 S. 1 letzter Hs. ZPO: sog. „Nachtbeschluss").

Zu Beginn der Zwangsvollstreckung fordert der Gerichtsvollzieher den Schuldner zur freiwilligen Leistung auf (§59 Abs. 2 S. 1 GVGA), zu deren Annahme er auch berechtigt ist (§754 Abs. 1 ZPO). Zivilrechtlich fragt sich, in welchem Zeitpunkt die Forderung im Fall der Zahlung an den Gerichtsvollzieher gem. §362 Abs. 1 BGB erfüllt ist. **261**

Beispiel: S zahlt an die Gerichtsvollzieherin GV freiwillig den titulierten Kaufpreis von 500 Euro. Auf dem Weg zurück ins Büro verliert GV das Geld. G verlangt weiterhin sein Geld von S. Ob der Zahlungsanspruch des G nach §362 Abs. 2 BGB erloschen ist, hängt davon ab, ob mit der Zahlung an GV die Leistung an G bewirkt war. Wäre **GV** bei Entgegennahme der freiwilligen Zahlung **als Stellvertreterin** des G anzusehen (so *Prütting/Stickelbrock* S. 99), wäre sie gem. §164 Abs. 1, 3 BGB Empfangsvertreterin für die einseitige Tilgungsbestimmung des S (auf der Basis der Theorie der finalen Leistungsbewirkung, s. BeckOGK/*Looschelders* BGB §362 Rn. 42.1, Stand: 1.6.2021) und nähme auf der dinglichen Ebene das Angebot auf Übereignung des Geldes im Namen des G an, zudem erwürbe sie den Besitz als Besitzmittlerin für G. Die Leistung wäre damit bewirkt. Ist sie dagegen hoheitlich als **Amtsperson** einzuordnen (so die ganz hM, s. statt aller MüKoZPO/*Heßler* §754 Rn. 39), scheidet ein Handeln als Vertreterin des G aus. G erwürbe das Geld erst, wenn GV es ihm übereignet, und erst dann wäre erfüllt. Aber auch, wenn man der Ansicht folgt, dass GV Amtsperson ist – wofür der hoheitliche Charakter der Vollstreckung und damit auch der Leistungsaufforderung spricht –, ist nicht einzusehen, dass S das Risiko des Verlustes bei GV tragen muss. Wenn GV bei S Geld gepfändet, also mitgenommen hätte (§808 Abs. 1 ZPO), hätte dies als Zahlung des S an G gegolten (§815 Abs. 3 ZPO). Die Norm gilt analog, wenn S der Pfändung des Geldes durch Zahlung zuvorkommt. S verliert auch bei freiwilliger Zahlung die Möglichkeit, für eine sichere Übermittlung des Geldes an G zu sorgen; die Interessenlage ist der des §815 Abs. 3 ZPO vergleichbar (Stein/Jonas/*Würdinger* ZPO §815 Rn. 23). S ist also auch nach diesem Verständnis der Rolle der GV mit der Zahlung an diese gem. §362 Abs. 1 BGB frei geworden. **262**

c) Pfändungsakt

Der Gerichtsvollzieher bewirkt die Pfändung, indem er die körperliche Sache **in Besitz nimmt** (§808 Abs. 1 ZPO) und dies nach außen **kenntlich macht** (§808 Abs. 2 ZPO). Im Regelfall bleiben die gepfändeten Gegenstände im Gewahrsam des Schuldners und werden durch Pfandsiegel (umgangssprachlich auch „Kuckuck", wegen des früher auf dem Siegel abgebildeten Reichsadlers) oder auf andere geeignete Weise gekennzeichnet. Ist ein Gegenstand schon gepfändet, muss der Gerichtsvollzieher für die Anschlusspfändung nach §826 ZPO nur noch eine Erklärung in das Protokoll aufnehmen sowie den Schuldner und ggf. den erstpfändenden Gerichtsvollzieher informieren. **263**

264

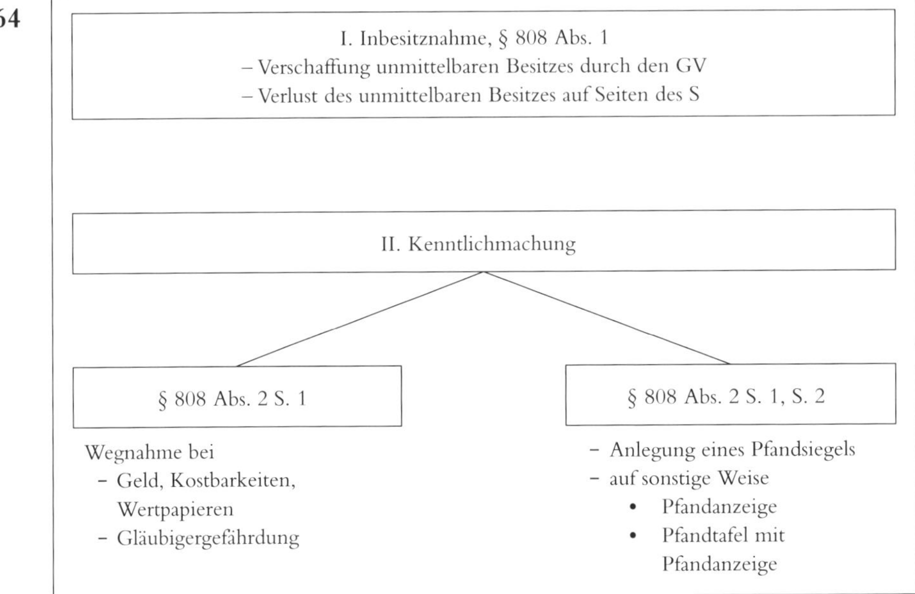

4. Die Wirkungen der Pfändung

265 Die Pfändung wirkt sich auf die Besitzverhältnisse aus, führt zur hoheitlichen Verstrickung der Sache und lässt ein Pfändungspfandrecht entstehen.

a) Folgen für den Besitz

266 Die zivilrechtlichen Besitzverhältnisse nach der Pfändung sind wichtig für die **Besitzschutzrechte** nach §§ 858 ff. BGB und für die Möglichkeit **gutgläubigen Erwerbs** (§ 935 Abs. 1 BGB). Die Besitzverhältnisse gestalten sich dabei wie folgt: Bei Gegenständen, die der **Gerichtsvollzieher mitnimmt**, ist er unmittelbarer Fremdbesitzer. Der Gläubiger, in dessen Interesse er den Besitz ausübt, ist mittelbarer Fremdbesitzer erster Stufe (RGZ 126, 21 (25)). Er besitzt als Pfandgläubiger für den Eigentümer, also den Schuldner. Dieser ist mittelbarer Eigenbesitzer und steht als solcher auf der letzten Stufe des „Besitzgebäudes" (MüKoZPO/*Gruber* § 808 Rn. 50), da seiner besitzrechtlichen Befugnis diejenige des Gläubigers und des Gerichtsvollziehers vorgehen.

267 Bleiben die Gegenstände **im Gewahrsam des Schuldners**, ist dieser unmittelbarer Besitzer. Nach der Pfändung übt er den Besitz aber nicht mehr als Eigentümer aus, sondern als Pfandschuldner, der aufgrund der Pfändung den Gegenstand im Interesse des Gläubigers besitzt. Er ist also unmittelbarer Fremdbesitzer (Stein/Jonas/*Würdinger* ZPO § 808 Rn. 46). Mittelbarer Fremdbesitzer erster Stufe ist der Gerichtsvollzieher, zweiter Stufe der Gläu-

biger. Auf der letzten Stufe steht der Schuldner, dem in seiner Position als Eigentümer der Sache sowohl der Gerichtsvollzieher als auch der Gläubiger den Besitz mitteln. Der Schuldner steht also auf der ersten und letzten Stufe des Besitzgebäudes, einmal als Fremd-, einmal als Eigenbesitzer.

Beispielsfall: Schuldner S bringt seine gepfändete Violine zu seinem Bruder B, um die weitere Vollstreckung zu verhindern. Stehen Gläubiger G und Gerichtsvollzieher GV possessorische Besitzschutzansprüche zu? 268

Da die Violine im Gewahrsam des S blieb, war dieser zum Zeitpunkt der Weggabe an B unmittelbarer (Fremd-)Besitzer. GV war mittelbarer Fremdbesitzer erster Stufe und G mittelbarer Fremdbesitzer zweiter Stufe. Possessorischer Besitzschutz für den mittelbaren Besitzer kann sich aus §§ 869 S. 1, 861, 862 BGB ergeben. Dies setzt gem. § 869 S. 1 BGB verbotene Eigenmacht iSv § 858 Abs. 1 BGB voraus, die gegenüber dem unmittelbaren Besitzer verübt wird. An dieser fehlt es hier aufgrund der freiwilligen Weggabe durch S. G und GV stehen keine possessorischen Besitzansprüche zu.

1. Abwandlung: Wie, wenn B dem S die gepfändete Violine stiehlt?

Hier übt der B gegenüber dem S verbotene Eigenmacht iSv § 858 Abs. 1 BGB aus. Mithin sind die Voraussetzungen der §§ 869 S. 1, 861 BGB erfüllt. Gemäß § 869 S. 2 BGB können G und GV Herausgabe verlangen, jedoch grds. nur an den bisherigen (unmittelbaren) Besitzer, den S.

2. Abwandlung: S kratzt das Pfandsiegel von der Violine und übereignet sie an den gutgläubigen D. Hat D das Eigentum frei von der Verstrickung erworben?

S und D haben sich über den Eigentumsübergang geeinigt und S hat dem D die Violine übergeben (§ 929 S. 1 BGB). Er verfügte auch als Eigentümer. Die Pfändung bewirkt jedoch eine Verstrickung (→ Rn. 269 ff.), mit welcher ein Verfügungsverbot iSv §§ 135, 136 BGB einhergeht. Ein gutgläubiger Erwerb ist allerdings gem. §§ 136, 135 Abs. 2 iVm § 936 Abs. 1 S. 1 BGB möglich. D war hinsichtlich der Verstrickung gutgläubig (§ 936 Abs. 2 BGB). Gutgläubiger Erwerb tritt aber nicht ein, wenn die Sache demjenigen abhandengekommen ist, zu dessen Gunsten das Verfügungsverbot als Belastung des Eigentums besteht; § 935 BGB gilt auch iRv § 936 BGB, auch wenn dort nicht auf ihn verwiesen wird (BeckOGK/*Klinck* BGB § 936 Rn. 22, Stand: 1.7.2021). G oder GV ist die Violine nur abhandengekommen, wenn sie dem S als unmittelbarem Besitzer abhandenkam, § 935 Abs. 1 S. 2 BGB. Das ist hier nicht der Fall. Folglich ist mit dem Eigentumserwerb des D die Verstrickung erloschen (zum Pfändungspfandrecht → Rn. 273).

b) Verstrickung

Mit dem wirksamen Pfändungsakt wird die gepfändete Sache verstrickt. 269
Mit dem Begriff der Verstrickung bezeichnet man das **öffentlich-rechtliche Gewaltverhältnis**, in dem die gepfändete Sache zum Zwecke der Zwangsvollstreckung steht. Im Recht der Immobiliarvollstreckung spricht man von Beschlagnahme. Die Verstrickung begründet ein **relatives Verfügungsverbot** gem. §§ 135, 136 BGB. Es schützt den Gläubiger, kann aber durch gutgläubigen Erwerb (§ 135 Abs. 2 iVm § 936 BGB) überwunden

werden (vgl. das Beispiel in → Rn. 268). Strafrechtlich ist die Verstrickung nach §§ 133, 136, 288, 289 StGB geschützt.

270 **Mängel des Pfändungsaktes** sind für die Verstrickung nur relevant, soweit sie zur Nichtigkeit der Pfändung führen. Das ist nur „ganz ausnahmsweise, nämlich bei grundlegenden schweren Mängeln" der Fall (BGH NJW 1979, 2045 f.; zur Nichtigkeit von Vollstreckungsmaßnahmen schon → Rn. 58). Hierzu zählen die Pfändung ohne Titel, die fehlende Inbesitznahme oder Anlegung eines Pfandsiegels durch den Gerichtsvollzieher nach § 808 Abs. 1, Abs. 2 S. 2 ZPO und die funktionelle Unzuständigkeit des Gerichtsvollziehers, etwa für die Beschlagnahme eines Grundstücks oder die Pfändung einer Forderung. Eine rechtswidrige, aber wirksame Pfändung führt zur Verstrickung.

271 Die **Verstrickung der Sache endet**, wenn sie durch actus contrarius aufgehoben wird, also der Gerichtsvollzieher die Sache freigibt („Entstrickung"), so in den Fällen der §§ 775, 776 ZPO oder auf einen Rechtsbehelf hin (§ 766 oder § 771 ZPO). Außerdem endet sie durch Verwertung (→ Rn. 289 ff.) sowie durch gutgläubigen lastenfreien Erwerb eines Dritten (§§ 136, 135 Abs. 2 iVm § 936 BGB).

272 **Beispielsfall** (nach RGZ 57, 323): GV hat auf Antrag der G die Weinreben im Weinberg des S (§ 810 Abs. 1 ZPO) wirksam gepfändet, indem er Pfandtafeln aufstellte. Später erklärt G dem S, sie gebe die Reben frei, S könne nach Belieben ernten und den Wein verkaufen. S entfernt die Pfandtafeln. Ist die Verstrickung damit aufgehoben?

Der Pfändungsakt ist ein Hoheitsakt. Die ältere Rechtsprechung nahm an, die Pfändung könne vom Schuldner im Einverständnis mit dem Gläubiger aufgehoben werden. Sie leitete dies vor allem aus § 1253 Abs. 1 BGB her (RGZ 57, 323 (325 f.), was angesichts der fehlenden Parallele zur rechtsgeschäftlichen Pfändung nicht überzeugt. Auch § 843 ZPO aus dem Recht der Forderungspfändung ist nicht analog anwendbar, da die „unsichtbare" Pfändung von Forderungen mit derjenigen von Sachen nicht vergleichbar ist (Musielak/Voit/*Flockenhaus* ZPO § 803 Rn. 11). Die Verstrickung ist daher nicht aufgehoben.

c) Pfändungspfandrecht

273 Die Pfändung lässt gem. § 804 Abs. 1 ZPO ein Pfandrecht an dem Gegenstand entstehen. Es gewährt dem Gläubiger dieselbe Position wie ein durch Vertrag erworbenes Pfandrecht (§ 804 Abs. 2 S. 1 Hs. 1 ZPO), also ein Pfandrecht iSv §§ 1204 ff. BGB.

aa) Die Regelungen des § 804 ZPO

274 Dieser Verweis ins BGB betrifft nach seinem Wortlaut die Rechtsfolgen des Pfandrechts: Dem Gläubiger steht wie dem Faustpfandgläubiger ein **beschränktes dingliches Recht an der Sache** zu. Es berechtigt ihn, diese zur Befriedigung seiner Forderung zu verwerten (§ 1204 Abs. 1 BGB).

Zudem hat er Ansprüche aus § 1227 iVm §§ 1004, 823 BGB, wenn sein Pfandrecht beeinträchtigt oder gefährdet wird, und er kann nach § 1227 iVm § 985 BGB Herausgabe des Pfandes an den Gerichtsvollzieher verlangen.

Bestehen an einem Gegenstand **mehrere Pfändungspfandrechte**, gilt nach § 804 Abs. 3 ZPO das **Prioritätsprinzip** („Wer zuerst kommt, mahlt zuerst."). Konkurriert das Pfändungspfandrecht mit **anderen Rechten**, kommt es nach § 804 Abs. 2 Hs. 2 ZPO darauf an, wie „stark" das Recht ist, dh ob es nach insolvenzrechtlichen Bestimmungen einem Faustpfandrecht gleichgestellt ist. Verwiesen wird damit auf §§ 50, 51 InsO. Diese Vorschriften (→ Rn. 862 f.) geben den Inhabern von Pfandrechten, aber auch bestimmten nur schuldrechtlich Berechtigten ein Recht auf abgesonderte (also bevorzugte) Befriedigung aus der Sache. Mit ihnen konkurriert das Pfändungspfandrecht nach seinem Rang (Priorität). Alle schwächeren Rechtspositionen, zB ein einfaches Zurückbehaltungsrecht eines Gläubigers nach § 273 BGB an der gepfändeten Sache (*Brox/Walker* Rn. 375), gehen dem Pfändungspfandrecht nach. 275

bb) Die Diskussion um die Rechtsnatur des Pfändungspfandrechts

Die Tatsache, dass durch den Hoheitsakt der Pfändung ein Pfandrecht entsteht, das dem vertraglichen Pfandrecht gleichgestellt ist (§ 804 Abs. 2 Hs. 1 ZPO), wirft die Frage auf, inwieweit das Pfändungspfandrecht den Regeln des BGB folgt, also privatrechtlicher Natur ist. Die Diskussion betrifft das Entstehen des Pfandrechts, seinen Inhalt und die Verwertung der Sache. 276

Hierzu enthält das BGB folgende Regeln: 277

- Das Pfandrecht gibt ein materielles Verwertungsrecht, § 1204 Abs. 1 BGB.
- Das Pfandrecht setzt nach §§ 1204 Abs. 1, 1252 BGB eine zu sichernde Forderung voraus (Akzessorietät).
- Gehört die verpfändete Sache nicht dem Verpfänder, kann das Pfandrecht nur gutgläubig erworben werden (§ 1207 BGB).
- Wird eine Sache als Pfand versteigert, ohne dass ein Pfandrecht an ihr besteht, kann der Ersteher das Eigentum nur gutgläubig erwerben (§ 1244 BGB).

Die Problematik um die Natur des Pfändungspfandrechts wird insbesondere in folgenden Fällen relevant: 278

Beispiel: GV pfändet auf Antrag des G bei S eine antike Truhe. Diese wird versteigert, dem Ersteher E übergeben und der Erlös wird an G ausgekehrt. Erst dann stellt sich heraus, dass 279

(A) Eigentümerin der Truhe die D ist, die sie bei S nur untergestellt hatte.
(B) G keine Forderung gegen S hatte.
In beiden Fällen ist zu klären, ob

(1) das Pfändungspfandrecht an der Sache entstanden ist,
(2) E Eigentum erworben hat und
(3) der Gläubiger den Erlös behalten darf.

280 Sähe man das Pfändungspfandrecht als eine **Art des privaten Pfandrechts** an (so RGZ 60, 70 (72)), hinge im Fall **(A)** das Entstehen des Rechts gem. §1207 BGB von der Gutgläubigkeit des Gläubigers ab. Bestand danach kein Pfandrecht, kann gem. §1244 BGB der Ersteher nur gutgläubig Eigentum erwerben. Im Fall **(B)** wäre gem. §1204 Abs. 1 BGB mangels Forderung kein Pfändungspfandrecht entstanden. Der Ersteher könnte gem. §1244 BGB nur gutgläubig Eigentum erwerben. In beiden Fällen hätte G nur ein Recht auf den Erlös, wenn das Pfandrecht bestand. Diese privatrechtliche Theorie wird nicht mehr vertreten. Sie berücksichtigt nicht hinreichend, dass nach §804 Abs. 1 ZPO das Pfändungspfandrecht durch den Hoheitsakt der Pfändung entsteht und die Vollstreckung hoheitlich durchgeführt wird.

281 Nach aA ist das Pfändungspfandrecht allein **prozessualer (öffentlich-rechtlicher) Natur** (zB HK-ZV/*Kindl* ZPO §804 Rn. 4; *Lüke* §24 Rn. 18; OLG Oldenburg OLGZ 1992, 488 (juris Rn. 17f.)). Es gebe dem Gläubiger nur ein prozessuales Recht zur Verwertung und zum Empfang des Erlöses. Das Pfändungspfandrecht entstehe mit wirksamer Verstrickung unabhängig davon, ob die Sache dem Schuldner gehöre und die Forderung bestehe. Danach ist in den Beispielsfällen das Pfändungspfandrecht als prozessuales Verwertungsrecht entstanden. Auf seiner Basis wird versteigert und der Ersteher erwirbt durch Hoheitsakt Eigentum. Allerdings gewähre das prozessuale Pfandrecht dem Gläubiger nicht das Recht, den Erlös zu behalten. Dies richte sich nach materiellem Recht. Es setze voraus, dass der Schuldner Eigentümer der gepfändeten Sache und der Gläubiger Forderungsinhaber war. In beiden Fällen steht der Erlös dem Gläubiger daher nicht zu, sondern im Fall **(A)** der Eigentümerin, im Fall **(B)** dem Schuldner.

282 Die herrschende, **gemischt privatrechtlich-öffentlich-rechtliche Theorie** (RGZ 156, 395 (398); BGHZ 119, 75 Rn. 21ff., MüKoZPO/*Gruber* §704 Rn. 11ff.; Schuschke/Walker/Kessen/Thole/*Walker/Loyal* ZPO §804 Rn. 5, allerdings mit Abweichungen von der hM für die Verwertung) spricht dem Gläubiger ein materielles Recht am Vollstreckungsgegenstand zu. Sie unterscheidet dann:

283 Öffentlich-rechtlich seien die Verstrickung und Verwertung der Sache durch Versteigerung zu beurteilen. Das bedeutet: Hat die Pfändung zu einer wirksamen Verstrickung geführt (→ Rn. 269ff.), wird auf ihrer Grundlage die Sache verwertet. Für die Verstrickung sind weder das Schuldnereigentum noch das Bestehen der Forderung notwendig. Der Ersteher erwirbt in beiden Beispielsfällen durch Hoheitsakt Eigentum an der versteigerten Sache (→ Rn. 281). Auf §1244 BGB kommt es nicht an.

284 Das materielle Pfändungspfandrecht des Gläubigers an der Sache entstehe aber nur, wenn bestimmte verfahrensrechtliche und materiell-rechtliche Voraussetzungen vorlägen.

- Prozessual müsse die Sache wirksam verstrickt worden sein (im soeben genannten Sinne). Die Pfändung dürfe auch nicht wegen eines Verstoßes gegen wesentliche Verfahrensvoraussetzungen rechtswidrig sein, denn nur eine insoweit rechtmäßige Pfändung rechtfertige den Eingriff in das Vermögen, der mit der Annahme eines Pfändungspfandrechts sowohl zulasten des Schuldners als auch zulasten konkurrierender Gläubiger verbunden sei (MüKoZPO/*Gruber* ZPO §804 Rn.15). Wesentliche Verfahrensvorschriften sind die allgemeinen (→ Rn.77ff.) und die besonderen (→ Rn.168ff.) Vollstreckungsvoraussetzungen; auch Vollstreckungshindernisse (→ Rn.182) dürfen nicht vorliegen und es müssen die Vorschriften beachtet sein, die die Vermögensinteressen des Schuldners (zB §811 ZPO) oder Dritter (zB §809 ZPO) schützen (MüKo ZPO/*Gruber* ZPO §804 Rn.15f.).

- Materiell-rechtlich müssten die Voraussetzungen der §§1204ff. BGB vorliegen. Im Beispielsfall **(B)** (Forderung existiert nicht) ist damit kein Pfändungspfandrecht entstanden. Dasselbe gilt im Fall **(A)** (schuldnerfremde Sache). Weitergehend als nach §1207 BGB ist auch ein gutgläubiger Erwerb des Pfandrechts durch den Gläubiger ausgeschlossen, denn die ZPO sieht diese Möglichkeit, anders als in §§894, 897, 898 ZPO, nicht vor (*Brox/Walker* Rn.383). In beiden Fällen steht dem Gläubiger der Erlös daher mangels Pfandrechts nicht zu, sondern im Fall **(A)** der Eigentümerin, im Fall **(B)** dem Schuldner.

Beide Auffassungen führen, wie die Beispiele zeigen, fast immer zu denselben Ergebnissen. Grund dafür sind die wechselseitigen Zugeständnisse: Die öffentlich-rechtliche Theorie entscheidet über die Zuweisung des Erlöses unter Rückgriff auf materiell-rechtliche Wertungen. Die gemischte Theorie sieht die Verstrickung als Basis der Verwertung und ordnet beides hoheitlich ein. Der wesentliche **Unterschied** beider Auffassungen liegt darin, dass nach der prozessualen Auffassung der Entstehungszeitpunkt des Pfändungspfandrechts nur von der Verstrickung und nicht von weiteren Voraussetzungen materiell- oder verfahrensrechtlicher Art abhängt. Das spielt nur dann eine Rolle, wenn der Zeitpunkt der Bestellung des Pfändungspfandrechts von Bedeutung ist (zB nach §804 Abs.3 ZPO und §88 InsO). **285**

Beispielsfälle: (1) Zugunsten des G pfändet GV bei S eine antike Truhe, die S dem E zur Sicherheit für ein Darlehen übereignet hatte. Zwei Wochen später übereignet E der S die Truhe zurück, da diese das Darlehen bezahlt hat. **286**

(2) Zugunsten des G pfändet GV bei S eine antike Truhe. GV übersieht, dass G die erforderliche Sicherheitsleistung (§751 Abs.2 ZPO) nicht nachgewiesen hat. Zwei Wochen später holt G dies nach.

Frage 1: Wann ist jeweils das Pfändungspfandrecht entstanden?

Nach der **öffentlich-rechtlichen Theorie** ist es in beiden Fällen im Zeitpunkt der wirksamen Verstrickung als prozessuales Verwertungsrecht entstanden. Weder das zunächst fehlende Eigentum der S noch die zunächst gegebene Rechtswidrigkeit der Pfändung stehen im Wege. Insbesondere war der Verstoß gegen §751 Abs.2 ZPO nicht so gewichtig, dass er zur Nichtigkeit der Pfändung geführt hätte.

Nach der **gemischt privatrechtlich-öffentlich-rechtlichen Theorie** hindern das fehlende Schuldnereigentum die Pfandrechtsentstehung ebenso wie der wesentliche Verfahrensverstoß. Im Fall **(1)** ist das Pfandrecht daher analog § 185 Abs. 2 S. 1 Fall 2 BGB erst entstanden, als S das Eigentum erwarb. Im Fall **(2)** wurde der Verfahrensfehler geheilt, als G die Sicherheit leistete (vgl. zur Heilbarkeit BeckOK ZPO/*Ulrici* § 751 Rn. 8.1). In diesem Zeitpunkt entstand das Pfändungspfandrecht.

Frage 2: Fünf Wochen nach der Pfändung wird über das Vermögen der S das Insolvenzverfahren eröffnet. Kann G nach § 50 Abs. 1 InsO abgesonderte Befriedigung verlangen oder schließt § 88 Abs. 1 InsO (sog. Rückschlagsperre) das aus?

Nach § 88 Abs. 1 InsO werden Sicherungen, wozu auch Pfändungspfandrechte zählen (BeckOK InsO/*Cymutta* § 88 Rn. 15), unwirksam, wenn sie im letzten Monat vor der Eröffnung des Insolvenzverfahrens erlangt wurden. Nach der öffentlich-rechtlichen Lösung ist die Sicherheit in beiden Fällen fünf Wochen vor der Insolvenzeröffnung erlangt worden. Nach der gemischten Ansicht ist die Sicherheit erst drei Wochen zuvor wirksam erlangt worden, so dass sie nach § 88 Abs. 1 InsO unwirksam wird.

287 Für die **gemischt privatrechtlich-öffentlich-rechtliche Theorie** spricht, dass sie mit dem Wortlaut des § 804 Abs. 1 und 2 ZPO ebenso im Einklang steht wie mit der Regelungsabsicht des Gesetzgebers (MüKoZPO/*Gruber* § 804 Rn. 12), der ein materielles Verwertungsrecht im Sinn hatte. Zudem ergeben sich für sie die Kriterien für die materielle Zuweisung des Rechtes am Pfandgegenstand und am Erlös zwanglos aus §§ 1204 ff. BGB, deren Wertungen die öffentlich-rechtliche Theorie letztlich auch heranziehen muss. Auch bleibt nach der öffentlich-rechtlichen Theorie offen, welche selbständige Bedeutung das Pfändungspfandrecht neben der Verstrickung hat (*Brox/Walker* Rn. 392); das steht mit § 804 ZPO zudem nicht im Einklang. Die gemischte Theorie wird dem hoheitlichen Charakter von Verstrickung und Verwertung hinreichend gerecht. Allerdings erscheint zweifelhaft, ob man mit dieser Auffassung bei wesentlichen, nicht zur Nichtigkeit führenden Verfahrensfehlern das materielle Pfändungspfandrecht verneinen sollte, weil hierdurch Rechtsunsicherheit geschaffen wird (*Lüke* § 24 Rn. 16).

288 **Klausurhinweis:** Angesichts der Tatsache, dass sich die Rechtsnatur des Pfändungspfandrechts selten auf Falllösungen auswirkt, ist eine Diskussion idR **entbehrlich**. Ein Klausurklassiker ist die Pfändung und Verwertung schuldnerfremder Sachen (→ Rn. 279 Fall (A)). Erstens wird häufig nach den Ansprüchen des ursprünglichen Eigentümers auf Herausgabe der vom Dritten ersteigerten Sache gefragt. Diese können sich nur aus Gesetz ergeben (§§ 985, 1007 Abs. 1 und 2, 869, 861, 687 Abs. 2, 823 Abs. 1, 826, 816 Abs. 1 und 2, 812 Abs. 1 S. 1 Fall 1 oder 2 BGB). Sie liegen im Ergebnis aber nur vor, wenn der Ersteher den ursprünglichen Eigentümer durch den Erwerb vorsätzlich sittenwidrig schädigt. Zweitens wird häufig nach Ansprüchen des Eigentümers gegen den Gläubiger auf Herausgabe des Erlöses gefragt. Von den zu diskutierenden Ansprüchen aus §§ 280 Abs. 1, 985, 989, 990, 687 Abs. 2, 823 Abs. 1, 826, 816 Abs. 1, 812 Abs. 1 S. 1 Fall 2 BGB kommt, wenn der Gläubiger vom Fremdeigentum nichts wusste, nur der letztgenannte in Betracht. Diese Ansprüche sollte man einmal gedanklich durchprüfen. Sehr gut wiedergegeben ist die Lösung

bei *Brox/Walker* Rn. 456–475. Drittens kann nach Ansprüchen des ursprünglichen Eigentümers gegen den Vollstreckungsschuldner gefragt sein. Sie können sich aus §§ 280, Abs. 1, 3, 283, 823 Abs. 1 BGB ergeben.

5. Die Verwertung

§§ 814–825 ZPO regeln, wie der Gerichtsvollzieher die gepfändete Sache für alle beteiligten Gläubiger verwertet (§ 827 Abs. 1 S. 2 ZPO). Die Wege unterscheiden sich von der Verwertung rechtsgeschäftlich verpfändeter Sachen (s. §§ 1228, 1233 Abs. 1, 1245, 1246 BGB; s. aber § 1233 Abs. 2 BGB!). Der Verwertung geht die Schätzung des Wertes voran (§ 813 ZPO). **289**

a) Öffentliche Versteigerung, § 814 ZPO

Der Gerichtsvollzieher kann bei der öffentlichen Versteigerung gem. § 814 Abs. 2 ZPO wählen, ob er die Pfandsache vor Ort oder im Internet versteigert. **290**

Entscheidet er sich für die **Versteigerung vor Ort** (§ 814 Abs. 2 Nr. 1 ZPO, sog. Präsenzversteigerung), gestaltet sich der Ablauf wie folgt: **291**

- Der Gerichtsvollzieher legt **Zeit und Ort der Versteigerung** fest. Grundsätzlich darf nicht vor Ablauf einer Woche seit dem Tag der Pfändung versteigert werden (§ 816 Abs. 1 ZPO), damit der Schuldner noch Gelegenheit zur Zahlung hat. Der Ort muss grds. in der Gemeinde liegen, in der gepfändet wurde, oder an einem anderen Ort im Bezirk des Vollstreckungsgerichts (§ 816 Abs. 2 ZPO). Zeit und Ort sind öffentlich bekannt zu machen (§ 816 Abs. 3 ZPO).
- Der Gerichtsvollzieher **eröffnet den Versteigerungstermin**. Er gibt die Versteigerungsbedingungen bekannt, insbesondere das Mindestgebot (§ 817a ZPO), das im Interesse aller Beteiligten und der Allgemeinheit eine Verschleuderung des Pfandes verhindert (Stein/Jonas/*Würdinger* ZPO § 817a Rn. 1).
- Im Termin werden die **Gebote** abgegeben. Ein Gebot erlischt, wenn ein höheres Gebot abgegeben wird (§ 817 Abs. 1 S. 3 ZPO iVm § 156 S. 2 Fall 1 BGB). Erst wenn das Mindestgebot erreicht ist, kann nach dreimaligem Aufruf der **Zuschlag** erteilt werden (§ 817 Abs. 1 ZPO).
- Gegen Zahlung des Kaufgeldes wird die Sache dem Ersteher **abgeliefert**, also übergeben (§ 817 Abs. 2 ZPO).
- Den **Versteigerungserlös kehrt** der Gerichtsvollzieher nach Abzug der Kosten der Vollstreckung an den Gläubiger **aus** (→ Rn. 302; zum Mehrerlös → Rn. 303).

Bei der **Internetversteigerung** weicht der Ablauf von dem der Präsenzversteigerung in folgenden Punkten ab: **292**

- Die Versteigerung findet auf einer **Internetplattform**, der von allen Landesjustizverwaltungen betriebenen Plattform „www.justiz-auktion.de“, statt und muss allgemein zugänglich sein (§814 Abs. 2 Nr. 2 ZPO). §816 Abs. 2 und 3 ZPO gelten nicht, aber §816 Abs. 1 ZPO hinsichtlich der zeitlichen Vorgaben (§816 Abs. 5 ZPO).
- Der **Zuschlag** ist der Person erteilt, die am Ende der Versteigerung das höchste Gebot abgegeben hat; sie ist zu benachrichtigen (§817 Abs. 1 S. 2 ZPO).
- Wird die ersteigerte Sache versandt, gilt die **Ablieferung** als bewirkt, wenn die Sache der Person übergeben wird, die die Versendung ausführt (zB §7 S. 4 InternetversteigerungsVO NRW); zur materiell-rechtlichen Bedeutung der Fiktion → Rn. 295.
- Weitere Details sind gem. §814 Abs. 3 ZPO in weitgehend inhaltsgleichen **Landesverordnungen** geregelt.

293 In beiden Fällen der Versteigerung stellt sich die Frage, ob Gebot und Zuschlag zu einem **schuldrechtlichen Vertrag** führen und die Ablieferung eine rechtsgeschäftliche **Übereignung** ist. Einigkeit besteht darin, dass der Gerichtsvollzieher hoheitlich handelt und daher keine zivilrechtlichen Rechtsgeschäfte geschlossen werden.

294 **Gebot und Zuschlag** könnten einen kaufähnlichen öffentlich-rechtlichen Vertrag begründen (zum Meinungsstand Schuschke/Walker/Kessen/Thole/*Walker/Loyal* ZPO §817 Rn. 9 mwN). Allerdings gibt es für keine Seite Erfüllungsansprüche. Zahlt der Ersteher nicht, wird die Sache anderweitig versteigert (§817 Abs. 3 ZPO). Liefert der Gerichtsvollzieher die Sache nicht ab, kann der Ersteher einen Rechtsbehelf einlegen (§766 ZPO), nicht aber auf Übereignung klagen. Auch Mängelrechte hat der Ersteher nicht (§806 ZPO), ebenso wenig kann er sein Gebot wegen Eigenschaftsirrtums anfechten (*Brox/Walker* Rn. 409). All das spricht gegen die Annahme einer schuldvertraglichen Beziehung (Stein/Jonas/*Würdinger* ZPO §817 Rn. 20). Auch §156 S. 1 BGB lässt sich hierfür nicht anführen, da das Gebot iSv §817 Abs. 1 ZPO eine Prozesshandlung und keine bürgerlich-rechtliche Willenserklärung ist (BeckOGK/*Möslein* BGB §156 Rn. 13, Stand: 1.2.2018). Der Zuschlag ist ein **einseitiger Hoheitsakt**.

295 Der Ersteher muss das **Kaufgeld** vorleisten oder bei Ablieferung der ersteigerten Sache zahlen (§817 Abs. 2 ZPO). Grundsätzlich gilt die Empfangnahme des Versteigerungserlöses durch den Gerichtsvollzieher als Zahlung des Schuldners an den Gläubiger (§819 ZPO). Erfüllung nach §362 BGB tritt aber erst mit Aushändigung des Erlöses an den Gläubiger ein (*Muthorst* §11 Rn. 10; *Lüke* §25 Rn. 25). Die Fiktion des §819 ZPO verlagert lediglich die Gefahr des Untergangs des Geldes auf den Gläubiger. Verliert oder unterschlägt der Gerichtsvollzieher das Geld, muss der Schuldner nicht noch einmal auf die titulierte Forderung zahlen. Materiell-rechtlich erlischt die

Forderung jedoch nicht. Der Gläubiger kann seinen Schaden bei Verschulden des Gerichtsvollziehers aus Amtshaftung (Art. 34 GG iVm § 839 BGB) ersetzt verlangen.

Die **Ablieferung** der gepfändeten Sache ist keine privatrechtliche Übereignung, sondern ein staatlicher Hoheitsakt, der dem Erwerber kraft Hoheitsgewalt originär **Eigentum verschafft** (BGHZ 55, 20 (25)). Wird die Sache durch die Übergabe an eine Versandperson abgeliefert (Fiktion der Ablieferung; → Rn. 295), wird der Ersteher schon zu diesem Zeitpunkt Eigentümer (BeckOK ZPO/*Uhl* § 817 Rn. 11). Er trägt also die Gefahr der Beschädigung und des Untergangs der Sache beim Versand. Der Ersteher kann dann wegen einer Verletzung seines Eigentums gegen den Versender vorgehen. Insofern hinkt der zum Teil gezogene Vergleich zu § 447 BGB: Dort ist der Erwerber während des Versandes noch nicht Eigentümer. 296

Es ist für den hoheitlichen Eigentumserwerb unerheblich, ob die Sache dem Schuldner gehörte und ob ein Pfandrecht entstanden war. Allerdings kann das Eigentum hoheitlich nur verschafft werden, wenn die Sache wirksam **verstrickt** war (→ Rn. 269 ff.) und bei der Versteigerung die wesentlichen Verfahrensregeln beachtet wurden, insbesondere das Gebot der **Öffentlichkeit** und der Ablieferung erst nach **Zahlung des Kaufgeldes** (§ 817 Abs. 2 ZPO). Für die **Einhaltung des Mindestgebots** (§ 817a Abs. 1 S. 1 ZPO) ist umstritten, ob es sich um eine solche wesentliche Verfahrensvorschrift oder nur um eine Ordnungsvorschrift handelt, wie etwa auch Zeit und Ort der Versteigerung und dreimaliger Aufruf (*Brox/Walker* Rn. 413). 297

Beispielsfall: D erhält bei der Versteigerung eines PKW den Zuschlag zum Preis von 1.500 Euro. Nach Zahlung durch D übergibt GV ihr den Wagen. Wird D damit Eigentümerin, wenn … 298

(1) … der gewöhnliche Verkaufswert 5.000 Euro betrug, aber weder dies noch das Mindestgebot angegeben waren?

GV hat gegen § 817a Abs. 1 S. 1 ZPO verstoßen. Die Vorschrift schützt den Schuldner, den Gläubiger sowie die Allgemeinheit vor Verschleuderung. Um diesen Zweck zu erreichen, genügen Amtshaftungsansprüche von Gläubiger und Schuldner (zu letzteren LG Essen DGVZ 1993, 137 f.) gegen den Staat. Daher führt unstreitig ein nicht erkennbarer Verstoß gegen § 817a Abs. 1 S. 1 ZPO nicht zur Unwirksamkeit der hoheitlichen Eigentumsbegründung.

(2) … der gewöhnliche Verkaufswert mit 5.000 Euro, das Mindestgebot mit 2.500 Euro angegeben waren?

Verstößt der Gerichtsvollzieher erkennbar gegen § 817a Abs. 1 S. 1 ZPO, wird zum Teil angenommen, dass der Eigentumserwerb scheitere (HK-ZV/*Kindl* ZPO § 817 Rn. 9 mwN). An der Interessenlage und dem Gewicht des Fehlers ändert seine Transparenz allerdings nichts, was dafür spricht, auch hier vom Eigentumserwerb auszugehen (im Ergebnis auch *Brox/Walker* Rn. 416). Bewertet man das Gewicht des Fehlers aber grds. anders, sieht § 817a Abs. 1 S. 1 ZPO also als wesentliche Verfahrensvorschrift an, mag es in Anlehnung an den Rechtsgedanken des § 44 Abs. 1

VwVfG stimmig sein, nur bei Offenkundigkeit des Fehlers zur Unwirksamkeit des Übertragungsaktes zu kommen.

b) Ablieferung gepfändeten Geldes, §815 ZPO

299 Ist Bargeld gepfändet worden, ist kein weiterer Verwertungsakt notwendig. Nach §815 Abs. 1 ZPO liefert der Gerichtsvollzieher dem Gläubiger das Geld unter vorherigem Abzug der Vollstreckungskosten ab. Auch hierin liegt eine Eigentumsverschaffung kraft Hoheitsaktes. Die **Zahlung des Schuldners gilt dem Gläubiger gegenüber zeitlich schon vorher** als erfolgt, nämlich dann, wenn der Gerichtsvollzieher dem Schuldner das Geld wegnimmt (§815 Abs. 3 ZPO). Diese Fiktion wirkt wie diejenige des §819 ZPO (MüKoZPO/*Gruber* §819 Rn. 3; → Rn. 295).

c) Freihändiger Verkauf (§§821, 817a Abs. 3 S. 2 ZPO)

300 Wertpapiere werden grds. als bewegliche Sachen gepfändet (Ausnahmen in §§830, 857 Abs. 6 ZPO → Rn. 368 und → Rn. 369 ff.). Ihre Verwertung richtet sich nach der Art des Wertpapiers. Der Weg des §821 ZPO steht für **Inhaberpapiere und bestimmte Order- und Rektapapiere** offen. Zu beachten ist, dass manche Orderpapiere und Rektapapiere wie Forderungen verwertet werden (→ Rn. 369).

d) Andere Verwertungsart (§825 ZPO)

301 Der Gerichtsvollzieher kann die Sache auf Antrag des Gläubigers oder des Schuldners in anderer **Weise** oder an einem anderen **Ort** verwerten. Soll ein Dritter – etwa wegen größerer Sachkunde – die Sache versteigern, muss das Vollstreckungsgericht dies anordnen (§825 Abs. 2 ZPO). Es handelt sich dann um eine privatrechtliche Versteigerung, für die die Regeln des bürgerlichen Rechts gelten (*Heiderhoff/Skamel* Rn. 349).

6. Die Auskehr des Erlöses

302 Der Erlös tritt an die Stelle der gepfändeten Sache (dingliche Surrogation, §1247 S. 2 BGB analog). Der Schuldner ist also Eigentümer des Erlöses (zur Pfändung schuldnerfremder Sachen → Rn. 279 ff.). Die Rechte an der Sache, bspw. das Pfändungspfandrecht des Gläubigers, setzen sich am Erlös fort. Der Gerichtsvollzieher zieht vom Erlös die Kosten der Zwangsvollstreckung ab (§118 Abs. 2 S. 1 Fall 2 GVGA). Für den verbleibenden Erlös gilt:

303 **Reicht der Erlös** zur Befriedigung des Gläubigers aus, wird ein eventueller Rest an den Schuldner übergeben. Da er bereits Eigentümer ist, ist eine Übereignung nicht notwendig. Der Gläubiger dagegen erwirbt das Eigentum an dem an ihn vom Gerichtsvollzieher ausgekehrten Erlös kraft Hoheitsaktes.

Reicht der Erlös nicht, wird er nach § 367 BGB erst auf die Kosten der Zwangsvollstreckung und andere Kosten des Gläubigers, dann auf die Zinsen und schließlich auf die Hauptforderung verrechnet, sofern sich nicht etwa aus § 497 Abs. 3 BGB etwas anderes ergibt, § 118 Abs. 2 S. 3 GVGA. Ein Tilgungsbestimmungsrecht iSv § 366 BGB hat der Schuldner in der Zwangsvollstreckung generell nicht (BGH NJW 1999, 1704). Hat der Gläubiger **mehrere Forderungen**, steht ihm analog § 366 Abs. 2 BGB ein Bestimmungsrecht zu. Er kann zB ein Interesse daran haben, zunächst die Forderung tilgen zu lassen, die nicht anderweitig gesichert ist (*Brox/Walker* Rn. 451; aA BeckOK ZPO/*Uhl* § 819 Rn. 5: nach Rang, bei Gleichrang verhältnismäßig). Nur wenn **mehrere Gläubiger** betroffen sind, wird der Erlös nach dem Rang der Pfändungspfandrechte (§ 804 Abs. 3 ZPO), also der Reihenfolge der Pfändungen verteilt, § 116 Abs. 6 S. 2 GVGA. Bei gleichrangigen Pfändungspfandrechten erfolgt die Verteilung nach dem Verhältnis der Forderungen, § 117 Abs. 4 S. 2 GVGA. 304

Beispiel: G1 (Forderung: 1.000 Euro) und G2 (Forderung: 2.000 Euro) haben gleichzeitig bei S gepfändet. Der nach Deckung der Kosten an sie auszukehrende Erlös beträgt 600 Euro. Diese werden nach dem Verhältnis der Forderungen (1:2) ausgekehrt, sodass G1 200 Euro erhält und G2 400 Euro. 305

Pfändet dagegen G als einziger Gläubiger wegen zweier Forderungen in den genannten Höhen, ist es sachgerecht, ihn bestimmen zu lassen, welche Forderung zuerst getilgt wird. Interessen dritter Gläubiger sind nicht betroffen, so dass es auf den Rang der Forderungen des G nicht ankommt und auch aus Gerechtigkeitsgründen eine verhältnismäßige Aufteilung des Erlöses auf die beiden Forderungen nicht geboten ist.

Fordert ein Gläubiger eine andere Verteilung, hinterlegt der Gerichtsvollzieher gem. § 827 Abs. 2 S. 1, Abs. 3 ZPO den Erlös und zeigt dies dem Vollstreckungsgericht an. Dieses führt daraufhin das **Verteilungsverfahren** nach den §§ 872 ff. ZPO durch (vgl. im Einzelnen *Brox/Walker* Rn. 476 ff.). Dieses Verfahren entlastet den Gerichtsvollzieher davon, die oft schwierigen Rangfragen selbst zu beurteilen (*Lippross/Bittmann* § 15 Rn. 268). Verteilungsgericht ist das Amtsgericht, § 873 ZPO. Es entscheidet durch den Rechtspfleger (§§ 3 Nr. 3 lit. a, 20 Abs. 1 Nr. 17 S. 1 RPflG) und fordert die beteiligten Gläubiger auf, ihre Forderungen anzumelden (§ 873 ZPO). Auf der Grundlage der Anmeldungen erstellt das Vollstreckungsgericht einen **Verteilungsplan** (§ 874 ZPO). Über diesen wird im Rahmen des Verteilungstermins verhandelt. Die beteiligten Gläubiger können dem Teilungsplan widersprechen, um ihn zu ihren Gunsten zu ändern. Erklären die Gläubiger keinen Widerspruch, wird der Plan ausgeführt (§ 876 S. 1 ZPO). Wird ein Widerspruch von den Beteiligten als begründet anerkannt oder kommt anderweitig eine Einigung zustande, ist der Plan entsprechend zu berichtigen (§ 876 S. 3 ZPO). Erledigt sich der Widerspruch eines Gläubigers nicht, wird der Plan insoweit ausgeführt, als er durch den Widerspruch nicht betroffen wird (§ 876 S. 4 ZPO). Der Gläubiger, dessen Widerspruch sich nicht erledigt 306 hat, muss dann Widerspruchsklage nach § 878 ZPO gegen den oder die Gläubiger erheben, der/die seinen Widerspruch nicht als begründet anerkannt haben. Die Klage ist begründet, wenn der Kläger ein Recht hat, vorrangig zu dem oder den Beklagten aus dem Erlös befriedigt zu werden (HK-ZPO/*Kindl* § 878 Rn. 4; vgl. zu Einzelheiten *Brox/Walker* Rn. 489 ff.).

III. Die Zwangsvollstreckung wegen Geldforderungen in Forderungen und andere Vermögensrechte

307 Die §§ 828–863 ZPO regeln zum einen die Vollstreckung in **Forderungen**, worunter Geldforderungen (→ Rn. 311 ff.), besondere Geldforderungen (→ Rn. 363 ff.) sowie Ansprüche auf Herausgabe oder Leistung von Sachen (→ Rn. 372 ff.) fallen. Zum anderen betreffen sie die Vollstreckung in andere **Vermögensrechte** (→ Rn. 383). Aus der systematischen Stellung der Vorschriften folgt, dass die allgemeinen Vorschriften der §§ 803–807 ZPO über die Pfändung und der §§ 802a-802l ZPO über Vermögensauskunft, Erzwingungshaft und Vermögensverzeichnis auch hier gelten.

1. Die Vollstreckung in Geldforderungen

308 Die wesentlichen Vermögenswerte eines Schuldners sind häufig Geldforderungen, die er gegen Dritte hat, wie etwa der pfändbare Teil seines Arbeitseinkommens. Will man auf diese zugreifen, sind wie bei den beweglichen Sachen zwei Schritte notwendig: die **Pfändung** (→ Rn. 309 ff.) und die **Verwertung** (→ Rn. 351 ff.). Durch die Pfändung (§ 829 ZPO) wird die Forderung, die der Schuldner gegen den Dritten hat, für den Gläubiger durch einen Pfändungsbeschluss „gesichert" und er erhält damit ein Verwertungsrecht an ihr. Die Verwertung geschieht, indem dem Gläubiger die Forderung durch einen Überweisungsbeschluss „überwiesen" wird (§ 835 ZPO), damit er gegen den Schuldner dieser Forderung, den sog. Drittschuldner – etwa den Arbeitgeber des Schuldners –, vorgehen kann. Bei der Forderungspfändung sind also immer drei Personen involviert: der Gläubiger, der (Vollstreckungs-)Schuldner und der Drittschuldner. **Pfändungs- und Überweisungsbeschluss** werden häufig in einem einheitlichen Beschluss zusammengefasst.

a) Die Voraussetzungen der Pfändung

aa) Zuständigkeit

309 Nach § 828 Abs. 1 ZPO ist das Vollstreckungsgericht **sachlich** für die Vollstreckung zuständig. Vollstreckungsgericht ist nach § 764 Abs. 1 ZPO das Amtsgericht. **Örtlich** ist gem. § 828 Abs. 2 ZPO das Amtsgericht zustän-

dig, bei dem der Schuldner im Inland seinen allgemeinen Gerichtsstand hat (§§ 12–19a ZPO). Fehlt ein solcher, kann am Gerichtsstand des Vermögens geklagt werden, § 828 Abs. 2 iVm § 23 S. 2 ZPO. Der Vermögensgegenstand des Schuldners ist die Forderung. Geklagt werden kann am Wohnsitz des Schuldners dieser Forderung (Drittschuldner), § 23 S. 2 ZPO. **Funktionell** ist der Rechtspfleger zuständig, §§ 3 Nr. 3 lit. a, 20 Abs. 1 Nr. 17 S. 2 RPflG.

bb) Antrag

Für den Antrag muss der Gläubiger nach der Zwangsvollstreckungsformular-Verordnung ein bestimmtes **Formular** nutzen (§ 829 Abs. 4 S. 2 ZPO iVm ZVFV). Das Muster des Antrags findet sich in Anlage 2 zur ZVFV. Im Antrag ist die zu pfändende Forderung so bestimmt zu bezeichnen, dass Drittschuldner und Schuldgrund zweifelsfrei feststehen (BGH NJW-RR 2016, 254). **310**

cc) Geldforderungen

Geldforderungen sind Forderungen, die auf die Leistung eines bestimmten Geldbetrages gerichtet sind. Die Forderung muss nicht fällig sein, und es kann sich auch um eine bedingte, befristete oder künftige Forderung handeln, denn dem Drittschuldner bleiben sämtliche Einwendungen gegen die Forderung erhalten. **311**

312

Beispielsfall: S baut ein Mehrfamilienhaus. Seine Gläubigerin G hat einen Zahlungstitel gegen S und will Ansprüche des S gegen dessen künftige Mieter

1. sich zur Sicherheit abtreten lassen.
2. pfänden.

Ist das möglich?

Die Abtretung einer künftigen Forderung ist nach § 398 BGB möglich, wenn die Forderung und ihr Schuldner im Zeitpunkt ihrer Entstehung bestimmbar sind (MüKoBGB/*Roth/Kieninger* § 398 Rn. 80). Erst im Entstehungszeitpunkt muss klar sein, welche Forderung gegen welchen Schuldner gemeint ist, denn erst dann wirkt die Abtretung. Danach sind die Forderungen des S gegen seine künftigen, noch unbekannten Mieter abtretbar.

Für die Pfändung künftiger Ansprüche nach § 829 ZPO genügt die Bestimmbarkeit im genannten Sinne nicht. Es muss vielmehr schon eine Rechtsbeziehung zwischen Schuldner und Drittschuldner bestehen, aus der die spätere Forderung nach ihrem Inhalt und der Person des Drittschuldners bestimmt werden kann (BGH NJW 2004, 369 (370)). Diese Einschränkung soll im Interesse der Rechtssicherheit verhindern, dass Forderungen „ins Blaue" und zu weit in die Zukunft hinein gepfändet werden (Schuschke/Walker/Kessen/Thole/*Plücker* ZPO § 829 Rn. 7). Pfändbar sind aber zB künftige Ansprüche aus bestehenden Mietverhältnissen.

Gepfändet wird immer nur die **angebliche Forderung** des Schuldners. **313**
Das Vollstreckungsgericht prüft nicht, ob die Forderung besteht, sondern

legt das Gläubigervorbringen zur Existenz der Forderung zugrunde. Ist es schlüssig, wird die angegebene Forderung gepfändet. Existiert die Forderung tatsächlich nicht, geht die Pfändung ins Leere. Steht die Forderung einem anderen als dem Schuldner zu, gilt das auch; der wahre Gläubiger kann in diesem Fall nach §771 ZPO gegen die Pfändung vorgehen (→ Rn. 672ff.).

dd) Einschränkungen der Pfändbarkeit

314 Nicht alle Forderungen sind pfändbar. Neben den Beschränkungen aus sozialpolitischen Gründen (→ Rn. 323ff.) ist zunächst die Unpfändbarkeit von **Forderungen** zu nennen, die nicht abtretbar sind (§851 Abs. 1 ZPO). Zwischen Pfänd- und Abtretbarkeit gilt also der „**Gleichlaufgrundsatz**" (Stein/Jonas/*Würdinger* ZPO §851 Rn. 1). Er findet sich umgekehrt in §400 BGB und wird in §394 S. 1 BGB auf die Aufrechnung erstreckt, die man auch als „Selbstvollstreckungsrecht" bezeichnen kann (Dauner-Lieb/Langen/*Wermeckes* BGB §387 Rn. 2). Die Parallele zwischen Pfändung und Abtretung liegt darin, dass beide die Befugnisse eines Gläubigers verschaffen (Zöller/*Herget* ZPO §851 Rn. 1). Wo das nach den Wertungen des einen Regimes ausgeschlossen ist, soll es nach dem anderen ebenfalls unzulässig sein.

315 Die Unabtretbarkeit kann sich zunächst **aus Gesetz** ergeben (zB §§399 Fall 1, 717 S. 1 BGB).

316 **Beispiel:** S hat von seiner Bank DS ein Baudarlehen erhalten. Bauunternehmerin G hat gegen S einen Anspruch auf Werklohn für den ersten Bauabschnitt und hierfür einen Vollstreckungstitel erlangt. G möchte den Anspruch des S gegen die DS auf Auszahlung der nächsten Tranche des Baudarlehens pfänden. Der Pfändung könnte §851 Abs. 1 ZPO iVm §399 Fall 1 BGB entgegenstehen. Dazu müsste die Leistung der DS nicht ohne Veränderungen ihres Inhalts erfolgen können. Hier dient das Darlehen der Baufinanzierung. Würde es an einen beliebigen pfändenden Gläubiger ausgezahlt, würde der Zweck verfehlt. Die Pfändung wäre unzulässig. Hier macht allerdings G als Bauunternehmerin einen Anspruch aus dem Bau geltend. Es liegt daher im Rahmen der Zweckbindung, wenn G Teile der Darlehenssumme ausbezahlt bekommt.

317 Folgt die Unabtretbarkeit **aus einer Vereinbarung** (§399 Fall 2 BGB), soll das nicht generell zur Unpfändbarkeit führen, denn sonst könnten Schuldner ihre Ansprüche leicht der Zwangsvollstreckung entziehen. Deshalb ordnet §851 Abs. 2 ZPO an, dass in die unabtretbare Forderung vollstreckt werden kann, soweit der geschuldete Gegenstand (zB Geld, Kaufsache) der Pfändung unterworfen ist. Diese Ausnahme zu §851 Abs. 1 ZPO gilt entgegen ihrem Wortlaut nur für §399 Fall 2 BGB und nicht für §399 Fall 1 BGB (hM *Prütting/Stickelbrock* S. 133; Stein/Jonas/*Würdinger* ZPO §851 Rn. 28 mwN zum Meinungsstand). Denn §851 Abs. 2 ZPO soll nur verhindern, dass Forderungen durch Vereinbarung der Vollstreckung entzogen werden (BGHZ 56, 228 (232)), so dass er teleologisch auf diesen Fall zu reduzieren ist.

318 Im praktisch häufigen Fall des **Kontokorrents** (§355 Abs. 1 HGB) werden die Forderungen der Parteien laufend wechselseitig verrechnet. Die einzelnen

Forderungen werden zu nicht abtretbaren Rechnungsposten. Zum Ende der Rechnungsperiode werden sie saldiert (Abschlusssaldo). Aus § 357 S. 1 HGB folgt, dass nur der **Saldo** des Kontokorrents, nicht aber die einzelnen in das laufende Konto eingestellten Forderungen pfändbar sind. Denn die dort geregelte Pfändbarkeit des Überschusses kann nur relevant werden, wenn die Einzelansprüche nicht pfändbar sind (MüKoHGB/*Langenbucher* § 357 Rn. 2). Dem lässt sich auch nicht entgegenhalten, dass das Kontokorrent durch Vertrag entstehe und daher gem. § 851 Abs. 2 ZPO iVm § 399 S. 2 BGB der Gegenstand der ins Kontokorrent eingestellten Forderung pfändbar sein müsse. § 357 HGB trifft eine spezielle Regelung zur Pfändbarkeit im Kontokorrent, so dass **§ 851 Abs. 1 und 2 ZPO nicht einschlägig** ist.

Beispiel: S und DS stehen in einer Kontokorrentverbindung. DS schreibt dem S fol- **319**
gende Posten gut: am 1.3. einen Anspruch des S gegen DS iHv 4.000 Euro und am 10.3. iHv 2.000 Euro. Am 5.3. wird eine Forderung des DS gegen S iHv 1.000 Euro in das Kontokorrent eingestellt, am 20.3. eine Forderung iHv 3000 Euro. Der Abschlusssaldo wird zum 31.3. gebildet und beträgt 2.000 Euro.

Gläubiger G des S kann nicht die einzelnen Forderungen vom 1.3. und 10.3. pfänden, **320**
sondern nach § 357 S. 1 HGB den Abschlusssaldo iHv 2.000 Euro. Pfändbar ist aber auch der Saldo im Zeitpunkt der Zustellung des Pfändungsbeschlusses (Zustellungssaldo; *arg. e* § 355 Abs. 3 HGB), mit der Folge, dass später eingestellte Rechnungsposten, seien sie positiv oder negativ, nicht mehr berücksichtigt werden. Die Pfändung bewirkt damit einen vorläufigen Buchungsabschluss (BGHZ 80, 172 (176)), dessen Auszahlung zum Schutz des DS aber erst am Ende der Rechnungsperiode verlangt werden kann (*Brox/Walker* Rn. 526). Lässt im Beispiel G den Zustellungssaldo am 15.3. iHv 5.000 Euro pfänden, kann er am 31.3. einen Anspruch iHv 5.000 Euro gegen DS geltend machen, wenn ihm die Forderung überwiesen wird. Lässt er nur den künftigen Abschlusssaldo zum 31.3. pfänden, erlangt er nur Zugriff auf 2.000 Euro. Daher werden üblicherweise beide Salden gepfändet. G kann dann aus der Pfändung des Zustellungssaldos (5.000 Euro) vorgehen. Der Abschlusssaldo ist – wegen der Pfändung des Zustellungssaldos – negativ (-3.000 Euro).

Von den in das Kontokorrent einzustellenden Forderungen sind diejenigen **321**
zu unterscheiden, die sich aus dem **Girovertrag** als einem Fall des Zahlungsdiensterahmenvertrags iSv § 675f Abs. 2 BGB mit einer Bank ergeben. Für diese Ansprüche gilt § 357 HGB nicht, da sich aus dem Girovertrag zwar eine Pflicht ergeben kann, ein Kontokorrent zu führen, er selbst aber kein solches ist. Die Ansprüche sind nach allgemeinen Regeln pfändbar. Dazu zählt der Anspruch auf Auszahlung des jeweiligen Tagesguthabens (BGHZ 84, 325 Rn. 17–32). Dessen Pfändung ist neben der Pfändung von Zustellungs- und Abschlusssaldo sinnvoll, um auf zwischendurch entstehende Aktivposten zuzugreifen. § 833a ZPO regelt zur Vereinfachung der Antragstellung, dass mit der „Pfändung des Guthabens" der Zustellungssaldo, alle Tagesguthaben und – im Wortlaut nicht deutlich – alle Abschlusssalden gepfändet sind. Auch der Anspruch auf Gutschrift eingehender Geldbeträge ist pfändbar, um deren „Umleitung" durch den Schuldner zu verhindern. Die Pfändung des An-

spruchs auf Gewährung eines **Dispositionskredits** ist zulässig. Sie scheitert nicht an §851 Abs. 1 ZPO iVm §399 Fall 1 BGB, da kein bestimmter Zweck des Darlehens vereinbart wurde. Der Anspruch auf den Kredit entsteht aber erst, wenn der Schuldner ihn bei der Bank abruft (BGHZ 147, 193 (195)). Vorher ist er als künftiger Anspruch pfändbar.

322 Des Weiteren kann die Pfändung von Forderungen unzulässig sein, die der **Immobiliarvollstreckung** unterliegen. Nach §865 Abs. 1 und 2 S. 2 ZPO iVm §§1123–1130 BGB gehören bestimmte Forderungen, etwa auf Miete oder Pacht, zu dem sog. **Haftungsverband**, der Grundpfandgläubigern vorbehalten ist, damit die wirtschaftliche Einheit des Grundstücks nicht zerstört wird. Sobald die Beschlagnahme des Grundstücks zum Zwecke der Zwangsverwaltung erfolgt ist, ist die Pfändung dieser Forderungen ausgeschlossen, §865 Abs. 2 S. 2 ZPO, §§148 Abs. 1, 21 Abs. 2 ZVG (→ Rn. 420).

ee) Beschränkungen der Pfändbarkeit aus sozialpolitischen Gründen

323 Aus den oben (→ Rn. 314 und → Rn. 229) genannten Gründen genießt der Schuldner auch bei der Forderungspfändung Pfändungsschutz.

- Das Arbeitseinkommen ist nur in den Grenzen der §§850–850i ZPO pfändbar.
- Damit zusammenhängenden Schutz genießt das Pfändungsschutzkonto aus §§850k-850l ZPO (ab 1.12.2021: iVm §§899–910 ZPO).
- Weiterer spezieller Pfändungsschutz ergibt sich aus §§851a-852 ZPO.

324 §850 Abs. 2 ZPO definiert den Begriff des **Arbeitseinkommens** (zu dessen Berechnung s. §850e ZPO). Bestimmte Bezüge sind nach §850a ZPO unpfändbar, andere nach §850b ZPO bedingt pfändbar. Die Pfändungsgrenzen ergeben sich aus §§850c, 850d ZPO. Ein bestimmter **Grundbetrag** ist unpfändbar (1.178,59 Euro monatlich, wenn keine gesetzlichen Unterhaltspflichten zu erfüllen sind, §850c Abs. 1, 4 ZPO iVm der Pfändungsfreigrenzenbekanntmachung v. 10.5.2021). Ein darüber liegender **Mehrbetrag** ist nach §850c Abs. 3 nicht in vollem Umfang pfändbar, sondern weiterhin in gewisser, von den Unterhaltspflichten abhängiger Höhe unpfändbar (zB ohne gesetzliche Unterhaltspflichten iHv 3/10, s. §850c Abs. 3 S. 1 ZPO). Dem Schuldner soll so der Anreiz zu einem Mehrerwerb erhalten bleiben. §850d ZPO zieht eigene Pfändungsgrenzen unterhalb von §850c ZPO für die besonders schutzbedürftigen Gläubiger von Unterhaltsansprüchen.

325 Da Arbeitseinkommen häufig auf Girokonten ausgezahlt wird, wird der Schuldner nach §850k ZPO davor geschützt, dass es auf dem Weg der Kontenpfändung dann doch in Gestalt eines Anspruchs gegen die Bank gepfändet wird. Dazu muss der Schuldner mit dem Kreditinstitut vereinbaren, dass das Konto als **Pfändungsschutzkonto** (P-Konto) geführt wird; hierauf hat er einen Anspruch (§850k Abs. 7 S. 2 ZPO; ab 1.12.2021: §850k Abs. 1 S. 1 ZPO). Nach §850k Abs. 1 S. 1 ZPO (ab 1.12.2021: §899 Abs. 1 S. 1

ZPO) wird dann das Bankguthaben in Höhe des monatlichen Freibetrags nach §850c Abs. 1 S. 1 ZPO von der Pfändung **nicht erfasst**. Die Beträge sind also nicht unpfändbar und bleiben damit abtretbar (*Heiderhoff/Skamel* Rn. 371); die Privatautonomie des Schuldners bleibt insofern bestehen. Der Schutz des §850k ZPO (ab 1.12.2021: §899 ZPO) tritt „automatisch" mit der Führung des Kontos als P-Konto ein, ist also grds. von einer Entscheidung des Vollstreckungsgerichts unabhängig (*Brox/Walker* Rn. 595k).

ff) Erweiterungen der Pfändbarkeit

In bestimmten Situationen bedarf der Gläubiger des Schutzes davor, dass der Schuldner Vermögensgegenstände verschiebt. Deshalb eröffnet das **AnfG** ihm den Vollstreckungszugriff auch auf Gegenstände, die sich nicht mehr im Vermögen des Schuldners befinden (→ Rn. 238). Speziell für das **Arbeitseinkommen** schützt §850h ZPO den Gläubiger vor Lohnverschiebung (Abs. 1) und Lohnverschleierung (Abs. 2). 326

Beispielsfall: S hat mit seinem Arbeitgeber DS vereinbart, dass sein Arbeitslohn seiner Frau F zustehen soll (echter Vertrag zugunsten Dritter, §328 Abs. 1 BGB). Dementsprechend überweist DS das Geld regelmäßig an F. Gläubiger G des S möchte auf den Arbeitslohn zugreifen. Ist das möglich? Wenn ja, wie? 327

Zwei Forderungen kommen als Vollstreckungsgegenstand in Betracht: Der Anspruch des S gegen DS auf Zahlung des Lohns an F und der Anspruch der F gegen DS. Der erstgenannte Anspruch steht dem S als Schuldner zu und ist daher unproblematisch pfändbar. F dagegen ist nicht Schuldnerin des G, G hat auch keinen Titel gegen sie. §850h Abs. 1 S. 1 ZPO regelt jedoch, dass der Anspruch der F so pfändbar ist, als wenn er dem S zustünde. S. 2 vereinfacht die Vollstreckung, indem er anordnet, dass die Pfändung des Anspruchs des S gegen DS ohne weiteres den Anspruch gegen F miterfasst.

Bei der Lohnverschleierung erhält der Schuldner keine oder eine unverhältnismäßig geringe Vergütung für Arbeiten oder Dienste in einem ständigen Verhältnis zum Drittschuldner. §850h Abs. 2 ZPO fingiert im Verhältnis zwischen Gläubiger und Schuldner, dass eine angemessene Vergütung geschuldet sei. Die Arbeitskraft des Schuldners wird „kommerzialisiert" (*Fenn* AcP 167 (1967), 148 (160)). Dahinter steht die Überlegung, dass der Drittschuldner, der die Leistungen des Schuldners ohne angemessene Gegenleistung in Anspruch nimmt, dem Schuldner bei der Tilgung seiner Schulden zu helfen verpflichtet ist (MüKoZPO/*Smid* §850h Rn. 10). 328

b) Die Durchführung der Pfändung

Die Pfändung wird ohne Anhörung des Schuldners (§834 ZPO) vorgenommen, damit der Schuldner die Forderung nicht der Vollstreckung entziehen kann. Gepfändet wird durch die Zustellung des Pfändungsbeschlusses an den Drittschuldner. 329

330 Der **Pfändungsbeschluss** enthält dreierlei:

- Den **Ausspruch der Pfändung** (s. das in → Rn. 310 erwähnte Formular: „... wird die nachfolgend aufgeführte angebliche Forderung des Schuldners gegenüber dem Drittschuldner ... gepfändet ...").
- Das Verbot an den Drittschuldner, an den Schuldner zu zahlen (§829 Abs. 1 S. 1 ZPO), sog. **Arrestatorium** (lat. *arrestare* = verhaften, festsetzen).
- Das Gebot an den Schuldner, nicht über die Forderung zu verfügen (§829 Abs. 1 S. 2 ZPO), sogenanntes **Inhibitorium** (lat. *inhibere* = verhindern, Einhalt gebieten).

331 Durch die **Zustellung an den Drittschuldner** wird die Pfändung bewirkt (§829 Abs. 3 ZPO). Nur sie ist Wirksamkeitsvoraussetzung für die Pfändung. Die Zustellung an den Schuldner ist aber erforderlich, um das Inhibitorium in Kraft zu setzen (HK-ZV/*Bendtsen* ZPO §829 Rn. 93). Die Wirksamkeit der Pfändung hängt von ihr nicht ab (*Lüke* §26 Rn. 38).

332

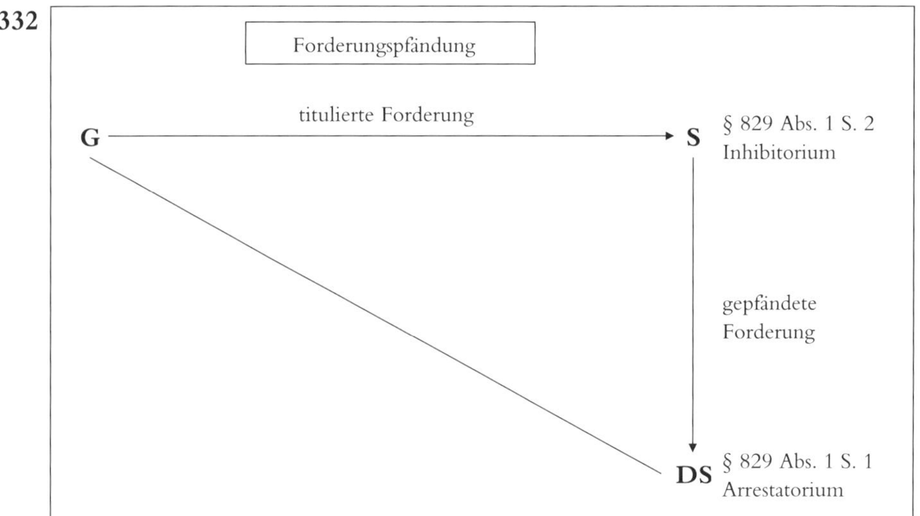

c) Die Wirkungen der Pfändung

333 Wie bei der Pfändung beweglicher Sachen (→ Rn. 211 ff.) ist zwischen der hoheitlichen Verstrickung der Forderung und der Entstehung eines Pfändungspfandrechts an ihr zu unterscheiden.

aa) Verstrickung

334 Mit der Zustellung an den Drittschuldner entsteht das hoheitliche Herrschaftsverhältnis an der Forderung, vergleichbar dem Anbringen des Pfandsiegels bei beweglichen Sachen. Die Verstrickung setzt voraus, dass die

Forderung zwischen Schuldner und Drittschuldner besteht. Ist das nicht der Fall – sei es, dass der Drittschuldner gar nichts oder dem Schuldner nichts schuldet –, geht die Pfändung ins Leere, da der Vollstreckungsgegenstand nicht existiert. Das schließt es nach umstrittener hM aus, dass die Pfändung analog § 185 Abs. 2 S. 1 Fall 2 BGB wirksam wird, wenn der Schuldner die Forderung erwirbt:

Beispielsfall: G lässt die angebliche Forderung des S gegen DS auf Kaufpreiszahlung pfänden. Die Forderung steht jedoch der X zu. Später tritt X die Forderung an S ab. Ist die Forderung wirksam verstrickt worden? **335**

Im Zeitpunkt der Pfändung hatte S keine Forderung gegen DS. Die Pfändung ging ins Leere. Da die Forderung ein relatives Recht ist, spielt es auch keine Rolle, dass X eine Forderung gegen DS hatte. Hierin liegt ein wesentlicher Unterschied zur Pfändung körperlicher Gegenstände, bei der Dritteigentum im Besitz des Schuldners gepfändet werden kann (vgl. zur Problematik um § 185 Abs. 2 S. 1 Fall 2 BGB und Mobiliarpfändung → Rn. 286 Frage 2).

Die Pfändung könnte gem. § 185 Abs. 2 S. 1 Fall 2 BGB in dem Zeitpunkt wirksam geworden sein, in dem S die Forderung von X erwarb. Die Vorschrift ist nicht direkt anwendbar, da die Pfändung keine rechtsgeschäftliche Verfügung ist. Eine analoge Anwendung setzt neben einer planwidrigen Gesetzeslücke voraus, dass die Interessenlage vergleichbar ist. Die hM nimmt eine unterschiedliche Interessenlage an, da eine ins Leere gehende Pfändung nichtig sei und daher keine Grundlage für ein späteres Wirksamwerden biete (BGH NJW 1971, 1938 (1941 f.); NJW 2002, 755 (756 f.); *Muthorst* S. 125). Daran ist richtig, dass § 185 Abs. 2 BGB nicht den Fall nichtiger, sondern mangels Verfügungsbefugnis wirkungsloser Verfügungen regelt. § 185 Abs. 2 S. 1 Fall 2 BGB dient der Rechtssicherheit und der Rechtseffizienz (BeckOGK/*Regenfus* BGB § 185 Rn. 3, Stand: 1.7.2021). Die Effizienz legt es nahe, die Pfändung analog § 185 Abs. 2 S. 1 Fall 2 BGB *ex nunc* wirksam werden zu lassen, denn das erspart dem G eine erneute Pfändung. Die Rechtssicherheit indes spricht gegen die Analogie. Dem DS ist durch die Pfändung verboten worden, an S zu zahlen. Da DS zu diesem Zeitpunkt Schuldner der X war und von der Existenz des S nicht unbedingt etwas wusste, würde es für ihn im Augenblick der Pfändung Rechtsunsicherheit schaffen. Zudem müsste er die Pfändung für den Fall nachhalten, dass S die Forderung erwirbt. Dieser Aufwand ist ihm nicht zumutbar.

Die Pfändung kann im Pfändungsbeschluss auf einen **Teil** der Forderung beschränkt werden (etwa mit der Formulierung „Pfändung wegen und bis zur Höhe" der Gläubigerforderung), um eine **Überpfändung** (§ 803 Abs. 1 S. 2 ZPO) zu vermeiden. Sonst erstreckt sie sich auf die gesamte Forderung einschließlich der Nebenrechte wie Zinsen und Pfandrechte, so wie es auch bei der Abtretung oder Legalzession der Fall ist (§§ 401, 412 BGB; BGH NJW-RR 2003, 1555 (1556)); zum Umfang der Pfändung von Kontoguthaben s. § 833a ZPO (→ Rn. 321). **336**

Um den Zugriff auf das Schuldnervermögen zu beschleunigen, kann der Gläubiger durch eine **Vorpfändung** gem. § 845 ZPO die Wirkungen eines Arrests (→ Rn. 792 ff.) erreichen. Sie bestehen in der Verstrickung der For- **337** derung und einem Arrestpfandrecht, das wegen seiner Sicherungsfunktion nicht zur Verwertung berechtigt, aber den Rang sichert. Vorgepfändet wird aufgrund eines vollstreckbaren Titels (§845 Abs. 1 S. 1 ZPO). Nicht erforderlich ist, dass bereits eine vollstreckbare Ausfertigung, also eine solche mit Vollstreckungsklausel vorliegt (s. §724 ZPO mit der Legaldefinition der „vollstreckbaren Ausfertigung"), und ebenso wenig muss zugestellt sein (§§845, 802a Abs. 2 S. 1 Nr. 5 ZPO).

bb) Pfändungspfandrecht

338 Nach §804 Abs. 1 ZPO erwirbt der Gläubiger ein Pfandrecht an der Forderung. §804 Abs. 2 ZPO verweist für die Rechte des Gläubigers nach der Pfändung auf §§1204ff. BGB, wozu trotz des Begriffs des „Faustpfandrechts" auch die §§1273ff., 1279ff. BGB zählen (iErg BGH NJW 1968, 2060f.). Allerdings führen die Besonderheiten der Pfändung als Hoheitsakt sowie die speziellen Regelungen der ZPO dazu, dass nur wenige Normen des BGB letztlich anwendbar sind (Mot. BGB III 797; Stein/Jonas/*Würdinger* ZPO §804 Rn. 16: nur „ausnahmsweise"; RGZ 97, 34 (40ff.)).

339 Die **Pfändungspfandrechtstheorien** führen bei der Pfändung beweglicher Sachen uU zu unterschiedlichen Ergebnissen, wenn schuldnerfremde Sachen gepfändet werden oder die zu vollstreckende Forderung nicht besteht (→ Rn. 284). Da an dem Schuldner nicht zustehenden Forderungen kein Pfandrecht begründet werden kann, gewinnen die Theorien bei der Forderungspfändung nur Bedeutung, wenn der Gläubiger keine Forderung gegen den Schuldner hat. Nach §1273 iVm §1204 Abs. 1 BGB entsteht dann, folgt man der gemischt privatrechtlich-öffentlich-rechtlichen Theorie, an der gepfändeten Forderung kein Pfandrecht, da es an der zu sichernden Forderung fehlt. Nach der öffentlich-rechtlichen Theorie entsteht das Pfandrecht als prozessuales Verwertungsrecht.

340 Das Pfändungspfandrecht **erlischt**, wenn

- die Verstrickung aufgehoben wird,
- der Gläubiger auf seine Rechte verzichtet (§843 ZPO),
- die gepfändete Forderung untergeht oder
- die gesicherte Forderung des Gläubigers erlischt (vgl. §1252 BGB; anders nach der öffentlich-rechtlichen Theorie).

341 Zu den Folgen der Eröffnung eines Insolvenzverfahrens gegen den Schuldner → Rn. 884ff.

cc) Rechte und Pflichten nach der Pfändung

342 Die Pfändung verändert die Rechtslage für die drei Beteiligten.

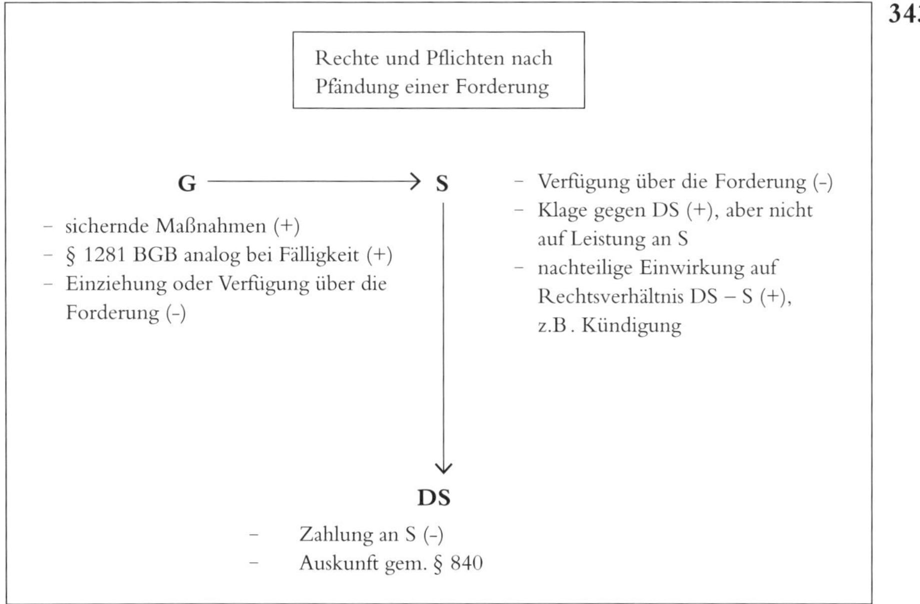 343

Der **Gläubiger** darf aufgrund des Pfändungspfandrechts noch nicht die Forderung einziehen oder über sie verfügen. Seine Position ähnelt der eines Pfandgläubigers nach § 1273 BGB vor der Fälligkeit der gesicherten Forderung (*Brox/Walker* Rn. 617). Er kann aber sichernde Maßnahmen ergreifen, etwa einen Arrest gegen den Drittschuldner erwirken (→ Rn. 792 ff.) oder, wenn der Drittschuldner die Existenz der Forderung des Schuldners bestreitet, auf Feststellung ihres Bestehens klagen. 344

Analog § 1281 BGB kann er, wenn die gepfändete Forderung fällig ist, vom Drittschuldner Leistung an den Schuldner und sich selbst oder Hinterlegung verlangen. 345

Der **Schuldner** darf aufgrund des Inhibitoriums über die Forderung nicht verfügen (§ 829 Abs. 1 S. 2 ZPO), also sie nicht aufheben, übertragen, belasten oder ihren Inhalt ändern. Das **Verfügungsverbot** schützt den Gläubiger. Es handelt sich daher um ein relatives Verfügungsverbot iSv §§ 135, 136 BGB. Es ist nach seinem Sinn und Zweck, den Gläubiger zu schützen, teleologisch zu reduzieren: Nur solche Verfügungen sind verboten, die den Gläubiger beeinträchtigen würden (BGH NJW 1968, 2059 (2060)). So darf der Schuldner nicht Leistung an sich allein, aber an den Gläubiger oder an den Gläubiger und sich verlangen (Musielak/Voit/*Flockenhaus*: ZPO § 829 Rn. 18; *Stöber/Rellermeyer* Rn. B. 154). Nachteilige Einwirkungen auf das Rechtsverhältnis zum Drittschuldner sind ihm nicht verboten, also etwa ein Rücktritt oder eine Kündigung, denn das Rechtsverhältnis ist von der Pfändung nicht betroffen. 346

347 Der **Drittschuldner** darf aufgrund des Arrestatoriums (§829 Abs. 1 S. 1 ZPO) nicht an den Schuldner zahlen. Ein Verstoß gegen das **Zahlungsverbot** führt dazu, dass der Drittschuldner zwar gegenüber dem Schuldner frei wird, aber im Verhältnis zum Gläubiger die Forderung gem. §§135, 136 BGB analog weiterhin Bestand hat und daher der Gläubiger weiterhin gegen ihn vorgehen kann (HK-ZPO/*Bendtsen* §829 Rn. 106: „relative Erfüllungswirkung“). Der Drittschuldner genießt analog §§1275, 407 BGB Schutz, wenn er in Unkenntnis der Pfändung an den Schuldner zahlt, was zB bei der Zustellung nach §178 ZPO geschehen kann (*Brox/Walker* Rn. 620; vgl. auch *Lüke* §26 Rn. 52).

348 Der Drittschuldner muss auf Verlangen des Gläubigers die in §840 Abs. 1 Nr. 1–5 ZPO genannten Erklärungen über die gepfändete Forderung abgeben (sog. **Drittschuldnererklärung**). Diese Erklärung ist eine rein tatsächliche Auskunft **(Wissenserklärung)**. Sie ist kein Rechtsgeschäft, insbesondere kein konstitutives (§781 BGB) oder deklaratorisches Schuldanerkenntnis (BGHZ 69, 328 (330)).

349 §840 Abs. 1 ZPO begründet keine einklagbare Pflicht (BGH NJW-RR 2006, 1566): Der Drittschuldner haftet nach §840 Abs. 2 S. 2 ZPO dem Gläubiger für den Schaden, der daraus entsteht, dass er die Erklärung schuldhaft nicht, zu spät oder inhaltlich unzutreffend abgibt (BGH NJW 1981, 990; Musielak/Voit/*Flockenhaus* ZPO §840 Rn. 12; *Lüke* §26 Rn. 57; aA *Heiderhoff/Skamel* Rn. 393: Haftung auch ohne Verschulden). Diese Ausgestaltung genügt den Interessen des Gläubigers und belastet den Drittschuldner nicht unnötig. Meldet sich der Drittschuldner auf die Aufforderung des Gläubigers nicht, kann dieser grds. davon ausgehen, dass der Drittschuldner keine Einwände gegen die Forderung geltend machen wird, und direkt gegen ihn vorgehen. Macht der Drittschuldner später Einwendungen geltend, kann der Gläubiger verlangen, so gestellt zu werden, als wenn der Drittschuldner sich rechtzeitig erklärt hätte (§249 Abs. 1 BGB).

350 **Beispielsfall** (nach BGH NJW 1981, 990): Der Gläubiger G fordert nach der Pfändung den Drittschuldner DS zur Abgabe der Drittschuldnererklärung binnen zwei Wochen auf. Die Erklärung bleibt aus, G erhebt Klage gegen DS. Nun trifft verspätet im Rahmen des Prozesses die Drittschuldnererklärung ein und hat zum Inhalt, dass eine Forderung des S gegen DS nicht bestehe (s. §840 Abs. 1 Nr. 1 ZPO). G verlangt nun anstelle des Forderungsbetrages von DS Zahlung der Rechtsverfolgungskosten, DS widerspricht. Aus dem Poststempel ergibt sich, dass DS die Erklärung

a) am Tag des Fristablaufs am Ort des Gerichts
b) vier Tage vor Ablauf der Frist

zur Post gegeben hat. Wie wird das Gericht entscheiden?

Das Gericht wird zunächst die Zulässigkeit der Klageänderung prüfen. Die Umstellung des Klageantrags ist hier sachdienlich und daher gem. §263 ZPO zulässig (BGH NJW 1981, 990 unter II. 3. b) ee) der Gründe).

Der Anspruch ergibt sich aus §840 Abs. 2 S. 2 ZPO, wenn DS schuldhaft seine Obliegenheit aus Abs. 1 verletzt hat und daraus ein Schaden entstanden ist. Die Drittschuldnererklärung ist nicht rechtzeitig bei Gericht eingegangen und damit auch dem G nicht rechtzeitig zugegangen. Nach hM muss die Erklärung aber innerhalb der Frist zugehen (aA MüKoZPO/*Smid* §840 Rn. 11 mwN zur hM). Die Erklärung erreichte G also verspätet.

Hätte DS die Erklärung rechtzeitig abgegeben, hätte G nicht Klage erhoben. Ihm wären keine Rechtsverfolgungskosten entstanden. Ein Verschulden trifft den DS aber nur im Fall a), denn er konnte selbst bei innerörtlicher Postzustellung nicht davon ausgehen, dass der Brief am selben Tag das Gericht erreicht. Im Fall a) wird das Gericht daher dem G den Schadensersatzanspruch zusprechen, nicht dagegen im Fall b). Eine verschuldensunabhängige Haftung würde den DS unangemessen mit einem Risiko belasten, das aus der Zwangsvollstreckung durch G herrührt.

d) Die Verwertung

Während bewegliche Sachen idR versteigert werden, geschieht die Verwertung von Forderungen, indem der Gläubiger die gepfändete Forderung überwiesen bekommt, und zwar zur Einziehung (§835 Abs. 1 Fall 1 ZPO) oder – selten – an Zahlungs statt (§835 Abs. 1 Fall 2, Abs. 2 ZPO). Auch eine andere Verwertung (§844 ZPO; vgl. §825 ZPO bei beweglichen Sachen) ist möglich. **351**

aa) Überweisung

Die Überweisung geschieht durch **Beschluss** des Vollstreckungsgerichts, auch hier ist funktionell der Rechtspfleger zuständig (§§3 Nr. 3 lit. a, 20 Abs. 1 Nr. 17 S. 1 RPflG). Der Überweisungsbeschluss ist in der Praxis meist mit dem Pfändungsbeschluss in einem Formular verbunden. Auch der Überweisungsbeschluss wird mit Zustellung an den Drittschuldner wirksam (§835 Abs. 3 S. 1 iVm §829 Abs. 3 ZPO). **352**

Nach §836 Abs. 3 ZPO muss der Schuldner dem Gläubiger über die Forderung **Auskunft** geben und **Urkunden** über sie **herausgeben**. Diese Pflicht ist, anders als die **Pflicht** des Drittschuldners aus §840 Abs. 1 ZPO, eine einklagbare **Rechtspflicht**. **353**

354

	Überweisung zur Einziehung	Überweisung an Zahlungs Statt
Forderungsinhaber	S	G
zur Einziehung ermächtigt	G, § 836 Abs. 1	G
Erfüllungswirkung der Überweisung	nein, § 364 Abs. 2 BGB: erfüllungshalber	ja, § 835 Abs. 2 § 364 Abs. 1 BGB
G trägt Risiko – des Bestehens der Forderung	nein	nein
– der Zahlungsfähigkeit des DS	nein	ja

(1) Überweisung zur Einziehung

355 Was das Gesetz mit der „Überweisung **zur Einziehung**" in §835 Abs. 1 Fall 1 ZPO meint, wird in §836 Abs. 1 ZPO deutlich, der die Wirkungen der Überweisung beschreibt: Die Überweisung begründet das Recht der Gläubigers, die Forderung einzuziehen, so, als hätte der Schuldner ihm eine materiell-rechtliche **Einziehungsermächtigung** erteilt (*Muthorst* Rn. 64).

356 **Klausurhinweis:** In Klausuren sind immer wieder Unsicherheiten im Umgang mit der Rechtsfigur der materiell-rechtlichen Einziehungsermächtigung zu beobachten. Grund dafür ist, dass sie gesetzlich nicht geregelt, aber durch Rechtsfortbildung anerkannt ist. Man kann ihre Zulässigkeit auf §185 BGB analog stützen.

Durch eine Einziehungsermächtigung ermächtigt ein Gläubiger einen Dritten, eine Forderung im eigenen Namen gegenüber dem Schuldner geltend zu machen. Dabei kann der Dritte ermächtigt werden, Zahlung an sich selbst zu verlangen oder Zahlung an den Gläubiger zu fordern. Welcher Weg vereinbart wird, liegt in der Hand der Parteien. Ebenso hängt es von der Parteivereinbarung ab, ob der Dritte die Forderung auch einklagen können soll, also prozessführungsbefugt sein soll (zu den weiteren Voraussetzungen für letzteres s. *Pohlmann* ZivilProzR Rn. 259 ff.).

357 Durch die Überweisung zur Einziehung ist der Gläubiger befugt, die Forderung im eigenen Namen geltend zu machen und auch einzuklagen. Er kann grds. Leistung an sich selbst verlangen (Ausnahme in §839 ZPO). Der Drittschuldner kann im **Einziehungsprozess** vollstreckungsrechtliche und materiell-rechtliche Einwendungen geltend machen (guter Überblick bei *Lippross/Bittmann* §28 Rn. 115 ff.). Insbesondere die materiell-rechtlichen Einreden und Einwendungen, die ihm gegen den Schuldner zustehen, kann er auch gegen den Gläubiger erheben (§§404, 412 BGB analog, MüKoBGB/*Roth/Kieninger* §412 Rn. 22).

Wenn der Gläubiger die Beitreibung der Forderung schuldhaft verzögert, haftet er dem Schuldner für den daraus entstehenden Schaden (§ 842 ZPO; §§ 294 ff. BGB), der zB darin bestehen kann, dass die Forderung gegen den Drittschuldner wegen Zeitablaufs nicht mehr durchsetzbar ist. 358

Der Drittschuldner wird im Vertrauen auf den Bestand des Pfändungs- und Überweisungsbeschlusses gem. § 836 Abs. 2 ZPO geschützt, wodurch ein dem § 409 Abs. 1 BGB vergleichbarer Schutz erreicht wird. 359

Beispiel: Eine Forderung des S gegen DS ist erst für G1, dann für G2 gepfändet und überwiesen worden. Dann wird der Pfändungsbeschluss für G1 aufgehoben. DS zahlt nun in Unkenntnis dieser Aufhebung an G1. Fraglich ist, ob sich DS auch gegenüber G2 gem. § 836 Abs. 2 ZPO auf den Überweisungsbeschluss berufen kann. Nach seinem Wortlaut gilt § 836 Abs. 2 ZPO nur im Verhältnis des DS zu S. DS ist hier auch weniger schutzbedürftig, da er von der zweiten Pfändung wusste. Allerdings darf er sich auf den Rang der Pfändungen verlassen. § 836 Abs. 2 ZPO ist analog anwendbar, so dass DS durch die Zahlung an G1 auch gegenüber G2 frei geworden ist (Beispiel nach *Brox/Walker* Rn. 650). 360

(2) Überweisung an Zahlungs statt

Wird die Forderung gem. § 835 Abs. 1 Fall 2 ZPO **an Zahlungs statt** zum Nennwert (also zum genannten (Brutto-)Forderungsbetrag) überwiesen, geht sie nach § 835 Abs. 2 ZPO auf den Gläubiger mit der Wirkung über, dass er wegen seiner Forderung an den Schuldner als befriedigt anzusehen ist. Der Gläubiger wird also wie bei der Abtretung Inhaber der Forderung mit Nebenrechten (§§ 401, 412 BGB, BeckOGK/*Lieder* BGB § 412 Rn. 19, Stand: 1.4.2021). Gleichzeitig erlischt seine Forderung gegen den Schuldner in Höhe des Nennwerts des überwiesenen Anspruchs. Hierin liegt eine Parallele zur Annahme an Erfüllungs statt gem. § 364 Abs. 1 BGB im Unterschied zur Annahme erfüllungshalber gem. § 364 Abs. 2 BGB. Bei § 835 Abs. 2 ZPO trägt der Gläubiger das Risiko der Bonität des Drittschuldners, nicht allerdings das Risiko, dass die Forderung nicht besteht oder Einreden ausgesetzt ist (§ 835 Abs. 2 ZPO: „soweit die Forderung besteht"; der Wortlaut ist hier unvollständig). Scheitert die Durchsetzung der Forderung zB an der Nichtigkeit des zugrundeliegenden Vertrages oder an der Verjährung, erlischt der Anspruch des Gläubigers nicht. Kann der Drittschuldner aber auf eine tatsächlich bestehende Forderung nicht zahlen, hat der Gläubiger keine Möglichkeit mehr, seine Forderung durchzusetzen. Deshalb ist die Überweisung an Zahlungs statt praktisch selten. 361

bb) Andere Verwertungsart

Besonderheiten bestimmter Forderungen, zB die Abhängigkeit von einer Gegenleistung, können es sinnvoll erscheinen lassen, sie anders als durch Pfändung und Überweisung zu verwerten, um einen höheren Erlös zu erzielen. § 844 ZPO erlaubt deshalb eine anderweitige Verwertung. Forderungen können zB versteigert, freihändig verkauft oder zum Schätzwert 362 an Zahlungs Statt überwiesen werden. Eine andere Verwertungsart kommt insbesondere bei der Vollstreckung in andere Vermögensrechte gem. § 857 ZPO in Betracht (→ Rn. 383 ff.).

2. Die Vollstreckung in besondere Geldforderungen

363 Besondere Geldforderungen sind hypothekarisch gesicherte Forderungen und verbriefte Forderungen. Für erstere gelten Besonderheiten wegen der Verknüpfung zwischen Forderung und beschränkt dinglichem Recht, für letztere wegen der Verbindung mit einem Wertpapier.

a) Die Vollstreckung in Hypothekenforderungen

364 Nach §§ 1113 Abs. 1, 1153 BGB ist die Hypothek streng akzessorisch zur Forderung. Insbesondere überträgt man die Hypothek, indem man die Forderung überträgt. Die Form der **Übertragung** richtet sich danach, ob eine Brief- oder Buchhypothek besteht (§ 1154 BGB). Soll eine hypothekarisch gesicherte Forderung rechtsgeschäftlich **verpfändet** werden, geschieht das in den Formen der Übertragung (§ 1274 Abs. 1 S. 1 iVm §§ 1153, 1154 BGB). Die **Pfändung** einer hypothekarisch gesicherten Forderung erfolgt in vergleichbarer Weise: bei der Briefhypothek durch einen Pfändungsbeschluss und die Übergabe des Hypothekenbriefs an den Gläubiger (§ 830 Abs. 1 S. 1 ZPO), bei der Buchhypothek durch den Pfändungsbeschluss und die Eintragung in das Grundbuch (§ 830 Abs. 1 S. 3 ZPO).

365 **Beispiel:** G will die Forderung der S gegen DS pfänden lassen, die durch eine Briefhypothek zugunsten der S am Grundstück des DS gesichert ist. Der Pfändungsbeschluss ergeht, jedoch weigert sich S, den Hypothekenbrief herauszugeben. Die Herausgabe muss deshalb auch im Wege der Zwangsvollstreckung durchgesetzt werden. Vollstreckungstitel ist nicht der ursprüngliche Titel des Gläubigers gegen den Schuldner, denn dieser ist nur auf Zahlung gerichtet. Vielmehr ist der Beschluss über die Pfändung der Forderung der Titel (*Brox/Walker* Rn. 678). Aufgrund dessen kann dann nach §§ 836 Abs. 3 S. 5, 883 ZPO die Herausgabevollstreckung (→ Rn. 455 ff.) betrieben werden.

Im Rahmen der Buchhypothek stellt sich diese Problematik nicht, da die erforderliche Eintragung der Pfändung ins Grundbuch aufgrund des Pfändungsbeschlusses ohne Zutun des Schuldners erfolgt (§ 830 Abs. 1 S. 3 aE ZPO).

366 Anders als nach § 829 Abs. 3 ZPO ist die Zustellung des Pfändungsbeschlusses an den Drittschuldner keine Wirksamkeitsvoraussetzung. Sie hat aber nach § 829 Abs. 2 ZPO stattzufinden. Der Zeitpunkt der Zustellung gewinnt iRv § 830 Abs. 2 ZPO insoweit Bedeutung, als im Verhältnis zum Drittschuldner fingiert wird, dass in diesem Zeitpunkt die Pfändung bewirkt sei. Er kann daher von da an nicht mehr durch die Leistung an den Schuldner frei werden.

Verwertet wird die hypothekarisch gesicherte Forderung nach § 837 ZPO. Es muss ein Überweisungsbeschluss ergehen und im Falle der Briefhypothek der Überweisungsbeschluss an den Gläubiger ausgehändigt werden. Im Fall der Buchhypothek gilt dasselbe, es sei denn, es erfolgt eine Überweisung an Zahlungs statt; dann muss die Überweisung ins Grundbuch eingetragen werden, weil der Gläubiger neuer Inhaber der Forderung und der Hypothek wird. 367

Die Pfändung und Verwertung einer **Grundschuld** erfolgt, da keine Akzessorietät zu einer Forderung besteht, nach § 857 ZPO, der aber in Abs. 6 auf § 830 ZPO verweist (→ Rn. 364 ff.). 368

b) Die Vollstreckung in verbriefte Forderungen

Für Forderungen, die in Wertpapieren verbrieft sind, gelten wegen dieser Verbindung zu einer beweglichen Sache besondere Regeln, die davon abhängen, was für eine Art von Wertpapier vorliegt. **Wertpapiere** sind Urkunden, in denen ein privates Recht in der Weise verbrieft ist, dass zur Geltendmachung des Rechts die Inhabung der Urkunde notwendig ist (*Brox/Henssler,* Handelsrecht, 23. Aufl. 2020, Rn. 508). 369

- **Inhaberpapiere** weisen den Inhaber als Berechtigten des Anspruchs aus (zB Inhaberschuldverschreibungen, § 793 BGB, Inhaberaktien, § 10 Abs. 1 S. 2 AktG, Inhaberzeichen, wie etwa Theaterkarten, § 807 BGB; *Brox/Henssler,* Handelsrecht, 23. Aufl. 2020, Rn. 521). Rechtsgeschäftlich wird das Recht nach §§ 929 ff. BGB übertragen: „Das Recht aus dem Papier folgt dem Recht am Papier."
- **Orderpapiere** weisen den namentlich Bezeichneten oder einen durch seine Order Bestimmten als Berechtigten des Anspruchs aus (zB Wechsel, Scheck, Namensaktie, § 10 Abs. 1 S. 2 AktG, – trotz ihrer Bezeichnung, die auf ein Rektapapier hindeutet, MüKoAktG/*Heider,* 5. Aufl. 2019, § 10 Rn. 29; *Brox/Henssler,* Handelsrecht, 23. Aufl. 2020, Rn. 525). Rechtsgeschäftlich wird das Recht nach §§ 929 BGB ff. iVm dem **Indossament**, einem schriftlichen Übertragungsvermerk auf dem Orderpapier, übertragen.
- **Rektapapiere** weisen den namentlich Bezeichneten als Berechtigten aus (zB die Anweisung, § 783 BGB, *Brox/Henssler,* Handelsrecht, 23. Aufl. 2020, Rn. 530). Rechtsgeschäftlich wird das Recht nach § 398 BGB übertragen und das Eigentum am Papier folgt nach § 952 BGB. „Das Recht am Papier folgt dem Recht aus dem Papier."

Die Art und Weise der Vollstreckung muss diesen Besonderheiten gerecht werden. Sie folgt daher teils den Regeln über bewegliche Sachen, teils denjenigen der Forderungspfändung. Die Pfändung erfolgt durchweg durch Inbesitznahme des Papiers, bei der Verwertung ist zu differenzieren: 370

371

Die Pfändung und Verwertung verbriefter Forderungen

	Pfändung	Verwertung
Inhaberpapier	§ 808 ZPO	Wie bewegliche Sache, aber § 821
Orderpapier	§ 831 ZPO	§§ 835 ff. § 844
Rektapapier	§ 808 ZPO (Ausn.: Hypothekenbrief)	Wie bewegliche Sache, aber § 821 § 822

3. Die Vollstreckung in Ansprüche auf Herausgabe oder Leistung von Sachen

372 Zum Schuldnervermögen gehören auch Ansprüche, kraft derer der Schuldner vom Drittschuldner

- **Herausgabe**, also Besitzübertragung (zB §§985, 546, 604, 695 BGB), oder
- **Leistung**, also Übereignung (zB §§433 Abs. 1 S. 1, 2174 BGB),

von Sachen verlangen kann. Für diese Ansprüche gelten die §§846–849 ZPO. Der Gläubiger ist an dem Gegenstand selbst, den der Schuldner vom Drittschuldner beanspruchen kann, regelmäßig nicht interessiert; er sucht Erfüllung seiner Geldforderung. Letztlich soll ihm daher nicht die Sache selbst verschafft, sondern der Vollstreckungszugriff auf sie ermöglicht werden.

373 **Klausurhinweis:** Die Vollstreckung nach §§846ff. ZPO ist ein gutes Beispiel dafür, wie wichtig es ist, sich in vollstreckungsrechtlichen Fällen zunächst klarzumachen, **wegen** welchen Anspruchs der Gläubiger vollstreckt. Ist es ein Geldanspruch, ist weiter zu fragen, **in** welche Ansprüche des Schuldners er vollstreckt. Das können Ansprüche verschiedener Art sein, und eben auch *Herausgabeansprüche des Schuldners* gegen den Drittschuldner. Geht man gedanklich so vor, kann man die Vollstreckung nach §§846ff. ZPO nicht mit der **Herausgabevollstreckung** nach §§883ff. ZPO verwechseln. Diese erfolgt nämlich wegen eines *Herausgabeanspruchs des Gläubigers* gegen den Schuldner.

374 Wie dem Gläubiger die Vollstreckung in die Sache ermöglicht wird, hängt davon ab, ob es sich um eine bewegliche oder unbewegliche Sache handelt, und ob in einen Herausgabe- oder Übereignungsanspruch vollstreckt wird.

a) Pfändung

375 Bei unbeweglichen und beweglichen Sachen gilt für den **Pfändungsbeschluss** und seine Zustellung das zu §829 ZPO Gesagte (→ Rn. 329ff.).

Mit der Pfändung entsteht ein Pfändungspfandrecht an dem Anspruch. Zusätzlich ist im Beschluss anzuordnen, dass die Sache **herauszugeben** ist, und zwar gem. § 848 Abs. 1 ZPO bei Grundstücken an einen vom Gericht zu bestellenden **Sequester** (Treuhänder) und gem. § 847 Abs. 1 ZPO bei beweglichen Sachen an einen vom Gläubiger zu beauftragenden **Gerichtsvollzieher**. Damit ist die Herausgabe sowohl zur Besitzverschaffung als auch zur Eigentumsverschaffung gemeint. Die Rechtsstellung der drei Beteiligten entspricht im Wesentlichen derjenigen bei der Pfändung von Geldforderungen (→ Rn. 308 ff.). Der Drittschuldner kann aber entsprechend der Anordnung im Pfändungsbeschluss nur an den Sequester oder den Gerichtsvollzieher befreiend leisten (*Brox/Walker* Rn. 703 für den Gerichtsvollzieher).

Übergibt der Drittschuldner das Grundstück oder die bewegliche Sache **376**
nicht, kann der Gläubiger ihn aufgrund des gepfändeten Anspruchs auf **Herausgabe** an den Sequester bzw. den Gerichtsvollzieher **verklagen** (*Lüke* § 28 Rn. 5). Eine Überweisung des Anspruchs (§§ 846, 835 ZPO) ist dafür nicht nötig, weil die Übergabe an Sequester oder Gerichtsvollzieher noch keine Verwertung, sondern nur eine Sicherung des gepfändeten Anspruchs ist.

b) Übergabe an Sequester oder Gerichtsvollzieher

Übergibt der Drittschuldner ein **Grundstück** an den Sequester, ist zu **377**
differenzieren:

- Schuldete er **Übereignung** des Grundstücks an den Schuldner, lässt er das Grundstück an den Sequester als Vertreter des Schuldners auf (§ 848 Abs. 2 S. 1 ZPO). Sobald der Schuldner nach Auflassung und Eintragung Eigentümer geworden ist, erlangt der Gläubiger eine **Sicherungshypothek** für seine Forderung (§ 848 Abs. 2 S. 2 ZPO iVm § 1184 BGB). Damit hat er eine dingliche Sicherheit an dem Grundstück erlangt.
- Musste der Drittschuldner das dem Schuldner gehörende Grundstück an diesen nur **übergeben**, greift § 848 Abs. 2 ZPO nicht ein. Es entsteht keine Sicherungshypothek für den Gläubiger, denn für diese ist der Besitz des Schuldners ohnehin keine Voraussetzung. Über § 848 ZPO erreicht der Gläubiger nur den tatsächlichen Zugriff auf das Grundstück, was zB zur Vollstreckung im Wege der Zwangsverwaltung notwendig ist (Musielak/Voit/*Flockenhaus* ZPO § 848 Rn. 3a).

Liefert der Drittschuldner eine **bewegliche Sache** beim Gerichtsvollzie- **378**
her ab, erlangt der Gläubiger analog § 848 Abs. 2 S. 2 ZPO ein **Pfändungspfandrecht an der Sache**. Das Pfandrecht an dem gepfändeten Anspruch wandelt sich mit Erfüllung des Anspruchs in ein solches an der geleisteten Sache um (dingliche Surrogation). Das gilt sowohl, wenn der Schuldner schon Eigentümer war (BGHZ 67, 378 (383)), als auch, wenn er erst durch die Übereignung an den Gerichtsvollzieher als seinen Vertreter Eigentümer wurde. Erwirbt der Schuldner kein Eigentum, entsteht auch kein Pfändungs-

pfandrecht (Schuschke/Walker/Kessen/Thole/*Schuschke/Plücker* ZPO §847 Rn.3; aA Stein/Jonas/*Würdinger* ZPO §847 Rn.12).

379

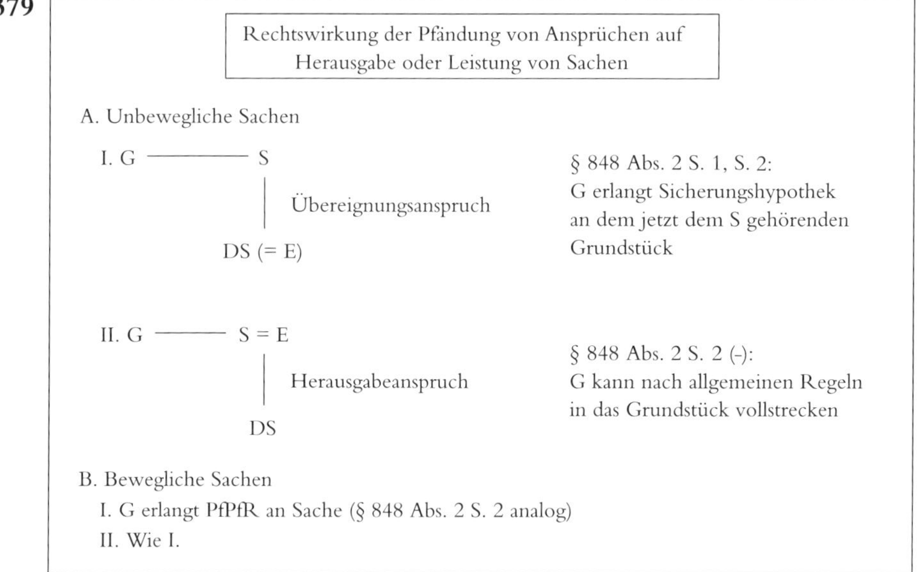

c) Verwertung

380 Eine gem. §848 Abs.2 S.2 ZPO erlangte **Sicherungshypothek** kann der Gläubiger gem. §848 Abs.3 iVm §866 Abs.1 Fall 2 und 3 ZPO durch Zwangsversteigerung oder Zwangsverwaltung **verwerten** (→ Rn. 410). Die Vollstreckung verläuft demnach „doppelgleisig" (MüKoZPO/*Smid* §848 Rn.2): Sie beginnt nach §§829ff. ZPO und wird nach §866 ZPO iVm dem ZVG fortgesetzt.

381 Das analog §848 Abs.2 S.2 ZPO entstandene **Pfandrecht** an einer beweglichen Sache berechtigt den Gläubiger erst zur Verwertung der Sache, wenn ihm nach §§846, 835 ZPO der Anspruch des Schuldners gegen den Drittschuldner **zur Einziehung überwiesen** wurde (§846 iVm §835 ZPO). Erst dann darf der Gerichtsvollzieher die Sache zugunsten des Gläubigers verwerten (Stein/Jonas/*Würdinger* ZPO §847 Rn.10). Die Sache wird nach §847 iVm §§814ff. ZPO, also idR durch Versteigerung (→ Rn. 417ff.), verwertet.

382

Die Vollstreckung nach §§ 846–849

	Pfändung	Herausgabe/Übereignung	Verwertung	
Bewegliche Sachen	➡ Pfändungspfandrecht an der Forderung	Herausgabe an Gerichtsvollzieher oder Übereignung an ihn als Stellvertreter des Schuldners ➡ Pfändungspfandrecht an der Sache	1. Überweisung zur Einziehung	2. §§ 814 ff.
Unbewegliche Sachen	➡ Pfändungspfandrecht an der Forderung	• Übereignung an Sequester als Stellvertreter des Schuldners ➡ Sicherungshypothek	./.	§ 866 Abs. 1 Fall 2 und 3 iVm ZVG
		• Herausgabe an Sequester	./.	./.

4. Die Vollstreckung in andere Vermögensrechte

a) Überblick über §857 ZPO

Für alle Vermögensrechte, in die nicht nach 383

- §§808ff. ZPO als bewegliche Sachen (→ Rn. 211 ff.),
- §§864ff. ZPO als unbewegliche Sachen (→ Rn. 410ff.),
- §§829ff. ZPO als Geldforderungen (→ Rn. 308ff.) oder
- §846 ZPO als Herausgabe- oder Leistungsansprüche (→ Rn. 455ff.)

vollstreckt werden kann, richtet sich der Vollstreckungszugriff nach §857 ZPO, der auf §§828ff. ZPO verweist. Die Norm hat damit einen **sehr weiten Anwendungsbereich**. §§858–863 ZPO regeln einige Spezialfälle.

Im Einzelfall kann es bereits schwierig sein, die Rechtsposition genau zu 384 identifizieren, in die Gläubiger vollstrecken können:

Beispiel (nach BGH NJW 2005, 3353): Die Gläubigerin G möchte „in die Inter- 385 net-Domain" ihrer Schuldnerin S vollstrecken. Die Domain als solche ist kein absolutes Recht, das gepfändet werden könnte. Vielmehr kann die Gesamtheit der Ansprüche der S gegen die DENIC eG Domain Verwaltungs- und Betriebsgesellschaft aus den Registrierungsverträgen auf Aufrechterhaltung der Registrierung von mehreren Internet-Domains Gegenstand der Vollstreckung sein. Diese Ansprüche können gem. §857 Abs. 1 iVm §829 ZPO gepfändet und dann der G gem. §§835 Abs. 1 und 2, 844 ZPO zu einem Schätzwert an Zahlungs statt überwiesen werden.

Nicht pfändbar sind **unselbstständige Rechte** wie etwa akzessorische 386 Sicherungsrechte (Bürgschaft, Pfandrecht; zur Hypothek → Rn. 364ff.) oder die vom Handelsgeschäft nicht trennbare Firma (§23 HGB). Ebenfalls grds. unpfändbar sind nicht übertragbare Rechte, §§857 Abs. 1, 851 Abs. 1 ZPO. Eine Ausnahme enthält §857 Abs. 3 ZPO, soweit **unübertragbare Rechte** zur Ausübung überlassen werden können, wie zB das Nutzungsrecht des

Nießbrauchers (§1059 S. 2 BGB). Dann kann das Nutzungsrecht in diesem Rahmen gepfändet und einem Dritten zur Nutzung überlassen werden. Er zahlt dann das Entgelt für die Nutzung an den Gläubiger.

387 Die **Pfändung** erfolgt wie bei Geldforderungen, Besonderheiten gelten hinsichtlich des Drittschuldners: Das Arrestatorium ist gem. §857 Abs. 2 ZPO entbehrlich, wenn das Vermögensrecht keinen Drittschuldner hat. Ein Beispiel hierfür sind Immaterialgüterrechte wie das Patentrecht. Zudem ist der Begriff des Drittschuldners hier weit zu fassen. Er erstreckt sich auf alle, die an dem Vermögensrecht so beteiligt sind, dass ihre Rechtsstellung durch die Pfändung berührt wird (*Heiderhoff/Skamel* Rn. 414). Wenn zB ein Miteigentumsanteil (§1008 BGB) gepfändet wird, sind alle Miteigentümer Drittschuldner.

388 Über die **Verwertung** lassen sich kaum allgemeine Aussagen treffen. Es sind häufig andere Lösungen (§844 ZPO) geboten als die Überweisung zur Einziehung oder an Zahlungs statt nach §835 ZPO (s. die Beispiele im Folgenden).

b) Die Zwangsvollstreckung in Rechte an Grundstücken

389 In die **nicht-akzessorischen** (also nicht von einer Forderung abhängigen) **Rechte** an einem Grundstück (subjektiv-persönliche Reallast, Grundschuld, Rentenschuld) wird nach §857 Abs. 1, 6 iVm §830 ZPO vollstreckt (s. zur Pfändung von Hypothekenforderungen → Rn. 364 ff.). Drittschuldner ist der Eigentümer.

390 **Beispiel:** Der Schuldner S hat eine Briefgrundschuld am Grundstück der DS inne. Mit ihr ist ein Darlehen abgesichert, das S der DS gewährt hat. Der Gläubiger G des S will diese Grundschuld pfänden. Nach §857 Abs. 1, 6 ZPO gelten die §§828 ff. ZPO, insbesondere §830 Abs. 1 S. 1 ZPO entsprechend. Es muss ein Pfändungsbeschluss ergehen und der Grundschuldbrief an G übergeben werden. Die Zustellung gem. §829 Abs. 3 ZPO erfolgt an DS als Eigentümerin des Grundstücks. Zur Verwertung wird die Grundschuld gem. §835 Abs. 1 ZPO an G zur Einziehung überwiesen. Er kann die Rechte aus der Grundschuld, also den Anspruch aus §1147 iVm §1192 Abs. 1 BGB auf Duldung der Zwangsvollstreckung, geltend machen. Allerdings setzt das nach der Sicherungsabrede zwischen S und DS, die DS dem G entgegenhalten kann, die Fälligkeit des Darlehens voraus. Parallel dazu kann G auch nach §§829, 835 ZPO den Rückzahlungsanspruch aus dem Darlehensvertrag pfänden und sich überweisen lassen. Allerdings kann G diesen auch erst bei Fälligkeit verwerten.

391 Auch eine **Eigentümergrundschuld** ist pfändbar, allerdings ist umstritten, nach welchen Vorschriften sich die Pfändung richtet.

392 **Beispiel:** X ist Inhaberin einer Briefhypothek am Grundstück des S. S zahlt das Darlehen, für das sie bestellt war, an X zurück. Die Hypothek der X ist noch nicht im Grundbuch gelöscht worden, und X hat auch den Hypothekenbrief noch im Besitz. Nach §1163 Abs. 1 S. 2 BGB erwirbt mit Erlöschen der Darlehensforderung S die Hypothek. Nach §1177 Abs. 1 S. 1 BGB wird diese mangels Forderung zur Eigentümergrundschuld, und zwar in Gestalt der sog. verdeckten Eigentümergrundschuld, da Grundbuch

und Brief noch X ausweisen. Dieses eigene Recht des S an seinem Grundstück ist ein pfändbarer Vermögenswert, auf den sein Gläubiger G zugreifen will. Umstritten ist, ob die Eigentümergrundschuld nach § 857 Abs. 1, 6 iVm § 830 ZPO oder nach § 857 Abs. 1 iVm Abs. 2 ZPO gepfändet wird.

Wäre nach § 857 Abs. 1, 6 iVm § 830 Abs. 1 S. 1 ZPO vorzugehen (dafür BGH NJW 1961, 601 und die hL; s. *Brox/Walker* Rn. 738, 742), müsste der Pfändungsbeschluss dem S als Vollstreckungsschuldner und, da er auch Eigentümer ist, als Drittschuldner (§ 829 Abs. 3 ZPO) zugestellt werden (LG Frankfurt aM NJW 1952, 629). Außerdem müsste der Grundschuldbrief an G übergeben werden. Da der Brief im Besitz des X ist, muss G, wenn S nichts unternimmt, erst den Herausgabeanspruch des S gegen X auf Herausgabe des Briefes pfänden und sich überweisen lassen. Allerdings wird gem. § 830 Abs. 2 ZPO die Wirksamkeit der Pfändung gegenüber S schon mit Zustellung des Pfändungsbeschlusses, nicht erst mit Briefübergabe fingiert.

Wäre gem. § 857 Abs. 1, 2 ZPO zu vollstrecken (dafür zB *Jauernig/Berger* § 20 Rn. 36), wäre der Pfändungsbeschluss dem S als Vollstreckungsschuldner zuzustellen. Damit wäre die Pfändung bewirkt.

Genau genommen ist die Frage, über die diskutiert wird, falsch gestellt. § 857 Abs. 2 ZPO regelt nur, dass bei drittschuldnerlosen Rechten entgegen § 829 Abs. 3 ZPO die Zustellung an den Vollstreckungsschuldner genügt und nicht an einen (ohnehin nicht existenten) Drittschuldner zuzustellen ist. Zu der Frage, ob bei einem drittschuldnerlosen **Grundpfandrecht** zusätzlich zur Zustellung die Briefübergabe oder die Bucheintragung notwendig sind, verhält sich § 857 Abs. 2 ZPO nicht. Einen solchen Publizitätsakt zu verlangen und daher § 857 Abs. 1, 6 iVm § 830 Abs. 1 S. 1 ZPO anzuwenden, legen schon allgemeine sachenrechtliche Grundsätze nahe. Zudem würde es die Rechtssicherheit beeinträchtigen, könnte gepfändet werden, ohne dass der Brief in die Hände des Gläubigers gelangt. Über den genannten Weg erreicht man, dass sowohl die fehlende Berechtigung der X als auch das Pfändungspfandrecht des G deutlich werden.

Dienstbarkeiten (Grunddienstbarkeit, beschränkt persönliche Dienstbarkeit, Nießbrauch) sind nicht übertragbar (§§ 1092 Abs. 1 S. 1, 1059 S. 1 BGB) oder nicht selbständig übertragbar (§ 1018 BGB); letzteres gilt auch für die **subjektiv-dingliche Reallast** (§ 1110 BGB). Diese Rechte sind daher unpfändbar. Für die nicht übertragbaren Rechte folgt das aus §§ 857 Abs. 1, 851 Abs. 1 ZPO, für die anderen aus ihrer Unselbstständigkeit. Soweit nicht übertragbare Dienstbarkeiten zur Ausübung einem Dritten überlassen werden können (§§ 1092 Abs. 1 S. 2, 1059 S. 2 BGB), können sie zur Ausübung gepfändet werden (§ 857 Abs. 3 ZPO; → Rn. 386). 393

Vormerkung und **Widerspruch** sichern schuldrechtliche Ansprüche (Welche? Bitte wiederholen!) und sind daher nicht selbstständig pfändbar, sondern von der Pfändung des Anspruchs erfasst (§ 401 iVm § 412 BGB analog). 394

c) Die Zwangsvollstreckung in Anteilsrechte

Auch in Anteile des Schuldners an Rechtsgemeinschaften kann vollstreckt werden. Da hiervon die anderen Berechtigten betroffen sind, hängt die Art und Weise der Vollstreckung von der Art der Mitberechtigung ab. Dennoch lassen sich folgende **Grundlinien** voranstellen: Soweit nach dem 395

Charakter der Rechtsgemeinschaft den Mitberechtigten kein neuer Anteilsinhaber aufgedrängt werden darf, kann die Pfändung nur den Zugriff auf Vermögensrechte (Gewinnanteil, Auseinandersetzungsguthaben), nicht auf Mitwirkungsrechte begründen. Über den Anteil kann der Gläubiger nicht verfügen. Er hat aber die Möglichkeit, die Gemeinschaft zu beenden, um den Anteil ausbezahlt zu bekommen. Anteile an Rechtsgemeinschaften, bei denen die Mitberechtigten nicht vor einem Mitgliederwechsel geschützt sind, können dagegen als solche für den Gläubiger versteigert oder freihändig verkauft werden.

396 Ist der Schuldner mit anderen gem. §§ 741 ff. BGB durch eine **Bruchteilsgemeinschaft** verbunden, kann sein Bruchteil, also ein ideeller Anteil am Gegenstand, gepfändet und verwertet werden. Denn ein solcher Bruchteil ist grds. abtretbar (§ 747 S. 1 BGB) und damit pfändbar (§ 851 Abs. 1 ZPO). Pfändung und Verwertung von Bruchteilen an **beweglichen Sachen, Forderungen und Rechten** erfolgen nach §§ 857 Abs. 1, 829, 835 ZPO. Der Pfändungs- und Überweisungsbeschluss ist den anderen Mitberechtigten als Drittschuldnern zuzustellen (§ 829 Abs. 3 ZPO). Der Gläubiger kann gem. § 751 S. 2 BGB Aufhebung der Gemeinschaft und schließlich die Auszahlung des dem Schuldner zustehenden Erlöses verlangen. Bruchteile an **unbeweglichen Sachen** unterfallen nach § 864 Abs. 2 Fall 1 ZPO der Immobiliarvollstreckung (→ Rn. 415), werden also zB zwangsversteigert. Zur Möglichkeit, über § 749 Abs. 1 BGB die Auflösung der Miteigentümergemeinschaft am Grundstück zu erreichen, s. BGH NJW 2017, 2768 Rn. 26 ff.

397 Anteile an **Gesamthandsgemeinschaften** in Form der Gesellschaft bürgerlichen Rechts, der offenen Handelsgesellschaft, der Kommanditgesellschaft und der Partnerschaftsgesellschaft sind nach § 719 Abs. 1 Hs. 1 BGB (ggf. iVm §§ 105 Abs. 3, 161 Abs. 2 HGB, § 1 Abs. 4 PartGG) nicht abtretbar, aber – abweichend von §§ 857 Abs. 1, 851 Abs. 1 ZPO – nach § 859 Abs. 1 S. 1 ZPO (ggf. analog) **pfändbar**. Da den anderen Gesellschaftern der Gläubiger nicht als neuer Gesellschafter aufgedrängt werden soll, erfasst die Pfändung nur die Vermögensrechte, insbesondere den Anspruch auf den Gewinn und ein mögliches Guthaben im Falle der Auseinandersetzung der Gesellschaft (*Heiderhoff/Skamel* Rn. 424 für die Gesellschaft bürgerlichen Rechts). Wegen der gesamthänderischen Bindung kann auf Anteile an einzelnen Vermögensgegenständen der Gesamthand nicht zugegriffen werden (§ 859 Abs. 1 S. 2 ZPO). **Zugestellt** wird an die (als teilrechtsfähig anerkannte) Gesellschaft bürgerlichen Rechts bzw. an die Personenhandelsgesellschaft (s. §§ 124 Abs. 1, 161 Abs. 2 HGB) oder die Partnerschaftsgesellschaft (§ 7 Abs. 2 PartGG iVm § 124 Abs. 1 HGB) als Drittschuldnerin. Verwertet wird der gepfändete Anteil durch Überweisung zur Einziehung (§§ 857 Abs. 1, 835 ZPO). Erst sie ermächtigt den Gläubiger dazu, die Vermögensrechte des Gesellschafters geltend zu machen (*Brox/Walker* Rn. 776). Der Gläubiger hat nach § 725 Abs. 1 BGB das Recht, die Gesellschaft zu **kündigen**, bei den Personenhandelsgesellschaften und der Partnerschaftsgesellschaft unter den zusätzlichen Voraussetzungen des § 135 HGB. Ist ausnahmsweise abweichend von § 719 Abs. 1 BGB der Anteil frei übertragbar, kann er auch durch Veräußerung verwertet werden (§§ 857 Abs. 5, 844 ZPO; HK-ZPO/*Kemper* § 859 Rn. 8).

Anteile an **Erbengemeinschaften** (§§ 2032 ff. BGB) sind nach § 859 Abs. 2 ZPO wie Anteile an einer Gesellschaft bürgerlichen Rechts pfändbar (s. auch § 2033 Abs. 1 S. 1 BGB zur Übertragbarkeit). Da die Erbengemeinschaft nicht rechtsfähig ist, ist der Pfändungsbeschluss allen Erben als Drittschuldnern zuzustellen. Anders als bei den Gesellschaften ist der Gläubiger aufgrund seines Pfandrechts berechtigt, Verwaltungs- und Verfügungsrechte auszuüben (OLG Köln NJW-RR 2014, 1415 (1416)). Die Erbengemeinschaft ist, anders als die Gesellschaft, keine freiwillig durch Rechtsgeschäft entstandene Gemeinschaft, sodass der Schutz vor dem Eindringen Dritter geringer ist. Verwertet wird durch Überweisung zur Einziehung mit der Folge, dass der Gläubiger Auseinandersetzung der Erbengemeinschaft und seinen Anteil am Überschuss verlangen kann (§§ 2042, 2047 BGB). Er kann auch den Anteil veräußern (§§ 857 Abs. 5, 844 ZPO). Anteile am **Gesamtgut** bei der Gütergemeinschaft von Ehegatten sind erst nach deren Beendigung pfändbar (§§ 860 Abs. 1, 2, 851 Abs. 1 ZPO). 398

Bei Anteilen an **juristischen Personen** nimmt der **eingetragene Verein** als Grundform insofern eine Sonderstellung ein, als die Mitgliedschaft unübertragbar (§ 38 S. 1 BGB) und daher unpfändbar ist (§ 857 Abs. 1 iVm § 851 Abs. 1 ZPO). Auch eine Überlassung zur Ausübung ist nicht möglich (§ 38 S. 2 BGB), so dass eine dahingehende Vollstreckung ebenfalls (§ 857 Abs. 3 ZPO) ausscheidet. Bei **Aktiengesellschaft** und **GmbH** sind die Anteile grds. übertrag- und pfändbar. Aktien werden ab ihrer Ausgabe als Inhaber- oder Namensaktien nach den Regeln über verbriefte Forderungen gepfändet und verwertet (→ Rn. 369 ff.; zur Vollstreckung vor Ausgabe HK-ZV/*Koch* Schwerpunktbeitrag 4 Rn. 24). GmbH-Anteile werden nach §§ 857 Abs. 1, 829 ZPO durch einen der GmbH als Drittschuldnerin zuzustellenden Beschluss gepfändet. Verwertet werden sie durch Versteigerung oder freihändigen Verkauf (§§ 857 Abs. 1, 835, 844 ZPO). 399

d) Die Zwangsvollstreckung in Anwartschaftsrechte

Anwartschaftsrechte entstehen nach hM, wenn von einem mehraktigen Erwerbstatbestand so viele Schritte verwirklicht sind, dass der Veräußerer den Erwerb nicht mehr einseitig verhindern kann (*Wellenhofer,* Sachenrecht, 35. Aufl. 2020, § 14 Rn. 11 f. mwN zum Meinungsstand). Sie werden im Hinblick auf ihre Übertragbarkeit wie das zu erwerbende Vollrecht behandelt und sind daher auch pfändbar. Speziell beim Anwartschaftsrecht des **Vorbehaltskäufers** vor **Zahlung der letzten Rate** ist zu klären, ob seine Gläubiger das Anwartschaftsrecht nach § 857 ZPO oder – unter anderem 400 wegen dessen Eigentumsähnlichkeit – die Sache nach § 808 ZPO pfänden müssen. Parallel ist die Position eines Sicherungsgebers zu sehen, der eine Sache unter der auflösenden Bedingung vollständiger Darlehensrückzahlung übereignet hat.

401 **Beispiel:** S hat von V einen Wagen unter Eigentumsvorbehalt erworben. Die Gläubiger G1 und G2 des S, die schon lange auf die Rückzahlung ihrer Darlehen warten, haben erfahren, dass S nur noch zwei Raten zahlen muss, um Eigentümer des PKW zu werden. Sie möchten wissen, ob sie in den Wagen oder zumindest in das Anwartschaftsrecht vollstrecken können.

402 **(1)** Bei der **Pfändung der Sache nach § 808 ZPO** würde diese wirksam verstrickt, aber wegen des fehlenden Eigentums des Schuldners entstünde nach hM (→ Rn. 282 ff.) kein Pfandrecht an ihr, sondern nur am Anwartschaftsrecht. Zudem könnte der Vorbehaltsverkäufer nach § 771 ZPO der Pfändung widersprechen, da er noch Eigentümer ist (vgl. ausführlich → Rn. 680 ff.). Daher besteht heute Einigkeit, dass dieser Weg ausscheidet (anders noch *Hübner* NJW 1980, 733 ff.). Der Gläubiger sollte deshalb das **Anwartschaftsrecht pfänden**.

403 **(2)** Wählt man dazu den **Weg nach §§ 857, 829 ZPO** (dafür *Baur/Stürner/Bruns* Rn. 32.17), ist der Pfändungsbeschluss dem Vorbehaltsverkäufer als Drittschuldner zuzustellen. Es entsteht ein Pfändungspfandrecht am Anwartschaftsrecht. Zahlt der Anwartschaftsberechtigte die letzte Rate, erlischt das Anwartschaftsrecht. Zum Schutz des Gläubigers lässt sich analog § 1287 BGB annehmen, dass sich das Pfandrecht am Anwartschaftsrecht dann in ein Pfandrecht an der Sache verwandelt. Die Interessenlage ist derjenigen bei der Pfändung einer Forderung vergleichbar, weil der Gläubiger durch das Erstarken des Anwartschaftsrechts seinen Schutz ebenso wenig verlieren soll wie der Pfandgläubiger einer Forderung durch die Erfüllungshandlung des Schuldners. Allerdings widerspricht es dem Publizitätsgrundsatz, ein Pfandrecht an der Sache anzunehmen, ohne dass der Gläubiger Besitz erlangt und dies kenntlich gemacht ist (s. § 808 ZPO).

404 **(3)** Pfändet man das **Anwartschaftsrecht nach § 808 ZPO** (Rechtspfändung in Form der Sachpfändung; dafür *Brox/Walker* Rn. 812 ff., 816), erreicht man dasselbe wie mit der Pfändung der Sache (→ Rn. 265 ff.). Zusätzlich nimmt man dem Eigentümer die Drittwiderspruchsklage nach § 771 ZPO, weil nicht die Sache, sondern das Anwartschaftsrecht gepfändet wird. Gegen die Verstrickung kann er nicht vorgehen, weil sie ihn nicht belastet: Der Gerichtsvollzieher muss im Pfändungsprotokoll vermerken, dass die Sachpfändung nur der Pfändung des Anwartschaftsrechts dient, sodass die Sache nicht verwertet werden kann. Wird die letzte Rate gezahlt, wandelt sich analog § 1287 BGB das Pfandrecht am Anwartschaftsrecht in eines der Sache um. Die Publizität ist wegen der Sachpfändung gewahrt. Die fehlende Zustellung an den Vorbehaltsverkäufer schadet nicht, da dieser ohnehin keinen Einfluss auf die Entstehung des Vollrechts hat. Der Vorwurf gegen diese

Auffassung, sie vermenge die Vollstreckungsarten (HK-ZV/*Koch* ZPO §857 Rn. 14), lässt außer Acht, dass das Anwartschaftsrecht ein zwischen einem Recht und dem Sacheigentum stehendes Konstrukt der Rechtsprechung ist, das eben auch Anpassungen im Vollstreckungsrecht erfordert.

(4) Nach hM sind die Sache nach §808 ZPO und das Recht nach §857 **405**
ZPO zu pfänden (**Doppelpfändung**, so BGH NJW 1954, 1325 (1327 ff.); *Jauernig/Berger* §20 Rn. 34 mwN). Die **Pfändung des Rechts** räumt den Einwand des Eigentümers gegen den Zugriff auf sein Eigentum aus, weil die Sachpfändung nur sicherstellt, dass mit Zahlung der letzten Rate das Pfandrecht am Anwartschaftsrecht sich in ein Pfandrecht an der Sache umwandeln kann. Die **Pfändung der Sache** beseitigt den Einwand, dass die Umwandlung des Pfandrechts am Anwartschaftsrecht in ein solches an der Sache nicht publik ist. Diese Auffassung ist deshalb gegenüber oben (1) und (2) vorzugswürdig, allerdings gegenüber (3) unnötig aufwendig und teuer. Vorzuziehen ist daher die Auffassung, wonach die Rechtspfändung in Form der Sachpfändung (3) geschieht.

406

Die Pfändung des Anwartschaftsrechts an beweglicher Sache

Rechtspfändung §§ 857, 828 ff.	**Sachpfändung § 808**	**Rechtspfändung in Form der Sachpfändung § 808**	**Doppelpfändung §§ 808, 857 h.M.**
– Pfändungsbeschluss – PfPfR am AnwR – Mit Eigentumserwerb des S entsteht analog § 1287 BGB PfandR an Sache	– Pfändung der Sache nach § 808 führt zu • Verstrickung von Sache und AnwR • PfPfR an AnwR	– Pfändung der Sache gemäß § 808 führt zu • Verstrickung von Sache und AnwR • PfPfR an AnwR – Mit Eig.-Erwerb des S entsteht PfPfR an Sache (analog § 1287 BGB) – D hat nicht § 771, da keine ZwV in Sache, sondern in AnwR	– Pfändung des AnwR, § 857 Abs. 1 **und** – Pfändung der Sache, § 808, führen zu: • Verstrickung von Sache und AnwR • PfPfR an AnwR – D hat nicht § 771, da Sachpfändung nur die Verwandlung des PfPfR am AnwR in eines an der Sache ermöglichen soll

407

Beispielsfall: Im Beispiel oben (→ Rn. 401) lässt Gläubiger G1 durch Pfändungsbeschluss, der am 1.4. dem V zugestellt wird, das Anwartschaftsrecht des S pfänden. Am 10.4. lässt G2 den PKW durch den Gerichtsvollzieher pfänden, am 20.4. G1. Am 30.4. zahlt S die letzte Rate an V. Das Auto wird versteigert, G1 und G2 streiten um den Erlös, der nur für einen von ihnen reicht. Wem steht der Erlös zu?

Da der Erlös an die Stelle des Pfandes tritt (§1247 BGB; → Rn. 302), richtet sich die Berechtigung am Erlös nach dem Rang der Pfandrechte von G1 und G2. Vorrang hat gem. §804 Abs. 3 ZPO das Pfandrecht, das früher begründet wurde. Nach der

Theorie der Sachpfändung (→ Rn. 402), kann nur nach § 808 ZPO wirksam gepfändet werden. Hiernach ist G2 vorrangig berechtigt, denn er hat am 10.4. zuerst den Pkw gepfändet. Nach der Theorie der Rechtspfändung (→ Rn. 403) hat G1 als erster (und einziger) wirksam gepfändet, indem V am 1.4. der Pfändungsbeschluss zugestellt wurde. Nimmt man an, die Rechtspfändung könne in Form der Sachpfändung geschehen (→ Rn. 404), hat G1 das Anwartschaftsrecht am 1.4. noch nicht wirksam gepfändet. G2 ist aufgrund der Pfändung am 10.4. vorrangig berechtigt. Mit der herrschenden Lehre von der Doppelpfändung (→ Rn. 405) hat nur G1 wirksam gepfändet, da er sowohl das Recht als auch die Sache gepfändet hat.

408 Bei den anderen Anwartschaftsrechten tritt die geschilderte Problematik nicht auf. Das Anwartschaftsrecht des **Auflassungsempfängers** kann wegen seiner fehlenden Eintragung im Grundbuch nicht wie das Vollrecht nach §§ 864 ff. ZPO gepfändet werden, sondern nur nach § 857 ZPO. Auch dasjenige des **Sicherungsgebers**, der eine **Forderung** auflösend bedingt abgetreten hat, kann nur nach § 857 ZPO gepfändet und verwertet werden (näher *Brox/Walker* Rn. 820 ff., 831 f.; dort auch unter Rn. 829 f. zur vollstreckungsrechtlichen Bedeutungslosigkeit des Anwartschaftsrechts des **künftigen Hypothekars**).

e) Die Zwangsvollstreckung in Immaterialgüterrechte

409 Auch Immaterialgüterrechte wie gewerbliche Schutzrechte (Patente, Gebrauchsmusterrechte, Rechte aus eingetragenem Design, Markenrechte) und Urheberrechte sind nach § 857 ZPO grds. pfändbar, wobei bestimmte spezifische Grenzen zu beachten sind (zB §§ 112, 113 ff. UrhG). Da es sich um drittschuldnerlose Rechte handelt, werden sie durch Zustellung des Pfändungsbeschlusses an den Schuldner gepfändet (§ 857 Abs. 2 ZPO). Die Verwertung erfolgt gem. §§ 857 Abs. 4, 5, 844 ZPO.

IV. Die Zwangsvollstreckung wegen Geldforderungen in das unbewegliche Vermögen

1. Überblick

410 Die Zwangsvollstreckung wegen Geldforderungen in das unbewegliche Vermögen kann **auf drei Wegen** erfolgen (s. den Überblick in → Rn. 205): Zwangsversteigerung, Zwangsverwaltung und Zwangshypothek (§ 866 Abs. 1 ZPO). Zwischen diesen Maßnahmen kann der Gläubiger nach § 866 Abs. 2 ZPO wählen und sie auch kumulativ beantragen, denn sie haben unterschiedliche Zielrichtungen (→ Rn. 417, 439, 445).

411 Die Zwangshypothek ist in §§ 867–868 ZPO geregelt, Zwangsversteigerung und -verwaltung in § 869 ZPO iVm ZVG. Das **ZVG ist systematisch**

als Teil der ZPO anzusehen. Daher gelten die **§§ 704–802 ZPO** als allgemeine Vorschriften der Zwangsvollstreckung auch für die drei Arten der Immobiliarvollstreckung. Die §§ 803–827 ZPO sind nach der Überschrift des Titels 2 nur auf die Vollstreckung in das bewegliche Vermögen anwendbar. Daher sind in der Immobiliarvollstreckung weder das Verbot der Überpfändung (§ 803 Abs. 1 S. 2 ZPO, dazu OLG München BeckRS 2016, 11027 Rn. 20) noch das der zwecklosen Pfändung (§ 803 Abs. 2 ZPO) zu beachten.

Beispiel (nach BGH NJW 2002, 3178): Das Grundstück des S ist weit über Wert mit Grundpfandrechten belastet. Sein Gläubiger G beantragt die Anordnung der Zwangsverwaltung über das Grundstück. S wendet ein, angesichts der hohen Belastungen verstoße eine solche Anordnung gegen das Verbot der zwecklosen Pfändung in § 803 Abs. 2 ZPO. Dieser Einwand trägt nicht. Nach Wortlaut und Systematik ist § 803 Abs. 2 ZPO nicht einschlägig. Auch Sinn und Zweck sprechen gegen seine Anwendung. Die Norm schützt den Schuldner vor dem Verlust seines Eigentums, wenn die Verwertung dem Gläubiger keinen Vorteil bringt. Bei der Zwangsverwaltung droht jedoch kein Verlust des Eigentums. Auch kann bei der Zwangsverwaltung der Verwertungserlös, da es um laufende Einnahmen geht, nicht – wie § 803 Abs. 2 ZPO verlangt – mit den Pfändungs- und Verwertungskosten verglichen werden. Auch bei der Zwangsversteigerung gilt das Verbot nicht. Das ZVG enthält eigene Regeln zum Schutz des Schuldners. Es kann jedoch das Rechtsschutzbedürfnis fehlen, wenn der Gläubiger Zwecke verfolgt, die nicht mit den Zwecken des Vollstreckungsverfahrens im Einklang stehen (Stein/Jonas/*Würdinger* ZPO § 803 Rn. 35), zB wenn er den Schuldner nur schikanieren will. **412**

§§ 802a, 802b ZPO betreffen das Handeln des in der Immobiliarvollstreckung nicht zuständigen Gerichtsvollziehers, sind also ebenfalls nicht einschlägig. **413**

Über das **ZVG** sollte man sich zunächst anhand des Inhaltsverzeichnisses einen Überblick verschaffen. §§ 1–161 ZVG betreffen die Zwangsversteigerung (§§ 15–147 ZVG) und die Zwangsverwaltung (§§ 148–161 ZVG) von Grundstücken im Wege der **Zwangsvollstreckung**; ein allgemeiner Teil ist vorangestellt (§§ 1–14 ZVG). §§ 172–186 ZVG regeln besondere Fälle der Zwangsversteigerung und Zwangsverwaltung, von denen man die Zwangsversteigerung zum **Zwecke der Aufhebung einer Gemeinschaft** nach §§ 180–185 ZVG kennen sollte. §§ 162–171 ZVG betreffen Schiffe, Schiffsbauwerke und Luftfahrzeuge. **414**

Gegenstand der Immobiliarvollstreckung sind gem. §§ 864, 865 ZPO **415**

- Grundstücke (§ 864 Abs. 1 ZPO),
- Berechtigungen, für welche die sich auf Grundstücke beziehenden Vorschriften gelten (sog. grundstücksgleiche Rechte wie das Wohnungseigentum, das Erbbaurecht, das Jagdrecht und andere, § 864 Abs. 1 iVm § 870 ZPO),
- eingetragene Schiffe und eingetragene oder eintragungsfähige Schiffsbauwerke (§ 864 Abs. 1 ZPO),
- Bruchteile der genannten Rechte (§ 864 Abs. 2 ZPO),

- nach allgemeinen Regeln (§§93, 94, 96 BGB) Bestandteile der genannten Gegenstände,
- Gegenstände aus dem Haftungsverband der Hypothek (§865 Abs. 1 ZPO iVm §§1120–1130 BGB), wobei Zubehör immer, alle anderen Gegenstände erst ab Beschlagnahme der Immobiliarvollstreckung unterfallen,
- Gebäudeeigentum, das noch in manchen Bundesländern neben dem Eigentum am Grundstück existiert (Art. 231 §5 und Art. 233 §§2b, 4 EGBGB).

416 In **beschränkt dingliche Rechte** an Grundstücken wird nach §§857, 830 ZPO vollstreckt (→ Rn. 363 ff., 389 ff.).

2. Die Zwangsversteigerung

417 Mit der Zwangsversteigerung macht sich der Gläubiger den Wert des Grundstücks zunutze. Sie weist von den drei Vollstreckungsarten des §866 Abs. 1 ZPO die meisten Parallelen zur Vollstreckung in bewegliche Sachen auf. Das Grundstück wird beschlagnahmt, worin eine Parallele zur Pfändung liegt. Im Anschluss wird es versteigert, einem Ersteher zugeschlagen, und der erzielte Erlös wird verteilt. Dieses Vorgehen entspricht in etwa – mit wichtigen Unterschieden im Detail! – der Verwertung beweglicher Sachen nach §§814 ff. ZPO.

a) Die Anordnung der Zwangsversteigerung

aa) Voraussetzungen

418 Der Gläubiger muss die Anordnung der Zwangsversteigerung gem. §§15, 16 ZVG beim zuständigen Vollstreckungsorgan, nach §1 ZVG dem Amtsgericht der belegenen Sache, **beantragen**. Funktional ist der Rechtspfleger nach §3 Nr. 1 lit. i RPflG zuständig. Im Übrigen müssen die allgemeinen Verfahrensvoraussetzungen (→ Rn. 56 ff.) sowie die allgemeinen und besonderen Voraussetzungen der Zwangsvollstreckung (→ Rn. 77 ff.; → Rn. 168 ff.) vorliegen und es dürfen keine Vollstreckungshindernisse (→ Rn. 182 ff.) bestehen. Schließlich verlangt §17 Abs. 1 ZVG, dass der **Schuldner** als Eigentümer des Grundstücks **im Grundbuch eingetragen** oder Erbe des eingetragenen Eigentümers ist.

bb) Anordnungsakt

419 Das Vollstreckungsgericht ordnet die Zwangsversteigerung durch **Beschluss** an. Er wird wirksam, wenn er dem Schuldner zugestellt wird (§22 Abs. 1 S. 1 ZVG; zu einer möglichen Vorverlagerung s. §22 Abs. 1 S. 2 ZVG). Im Grundbuch wird ein Zwangsversteigerungsvermerk eingetragen. Seine Eintragung ist aber nicht erforderlich, damit die Anordnung der Zwangsversteigerung wirksam wird. Sie stellt nur sicher, dass das Grundstück nicht mehr gutgläubig erworben werden kann (s. § 23 Abs. 2 S. 2 ZVG und sogleich).

cc) Wirkungen

Nach § 20 Abs. 1 ZVG gilt der Beschluss, mit dem die Zwangsversteige- 420
rung angeordnet wird, zugunsten des Gläubigers als **Beschlagnahme** des Grundstücks. Für einen persönlichen Gläubiger, der also nicht schon aus einem Grundpfandrecht ein solches Recht hat, begründet sie das **Recht auf Befriedigung aus dem Grundstück** (Depré/*Depré* ZVG § 148 Rn. 2), das allerdings kein Pfandrecht und daher nicht als absolutes Recht geschützt ist (*Brox/Walker* Rn. 860). Wie die Verstrickung bei beweglichen Sachen (→ Rn. 269 ff.) bewirkt die Beschlagnahme aber ein **relatives Veräußerungsverbot** (§ 23 Abs. 1 S. 1 ZVG iVm §§ 135, 136, 892, 932 ff. BGB), das den Vollstreckungsgläubiger schützt. Es weist gegenüber demjenigen bei beweglichen Sachen folgende Besonderheiten auf:

- Es erstreckt sich nicht nur auf das Grundstück, sondern auf den gesamten **Haftungsverband der Hypothek** (§ 20 Abs. 2 ZVG iVm §§ 1120 ff. BGB), mit Ausnahmen in § 21 ZVG für laufende Erträge. So wird vermieden, dass die wirtschaftliche Einheit des Grundstücks zerschlagen wird.
- Der Schuldner kann über einzelne bewegliche Sachen im Rahmen der **ordnungsmäßigen Wirtschaft** wirksam verfügen (§ 23 Abs. 1 S. 2 ZVG).
- Gutgläubiger Erwerb des **Grundstücks** nach §§ 135 Abs. 2, 136, 892 Abs. 1 S. 2 BGB scheitert nicht nur dann, wenn der Versteigerungsvermerk im Grundbuch eingetragen oder die Beschlagnahme dem Erwerber bekannt ist (§ 892 Abs. 1 S. 2 BGB), sondern gem. § 23 Abs. 2 S. 1 ZVG auch, wenn der Erwerber vom Versteigerungsantrag Kenntnis hat.
- Gutgläubiger Erwerb **beweglicher Sachen** aus dem Haftungsverband der Hypothek (zB Zubehör) ist nicht nur bei Kenntnis und grob fahrlässiger Unkenntnis von der Beschlagnahme ausgeschlossen (§§ 135 Abs. 2, 136, 932 Abs. 2 BGB), sondern auch, wenn der Versteigerungsvermerk im Grundbuch steht (§ 23 Abs. 2 S. 2 ZVG, s. den Beispielsfall → Rn. 433). Hier ist also der gutgläubige Erwerb beweglicher Sachen vom Grundbuchstand abhängig!

b) Der Versteigerungstermin

Der Termin zur Versteigerung wird nach §§ 37, 38 ZVG bestimmt und 421
die Bestimmung wird öffentlich bekannt gemacht (§§ 39, 40 ZVG) sowie den Beteiligten zugestellt (§ 41 ZVG). Die Versteigerung beginnt nach § 66 ZVG mit dem Bekanntmachungsteil, dem sich das Bietverfahren mit der Aufforderung zur Abgabe von Geboten durch den Rechtspfleger und den Geboten anschließt. Es muss mindestens 30 Minuten dauern (§ 73 Abs. 1

ZVG); so wird eine übereilte Versteigerung verhindert. Nach dem Schluss der Versteigerung werden die Beteiligten über den Zuschlag angehört (§74 ZVG), womit sichergestellt wird, dass Einwendungen frühzeitig vorgebracht werden.

422 Für die Versteigerung gelten bestimmte **materielle Grundsätze**, die zum einen den Schutz vorrangiger Gläubiger und zum anderen den Schutz des Schuldners sowie nachrangiger Gläubiger vor einer Verschleuderung des Grundstücks verwirklichen.

423 Nach dem **Deckungsprinzip** des §44 Abs. 1 ZVG dürfen nur solche Gebote als „**geringstes Gebot**" zugelassen werden, die die Kosten der Zwangsvollstreckung sowie die dem Gläubiger vorgehenden Rechte abdecken. Welche Rechte dem Gläubiger vorgehen, ergibt sich aus §10 ZVG.

424 **Beispielsfall:** Gläubiger B betreibt die Zwangsvollstreckung wegen seines Anspruchs aus §§1147, 1192 Abs. 1 BGB in das Grundstück seines Schuldners aus einer zweitrangigen (s. zum Rang §879 Abs. 1 S. 1 BGB) Grundschuld iHv 20.000 Euro. An erster Rangstelle steht eine Grundschuld des Gläubigers A iHv 50.000 Euro, an dritter Rangstelle eine Grundschuld des Gläubigers C iHv 30.000 Euro. Ansprüche aus §10 Abs. 1 Nr. 1–3 ZVG (zB Zwangsverwaltervorschüsse, öffentliche Lasten des Grundstücks) bestehen iHv 5.000 Euro. Die Kosten der Zwangsvollstreckung belaufen sich auf 3.000 Euro. Wie hoch ist das geringste Gebot?

Die Kosten der Vollstreckung sind gem. §44 Abs. 1 ZVG abzudecken. Zu klären bleibt, welche Rechte als vorrangig zu berücksichtigen sind. A, B und C haben als Inhaber dinglicher Rechte am Grundstück die Rangstelle nach §10 Abs. 1 Nr. 4 ZVG. Damit gehen dem B die Ansprüche aus §10 Abs. 1 Nr. 1–3 ZVG vor. Unter A, B und C ergibt sich der Rang aus der Eintragung (§879 Abs. 1 S. 1 BGB). Damit geht dem B die Grundschuld des A vor. Die Grundschuld des nachrangigen C spielt keine Rolle. Damit ergibt sich ein geringstes Gebot iHv 58.000 Euro (s. die Abbildung → Rn. 431).

425 Von diesem geringsten Gebot muss der Ersteher des Grundstücks gem. §49 Abs. 1 ZVG nur einen Teil bar entrichten, nämlich die Kosten der Vollstreckung und die Ansprüche aus §10 Abs. 1 Nr. 1–3 ZVG. Bar zu entrichten ist zudem der über das geringste Gebot hinausgehende Betrag des Meistgebots. Meistgebot ist das höchste der abgegebenen Gebote. Die bar zu entrichtende Summe bezeichnet man als **Bargebot**. „Bar" ist hier nicht im üblichen Sinne zu verstehen, da das Geld auch überwiesen werden kann (§49 Abs. 3 ZVG), sondern bezeichnet die Summe, die der Ersteher – vor dem Verteilungstermin (→ Rn. 437) – entrichten muss, um das Grundstück zu erhalten.

426 **Beispielsfall:** Im Beispielsfall → Rn. 424 bietet der Ersteher für den Erwerb des Grundstücks 68.000 Euro. Kein anderer bietet mehr, so dass es sich um das Meistgebot handelt. Wie hoch ist das Bargebot?

Bar entrichten muss der Ersteher gem. § 49 Abs. 1 ZVG die Kosten (3.000 Euro), die Ansprüche nach § 10 Abs. 1 Nr. 1–3 ZVG (5.000 Euro) und den Betrag, der über das geringste Gebot von 58.000 Euro hinausgeht, also weitere 10.000 Euro (sog. **Mehrgebot**). Das Bargebot beträgt also 18.000 Euro. Es ist hier zugleich das sog. **Meistbargebot**, also das Meistgebot ohne die bestehenbleibenden Rechte.

Die dem betreibenden Gläubiger vorgehenden Grundpfandrechte müssen also nicht bar beglichen werden. Grund dafür ist, dass die vorrangigen Gläubiger, solange sie sich der Zwangsversteigerung nicht anschließen, kein Interesse daran haben, ihre Grundschuld zu verwerten. Vielmehr ist ihr Interesse darauf gerichtet, das dingliche Recht am Grundstück zu behalten. Dem trägt das **Übernahmeprinzip** in § 52 Abs. 1 S. 1 ZVG Rechnung. Es besagt, dass die dem Gläubiger vorgehenden Rechte am Grundstück, die nicht in bar zu zahlen sind, bestehen bleiben. Der Erwerber ersteht also ein mit einem Grundpfandrecht belastetes Grundstück. Das Grundpfandrecht muss er ablösen, wenn der Berechtigte daraus vorgeht. **427**

Rechte, die weder im geringsten Gebot enthalten noch durch Zahlung zu decken sind, **erlöschen** gem. § 52 Abs. 1 S. 2 ZVG. Dies wird vor allem nachrangige Grundpfandrechte betreffen. **428**

Beispielsfall: Welche Rechte erlöschen im Beispielsfall → Rn. 424? **429**

Im geringsten Gebot enthalten sind die Kosten und die Ansprüche nach § 10 Abs. 1 Nr. 1–3 ZVG. Durch Zahlung zu decken ist zudem die Grundschuld des betreibenden Gläubigers B. Sie erlischt nach § 52 Abs. 1 S. 2 ZVG. Danach erlischt auch die Grundschuld des C.

Schließlich sehen §§ 74a, 74b, 85a ZVG vom geringsten Gebot zu unterscheidende **Mindestgebote** vor, die anhand des Wertes des Grundstücks festgelegt werden – 70 % und 50 % des Grundstückswertes – und unter bestimmten Voraussetzungen nicht unterschritten werden dürfen. Der Zuschlag wird sonst versagt. So werden der Schuldner und nachrangige Gläubiger vor einer Verschleuderung des Grundstücks geschützt (Depré/*Bachmann* ZVG § 74a Rn. 1). **430**

431

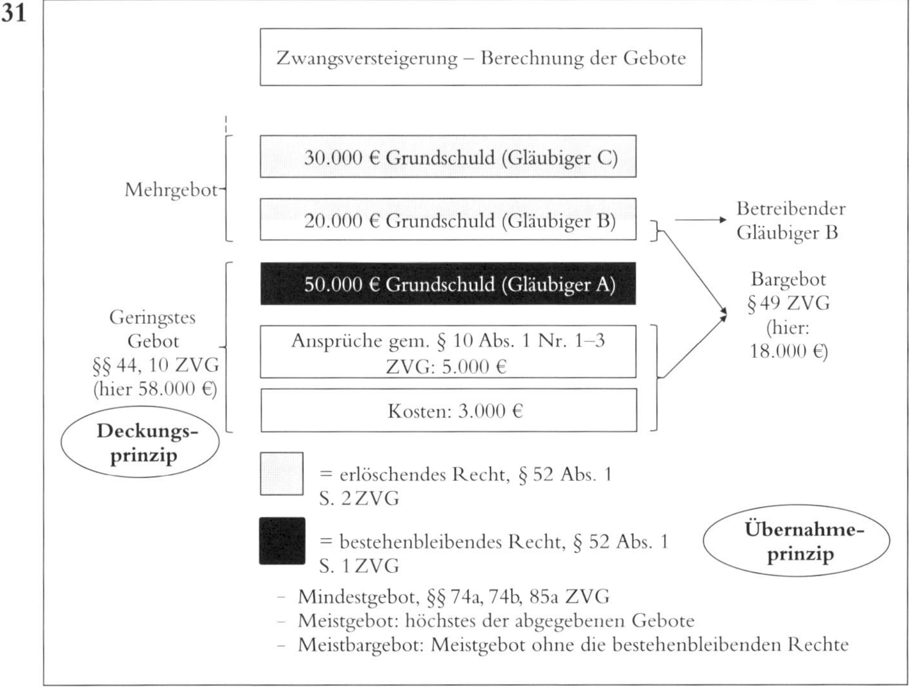

c) Der Zuschlag

432 Die Erteilung oder Versagung des Zuschlags wird im Versteigerungstermin oder einem gesonderten Verkündungstermin verkündet (§87 ZVG) und mit Verkündung wirksam. Wie bei der Versteigerung beweglicher Sachen ist der Zuschlag ein **einseitiger Hoheitsakt**. Anders als bei beweglichen Sachen, die der Ersteher erst mit der Ablieferung zu Eigentum erwirbt (→ Rn. 296), wird der Ersteher in der Zwangsversteigerung durch den Zuschlag **Eigentümer** des Grundstücks, §90 Abs. 1 ZVG. Mit dem Grundstück erwirbt er nach §90 Abs. 2 ZVG alle Gegenstände, auf die sich die Versteigerung erstreckt hat. An diesen Tatbestand des Eigentumserwerbs knüpft sich eine „**berühmte Paragrafenkette**" (*Medicus/Petersen,* Bürgerliches Recht, 27. Aufl. 2019, Rn. 484), die in sachenrechtlichen Klausuren immer wieder eine Rolle spielt. Man sollte sie sich deshalb merken. An welchen Gegenständen nach §90 Abs. 2 ZVG Eigentum erworben wird, richtet sich danach, worauf sich die Versteigerung erstreckt hat. Nach §55 Abs. 1 ZVG erstreckt sich die Versteigerung des Grundstücks auf alle Gegenstände, deren Beschlagnahme noch wirksam ist. Das wiederum verweist auf §§20, 21 ZVG, wo sich in §20 Abs. 2 ZVG der Verweis auf §§1120ff. BGB findet.

433 **Beispielsfall:** E ist Eigentümerin eines Lagergrundstücks. Einen zum Grundstück gehörenden Gabelstapler hat sie vorübergehend bei ihrem Schwager S untergе-

stellt. Das Grundstück der E wird durch ihren Grundschuldgläubiger G im Wege der Zwangsversteigerung beschlagnahmt. Der Zwangsversteigerungsvermerk wird eingetragen. Bald darauf erwirbt S den noch bei ihm stehenden Gabelstapler von E, ohne von dem Zwangsversteigerungsverfahren zu wissen. Das Grundstück wird dem D in der Zwangsversteigerung zugeschlagen. Ist D Eigentümer des Gabelstaplers geworden?

D könnte das Eigentum an dem Gabelstapler nach §90 Abs. 1, 2 ZVG erworben haben. Dann müsste sich die Versteigerung auf den Gabelstapler erstreckt haben. Nach §55 Abs. 1 ZVG erstreckt sie sich auf Gegenstände, deren Beschlagnahme noch wirksam ist. Fraglich ist, ob die Beschlagnahme nach §20 Abs. 2 ZVG iVm §1120 BGB den Gabelstapler erfasst hat. Der Gabelstapler war Zubehör des Grundstücks; auch seine vorübergehende Entfernung vom Grundstück steht dem nicht entgegen (§§97 Abs. 1, 2, 98 BGB). Im Zeitpunkt der Beschlagnahme war, wie §1120 BGB aE verlangt, E auch noch Eigentümerin des Gabelstaplers. Eine Enthaftung nach §1121 Abs. 1 oder 2 BGB ist nicht eingetreten, da die Veräußerung nach Entfernung und Beschlagnahme stattfand. §1122 Abs. 2 BGB greift nicht ein, da die Zubehöreigenschaft nicht vor der Beschlagnahme aufgehoben wurde. In Betracht kommt noch ein gutgläubiger Erwerb des S nach §§136, 135 Abs. 2, 929 S. 2, 932 Abs. 1 S. 2 BGB. Allerdings scheitert seine Gutgläubigkeit an der Eintragung des Versteigerungsvermerks (§23 Abs. 2 S. 2 ZVG). Daher ist D mit dem Zuschlag Eigentümer des Gabelstaplers geworden.

Mit dem Zuschlag **erlöschen** nach §91 Abs. 1 ZVG die Rechte, die nicht nach §52 Abs. 1 S. 1 ZVG, nach den besonderen Versteigerungsbedingungen oder einer Vereinbarung zwischen Berechtigtem und Ersteher bestehen bleiben sollen. §52 Abs. 1 S. 2 ZVG legt also für die Versteigerung den Grundsatz fest, dass die genannten Rechte erlöschen. §91 Abs. 1 ZVG regelt den Zeitpunkt, in dem das mit dinglicher Wirkung geschieht. 434

Der Zuschlag führt des Weiteren nach §56 S. 1 ZVG zum **Gefahrübergang** hinsichtlich des Grundstücks, nach S. 2 auch zum Übergang der Nutzungen und Lasten. Gewährleistungsansprüche sind nach S. 3 ausgeschlossen. Mieter des Grundstücks sind nach §57 ZVG iVm §§566 ff. BGB geschützt, allerdings gibt §57a ZVG dem Ersteher ein Sonderkündigungsrecht (Depré/*Bachmann* ZVG §57a Rn. 13) innerhalb der jeweils einschlägigen gesetzlichen Frist. Der **Zuschlagsbeschluss** ist zugleich ein Titel für den Anspruch auf Räumung und Herausgabe des Grundstücks gegen den Besitzer (§93 Abs. 1 S. 1 ZVG). Vollstreckt wird er nach §885 ZPO (→ Rn. 455 ff.). 435

Der Ersteher **zahlt** die bar gebotene Summe an das Vollstreckungsgericht, indem er sie entweder bei der Gerichtskasse einzahlt oder überweist (§§107 Abs. 2, 49 Abs. 3 ZVG). 436

d) Die Verteilung des Erlöses

Der Erlös wird in einem eigenen Verteilungstermin an die Berechtigten verteilt (§§105 ff. ZVG). Anhand eines **Teilungsplans** (§113 ZVG) wird der Erlös verteilt oder für die Berechtigten hinterlegt (§117 Abs. 2, 3 ZVG). 437

Zahlt der Ersteher das Bargebot nicht, überträgt das Vollstreckungsgericht die Forderung gegen den Erstcher auf die Berechtigten (§118 Abs. 1 S. 1 ZVG). Sie erhalten also einen Anspruch anstelle des Geldes. Sie gelten gem. §118 Abs. 2 S. 1 ZVG im Verhältnis zum Vollstreckungsschuldner als aus dem Grundstück befriedigt. Der Schuldner wird also frei, obwohl die Berechtigten, also seine Gläubiger, noch nichts erlangt haben außer einem Anspruch gegen den Ersteher (Ausnahmen in §118 Abs. 2 S. 2 ZVG). Immerhin können die Berechtigten direkt aus dem Zuschlagsbeschluss gegen den Ersteher vollstrecken (§132 Abs. 2 ZVG), müssen ihn also nicht noch verklagen.

e) Besondere Arten der Zwangsversteigerung

438 Von den besonderen Arten der Zwangsversteigerung ist vor allem diejenige zur **Aufhebung einer Gemeinschaft** zu nennen (§§180ff. ZVG). Sie kommt bei Bruchteils- und Gesamthandsgemeinschaften zur Anwendung, wenn keine Einigung über die Auflösung der Gemeinschaft zu erzielen ist. Es handelt sich nicht um eine Maßnahme zur Zwangsvollstreckung, sondern zur Durchführung einer Auseinandersetzung.

3. Die Zwangsverwaltung

439 Mit der Zwangsverwaltung greift der Gläubiger auf die Nutzungen des Grundstücks zu. Das Eigentum am Grundstück bleibt dem Schuldner erhalten.

a) Die Anordnung der Zwangsverwaltung

440 Die **Voraussetzungen** für die Anordnung entsprechen weitgehend denjenigen bei der Versteigerung. Eine Besonderheit ist, dass es bei der Vollstreckung aus im Grundbuch **eingetragenen Rechten** gem. §147 Abs. 1 ZVG ausreicht, wenn der Schuldner **Eigenbesitzer** ist, also etwa als Käufer, dem schon der Besitz überlassen wurde, oder als Erbe besitzt. Diese Regelung soll die Effizienz des Vollstreckungsverfahrens erhöhen (BGH MDR 2009, 1415).

441 **Angeordnet** wird die Zwangsverwaltung durch Beschluss (§§146 Abs. 1, 20 Abs. 1 ZVG). Der Beschluss gilt zugunsten des Gläubigers als **Beschlagnahme** des Grundstücks (§§146 Abs. 1, 20 Abs. 1 ZVG). Aber auch die Inbesitznahme durch den Verwalter lässt die Beschlagnahme wirksam werden (§151 Abs. 1 ZVG). Die Beschlagnahme bewirkt ein **relatives Veräußerungsverbot** (§§146 Abs. 1, 23 Abs. 1 S. 1 ZVG iVm §§135, 136 BGB). Es ergeben sich Besonderheiten gegenüber der Beschlagnahme in der Zwangsversteigerung, die darin liegen, dass die laufenden Erträge des Grundstücks verwertet werden sollen und nicht das Grundstück selbst:

- Die Beschlagnahme entzieht dem Schuldner die **Verwaltung und Nutzung** des Grundstücks (§ 148 Abs. 2 ZVG). Diese gehen auf den Zwangsverwalter über (§ 152 Abs. 1 ZVG). Insoweit ist das Grundstück ebenfalls „verstrickt" (Depré/*Depré* ZVG § 148 Rn. 4).
- Die Beschlagnahme erstreckt sich ebenfalls auf den gesamten **Haftungsverband der Hypothek** (§§ 146 Abs. 1, 20 Abs. 2 ZVG iVm §§ 1120 ff. BGB), allerdings umfasst sie auch die in § 21 ZVG genannten laufenden Erträge (§ 148 Abs. 1 S. 1 ZVG).
- Entgegen § 23 Abs. 1 S. 2 ZVG ist dem Schuldner eine **Verfügung über bewegliche Sachen** im Rahmen der ordnungsmäßigen Wirtschaft nicht gestattet (§ 148 Abs. 1 S. 2 ZVG), denn diese liegt in der Hand des Zwangsverwalters.

b) Durchführung der Zwangsverwaltung

Das Vollstreckungsgericht bestellt den **Zwangsverwalter** (§ 150 Abs. 1 442
ZVG). Er muss grds. unabhängig von Gläubiger und Schuldner sein (HK-ZV/*Sievers* ZVG § 150 Rn. 7). Bei Grundstücken, die besondere fachliche Anforderungen an die Verwaltung stellen wie zB landwirtschaftliche Grundstücke wird grds. der Schuldner selbst zum Verwalter bestellt, wird aber überwacht, hat beschränkte Befugnisse und erhält keine Vergütung für die Verwaltung (§§ 152b-152e ZVG).

Der Zwangsverwalter ist nicht etwa Vertreter des Schuldners, sondern – 443
wie der Insolvenzverwalter – **Partei kraft Amtes**, die ein Amt in eigener Verantwortung (s. § 154 S. 1 ZVG) und unter Aufsicht des Gerichts (§ 153 ZVG) ausübt. Er muss alle Handlungen vornehmen, die notwendig sind, um den Bestand des Grundstücks zu erhalten und dessen ordnungsgemäße Benutzung sicherzustellen (§ 152 Abs. 1 ZVG), also etwa einen Gewerbebetrieb fortführen oder an einen geeigneten Dritten verpachten.

Gegenüber dem Schuldner und dem Gläubiger ist er verpflichtet, Rech- 444
nung zu legen (§ 154 Abs. 2 ZVG). **Überschüsse** muss er an den Gläubiger auszahlen (§§ 157 ff. ZVG). Bei mehreren Gläubigern findet, wenn sie sich nicht einigen (§ 160 iVm §§ 143–145 ZVG), ein Verteilungsverfahren statt (§§ 156 Abs. 1, 157–159 ZVG), mit der Folge, dass der Zwangsverwalter die Erträge entsprechend dem Teilungsplan zu verteilen hat. Die Zwangsverwaltung endet, wenn sie aufgehoben wird (§ 161 ZVG) oder, falls der Gläubiger parallel die Zwangsversteigerung betrieben hat, mit Erteilung des Zuschlags (*Heiderhoff/Skamel* Rn. 474), denn von diesem Augenblick an gehört das Grundstück dem Ersteher und darf von ihm genutzt werden.

4. Die Zwangshypothek

445 Mit der Zwangshypothek erlangt der Gläubiger ein Grundpfandrecht am Grundstück. Damit kann sich ein bisher nur persönlicher Schuldner ein **dingliches Recht** am Grundstück verschaffen und sich zugleich den **Rang** (§879 BGB, §10 Abs.1 Nr.4 ZVG) sichern (HK-ZV/*Noethen* ZPO §866 Rn.1). Er erlangt also eine Sicherheit für seinen Anspruch, ohne diesen bereits durchzusetzen.

446 **Beispiel:** Gäbe es im oben (→ Rn.424, 431) genannten Beispielsfall eine Gläubigerin D als persönliche Gläubigerin ohne Grundpfandrecht, wäre es für sie nützlich, eine Zwangshypothek am Grundstück zu erwirken. Sie erhielte dann nach dem Gläubiger C die nächste Rangstelle. Damit wäre sie gegenüber anderen, nur persönlich berechtigten Gläubigern, vorrangig, da ihnen nur die Rangstelle nach §10 Abs.1 Nr.5 ZVG zukommt.

447 Die Zwangshypothek ist eine **Sicherungshypothek** iSv §1184 Abs.1 BGB. Sie ist damit streng akzessorisch (§§1184 Abs.1, 1185 Abs.2 BGB). Das bedeutet, dass sie nicht gutgläubig ohne die Forderung erworben werden kann. Einreden kann der Eigentümer auch gutgläubigen Zessionaren entgegenhalten. Auch ist sie immer **Buchhypothek** (§1185 Abs.1 BGB).

448 Auch die Zwangshypothek setzt voraus, dass neben den allgemeinen Verfahrensvoraussetzungen (→ Rn.56ff.) die allgemeinen und besonderen Zwangsvollstreckungsvoraussetzungen (→ Rn.77ff.; → Rn.168ff.) vorliegen und keine Vollstreckungshindernisse gegeben sind (→ Rn.182ff.). Eine besondere Voraussetzung der Vollstreckung ist hier noch der **Mindestbetrag** von über 750 Euro (§866 Abs.3 ZPO), der das Grundbuch vor einer Überfrachtung durch Kleinsthypotheken schützt. Zuständiges **Vollstreckungsorgan** ist das **Grundbuchamt**. Dessen Aufgaben obliegen den **Amtsgerichten**, die die Grundbücher führen (vgl. §1 GBO). Grundbuchrechtlich setzt die Zwangshypothek einen entsprechenden Antrag (§13 GBO) und die Voreintragung des Schuldners (§39 GBO) voraus. Da es sich um eine Zwangsvollstreckungsmaßnahme handelt, muss der betroffene Eigentümer die Eintragung, anders als sonst (§§19, 29 GBO), nicht bewilligen.

449 Der Pfändungsakt besteht in der Eintragung der Zwangshypothek in das Grundbuch (§867 Abs.1 S.2 ZPO). Aus der Hypothek kann der Gläubiger seinen Anspruch gem. §1147 BGB auf Duldung der Zwangsvollstreckung direkt geltend machen, ohne hierfür noch einen Titel erwirken zu müssen. Es genügt derjenige Titel, aufgrund dessen er die Zwangshypothek erwirkt hat, wenn deren Eintragung im Grundbuch dort vermerkt ist (§867 Abs.3 ZPO).

V. Die Zwangsvollstreckung zur Erwirkung der Herausgabe von Sachen und zur Erwirkung von Handlungen und Unterlassungen

Bisher wurde die Vollstreckung wegen **Geldforderungen** in die verschiedenen Vermögensmassen des Vollstreckungsschuldners behandelt (s. auch noch einmal den Gesamtüberblick über die Arten der Zwangsvollstreckung → Rn. 205). Im Folgenden geht es um alle anderen Fälle, also solche, in denen der Vollstreckungsschuldner nicht Zahlung, sondern andere Handlungen oder auch Unterlassungen schuldet. Bei **Herausgabeansprüchen** erfolgt der zwangsweise Zugriff, indem der Gerichtsvollzieher dem Schuldner die (bewegliche oder unbewegliche) Sache wegnimmt. Ist eine **vertretbare Handlung** geschuldet, wird sie auf Kosten des Schuldners von einem Dritten vorgenommen (Ersatzvornahme). Bei **unvertretbaren Handlungen** sowie bei **Unterlassungen und Duldungen** scheidet dieser Weg aus; hier muss der Schuldner selbst tätig werden oder selbst etwas unterlassen oder dulden. Um ihn dazu zu bewegen, ordnet das Prozessgericht der ersten Instanz Zahlungspflichten (Zwangsgeld oder Ordnungsgeld) und als letztes Mittel auch Haft (Zwangshaft oder Ordnungshaft) an. Nur bei **Willenserklärungen** erspart man sich ihre Erzwingung durch solche Mittel, indem man grds. mit Rechtskraft des Urteils fingiert, dass der Schuldner die Erklärung abgegeben habe. 450

451

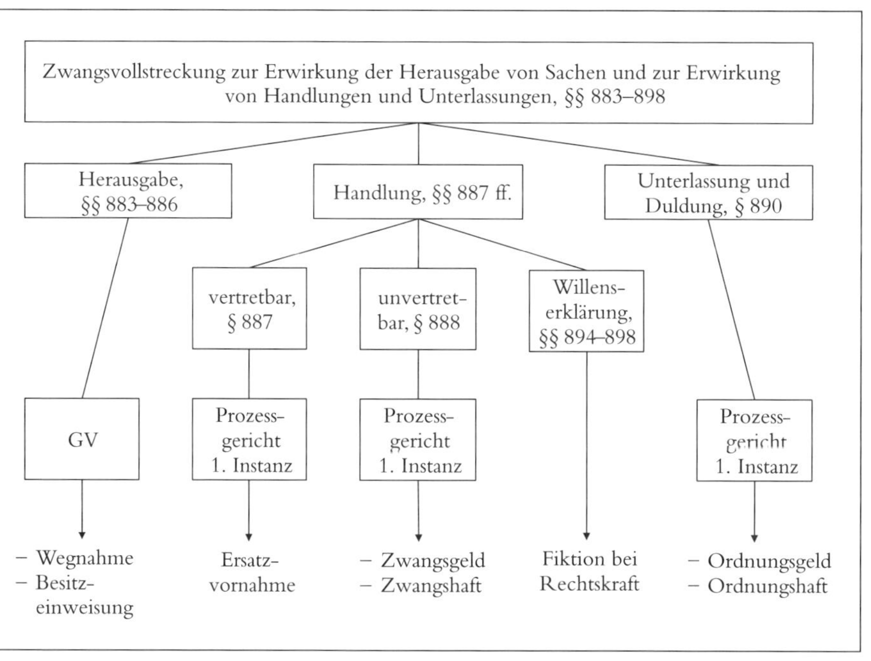

452 Geregelt ist die Vollstreckung in all diesen Fällen in §§883–898 ZPO. Als (einzige) allgemeine Vorschrift dieses Abschnitts gilt §893 ZPO sowohl für die Herausgabe- als auch für die Handlungsvollstreckung, nicht aber, wie aus der systematischen Stellung und dem Regelungsgehalt folgt, für §§894ff. ZPO. §893 Abs. 1 ZPO bestimmt, dass der Gläubiger trotz des vorhandenen und vollstreckbaren Leistungstitels statt der Erfüllung des titulierten Anspruchs Schadensersatz (in der Terminologie des §893 ZPO „Leistung des Interesses") verlangen kann, wenn ihm nach materiellem Recht ein solcher Anspruch zusteht.

453 **Beispiel:** Schuldner S ist verurteilt, an seine Gläubigerin G einen bestimmten PKW herauszugeben. G erwägt, die Herausgabevollstreckung nach §883 ZPO zu betreiben. Sie überlegt aber auch, anstelle der Herausgabevollstreckung dem Schuldner eine Frist zur Leistung zu setzen, und, sollte dieser nicht erfüllen, Schadensersatz zu verlangen (§§280 Abs. 1 und 3, 281 BGB). §893 Abs. 1 ZPO erlaubt, dass G trotz der Möglichkeit der Herausgabevollstreckung den zweiten Weg gehen kann. Leistung des „Interesses" iSd §893 Abs. 1 ZPO meint den Schadensersatz. Zuständig für die Schadensersatzklage ist wegen des Sachzusammenhangs ausschließlich das Prozessgericht des ersten Rechtszugs, vor dem der Herausgabetitel erstritten wurde (§§893 Abs. 2, 802 ZPO). Wäre S dagegen dazu verurteilt worden, die Übereignung eines bestimmten Gegenstandes zu erklären, gilt nach §894 Abs. 1 ZPO mit Rechtskraft des Urteils die Übereignungserklärung als abgegeben. Der Weg des Schadensersatzes nach §893 Abs. 1 ZPO steht dann nicht mehr offen.

454 Im Übrigen sind auf §§883ff. ZPO die allgemeinen Regeln der §§704–802 ZPO anwendbar. Es müssen die allgemeinen Verfahrensvoraussetzungen sowie die allgemeinen und besonderen Vollstreckungsvoraussetzungen vorliegen und es dürfen keine Vollstreckungshindernisse bestehen (→ Rn. 54ff.).

1. Die Zwangsvollstreckung zur Herausgabe oder Leistung von Sachen

455 Nach §§883–886 ZPO werden Ansprüche durchgesetzt, aufgrund derer der Schuldner

- (a) eine bestimmte **bewegliche Sache** oder eine Menge bestimmter beweglicher Sachen herauszugeben (§883 Abs. 1 ZPO) hat, oder wenn er eine Sache hinterlegen oder vorlegen muss. Unter §883 ZPO fällt auch die Pflicht, eine – vertretbare oder unvertretbare – Sache aus einem bestimmten **Vorrat** herauszugeben (str., dafür die hM, etwa MüKoZPO/*Gruber* §883 Rn. 9; aA *Heiderhoff/Skamel* Rn. 660). Muss eine Sache zunächst **beschafft oder hergestellt** werden, bevor sie übereignet und übergeben wird, ergeben sich Abgrenzungsprobleme insbesondere zu §887 ZPO (→ Rn. 469f.).

(b) eine bestimmte Menge vertretbarer Sachen (§ 91 BGB) oder Wertpapiere zu leisten hat (§ 884 iVm § 883 Abs. 1 ZPO), also bei einer unbeschränkten **Gattungsschuld**. Mit „Leistung" ist hier die „Herausgabe" in den Fällen gemeint, in denen die Sache übergeben werden soll, um (zB einem Mieter) Besitz oder (zB einem Käufer) Eigentum zu verschaffen. Ist neben der Übergabe nach dem Vollstreckungstitel noch ein Übereignungsangebot abzugeben, richtet sich die Vollstreckung insofern nach § 894 ZPO.

(c) **unbewegliche Sachen** herauszugeben, zu überlassen oder zu räumen hat (§ 885 ZPO).

Ansprüche auf Herausgabe von **Kindern** (§ 1632 Abs. 1 BGB) werden nach §§ 88–94 FamFG durch das Gericht mit Unterstützung des Jugendamts durch Ordnungsgeld/-haft oder unmittelbaren Zwang vollstreckt. **456**

Zuständig für die Wegnahme sowohl beweglicher als auch unbeweglicher Sachen ist – wie immer, wenn in der Zwangsvollstreckung der tatsächliche Zugriff erforderlich ist – der **Gerichtsvollzieher** (§§ 883 Abs. 1, 885 Abs. 1 ZPO). **457**

Die Vollstreckung wird **durchgeführt**, indem im Fall (a) der Gerichtsvollzieher die Sache dem Schuldner wegnimmt und dem Gläubiger übergibt. Bei einer Vorratsschuld muss der Gerichtsvollzieher, wenn der Gläubiger keine Wahl getroffen hat, die Sache(n) auswählen. Im Fall (b) kommt die vorherige Auswahl der Sache aus der Gattung durch den Gerichtsvollzieher hinzu. Mit der Wegnahme durch den Gerichtsvollzieher tritt materiell-rechtlich Konkretisierung gem. § 243 Abs. 2 BGB ein. Die **Leistungsgefahr** trägt von dem Zeitpunkt an der Gläubiger. Dient die Wegnahme dazu, einen Übereignungsanspruch des Gläubigers durchzusetzen, gilt die für die Übereignung notwendige Übergabe schon in dem Zeitpunkt als erfolgt, in dem der Gerichtsvollzieher dem Schuldner die Sache wegnimmt (§ 897 Abs. 1 ZPO). Damit geht auch die **Preisgefahr** gem. § 446 S. 1 BGB auf den Gläubiger über. Geht also zB die weggenommene Sache beim Gerichtsvollzieher verloren, kann der Gläubiger nicht mehr Erfüllung verlangen (§ 275 Abs. 1 BGB) und muss den Kaufpreis dennoch zahlen bzw. kann ihn, wenn schon gezahlt, nicht zurückfordern (§ 446 S. 1 BGB iVm § 897 Abs. 1 ZPO; Fallbeispiele bei *Heiderhoff/Skamel* Rn. 662). Im Fall (c) setzt der Gerichtsvollzieher den Schuldner aus dem Besitz und weist den Gläubiger in den Besitz ein. **458**

Muss der Gerichtsvollzieher **Gewalt** anwenden (§ 758 ZPO), um die Herausgabe oder Räumung von Räumen zu erreichen, muss nach § 758a Abs. 2 ZPO keine richterliche Durchsuchungsanordnung eingeholt werden, da bei einer Herausgabe oder Räumung nicht Räume **durchsucht** werden (*Brox/Walker* Rn. 1059). Daraus folgt im Umkehrschluss, dass sie eingeholt werden muss, wenn die Wohnung gegen den Willen des Schuldners nach einer herauszugebenden beweglichen Sache durchsucht werden soll. Umstritten **459** ist, ob §758a Abs. 1 ZPO eingreift, wenn die Herausgabe fest installierter Gegenstände geschuldet wird (zB Stromzähler). Richtigerweise handelt es sich nicht um eine Durchsuchung (HK-ZV/*Bendtsen* ZPO §883 Rn. 20).

460 Hat ein **Dritter Gewahrsam** an der (beweglichen oder unbeweglichen) Sache, hängt das weitere Vorgehen von seiner Herausgabebereitschaft ab. Liegt sie vor, gilt §809 ZPO analog (nicht direkt, da die Vollstreckung nicht wegen einer Geldforderung stattfindet): Der Gerichtsvollzieher nimmt die Sache vom Dritten entgegen und übergibt sie an den Gläubiger. Verweigert der Dritte die Herausgabe, ist der Weg nach §883 ZPO versperrt. Der Gläubiger muss den Anspruch des Schuldners gegen den Dritten auf Herausgabe der Sache pfänden und sich überweisen lassen (§886 iVm §§828ff. ZPO). Das geschieht dann auf der Grundlage des Herausgabetitels, dh die §§828ff. ZPO sind anwendbar, obwohl kein Zahlungstitel vollstreckt wird. Ist ihm der Anspruch zur Einziehung überwiesen worden, kann der Gläubiger Herausgabe an sich selbst verlangen. Der Vollstreckungsweg nach §886 ZPO ist nicht zu verwechseln mit dem Fall, dass wegen eines Zahlungsanspruchs in einen Herausgabeanspruch vollstreckt wird (§§846–849 ZPO; → Rn. 372ff. sowie die folgende Übersicht).

461

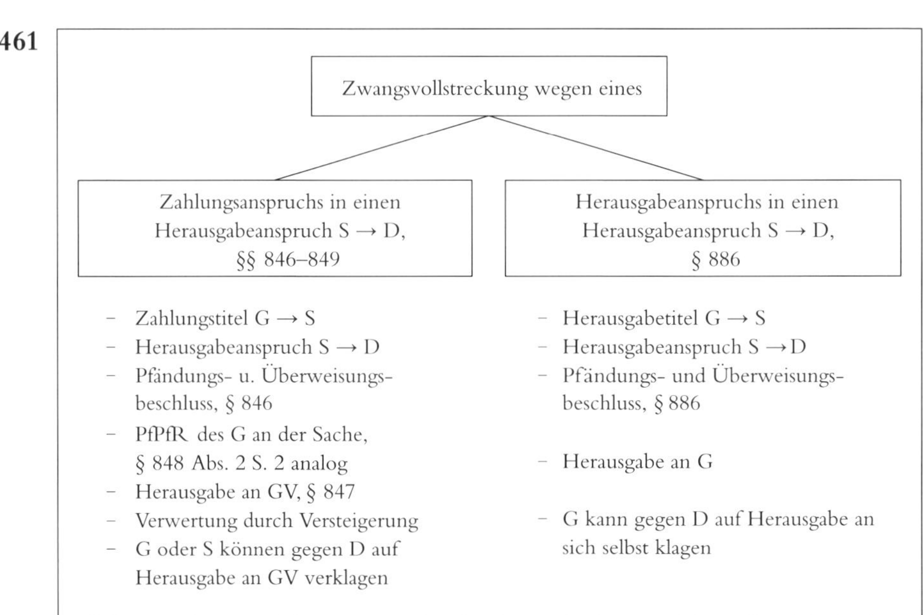

462 Spezifischen **Vollstreckungsschutz** gibt es nach §§721, 794a ZPO gegen die Räumung von Wohnraum. Die allgemein anwendbare Generalklausel des §765a ZPO (→ Rn. 749ff.) spielt bei der Räumungsvollstreckung ebenfalls eine Rolle. Nicht anwendbar sind die **Pfändungsschutzvorschriften** der §§811, 812 ZPO (ab 1.1.2022: §811 ZPO).

Beispielsfall: S ist zur Herausgabe des von G entliehenen Laptops verurteilt worden. Als die Gerichtsvollzieherin GV vor der Tür steht und den Laptop mitnehmen will, verweigert S die Herausgabe mit der Begründung, er sei als Schriftsteller darauf angewiesen, das Gerät zu nutzen. So habe G ihm den Laptop geliehen, um seine schriftstellerische Tätigkeit zu fördern. Darf GV den Laptop gem. § 883 Abs. 1 ZPO mitnehmen? 463

Die Wegnahme könnte nach § 811 Abs. 1 Nr. 5 ZPO (ab 1.1.2022: § 811 Abs. 1 Nr. 1 lit. b ZPO) unzulässig sein. Nach ihrem Wortlaut und ihrer systematischen Stellung gilt die Vorschrift aber nur für die Pfändung beweglicher Sachen bei der Vollstreckung wegen Geldforderungen. Auch eine analoge Anwendung scheidet aus. § 811 ZPO begrenzt den Umfang, in dem auf das Vermögen als Haftungsobjekt zugegriffen werden darf. Hat ein Gläubiger dagegen einen titulierten Anspruch auf Herausgabe eines bestimmten Gegenstandes, ist schon geklärt, dass der Schuldner die Sache an den Gläubiger herauszugeben hat. Eventuell entgegenstehende Aspekte auch sozialer Art sind im Rahmen des materiellrechtlichen Herausgabeanspruchs geprüft worden (*Brox/Walker* Rn. 1055). So kann sich das Herausgabeverlangen aus §§ 604, 985 BGB unter bestimmten Voraussetzungen als treuwidrig erweisen. Allerdings ist dieser Schutz dem nach § 811 ZPO nicht vergleichbar und muss es auch nicht sein, denn es geht um einen Herausgabeanspruch zwischen Privaten und nicht um staatlichen Zugriff auf Vermögen. GV darf den Laptop daher mitnehmen. S. zum Verhältnis von Herausgabe- und Geldvollstreckung auch → Rn. 373.

Findet der Gerichtsvollzieher die herauszugebende bewegliche Sache beim Schuldner nicht vor, kann der Gläubiger nach § 883 Abs. 2 S. 1 ZPO eine **eidesstattliche Versicherung** des Schuldners gem. § 883 Abs. 2 S. 3 iVm §§ 478 ff. ZPO verlangen. In ihr muss der Schuldner versichern, dass er die Sache nicht besitze und über ihren Verbleib nichts wisse. Da eine falsche Versicherung an Eides statt gem. § 156 StGB strafbar ist, wird dem Schuldner durch dieses Instrument erschwert, die Vollstreckung zu vereiteln, indem er die Sache versteckt oder wegschafft. Bei einer unbeschränkten Gattungsschuld gilt § 883 Abs. 2 ZPO gem. § 884 ZPO nicht, denn der Schuldner ist ohnehin zur Beschaffung verpflichtet (*Brox/Walker* Rn. 1053). Es kommt also nicht darauf an, ob er Sachen aus der Gattung besitzt. Erfüllt der Schuldner die Beschaffungspflicht nicht, bleibt dem Gläubiger der Weg des Schadensersatzes (§ 893 ZPO). 464

2. Die Zwangsvollstreckung zur Erwirkung von Handlungen

Bei der Vollstreckung zur Erwirkung von Handlungen unterscheidet das Gesetz zwischen vertretbaren und unvertretbaren Handlungen. Erstere werden nach § 887 ZPO im Wege der Ersatzvornahme vollstreckt, letztere gem. § 888 ZPO durch Zwangsgeld oder Zwangshaft. 465

a) Abgrenzungsfragen

466 Entscheidend für die Abgrenzung zwischen beiden Wegen ist nach §§887 Abs. 1, 888 Abs. 1 S. 1 ZPO, ob die geschuldete Handlung an Stelle des Schuldners von einem Dritten vorgenommen werden kann, also „vertretbar" ist. Das wesentliche Kriterium dafür ist das Leistungsinteresse des Gläubigers (HK-ZV/*Bendtsen* ZPO §887 Rn. 9). Genügt es ihm, wenn ein Dritter die Handlung vornimmt, ist diese vertretbar.

467

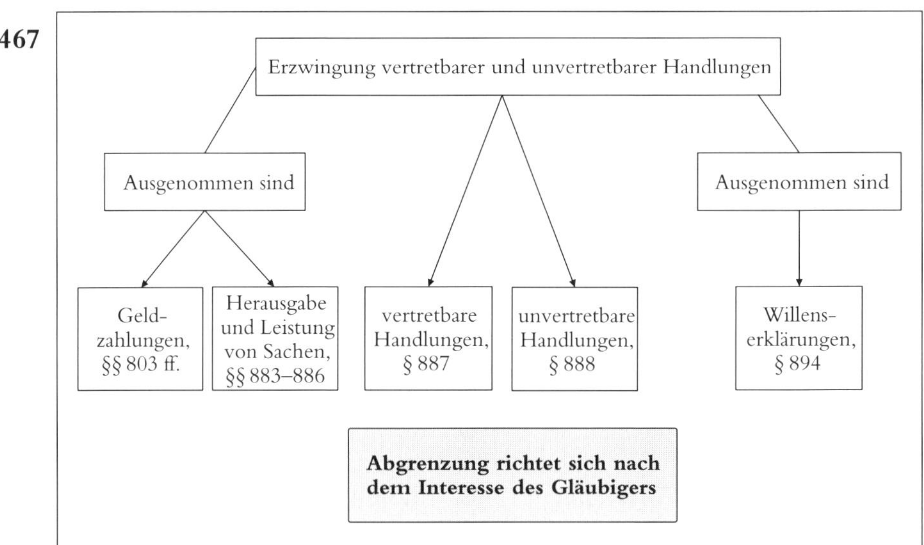

468 **Beispielsfälle:** Der Schuldner S ist verurteilt,

a) seinem Gläubiger G einen Bürgen für die Forderung des G gegen S zu stellen (nach OLG Köln MDR 1991, 169),
b) für G das Libretto für eine moderne Oper zu schreiben,
c) eine verleumderische Behauptung, die er über G aufgestellt hat, zu widerrufen,
d) für G Anstreicherarbeiten am Haus zu erledigen,
e) dem G ein Zeugnis über seine Arbeitsleistung zu erteilen,
f) dem G als Pflichtteilsberechtigtem Auskunft über den Bestand des Nachlasses zu erteilen (§2314 BGB; nach BGH NJW 2019, 231),
g) Maßnahmen zur Verhinderung von Immissionen zu ergreifen, die von einem Gebläse auf dem Grundstück des S ausgehen und auf das Grundstück des G einwirken (nach BGH NJW-RR 2001, 163),
h) seine Arbeit als Sachbearbeiter des G in dessen Unternehmen zu erbringen.

Wie werden diese Ansprüche vollstreckt?

Vertretbar ist die Erledigung von Anstreicherarbeiten **(d)**, da die erforderliche Fachkunde auch Dritte haben. Dasselbe gilt für die Maßnahmen zur Verhinderung von Immissionen **(g)**. Sind diese auf dem Grundstück des S vorzunehmen und verweigert S den Zutritt, kann G aufgrund der Ermächtigung nach §887 ZPO gem. §892 ZPO den Gerichtsvollzieher zur Überwindung des Widerstandes hinzuziehen. Er kann aber auch einen Duldungstitel gegen S erwirken und diesen nach §890 ZPO vollstrecken (zu diesen Wegen Stein/Jonas/*Gruber* ZPO §892 Rn. 2). Ebenfalls vertretbar kann, je nach ihrem Inhalt, eine geschuldete Arbeitsleistung sein **(h)**. §888 Abs. 3 ZPO steht nicht entgegen, da die Vorschrift den Arbeitnehmer nur davor schützen soll, zu einer unvertretbaren Arbeitsleistung mittels Zwangsgelds oder Zwangshaft gezwungen zu werden (*Heiderhoff/Skamel* Rn. 684), und eine Vollstreckung hier auch wenig erfolgversprechend erscheint (BeckOK ZPO/*Stürner* §888 Rn. 8). Auch die Pflicht, dem G einen Bürgen zu stellen **(a)**, ist vertretbar. Für G ist es unerheblich, ob S selbst oder ein Dritter die Bank beauftragt, sich für die Schuld des S zu verbürgen (OLG Köln MDR 1991, 169).

Unvertretbar ist das Verfassen eines Libretto, da G den Auftrag an S aufgrund von dessen Begabung und Können erteilt haben wird **(b)**. Auch den Widerruf kann nur der S selbst erklären, denn nur so kann der Widerruf seinen Zweck erreichen **(c)**. Ein Zeugnis kann nur derjenige erteilen, der die Arbeitsleistung entgegengenommen hat und beurteilen kann **(e)**. Die Auskunft kann im Fall **(f)** nur S erteilen, weil nur er als Erbe über die erforderlichen Kenntnisse verfügt.

Ist der Schuldner zur Herausgabe oder Leistung einer Sache verurteilt, **469** die er noch beschaffen oder herstellen muss, ist das **Verhältnis** zwischen der **Herausgabevollstreckung** nach §§883, 884 ZPO und der **Handlungsvollstreckung** nach §887 ZPO zu klären. Nach §887 Abs. 3 ZPO ist der Weg über die Ersatzvornahme ausgeschlossen, wenn Herausgabe oder Leistung von Sachen erwirkt werden sollen; einschlägig sind allein §§883–886 ZPO. Wie weit dieser Ausschluss der Handlungsvollstreckung reicht, ist indes umstritten.

Beispiel: Schuldner S ist verurteilt, an den Gläubiger G **470**

a) zehn in seinem Werk hergestellte Fahrräder des Typs Trike XS,
b) die näher bezeichneten, in seinem Werk passend für G hergestellten Einrichtungsgegenstände für die Wäscherei des G (nach RGZ 58, 160)

zu liefern.

Vollstreckt man hier **allein nach §§883, 884 ZPO,** wie §887 Abs. 3 ZPO nahelegt, würde der Gerichtsvollzieher den S in seinem Werk aufsuchen. Er würde im Fall **a)** die entsprechende Menge der Fahrräder nach §§884, 883 ZPO wegnehmen, da es sich um vertretbare Sachen handelt. Findet er entsprechende Räder nicht vor, bleibt dem Gläubiger nur der Weg des Schadensersatzprozesses (§893 ZPO). Im Fall **b)** erfolgt die Vollstreckung, da es sich nicht um vertretbare Sachen handelt, nach §883 ZPO. Wenn der Gerichtsvollzieher die Einrichtungsgegenstände nicht vorfindet, muss G ebenfalls auf Schadensersatz umschwenken.

Dieses Ergebnis wird zum Teil als nicht interessengerecht angesehen, wenn es um die Lieferung von unvertretbaren Sachen **(b)** geht (*Lippross/Bittmann* §16 Rn. 295). Anders als bei vertretbaren Sachen **(a)**, die der Gläubiger leicht anderweitig beschaffen und dann Schadensersatz verlangen könne, sei eine anderweitige Beschaffung bei unvertretbaren Sachen uU schwierig. Daher bestehe ein Interesse daran, die Beschaffung oder Herstellung einer **unvertretbaren Sache nach §887 ZPO** zu vollstrecken. Nach dieser Auffassung könnte G also im Fall **b)** nach §887 ZPO die Einrichtungsgegenstände auf Kosten des Schuldners durch einen Dritten herstellen lassen. Einen Schadensersatzprozess müsste er nicht mehr führen.

Gegen diese Auffassung sprechen der Wortlaut des § 887 Abs. 3 ZPO und die Systematik der gesetzlichen Regelung. Es wird klar unterschieden, wann gem. §§ 883–886 ZPO **unmittelbarer Vollstreckungszwang** ausgeübt werden darf, und wann **mittelbarer Zwang** das zulässige Mittel ist (RGZ 58, 160 (161)). Dagegen wird zwischen vertretbaren und unvertretbaren Sachen nicht unterschieden (MüKoZPO/*Gruber* § 883 Rn. 20). Auch würde es zu weit gehen, in Situationen wie dem Fall **b)** dem Gläubiger die Möglichkeit zu geben, auf Kosten des Schuldners die unvertretbaren Gegenstände herstellen zu lassen, ohne dass die Angemessenheit der Kosten in einem Schadensersatzprozess geprüft wurde (*Brox/Walker* Rn. 1068).

Ist aber der Schuldner neben der Herausgabe ausdrücklich zur Herstellung bestimmter Gegenstände verpflichtet, kommen für die Herausgabe § 883 ZPO, für die Herstellung § 887 ZPO zur Anwendung (MüKoZPO/*Gruber* § 883 Rn. 20).

b) Die Erzwingung vertretbarer Handlungen

471 Der Antrag auf Zwangsvollstreckung ist beim **Prozessgericht erster Instanz** als zuständigem Vollstreckungsorgan zu stellen, § 887 Abs. 1 ZPO. Das ist sachgerecht, weil dieses Gericht mit dem Fall und der Entscheidung über die vertretbare Handlung vertraut ist. Es ist zu beachten, dass ein Rechtsanwalt den Antrag stellen muss, wenn erste Instanz das Landgericht war (§ 78 Abs. 1 S. 1 ZPO).

472 Zur Durchführung der Zwangsvollstreckung ergeht zunächst der sog. **Ermächtigungsbeschluss** (s. § 887 Abs. 1 ZPO), in dem der **Gläubiger** (nicht ein Dritter!) ermächtigt wird, auf Kosten des Schuldners die geschuldete Handlung vornehmen zu lassen oder selbst vorzunehmen; letzteres ist in § 887 ZPO nicht eigens erwähnt. Dabei muss die Handlung bestimmt genug bezeichnet werden. Der Gläubiger kann sie selbst vornehmen oder – im eigenen Namen (OLG Zweibrücken OLGZ 1974, 317) – einen Dritten beauftragen. Eventuellen Widerstand des Schuldners kann er nach § 892 ZPO brechen lassen (Beispielsfall → Rn. 468 (g)). Die **Kosten** der Ersatzvornahme werden nach §§ 891 S. 3, 91 ZPO dem Schuldner auferlegt. Es handelt sich dabei um Vollstreckungskosten (Stein/Jonas/*Bartels* ZPO § 887 Rn. 44), die nach § 788 ZPO beigetrieben werden. Der Gläubiger kann gem. § 887 Abs. 2 ZPO beantragen, dass der Schuldner im Ermächtigungsbeschluss zur **Vorauszahlung** der Kosten verurteilt wird. Der Ermächtigungsbeschluss ist insoweit Zahlungstitel zur Durchsetzung des Anspruchs auf Vorschussleistung (§ 794 Abs. 1 Nr. 3 ZPO, denn gegen den Beschluss nach § 887 ZPO ist die Beschwerde zulässig; → Rn. 563 ff.). Das Verfahren gem. § 887 ZPO findet nach § 891 ZPO ohne mündliche Verhandlung, aber mit Anhörung des Schuldners statt.

c) Die Erzwingung unvertretbarer Handlungen

473 Liegt nach dem oben Gesagten (→ Rn. 466 ff.) eine unvertretbare Handlung vor, ist diese unter der zusätzlichen Voraussetzung nach § 888 ZPO vollstreckbar, dass sie **ausschließlich von dem Willen des Schuldners abhängt**. Dadurch ist die Vollstreckung nach § 888 ZPO ausgeschlossen, wenn die Handlung dauernd unmöglich ist, wenn sie besondere künstlerische oder wissenschaftliche Fähigkeiten voraussetzt, die nicht immer gleichbleibend vorliegen, oder wenn Dritte mitwirken müssen und der Schuldner ihre Mitwirkung nicht erzwingen kann (*Brox/Walker* Rn. 1078). In allen diesen Fällen würde es nicht weiterführen, auf den Schuldner Zwang auszuüben.

Die Vollstreckung wird durchgeführt, indem das zuständige Prozessgericht des ersten Rechtszugs durch Beschluss **Zwangsgeld** festsetzt und, für den Fall, dass dieses nicht beigetrieben werden kann, (Ersatz-)Zwangshaft. Das Zwangsgeld beträgt mindestens fünf Euro (Art. 6 Abs. 1 S. 1 EGStGB), höchstens 25.000 Euro (§ 888 Abs. 1 S. 2 ZPO). Das Gericht kann alternativ (nicht kumulativ) **Zwangshaft** anordnen, allerdings aus Gründen der Verhältnismäßigkeit grds. nicht als erstes Mittel, sondern nur, wenn es schon sichere Anhaltspunkte dafür gibt, dass der Schuldner allein aufgrund des Zwangsgeldes nicht leisten wird (Musielak/Voit/*Lackmann* ZPO § 888 Rn. 12). Die Haft kann zwischen einem Tag (Art. 6 Abs. 2 S. 1 EGStGB) und sechs Monaten (§§ 888 Abs. 1 S. 3, 802j Abs. 1 S. 1 ZPO) dauern. 474

Adressaten dieser Zwangsmittel sind bei juristischen Personen ihre Organe. Bei geschäftsunfähigen natürlichen Personen scheidet die Verhängung eines Zwangsmittels idR wegen ihrer Schutzbedürftigkeit aus. Ein Zwangsmittel gegen den Vertreter zu verhängen, kommt bei unvertretbaren Handlungen häufig ebenfalls nicht in Betracht. Die Handlung ist dann nicht erzwingbar und dem Gläubiger bleibt der Weg des Schadensersatzes (*Brox/Walker* Rn. 1088). 475

Aufgrund des Beschlusses können die Zwangsmittel dann ohne weitere Androhung (§ 888 Abs. 2 ZPO) auf Antrag des Gläubigers angewendet werden. Das Zwangsgeld wird zugunsten der Staatskasse beigetrieben, und zwar nach den Regeln der **Zwangsvollstreckung wegen Geldforderungen** (BGH NJW 1983, 1858 (1859 f.)). Die Haft wird nach § 888 Abs. 1 S. 3 iVm §§ 802g ff. ZPO durch Haftbefehl und dessen Vollziehung durchgesetzt. Bei den Zwangsmaßnahmen ist zu beachten, dass sie dazu dienen, ein Verhalten des Schuldners zu erzwingen und nicht, ihn zu bestrafen (anders bei § 890 ZPO → Rn. 479 ff.). 476

Beispiel: S widerruft ihre den G betreffende, verleumderische Erklärung, nachdem gem. § 888 Abs. 1 S. 1 ZPO ein Zwangsgeld iHv 15.000 Euro gegen sie festgesetzt wurde. Dennoch wird das Zwangsgeld noch im Wege der Vollstreckung nach §§ 808 ff. ZPO beigetrieben. Das ist rechtswidrig, da der Zweck erreicht ist, dem die Festsetzung des Zwangsgeldes diente. Da das Zwangsgeld keine Sanktion für die Nichtbefolgung der titulierten Pflicht ist, kann es nicht mehr beigetrieben werden (BGH NJW-RR 2015, 610 Rn. 10 für ein Zwangsgeld zur Erzwingung der Vorlage eines Schlussberichts durch einen Treuhänder im Insolvenzverfahren). 477

d) Erfüllungseinwand

Bei §§ 887, 888 ZPO kann während des Vollstreckungsverfahrens Streit darüber entstehen, ob der Schuldner seine vertretbare oder unvertretbare 478

Handlung inzwischen schon vorgenommen hat. Inwieweit dieser **Einwand** iRd Zwangsvollstreckung möglich ist oder im Wege der **Vollstreckungsabwehrklage** nach §767 ZPO vorzubringen ist, hat der BGH für §887 ZPO (BGHZ 161, 67 (71ff.)) und §888 ZPO (BGH JZ 2013, 1055f.) geklärt. Danach kann der Schuldner zwischen dem Einwand und der Abwehrklage wählen. Für beide ist das Prozessgericht des ersten Rechtszugs zuständig. Beweise über den Erfüllungseinwand des Schuldners können in beiden Verfahren erhoben werden. Zudem kann das Prozessgericht als Vollstreckungsgericht am besten darüber entscheiden, ob bestimmte, vom Schuldner vorgenommene Handlungen dem titulierten Anspruch genügen, da das Gericht den Inhalt des Rechtsstreits kennt (BGH JZ 2013, 1055f.). Bei §887 ZPO führt der BGH zudem dessen Wortlaut an, der voraussetze, dass die Verpflichtung nicht erfüllt sei (BGHZ 161, 67 (72f.)). Auch sei es prozessökonomischer, den Erfüllungseinwand bereits im Vollstreckungsverfahren zu berücksichtigen. Allerdings wird der Gläubiger durch diesen Weg geschwächt, weil der Schuldner ohne Sicherheitsleistung die Vollstreckung aufhalten kann (*Kannowski/Distler* NJW 2005, 865 (867)).

3. Die Zwangsvollstreckung zur Erwirkung von Unterlassungen und Duldungen

479 Ist der Schuldner dazu verpflichtet, eine Handlung zu unterlassen oder zu dulden, ist dies unmittelbar nicht erzwingbar. Deshalb wählt die ZPO in §890 ZPO den Weg, Verstöße gegen die Unterlassungs- oder Duldungspflicht mit Ordnungsgeld oder Ordnungshaft zu ahnden. Die genannten Mittel dienen also, anders als die Zwangsmittel des §888 ZPO, als Sanktionen für Pflichtverstöße.

a) Voraussetzungen

480 Es muss ein **Unterlassungs**- oder **Duldungstitel** vorliegen. Bei ersterem muss sorgfältig zwischen Tun und Unterlassen unterschieden werden (s. das Beispiel sogleich). Eine Duldung ist geschuldet, wenn die Vornahme einer bestimmten Handlung nicht behindert werden darf, also etwa hinzunehmen ist, dass der Gläubiger ein Grundstück betritt (zu letzterem s. Beispielsfall → Rn. 468 (g)).

481 **Beispiel:** S ist verurteilt worden, „es zu unterlassen, seine Gaststätte im Münsterland unter der Bezeichnung „Toller Bomberg“ zu betreiben“. Kann Titelgläubiger G nun gem. §887 ZPO erzwingen, dass S das entsprechende Gaststättenschild entfernt? Das Anspruchsziel kann nur erreicht werden, wenn das Schild entfernt wird. Allerdings ist nach dem Tenor des Urteils lediglich ein Unterlassen geschuldet. Daher bleibt G nur die Möglichkeit, nach §890 ZPO gegen S vorzugehen und für die Weiterverwendung der Bezeichnung auf dem Schild ein Ordnungsgeld festsetzen zu lassen. Der Weg nach §887

ZPO stünde nur offen, wenn der Titel ausdrücklich auf die Beseitigung des Schildes gerichtet gewesen wäre. Müsste dann das Grundstück des S betreten werden, um das Schild zu beseitigen, wäre auch dies nach §892 ZPO oder als ausdrücklich tenorierte Duldungspflicht nach §890 ZPO durchsetzbar. Das Beispiel zeigt, dass man in solchen Fällen bereits beim Klageantrag sorgfältig darauf achten muss, welche einzelnen Schritte notwendig sind, um das Anspruchsbegehren wirksam durchzusetzen. Man muss den Klageantrag bereits im Hinblick auf die Vollstreckungsmöglichkeiten formulieren.

Zu einem Ordnungsmittel kann der Schuldner nur verurteilt werden, wenn dies im Titel (wie meist) oder durch späteren eigenen Beschluss im Rahmen der Zwangsvollstreckung **angedroht** ist (§890 Abs. 2 ZPO). Hierin unterscheidet sich die Vollstreckung nach §890 ZPO von derjenigen nach §888 ZPO, wo nach Abs. 2 das Zwangsgeld nach seiner Anordnung im Beschluss ohne Androhung beigetrieben werden kann. Auch hierin kommen die unterschiedlichen Zwecke beider Regime zum Ausdruck. Das Ordnungsgeld ist eine Strafe dafür, dass der Schuldner gegen die Unterlassungs- oder Duldungspflicht verstößt. Hier muss er vorher über die drohende Sanktion informiert sein, der er sich, sobald er verstößt, nicht mehr entziehen kann. Er ist vor der Androhung, wenn sie nicht schon im Urteil erfolgte, **anzuhören** (§891 S. 2 ZPO). 482

Die Festsetzung von Ordnungsmitteln setzt zudem eine **Zuwiderhandlung** gegen den Titel voraus. Hierfür ist die Formulierung der Pflicht im Tenor wichtig. Allerdings soll der Schuldner sich der Pflicht nicht durch leichte Abwandlungen seines Verhaltens entziehen können. Deshalb legt man den Titel dahingehend aus, dass er auch solche Verletzungshandlungen umfasst, die mit der titulierten gleichwertig sind und im Kern mit ihr übereinstimmen (sog. Kerntheorie, *Muthorst* Rn. 15; vgl. auch §9 Nr. 3 UKlaG für die vergleichbare Problematik bei AGB); zu verfassungsrechtlichen Bedenken im Hinblick auf Art. 103 Abs. 2 GG *Lüke* §36 Rn. 9). 483

Beispiel: Im Fall → Rn. 481 ändert S die Bezeichnung seiner Gaststätte in „Zum tollen Bomberg“. Auch diese Bezeichnung ist von dem Unterlassungstitel erfasst. 484

Außerdem setzt ein Ordnungsmittel voraus, dass der Schuldner **schuldhaft** gegen die titulierte Pflicht verstoßen hat. Das ergibt sich nicht aus dem Wortlaut des §890 ZPO, aber aus dem strafähnlichen Charakter der Ordnungsmittel, der in der Ahndung begangenen Unrechts liegt (BVerfGE 20, 323 (332)). 485

Im Rahmen der **allgemeinen Vollstreckungsvoraussetzungen** stellt sich bei einem späteren Wegfall des **Titels** – zB durch ein Rechtsmittel oder eine übereinstimmende Erledigung des Verfahrens – die Frage, ob ein Ordnungsmittel noch verhängt werden darf, wenn der Schuldner vorher gegen den Titel verstoßen hat. Die hM unterscheidet: Wird der Titel *ex tunc* unwirksam, zB durch Aufhebung im Rechtmittelverfahren, fehlt es an einem Verstoß. Wird der Titel dagegen *ex nunc* unwirksam, zB durch Ablauf einer Frist oder im Fall des §927 ZPO (→ Rn. 810), können vorher begangene 486

Verstöße noch mit Ordnungsmitteln sanktioniert werden. (näher dazu *Brox/Walker* Rn. 1097).

b) Durchführung

487 Liegen die genannten Voraussetzungen vor, wird das **Ordnungsmittel** durch Beschluss des Prozessgerichts des ersten Rechtszugs als zuständigem Vollstreckungsorgan **festgesetzt** (§ 890 Abs. 1 ZPO). In Betracht kommt Ordnungsgeld und, für den Fall, dass es nicht beigetrieben werden kann (Ersatz-)Ordnungshaft, oder Ordnungshaft. Die Ordnungshaft wird für jeden Fall der Zuwiderhandlung verhängt. Dabei darf das einzelne Ordnungsgeld den Betrag von 250.000 Euro nicht übersteigen. Die Ordnungshaft pro Zuwiderhandlung darf maximal sechs Monate betragen und insgesamt zwei Jahre nicht übersteigen. Als Mindestgrenzen gelten ebenfalls diejenigen aus Art. 6 Abs. 1 und 2 EGStGB.

488 Aufgrund des Beschlusses wird das Ordnungsgeld von Amts wegen zugunsten der Staatskasse beigetrieben. Die Ordnungshaft wird ebenfalls nach §§ 802g ff. ZPO durchgesetzt.

c) Verhältnis zur Vertragsstrafe

489 Nicht selten, vor allem wenn die Parteien schon länger miteinander streiten, tritt neben eine titulierte Unterlassungspflicht eine entsprechende, mit einer Vertragsstrafe bedrohte Pflicht aus einem Vertrag oder einem Vergleich. Dann stellt sich die Frage nach dem Verhältnis der beiden Elemente zueinander.

490 **Beispiel** (nach BGH NJW 1998, 1138): Der G ist Inhaber eines Jagdreviers. Er hat mit dem Tierschützer S einen gerichtlichen Vergleich geschlossen, in dem sich S verpflichtet, bestimmte, die Jagdausübung beeinträchtigende Maßnahmen zu unterlassen, insbesondere das Einsetzen von Trillerpfeifen, lärmenden Gegenständen, das Hissen von flatternden Fahnen und das Verdecken der Aussicht vom Hochsitz mit Strohmatten. S hat sich weiter verpflichtet, für jede Zuwiderhandlung eine Vertragsstrafe von 1.000 Euro zu zahlen. Im Anschluss hat S insgesamt 28 Mal gegen die Vereinbarung verstoßen.

G ging daher im Wege der Zwangsvollstreckung aus dem Vergleich (Titel! § 794 Abs. 1 Nr. 1 ZPO) vor. Er ließ durch das Prozessgericht des ersten Rechtszugs Ordnungsmittel nach § 890 ZPO androhen und beantragte dann, den S wegen Zuwiderhandlung gegen die im Vergleich übernommene Unterlassungspflicht zu einem Ordnungsmittel nach § 890 Abs. 1 ZPO zu verurteilen. Kurz darauf erhob G Klage gegen S auf Zahlung der im Vergleich besprochenen Vertragsstrafe.

Der BGH hatte über die Zulässigkeit der letztgenannten Klage zu entscheiden. Beide Klagen, so das Gericht, schlössen einander nicht aus, auch wenn sie dieselben Verstöße beträfen. Die Vertragsstrafe sichere die Vertragserfüllung und pauschaliere den Schaden. Das Ordnungsgeld dagegen sei eine strafähnliche Sanktion. Der Gläubiger könne deshalb beide Maßnahmen nebeneinander verlangen (s. auch BGH GRUR 2014, 909, wonach trotz eines Vertragsstrafeversprechens die Unterlassungspflicht vollstreckt werden kann). Insbesondere Art. 103 Abs. 3 GG stehe nicht entgegen, da es nicht um eine Bestrafung aufgrund eines Strafgesetzes gehe (BGH NJW 1998, 1138 (1140)). Allerdings erscheine es „sachgerecht", die frühere Sanktion bei der später verhängten mindernd zu berücksichtigen. So könne ein Ordnungsgeld ein Grund sein, eine Vertragsstrafe nach § 343 BGB herabzusetzen (BGH NJW 1998, 1138 (1140)). Umgekehrt ist im Rahmen der Verhältnismäßigkeit eines Ordnungsgeldes zu berücksichtigen, dass schon eine Vertragsstrafe gezahlt wurde.

4. Die Verurteilung zur Abgabe einer Willenserklärung

Ist der Schuldner zu einer Willenserklärung, mithin einer unvertretbaren Handlung, verurteilt worden, wird er nicht nach § 888 ZPO gezwungen, die Erklärung abzugeben. Es wird vielmehr gem. § 894 Abs. 1 S. 1 ZPO grds. mit Rechtskraft des Urteils fingiert, dass der Schuldner sie abgegeben habe. **491**

a) Voraussetzungen

Diese Vollstreckungsart kommt nur bei Titeln in Betracht, die **der Rechtskraft fähig** sind, also bei Urteilen und Beschlüssen. Bei allen anderen Titeln richtet sich die Vollstreckung nach § 888 ZPO. Um diesen Weg zu vermeiden, empfiehlt es sich insbesondere bei einem Vergleich, die Willenserklärung, auf deren Abgabe man sich geeinigt hat, bereits in den Text des Vergleiches aufzunehmen (*Brox/Walker* Rn. 1112). Ist die geschuldete Willenserklärung nur **Zug um Zug** gegen Erbringung einer Gegenleistung abzugeben, tritt nach § 894 Abs. 1 S. 2 ZPO die Fiktionswirkung erst ein, wenn – zusätzlich zur Rechtskraft – im Klauselverfahren nach § 726 Abs. 2 ZPO nachgewiesen wurde, dass der Schuldner befriedigt oder im Annahmeverzug ist, und daraufhin die Klausel erteilt wurde (→ Rn. 175 ff.). **492**

b) Wirkungen

Fingiert wird, dass der Schuldner die **Willenserklärung abgegeben** habe. Alle weiteren Wirksamkeitsvoraussetzungen der Erklärung, insbesondere der Zugang beim Gläubiger oder bei einem anderen Adressaten, müssen noch hinzukommen. Allerdings wahrt das Urteil jegliche Form zumindest für die Erklärung des Schuldners (*Lackmann* Rn. 422; *Lippross/Bittmann* § 46 Rn. 40). Ist die Übereignung beweglicher Sachen geschuldet, muss uU noch die Übergabe erfolgen. Wenn der Schuldner verurteilt wurde, ein Grundstück zu übereignen, wird seine Übereignungserklärung fingiert. Um die Form der Auflassung (§ 925 BGB) auch für den Gläubiger zu wahren, muss dieser das Urteil mit zum Notar nehmen und dort die Auflassung annehmen. Des Weiteren muss er die Eigentumsumschreibung beantragen. In allen Fällen stellt das Gesetz sicher, dass der Erwerb dem rechtsgeschäftlichen möglichst nahe kommt. So ist auch gutgläubiger Erwerb möglich (§ 898 ZPO). **493**

Bei Erklärungen, die zu Grundbucheintragungen führen, schützt § 895 ZPO den Gläubiger in dem Zeitraum zwischen dem Erlass des Urteils und seiner Rechtskraft. Die Vorschrift fingiert, dass der Schuldner die Eintragung einer Vormerkung oder eines Widerspruchs bewilligt habe. Welches **494** dieser beiden Sicherungsmittel eingetragen wird, hängt von dem titulierten Anspruch ab.

495 **Beispiel:** S ist verurteilt worden, ein Grundstück an G aufzulassen, das tatsächlich der E gehört, für das aber S als Eigentümer im Grundbuch eingetragen ist. Dem G steht also ein schuldrechtlicher Anspruch auf dingliche Rechtsänderung am Grundstück gegen S zu. Ein solcher Anspruch wird durch eine Vormerkung nach § 883 BGB gesichert. G kann mithilfe der nach § 895 ZPO fingierten Bewilligung des S aufgrund des vorläufig vollstreckbaren Urteils eine Vormerkung für seinen Erwerb eintragen lassen. Mit Rechtskraft kann er dann vorgehen wie oben beschrieben.

Ist S auf Klage der wahren Eigentümerin E des Grundstücks verurteilt worden, der Berichtigung des Grundbuchs zuzustimmen (§ 894 BGB), kann E mit der nach § 895 ZPO fingierten Bewilligung schon vor Rechtskraft des Urteils einen Widerspruch nach § 899 BGB gegen die Eigentümerstellung des S eintragen lassen. So kann sie, wenn ihr Widerspruch vor der Vormerkung des G eingetragen wurde, den gutgläubigen Eigentumserwerb des G (§ 898 ZPO), verhindern, und sicherstellen, dass sie als Eigentümerin eingetragen wird, sobald die Bewilligung gem. § 894 BGB als abgegeben fingiert wird.

VI. Gerichtsvollzieherbefugnisse, Vermögensauskunft und Schuldnerverzeichnis

496 Allgemeine Vorschriften für die Vollstreckung wegen Geldforderungen enthalten die §§ 802a–802l ZPO. Sie sind jedoch zum Teil auch über Verweise bei anderen Vollstreckungsarten anwendbar, so zB die Vorschriften über die Haft bei §§ 888, 890 ZPO. Sie regeln allgemeine Befugnisse des Gerichtsvollziehers (§§ 802a, 802b ZPO). Des Weiteren sehen sie Verfahren vor, in denen aufgeklärt werden kann, über welche Vermögensgegenstände der Schuldner verfügt (§§ 802c–802l ZPO). Ergänzt werden sie durch die Vorschriften über das Schuldnerverzeichnis in §§ 882b–882i ZPO.

1. Rechte und Pflichten des Gerichtsvollziehers

497 Die §§ 802a, 802b ZPO normieren **Befugnisse und Pflichten des Gerichtsvollziehers**, die in GVO und GVGA (zu diesen → Rn. 14) näher ausgestaltet sind. Die Befugnisse setzen allesamt voraus, dass die allgemeinen und besonderen Vollstreckungsvoraussetzungen vorliegen, keine Vollstreckungshindernisse bestehen, der Gläubiger die Vollstreckung beantragt hat und dem Gerichtsvollzieher die vollstreckbare Ausfertigung (s. Legaldefinition in § 724 Abs. 1 ZPO) vorliegt.

498 Nach § 802a Abs. 2 Nr. 1 ZPO soll der Gerichtsvollzieher auf eine **gütliche Erledigung** der Sache gem. § 802b ZPO hinwirken. Hierzu ist er ähnlich wie ein Richter gem. § 278 Abs. 1 ZPO in jeder Lage des Verfahrens verpflichtet. Dazu gehören etwa Stundungen und Ratenzahlungsvereinba-

rungen, wenn der Gläubiger diese Möglichkeiten nicht ausgeschlossen hat (§ 802b Abs. 2 S. 1 ZPO). Weiter darf er nach § 802a Abs. 2 S. 1 Nr. 2–5 ZPO eine Vermögensauskunft des Schuldners nach § 802c ZPO sowie Auskünfte bei Dritten nach § 802l ZPO einholen, körperliche Sachen pfänden und verwerten und eine Vorpfändung (§ 845 ZPO) durchführen.

2. Vermögensauskunft

Eine **Vermögensauskunft** muss der Schuldner erteilen (§§ 802c Abs. 1 **499**
und 2 ZPO), sobald der Gerichtsvollzieher es unter den oben genannten Voraussetzungen verlangt. Die Pflicht ist vollstreckungsrechtlicher Natur (*Brox/Walker* Rn. 1125), es besteht also kein materieller Auskunftsanspruch. Die Auskunft erfasst nicht nur das gegenwärtige Vermögen, sondern auch bestimmte frühere Veräußerungen und unentgeltliche Leistungen (§ 802c Abs. 2 S. 3 ZPO). So sollen anfechtbare Verfügungen identifiziert werden (→ Rn. 234 ff. und → Rn. 899 ff.). Zur erneuten Abgabe einer Vermögensauskunft ist der Schuldner gem. § 802d Abs. 1 S. 1 ZPO frühestens nach zwei Jahren verpflichtet, wenn nicht der Gläubiger Tatsachen glaubhaft macht (§ 294 ZPO), die auf eine wesentliche Veränderung der Vermögensverhältnisse des Schuldners schließen lassen (zB veränderter Lebensstil, LG Wiesbaden DGVZ 2007, 189 (190): Leasing eines Autos, Anmietung einer Wohnung).

Zuständig ist der Gerichtsvollzieher bei dem Amtsgericht, in dessen **500**
Bezirk der Schuldner seinen Wohnsitz oder bei Fehlen eines solchen seinen Aufenthaltsort hat (§ 802e ZPO). Das **Verfahren** ist in § 802f ZPO näher geregelt. Der Gläubiger hat die Wahl, ob er den Gerichtsvollzieher schon zu Beginn des Vollstreckungsverfahrens beauftragt, die Auskunft einzuholen, oder ob er erst den Versuch einer Pfändung beim Schuldner vornehmen lässt (Begr. BR-Entwurf, BT-Drs. 16/10069, 20, re. Sp. unten). Für letzteres kann sprechen, dass oft nur die Präsenz des Gerichtsvollziehers vor Ort zu Vollstreckungserfolgen führt (Stein/Jonas/*Würdinger* ZPO § 802c Rn. 3).

Nach § 802c Abs. 3 ZPO muss der Schuldner **an Eides statt versichern,** **501**
dass er seine Angaben nach bestem Wissen und Gewissen richtig und vollständig gemacht hat. Wie auch bei der Herausgabevollstreckung (§ 883 Abs. 2 ZPO; → Rn. 372 ff.) und bei § 836 Abs. 3 ZPO (→ Rn. 353) ist die eidesstattliche Versicherung ein Hilfsmittel bei der Vollstreckung, das den Druck zur Abgabe wahrheitsgemäßer Auskünfte erhöht (§ 156 StGB).

Verweigert der Schuldner die Auskunft grundlos oder bleibt unentschul- **502**
digt dem Termin zur Abgabe der Vermögensauskunft fern, wird als Zwangsmittel **Haft** angeordnet (§§ 802g-802j ZPO) – nicht etwa Zwangsgeld, weil es bei einem ohnehin zahlungsunwilligen Schuldner nicht wirksam wäre. Die Haft kann zwischen einem Tag (Art. 6 Abs. 2 S. 1 EGStGB) und sechs

Monaten (§802j Abs. 1 S. 1 ZPO) dauern. Unter bestimmten Voraussetzungen ist die Haft unzulässig (§802h ZPO). Daneben hat der Gerichtsvollzieher nach §802l ZPO **Auskunftsrechte** gegenüber Dritten.

503 Aufgrund der Angaben des Schuldners errichtet der Gerichtsvollzieher ein elektronisches Dokument mit den Angaben des Schuldners (**Vermögensverzeichnis**, Legaldefinition in §802f Abs. 5 S. 1 ZPO). Der betreibende Gläubiger erhält einen Ausdruck des Vermögensverzeichnisses oder ein entsprechendes elektronisches Dokument, §§802f Abs. 6, 802d Abs. 2 ZPO. Die Vermögensverzeichnisse von Schuldnern werden gem. §802f Abs. 6 S. 1 ZPO zudem bei dem **zentralen Vollstreckungsgericht** des jeweiligen Bundeslandes iSv §802k Abs. 1 ZPO hinterlegt (zB in NRW das AG Hagen, §1 ZVGV NW) und dort landesweit zentral verwaltet. Zur Einsicht in die Vermögensverzeichnisse sind unter anderem Gerichtsvollzieher, Vollstreckungsgerichte und Strafverfolgungsbehörden berechtigt, soweit das zur Erfüllung ihrer Aufgaben erforderlich ist (§802k Abs. 2 S. 1, 3 ZPO).

3. Schuldnerverzeichnis

504 Als weiteres Register wird ebenfalls beim zentralen Vollstreckungsgericht des jeweiligen Bundeslandes (§882h Abs. 1 S. 1 ZPO) das **Schuldnerverzeichnis** geführt. Es soll den Rechtsverkehr vor zahlungsunfähigen oder -unwilligen Vertragspartnern schützen (Begr. BR-Entwurf, BT-Drs. 16/10069, 35). Die Eintragungen in diese „schwarze Liste“ kann unter anderem der Gerichtsvollzieher anordnen (§882b Abs. 1 Nr. 1 ZPO), wenn einer der Gründe des §888c Abs. 1 S. 1 ZPO vorliegt, also etwa der Schuldner seiner Pflicht zur Abgabe der Vermögensauskunft nicht genügt hat (Nr. 1). Eingetragen werden die wichtigsten Daten zur Identifizierung des Schuldners sowie Informationen darüber, welcher Vorgang zur Eintragung geführt hat (§882c Abs. 2 und 3 ZPO).

505 Die Gruppe der **Einsichtsberechtigten** ist hier viel größer als beim Vermögensverzeichnis und erfasst insbesondere auch Private. Nach §882f ZPO kann jeder Einsicht nehmen, der darlegt, die Angaben im Schuldnerverzeichnis für die in Nr. 1–7 aufgezählten Zwecke zu benötigen. So genügt es etwa, wenn der Einsicht Verlangende wirtschaftliche Nachteile abwenden will, die entstehen können, weil Schuldner ihren Zahlungspflichten nicht nachkommen (Nr. 4). Auch Zwecke der Zwangsvollstreckung geben ein Einsichtsrecht (Nr. 1).

506 Die Schuldnerverzeichnisse werden ebenso wie die Vermögensverzeichnisse über das von den Landesjustizverwaltungen gemeinsam betriebene **Vollstreckungsportal** im Internet zur Einsichtnahme bereitgestellt *(vollstreckungsportal.de)*.

VII. Kontrollfragen

1. Worin unterscheidet sich die Vermutungswirkung des § 739 Abs. 1 ZPO von der des § 1362 Abs. 1 BGB?
2. Der Gerichtsvollzieher findet in dem WG-Zimmer des Schuldners nichts Pfändbares. Der Mitbewohner D aus der WG hat eine wertvolle Kamera des Schuldners in Besitz. Unter welchen Voraussetzungen kann der Gerichtsvollzieher sie pfänden?
3. Der Gerichtsvollzieher will dem Schuldner aufgrund eines Herausgabetitels seinen einzigen Fernseher wegnehmen. Der Schuldner hält das unter Hinweis auf § 811 Abs. 1 Nr. 1 ZPO (ab 1.1.2022: § 811 Abs. 1 Nr. 1 lit. b ZPO) für unzulässig. Zu Recht?
4. Was ist die *ratio legis* des § 811 Abs. 2 ZPO?
5. Was ist die Rechtsfolge der Gläubigeranfechtung nach dem Anfechtungsgesetz?
6. Wie wird die Gläubigeranfechtung ausgeübt?
7. Woraus besteht der Pfändungsakt?
8. Welche drei Möglichkeiten gibt es, in das unbewegliche Vermögen zu vollstrecken?
9. Beschreiben Sie kurz, was der Gläubiger durch jede der drei Vollstreckungsarten erlangt.
10. Unter die Immobiliarvollstreckung fallen auch die Gegenstände, die zum Haftungsverband der Hypothek gehören. Was bedeutet das? Wo finden sich die einschlägigen Regelungen?
11. Welche Rechtsfolge löst die Beschlagnahme des Grundstücks zum Zwecke der Zwangsversteigerung aus?
12. Sind die Rechtsfolgen bei der Beschlagnahme zum Zwecke der Zwangsverwaltung andere?
13. Der Schuldner ist verurteilt worden, sein Fahrrad an den Gläubiger zu übereignen. Nach welchen Vorschriften wird vollstreckt?
14. Der Schuldner, ein Fahrradhändler, ist verurteilt, ein Hollandfahrrad der Marke Antilope, Modell 751X, Farbe schwarz, an den Schuldner zu übereignen. Nach welchen Vorschriften wird vollstreckt? Was muss der Gerichtsvollzieher zur Durchsetzung des Anspruchs tun?
15. Anhand welchen Kriteriums grenzt man unvertretbare und vertretbare Handlungen in erster Linie ab?
16. Wie werden vertretbare, wie unvertretbare Handlungen vollstreckt?
17. Wie kann der Gläubiger eine Vorauszahlung des Schuldners für die Kosten der Ersatzvornahme erreichen?
18. Worin liegt der wesentliche Unterschied zwischen Ordnungsgeld und Zwangsgeld?
19. Der Schuldner war verurteilt worden, es zu unterlassen, die Marke der Z, die aus zwei stilisierten, rot dargestellten Zwillingsmännchen besteht,

entsprechend einer Abbildung zu verwenden. Für jeden Fall der Zuwiderhandlung wurde ein Ordnungsgeld iHv 3.500 Euro angedroht. Der Schuldner verändert seine Marke leicht, indem er die Beine der Zwillingsmännchen gekrümmt darstellt, die Marke sonst aber nicht verändert. Kann ein Ordnungsgeld verhängt werden?

Empfehlungen zur vertiefenden Lektüre:

Allgemeines: *Bartelmeß,* Zwangsvollstreckung bei einer Unterlassungsverpflichtung, ArbRAktuell 2021, 30; *Drost/Kunerth,* Die Selbstpfändung als Aufrechnungsersatz in der Zwangsvollstreckung, ZJS 2015, 253; *Gehrlein,* Effektive Durchsetzung des Rechts des Gläubigers bei der zivilrechtlichen Vollstreckung, DZWir 2019, 516; *Herberger,* Ansprüche des Eigentümers nach Pfändung und Verwertung einer schuldnerfremden Sache – ein Beitrag zur Klausurpraxis, JA 2018, 256; *Hintzen,* Vollstreckung durch den Gerichtsvollzieher (Mobiliarvollstreckung – Sachpfändung – Vermögensauskunft), AGS 2018 III; *Klose,* Die Einzelzwangsvollstreckung, NJ 2020, 334; *Mohr,* Die Zwangsvollstreckung – ein kleiner Ausschnitt, SchAZtg 2016, 241; *Petersen,* Dritte in der Zwangsvollstreckung, Jura 2017, 1400; *Roth,* Probleme um die Durchsetzung der Sicherungsgrundschuld, JZ 2021, 133.

Fälle mit Lösungen: *Holler,* Der gepfändete Diamantring, Jura 2018, 282; *Pfrang,* Der Schutz des Drittschuldners bei der Zahlungspflicht nach einem Pfändungs- und Überweisungsbeschluss, JA 2019, 532; *Saenger/Pietsch,* „Wer darf hier was?“, JA 2019, 735; *Schirrmacher/Stöhlker,* Referendarexamensklausur – Zivilrecht: Sachenrecht und Zwangsvollstreckungsrecht – Ausverkauf im Holzrückebetrieb, JuS 2019, 242; *Skamel,* „Verfahrene Vollstreckung“, JA 2016, 337.

§ 4. Rechtsbehelfe

Maßnahmen in der Zwangsvollstreckung greifen in die grundrechtlich 507
geschützte Rechtssphäre des Vollstreckungsschuldners und ggf. auch Dritter ein (→ Rn. 45). Lehnt das Vollstreckungsorgan die Zwangsvollstreckung ab, ist zudem die verfassungsrechtlich geschützte Rechtssphäre des Vollstreckungsgläubigers betroffen (→ Rn. 49). Daher sieht das Gesetz eine Reihe von Rechtsbehelfen vor, mit denen sich Betroffene gegen Vollstreckungsmaßnahmen wehren können (Aufbauschemata zu klausurrelevanten Rechtsbehelfen → § 8 S. 240 ff.). Zu differenzieren ist zwischen Rechtsbehelfen in der **Zwangsvollstreckung** (I.- III., → Rn. 511 ff.) und Rechtsbehelfen in dem der Zwangsvollstreckung vorgelagerten **Klauselverfahren** (IV., → Rn. 754 ff.).

Die Rechtsbehelfe in der Zwangsvollstreckung lassen sich danach unter- 508
scheiden, ob der Rechtsbehelfsführer formelle oder materielle Einwendungen erhebt.

- Mit **formellen Einwendungen** werden die Verletzung der oben erläuterten formellen Voraussetzungen der Zwangsvollstreckung (→ Rn. 77–200) sowie Verfahrensverstöße bei der Durchführung der Zwangsvollstreckung (→ Rn. 201 ff.) gerügt. Sie können mit der Vollstreckungserinnerung (§ 766 ZPO, → Rn. 512 ff.), der sofortigen Beschwerde (§ 793 ZPO, → Rn. 563 ff.), der Grundbuchbeschwerde (§ 71 GBO, → Rn. 589 ff.) oder der Rechtspflegererinnerung (§ 11 Abs. 2 RPflG, → Rn. 579 ff.) geltend gemacht werden.

509

Die Rechtsbehelfe in der Zwangsvollstreckung

a. Formelle Einwendungen (= vollstreckungsinterne Rechtsbehelfe)

Vollstreckungs-erinnerung, § 766	Sofortige Beschwerde, § 793 ZPO; § 11 Abs. 1 RPflG	Grundbuch-beschwerde, § 71 GBO; § 11 Abs. 1 RPflG	Rechtspfleger-erinnerung, § 11 Abs. 2 RPflG

b. Materielle Einwendungen (= Vollstreckungsklagen)

Vollstreckungs-abwehrklage, § 767	Drittwider-spruchsklage, § 771	Klage auf vorzugsweise Befriedigung, § 805

– Ist der Rechtsbehelfsführer demgegenüber der Meinung, dass die Zwangsvollstreckung der **materiellen Rechtslage** widerspricht, sind die Vollstreckungsklagen einschlägig; das sind die Vollstreckungsabwehrklage (§767 ZPO, → Rn. 600ff.), die Drittwiderspruchsklage (§771 ZPO, → Rn. 662. ff.) und die Klage auf vorzugsweise Befriedigung (§805 ZPO, → Rn. 733ff.).

510 Bedeutet eine Vollstreckungsmaßnahme für den Schuldner ausnahmsweise eine sittenwidrige Härte, kann der Schuldner **Vollstreckungsschutz** nach §765a ZPO beantragen (→ Rn. 749ff.).

I. Formelle Einwendungen gegen die Durchführung der Zwangsvollstreckung

511

Die Rechtsbehelfe in der Zwangsvollstreckung I

Formelle Einwendungen

(= vollstreckungsinterne Rechtsbehelfe)

	Vollstreckungs-Erinnerung, § 766	Sofortige Beschwerde, § 793; § 11 Abs. 1 RPflG	Grundbuchbeschwerde, § 71 GBO; § 11 Abs. 1 RPflG	Rechtspfleger-erinnerung, § 11 Abs. 2 RPflG
Charakterisierung des Gegenstandes	Verfahrensmangel bei ZwV-Maßnahmen von GV und VollstrG (Richter oder Rechtspfleger)	Verfahrensmangel bei Entscheidungen des VollstrG (Richter oder Rechtspfleger)	Verfahrensmangel bei Entscheidungen des GBA (Richter oder Rechtspfleger)	Verfahrensmangel bei an sich unanfechtbaren Entscheidungen (Rechtspfleger)
Berechtigte	Gläubiger, Schuldner, Dritter			
Zuständigkeit	VollstrG	LG oder OLG (wenn nicht Abhilfe, § 572 Abs. 1)	OLG, § 72 GBO	Richter
Entscheidungs-form	Beschluss	Beschluss	Beschluss	Beschluss
Rechtsmittel	Sofortige Beschwerde, § 793	Rechtsbeschwerde, § 574	Rechtsbeschwerde, § 78 GBO	keine

1. Die Vollstreckungserinnerung (§766 ZPO)

a) Zweck und Abgrenzung

512 Mit der Vollstreckungserinnerung nach §766 ZPO kann der Erinnerungsführer erreichen, dass der Richter eine Vollstreckungsmaßnahme auf **formelle Verfahrensfehler** des Vollstreckungsorgans überprüft. Gerügt werden kann insbesondere, dass eine Vollstreckungsmaßnahme rechtswidrig ist, weil die Voraussetzungen der Zwangsvollstreckung nicht vorliegen oder das Vollstreckungsorgan bei der Durchführung der Zwangsvollstreckung Verfahrensvorschriften verletzt hat.

Beispiel: Der Schuldner wendet gegen eine Pfändung durch die Gerichtsvollzieherin ein, dass der gepfändete Gegenstand unpfändbar sei (§ 811 ZPO); vgl. zu weiteren Beispielen → Rn. 516 und → Rn. 518. **513**

§ 766 ZPO ist von anderen Rechtsbehelfen **abzugrenzen**: Wendet der Schuldner ein, dass die Vollstreckungsklausel nicht hätte erteilt werden dürfen, sind die speziellen **Klauselrechtsbehelfe** (→ Rn. 754 ff.) einschlägig. Ob dem Gläubiger eine Vollstreckungsklausel hätte erteilt werden dürfen, fällt nämlich nicht in die Prüfungskompetenz des Vollstreckungsorgans (HK-ZPO/*Kindl* § 766 Rn. 4). Es prüft nur, ob die Klausel als allgemeine Vollstreckungsvoraussetzung vorliegt. Das Fehlen der Klausel kann der Schuldner deshalb mit der Vollstreckungserinnerung rügen. **514**

Die Vollstreckungsorgane klären grds. nicht, ob die Vollstreckung mit der materiellen Rechtslage übereinstimmt („Formalisierung" der Zwangsvollstreckung). **Materiell-rechtliche Einwendungen** gegen den titulierten Anspruch können daher nicht mit der Erinnerung geltend gemacht werden. Statthaft ist vielmehr die **Vollstreckungsabwehrklage nach § 767 ZPO** (→ Rn. 600 ff.). **515**

Beispiel: Die Schuldnerin S hält dem Gerichtsvollzieher GV, der bei ihr im Auftrag des Gläubigers G pfänden will, entgegen, die titulierte Forderung habe sie direkt nach Urteilszustellung bezahlt (§ 362 BGB), das könne G bezeugen. Für diesen Einwand ist § 767 ZPO einschlägig, denn S trägt eine rechtsvernichtende Einwendung gegen den Anspruch vor, die nach dem Schluss der mündlichen Verhandlung entstanden ist (§ 767 Abs. 2 ZPO). Der Gerichtsvollzieher kann den Einwand auch nicht überprüfen, das muss im gerichtlichen Verfahren geschehen. **516**

Legt S dagegen eine Quittung des G vor, liegt ein formeller Nachweis der Zahlung vor, den GV prüfen kann. Nach § 775 Nr. 4 ZPO besteht ein Vollstreckungshindernis. Pfändet GV gleichwohl eine Vase der S, begeht er einen Verfahrensfehler. Diesen kann S mit der Vollstreckungserinnerung nach § 766 ZPO rügen (MüKoZPO/*K. Schmidt/Brinkmann* § 766 Rn. 29).

Daneben ist aber auch die Klage nach § 767 ZPO statthaft. Insbesondere besteht für eine solche Klage auch das Rechtsschutzbedürfnis (MüKoZPO/*K. Schmidt/Brinkmann* § 766 Rn. 7), weil § 766 ZPO nur zu einer Einstellung der Zwangsvollstreckung führt, während die Klage aus § 767 ZPO die Vollstreckbarkeit des Titels insgesamt beseitigt.

Wenn ein **Dritter** gegen eine Vollstreckungsmaßnahme den materiell-rechtlichen Einwand erhebt, dass ihm an dem Vollstreckungsgegenstand ein **die Veräußerung hinderndes Recht** zusteht, er also bspw. Eigentümer des Vollstreckungsgegenstandes sei, ist nicht die Vollstreckungserinnerung, sondern die **Drittwiderspruchsklage** nach § 771 ZPO statthaft (→ Rn. 662 ff.). Denn nach dem Formalisierungsgrundsatz hat das Vollstreckungsorgan die materiell-rechtlichen Verhältnisse nicht zu prüfen. Die Pfändung von Dritteigentum ist jedoch ausnahmsweise verfahrensfehler- **517** haft, wenn das **Dritteigentum evident** ist (vgl. §71 Abs. 2 S. 1 GVGA). Der Dritteigentümer kann dann sowohl Vollstreckungserinnerung als auch Drittwiderspruchsklage erheben.

518 **Beispiel:** Der Gerichtsvollzieher pfändet ein sich im Gewahrsam des Schuldners befindliches Fahrrad, das aufgrund einer entsprechenden Lackierung und auffälliger Hinweisaufkleber am Rahmen als dem E gehörendes Mietfahrrad erkennbar ist. E kann sich gegen die Pfändung sowohl mit der Erinnerung als auch mit der Drittwiderspruchsklage wehren.

519 Auch die Vollstreckungserinnerung und die **sofortige Beschwerde nach §793 ZPO** schließen einander aus (→ Rn. 563 ff.). Dasselbe gilt nach §11 Abs. 1 RPflG iVm §793 ZPO, wenn der **Rechtspfleger** tätig geworden ist (vgl. §§3 Nr. 3 lit. a, 20 Abs. 1 Nr. 16, 17 RPflG). In Ausnahmefällen ist zudem die Rechtspflegererinnerung einschlägig (§11 Abs. 2 RPflG; näher → Rn. 579 ff.).

520 Sofern sich der Rechtsbehelfsführer gegen eine Entscheidung des Grundbuchamts wendet, ist die **Grundbuchbeschwerde** (→ Rn. 589 ff.) nach §71 GBO *lex specialis* gegenüber §766 ZPO (HK-ZV/*Sternal* ZPO §766 Rn. 3).

b) Zulässigkeit

aa) Statthaftigkeit

521 Für jedes Rechtsmittel ist zunächst seine Statthaftigkeit zu prüfen. Damit ist gemeint, ob das Gesetz den entsprechenden Rechtsbehelf zur Erreichung des angestrebten Ziels zur Verfügung stellt.

(1) Vollstreckungsmaßnahmen des Gerichtsvollziehers

522 Die Vollstreckungserinnerung ist nach §766 Abs. 1 ZPO statthaft, wenn Verfahrensfehler des Gerichtsvollziehers gerügt werden. Sie können darin liegen, dass **allgemeine Verfahrensvoraussetzungen,** allgemeine oder besondere **Voraussetzungen der Zwangsvollstreckung** fehlen, ein **Vollstreckungshindernis** besteht, oder dass der Gerichtsvollzieher gegen sonstige **Verfahrensvorschriften** verstößt, welche die **Art und Weise** der Zwangsvollstreckung regeln.

523 **Beispiel:** Der Gerichtsvollzieher pfändet beim Schuldner, obwohl er funktionell nicht zuständig ist (zB wegen §865 Abs. 2 ZPO), dem Gläubiger noch keine Vollstreckungsklausel erteilt worden ist (Verstoß gegen §724 ZPO) oder der Kalendertag noch nicht abgelaufen ist (Verstoß gegen §751 Abs. 1 ZPO); der Gerichtsvollzieher pfändet eine nach §811 ZPO unpfändbare Sache; der Gerichtsvollzieher pfändet eine dem Schuldner gehörende Sache, die sich im Gewahrsam eines nicht zur Herausgabe bereiten Dritten befindet (vom Dritten zu rügender Verstoß gegen §809 ZPO; → Rn. 226).

524 Die Vollstreckungserinnerung ist nach **§766 Abs. 2 ZPO** ferner statthaft, wenn sich der Gerichtsvollzieher weigert, einen Vollstreckungsauftrag zu übernehmen oder eine Vollstreckungshandlung dem Auftrag gemäß durchzuführen.

Beispiel: Die Gerichtsvollzieherin lehnt die Zwangsvollstreckung ab, weil der Titel zu unbestimmt sei. 525

(2) Beschlüsse des Vollstreckungsgerichts

Mit der Vollstreckungserinnerung nach **§ 766 ZPO** können auch Beschlüsse des **Vollstreckungsgerichts** angegriffen werden. Das ist dem Wortlaut allerdings nicht ausdrücklich zu entnehmen; es lässt sich auf den ersten Halbsatz des Abs. 1 stützen. Gegen solche Beschlüsse kann nach **§ 793 ZPO** aber auch die sofortige Beschwerde eingelegt werden. Diese beiden Wege stehen auch bei Tätigwerden des Rechtspflegers offen, vgl. § 766 ZPO und § 11 Abs. 1 RPflG iVm § 793 ZPO. 526

§ 766 ZPO und § 793 ZPO schließen einander aus. Welcher der beiden Rechtsbehelfe im Einzelfall einschlägig ist, ist nicht klar geregelt. Ausgangspunkt ist der Wortlaut des § 793 ZPO, der anordnet, dass gegen **Entscheidungen des Vollstreckungsgerichts** die Beschwerde statthaft ist. § 766 ZPO dagegen sagt nicht ausdrücklich, gegen welche Handlungsform man im Erinnerungswege vorgehen kann. In Abgrenzung zur Entscheidung hat sich aber in Praxis und Lehre der Begriff der Maßnahme durchgesetzt: Die Vollstreckungserinnerung ist gegen **Maßnahmen des Vollstreckungsgerichts** statthaft. 527

Die Unterscheidung zwischen Maßnahme und Entscheidung (ausführlich *Brox/Walker* Rn. 1177 ff.) wird nach hM danach getroffen, welcher der beiden Rechtsbehelfe nach dem konkreten bisherigen Verfahrensablauf für die Beteiligten den sachgerechteren Rechtsschutz bietet (HK-ZV/*Sternal* ZPO § 766 Rn. 19 mwN). Denn bei § 766 ZPO findet auf die Erinnerung hin eine Selbstüberprüfung durch das Vollstreckungsgericht statt, das dann entscheidet (s. § 766 ZPO: „… entscheidet das Vollstreckungsgericht"). Dagegen wird die sofortige Beschwerde nach § 793 ZPO, wenn das Vollstreckungsgericht ihr nicht abhilft, durch das Beschwerdegericht als nächste Instanz entschieden (§ 572 Abs. 1 S. 1 ZPO). 528

Deshalb ist § 766 ZPO der einschlägige Rechtsbehelf, wenn es sinnvoll ist, dass nur das Vollstreckungsgericht sich (erneut) damit befasst. Das ist der Fall, wenn das Gericht noch nicht alle maßgeblichen Interessen abgewogen hat; dann liegt eine **Maßnahme** vor. § 793 ZPO ist statthaft, wenn es sachgerecht erscheint, dass bei Nichtabhilfe durch das Vollstreckungsgericht die nächsthöhere Instanz entscheidet; das ist der Fall, wenn das Vollstreckungsgericht schon alle maßgeblichen Interessen abgewogen hatte und daher eine Abhilfe durch das Vollstreckungsgericht selbst nicht sehr wahrscheinlich erscheint; dann spricht man von einer **Entscheidung**. Diese Sichtweise lässt sich auch mit dem Wortlaut von § 793 ZPO begründen, denn schon nach allgemeinem Sprachgebrauch setzt eine Entscheidung voraus, dass der Entscheidende das Für und Wider abwägt, bevor er seine Entscheidung trifft. 529

Nach hM ist ein vollstreckungsgerichtlicher Beschluss deshalb eine **Entscheidung** gegenüber all denjenigen Personen, denen vor Erlass des Be- 530 schlusses rechtliches Gehör gewährt worden ist, so dass der Richter oder der Rechtspfleger den Beschluss unter Abwägung der für und gegen den Antrag sprechenden Gründe erlassen hat (HK-ZPO/*Kindl* §766 Rn. 6; *Brox/Walker* Rn. 1177 ff.; *Lippross/Bittmann* §20 Rn. 50, jeweils mwN).

531 Eine Entscheidung liegt demnach vor, wenn das Vollstreckungsgericht (ausnahmsweise, s. §834 ZPO) den Schuldner anhört, bevor der Beschluss erlassen wird.

532 **Beispiel:** Die Gläubigerin will beim Schuldner bedingt pfändbare Bezüge (§850b ZPO) pfänden. Vor Erlass des Pfändungsbeschlusses hört das Vollstreckungsgericht den Schuldner an (§850b Abs. 3 ZPO). Der Pfändungsbeschluss ist gegenüber Gläubigerin und Schuldner eine Entscheidung.

533 Wenn das Vollstreckungsgericht einen **Antrag des Gläubigers zurückweist,** hat es sich mit dem Antrag des Gläubigers befasst und ihm rechtliches Gehör gewährt. Dem Gläubiger gegenüber liegt eine Entscheidung vor.

534 **Beispiel:** Das Vollstreckungsgericht lehnt einen Antrag des Gläubigers auf Erlass eines Pfändungsbeschlusses ab, weil die Forderung unpfändbar sei.

535 Wird demgegenüber dem Antrag des Gläubigers stattgegeben, ohne dass der Schuldner angehört worden ist, liegt dem Schuldner gegenüber eine **Vollstreckungsmaßnahme** vor.

536 **Beispiel:** Das Vollstreckungsgericht erlässt auf Antrag des Gläubigers einen Pfändungsbeschluss, ohne den Schuldner zuvor anzuhören (Regelfall, §834 ZPO). Ist der Schuldner der Meinung, dass die Pfändung bspw. wegen Unpfändbarkeit der Forderung unzulässig sei, muss er Vollstreckungserinnerung (§766 ZPO) einlegen.

537 Die Abgrenzung der hM ist sachgerecht. Ist ein Antrag des Gläubigers zurückgewiesen oder der Schuldner angehört worden, wäre es nicht sinnvoll, wenn das Gericht im Rahmen eines Erinnerungsverfahrens nochmals abschließend über denselben Sachverhalt entschiede (*Lippross/Bittmann* §20 Rn. 51).

538 Auch ein **Dritter**, bspw. der Drittschuldner, der vor dem Erlass des Beschlusses nicht gehört worden ist, kann den Beschluss mit der Erinnerung nach §766 ZPO angreifen, und zwar auch dann, wenn der Schuldner vor Erlass des Beschlusses angehört worden ist. Ein und derselbe Beschluss kann daher dem einen Beteiligten gegenüber als Vollstreckungsmaßnahme, dem anderen Beteiligten gegenüber als Entscheidung zu qualifizieren sein (HK-ZPO/*Kindl* §766 Rn. 6).

539 **Beispiel:** Mit Einverständnis des Gläubigers wird der Schuldner vor Erlass eines Pfändungsbeschlusses durch das Vollstreckungsgericht angehört. Der Drittschuldner wird nicht angehört. Der Pfändungsbeschluss ist gegenüber dem Schuldner als Entscheidung zu qualifizieren, die mit der sofortigen Beschwerde angegriffen werden kann. Gegenüber dem Drittschuldner erweist sich der Pfändungsbeschluss hingegen als Vollstreckungsmaßnahme, die mit der Vollstreckungserinnerung anzugreifen ist.

bb) Form und Frist

Die ZPO sieht für die Vollstreckungserinnerung keine Vorschriften über Form und Frist vor. Nach allgemeiner Meinung muss die Vollstreckungserinnerung aber **analog § 569 Abs. 2 und 3 ZPO** schriftlich oder zu Protokoll der Geschäftsstelle eingelegt werden, ohne dass jedoch eine Frist beachtet werden müsste (Musielak/Voit/*Lackmann* ZPO § 766 Rn. 15). **540**

cc) Allgemeine Verfahrensvoraussetzungen

(1) Parteifähigkeit und Prozessfähigkeit

Die Zulässigkeit der Erinnerung setzt voraus, dass die allgemeinen Prozesshandlungsvoraussetzungen vorliegen, insbesondere Parteifähigkeit (§ 50 Abs. 1 ZPO, dazu schon → Rn. 66) und Prozessfähigkeit (§§ 51 ff. ZPO, dazu → Rn. 67). **541**

(2) Zuständigkeit

Für die Entscheidung über die Erinnerung ist **sachlich** das Vollstreckungsgericht ausschließlich zuständig, §§ 766 Abs. 1, 802 ZPO. Sofern das Gesetz nicht etwas anderes bestimmt (zB § 1 ZVG), ist **örtlich** ausschließlich das **Amtsgericht als Vollstreckungsgericht** zuständig, in dessen Bezirk das Vollstreckungsverfahren stattfinden soll oder stattgefunden hat, §§ 764 Abs. 2, 802 ZPO. **Funktionell** ist für die Entscheidung über die Erinnerung der Richter zuständig; die Aufgabe ist nicht dem Rechtspfleger übertragen (§ 20 Abs. 1 Nr. 17 S. 2 RPflG). **542**

(3) Erinnerungsbefugnis

Rechtsbehelfe sind nur zulässig, wenn der Rechtsbehelfsführer durch die angegriffene Maßnahme **beschwert** ist. Bei der Vollstreckungserinnerung wird die Beschwer auch Erinnerungsbefugnis genannt (*Brox/Walker* Rn. 1195). Sie setzt voraus, dass der Rechtsbehelfsführer nach seinem Vortrag **in seinen Rechten beeinträchtigt** worden ist (vgl. die Parallele im Verwaltungsprozessrecht: § 42 Abs. 2 VwGO). Gegen den **Vollstreckungsschuldner** gerichtete Vollstreckungsmaßnahmen greifen in seine Rechtsstellung ein. Er ist grds. erinnerungsbefugt. Etwas anderes gilt, wenn er die Verletzung einer Verfahrensvorschrift rügt, die ausschließlich den Gläubiger oder Dritte schützt (MüKoZPO/*K. Schmidt/Brinkmann* § 766 Rn. 28; HK-ZPO/*Kindl* § 766 Rn. 10; aA Musielak/Voit/*Lackmann* § 766 Rn. 18: Ob die verletzte Verfahrensvorschrift dem Schutz des Schuldners dient, sei Frage der Begründetheit). **543**

Beispiel: Pfändet die Gerichtsvollzieherin bei S ein Fahrrad, das offensichtlich nicht dem S, sondern dem E gehört, scheidet eine Vollstreckungserinnerung des S aus. Zwar begeht die Gerichtsvollzieherin einen Verfahrensfehler, weil sie evidentes Dritteigentum nicht pfänden darf (→ Rn. 517). Das Verbot schützt aber nicht den S als Vollstreckungsschuldner, sondern den Dritteigentümer E. **544**

545 Der **Vollstreckungsgläubiger** ist erinnerungsbefugt, wenn der Gerichtsvollzieher einen Vollstreckungsauftrag nicht auftragsgemäß durchführt. Sofern der Richter oder der Rechtspfleger den Auftrag nicht auftragsgemäß durchführt, ist die sofortige Beschwerde nach §793 ZPO (iVm §11 Abs. 1 RPflG) statthaft (Entscheidung! → Rn. 563ff.).

546 **Dritte**, die von Vollstreckungsmaßnahmen betroffen sind, sind erinnerungsbefugt, wenn sie die Verletzung von Verfahrensvorschriften rügen, die zumindest auch ihre Interessen schützen.

547 **Beispielsfall:** Auf Antrag der G pfändet das Vollstreckungsgericht den Lohnanspruch, der dem S, Schuldner der G, gegen seine Arbeitgeberin D zusteht. D legt gegen die Pfändung beim zuständigen Vollstreckungsgericht Erinnerung nach §766 ZPO mit der Begründung ein, dass es sich bei dem Lohnanspruch des S um Bezüge handelt, die unpfändbar seien. Ist die Erinnerung zulässig?

I. Die Erinnerung müsste **statthaft** sein. Für die Forderungspfändung ist das Vollstreckungsgericht funktionell zuständig (§828 ZPO). Nach §§3 Nr. 3 lit. a, 20 Abs. 1 Nr. 17 S. 1 RPflG sind die Aufgaben des Vollstreckungsgerichts im Rahmen der Forderungspfändung dem Rechtspfleger übertragen. D rügt einen Verstoß gegen die Vorschriften über den Pfändungsschutz für Arbeitseinkommen (§§850ff. ZPO; → Rn. 323ff.). Sie erhebt also eine formelle Einwendung gegen die Art und Weise der Zwangsvollstreckung. Ob insoweit die Vollstreckungserinnerung (§766 ZPO) oder die sofortige Beschwerde (§793 ZPO iVm §11 Abs. 1 RPflG) statthaft ist, richtet sich danach, ob der Pfändungsbeschluss als Maßnahme oder als Entscheidung zu qualifizieren ist. Da der Drittschuldner vor Erlass des Pfändungsbeschlusses grds. nicht angehört wird, ist ein Pfändungsbeschluss gegenüber dem Drittschuldner grds. als Vollstreckungsmaßnahme zu qualifizieren (vgl. zur Abgrenzung der §§766, 793 ZPO → Rn. 512ff.). Mithin ist die Vollstreckungserinnerung gem. §766 ZPO statthaft.

II. Die **allgemeinen Verfahrensvoraussetzungen** liegen vor. Die Erinnerung wurde auch beim **zuständigen Vollstreckungsgericht** (§§766 Abs. 1, 764, 802 ZPO) erhoben.

III. D müsste **erinnerungsbefugt** sein. Dritte sind erinnerungsbefugt, wenn sie Verstöße gegen Verfahrensvorschriften rügen, die zumindest auch ihre Interessen schützen. Hier rügt D einen Verstoß gegen die Vorschriften über den Pfändungsschutz für Arbeitseinkommen nach den §§850ff. ZPO. Diese Vorschriften beschränken die Pfändbarkeit von Arbeitseinkommen aus sozialpolitischen Gründen und bezwecken den Schutz des Schuldners (Existenzsicherung) sowie den Schutz der Allgemeinheit vor der Bedürftigkeit des Schuldners (→ Rn. 323ff.). Auf den Schutz des Drittschuldners sind sie nicht gerichtet. Danach wäre D nicht erinnerungsbefugt. Zu berücksichtigen ist aber, dass die Forderungspfändung den Drittschuldner stets belastet. Denn ihn treffen die Pflichten nach §840 Abs. 1 ZPO, bei deren Verletzung er sich nach §840 Abs. 2 ZPO schadensersatzpflichtig machen kann (→ Rn. 349). Diese Belastung des Drittschuldners kann nur gerechtfertigt werden, wenn die Vollstreckung rechtmäßig ist (*Brox/Walker* Rn. 1200). Der Drittschuldner kann daher sämtliche Verfahrensmängel rügen und ist folglich auch dann erinnerungsbefugt, wenn eine Verfahrensvorschrift verletzt wurde, die nicht seinen Schutz bezweckt (vgl. BGHZ 69, 144 (148); *Brox/Walker* Rn. 1200; MüKoZPO/*K. Schmidt/Brinkmann* §766 Rn. 30).

IV. Da die Zwangsvollstreckung schon begonnen hat, ist auch das allgemeine Rechtsschutzbedürfnis gegeben (→ Rn. 74 ff.).

V. Die Erinnerung ist mithin zulässig.

(4) Rechtsschutzbedürfnis

Wie bei jedem Rechtsbehelf muss auch bei der Vollstreckungserinnerung auf Seiten des Rechtsbehelfsführers das allgemeine Rechtsschutzbedürfnis gegeben sein. Das setzt grds. voraus, dass mit der Zwangsvollstreckung **bereits begonnen** worden und diese **noch nicht vollständig beendet** ist (MüKo-ZPO/*K. Schmidt/Brinkmann* § 771 Rn. 48). Die Zwangsvollstreckung beginnt mit der ersten gegen den Schuldner oder einen Dritten gerichteten Vollstreckungshandlung. Bei der Sachpfändung oder der Herausgabevollstreckung beginnt die Zwangsvollstreckung bspw. in dem Moment, in dem der Gerichtsvollzieher die Tür des Schuldners zwangsweise öffnet oder den Schuldner auffordert, die Durchsuchung der Wohnung zu gestatten (HK-ZV/*Sternal* ZPO § 766 Rn. 32). Bei der Forderungsvollstreckung ist der Zeitpunkt des Erlasses des Pfändungsbeschlusses maßgeblich (*Brox/Walker* Rn. 1189). Durch **vorbereitende Maßnahmen** wie die Aufforderung zur freiwilligen Leistung oder die Ankündigung des Gerichtsvollziehers, in Kürze mit der Pfändung beim Schuldner zu beginnen, wird die Zwangsvollstreckung demgegenüber noch nicht begonnen (HK-ZV/*Sternal* ZPO § 766 Rn. 32). 548

Ausnahmsweise kann das Rechtsschutzbedürfnis schon **vor dem Beginn der Zwangsvollstreckung** gegeben sein. Das ist der Fall, wenn sich der Gläubiger gegen die Weigerung des Gerichtsvollziehers wehrt, die Zwangsvollstreckung überhaupt durchzuführen (§ 766 Abs. 2 ZPO; *Brox/Walker* Rn. 1190), oder wenn sie unmittelbar bevorsteht und dem Schuldner oder einem Dritten ein Zuwarten nicht zugemutet werden kann, weil ein unwiederbringlicher Nachteil oder eine erhebliche Grundrechtsbeeinträchtigung droht (HK-ZV/*Sternal* ZPO § 766 Rn. 33). 549

Beispiele: (1) Der Gerichtsvollzieher kündigt gegenüber der Schuldnerin an, am folgenden Tag mit dem Abriss einer Mauer auf dem Grundstück der Schuldnerin zu beginnen (OLG Köln BeckRS 2012, 9889). 550

(2) Die Gerichtsvollzieherin kündigt gegenüber dem plötzlich schwer erkrankten Schuldner an, am kommenden Tag die Zwangsräumung der vom Schuldner bewohnten Wohnung zu vollziehen (vgl. zur Möglichkeit des Vollstreckungsschutzes nach § 765a ZPO auch noch → Rn. 749 ff.).

Das Rechtsschutzbedürfnis **entfällt**, wenn die Zwangsvollstreckung **beendet** ist (vgl. zB BGH NJW-RR 2010, 785; NJW 2013, 2287). Das ist der Fall, wenn der Gläubiger infolge der Zwangsvollstreckung **vollständig befriedigt** wurde. Bei Sachpfändungen ist die Zwangsvollstreckung mit der Auskehr des Erlöses beim Gläubiger beendet, bei der Forderungspfändung, wenn der Drittschuldner an den Gläubiger geleistet hat, und bei der Räu- 551 mungsvollstreckung, wenn der Gläubiger durch Schlüsselübergabe in den Besitz eingewiesen worden ist (Musielak/Voit/*Lackmann* ZPO § 766 Rn. 17).

c) Begründetheit

552 Die **Vollstreckungserinnerung des Schuldners** ist begründet, wenn die angegriffene Maßnahme an einem Verfahrensfehler leidet. Das ist der Fall, wenn sie gar nicht oder nicht so, wie geschehen, hätte durchgeführt werden dürfen. Das Gericht prüft also, ob die allgemeinen Verfahrensvoraussetzungen sowie die allgemeinen und besonderen Voraussetzungen der Zwangsvollstreckung vorlagen, der Vollstreckung kein Vollstreckungshindernis entgegenstand und das Vollstreckungsorgan bei der Durchführung der Zwangsvollstreckung oder der Verwertung die einschlägigen Verfahrensvorschriften beachtet hat (*Lippross/Bittmann* § 19 Rn. 25; Musielak/Voit/*Lackmann* ZPO § 766 Rn. 22).

553 Die **Vollstreckungserinnerung des Gläubigers** ist begründet, wenn sich der Gerichtsvollzieher zu Unrecht weigert, eine beantragte Vollstreckungsmaßnahme durchzuführen (§ 766 Abs. 2 Fall 1 ZPO) oder sie nicht antragsgemäß ausführt (§ 766 Abs. 2 Fall 2 ZPO). Das ist der Fall, wenn die Vollstreckungsmaßnahme so wie beantragt rechtmäßig hätte vorgenommen werden können.

554 Die **Vollstreckungserinnerung eines Dritten** ist begründet, wenn eine Vollstreckungsmaßnahme gegen eine auch drittschützende Verfahrensvorschrift verstößt (zur Erinnerungsbefugnis des Dritten → Rn. 546).

d) Verfahren

555 Gemäß § 764 Abs. 3 iVm § 128 Abs. 4 ZPO kann das Erinnerungsverfahren ohne mündliche Verhandlung stattfinden (**fakultative mündliche Verhandlung**). Der unterliegenden Partei muss jedoch wegen Art. 103 Abs. 1 GG vor der Entscheidung rechtliches Gehör gewährt werden (Musielak/Voit/*Lackmann* ZPO § 766 Rn. 28; *Brox/Walker* Rn. 1229). Der Schuldner muss also angehört werden, wenn einer Erinnerung des Gläubigers stattgegeben werden soll, und der Gläubiger, wenn der Schuldner mit der Erinnerung Erfolg hat.

556 Gemäß § 766 Abs. 1 S. 2 ZPO ist das Vollstreckungsgericht befugt, auf Antrag oder von Amts wegen **einstweilige Anordnungen** nach § 732 Abs. 2 ZPO zu erlassen. Da die Einlegung einer Erinnerung keine aufschiebende Wirkung hat, soll die Anordnungsbefugnis verhindern, dass Nachteile für den Erinnerungsführer entstehen, die später nicht mehr rückgängig gemacht werden können (*Brox/Walker* Rn. 1232). So kann das Vollstreckungsgericht insbesondere anordnen, dass die Zwangsvollstreckung nur gegen Sicherheitsleistung fortzusetzen sei (§ 732 Abs. 2 Hs. 2 aE ZPO).

e) Entscheidung und Rechtsbehelf

557 Maßgeblicher Beurteilungszeitpunkt für die Erinnerung ist grds. der **Zeitpunkt der Beschlussfassung** (*Lackmann* Rn. 212; MüKoZPO/*K. Schmidt*/

Brinkmann § 766 Rn. 50). Denn ein Verfahrensfehler kann, wenn er nicht ausnahmsweise die Nichtigkeit der Vollstreckungsmaßnahme zur Folge hat, bis dahin geheilt werden.

Beispielsfall: Der Gerichtsvollzieher GV pfändet im Auftrag der G bei S einen PKW. Kurz darauf erhebt S mit der zutreffenden Begründung Erinnerung, dass er unmittelbar nach der Pfändung einen Job als Paketkurier gefunden hat, für dessen Ausübung er auf den PKW angewiesen ist. Ist die zulässige Erinnerung begründet? 558

Die Vollstreckungserinnerung des S ist begründet, wenn die Pfändung verfahrensfehlerhaft ist. Die Pfändung könnte hier wegen eines Verstoßes gegen das Pfändungsverbot des § 811 Abs. 1 Nr. 5 ZPO (ab 1.1.2022: § 811 Abs. 1 Nr. 1 lit. b, → Rn. 230) rechtswidrig sein. S zieht als Kurier seinen Erwerb aus persönlichen Leistungen und ist laut Sachverhalt zur Fortsetzung dieser Erwerbstätigkeit auf den PKW angewiesen. Der PKW ist demnach gem. § 811 Abs. 1 Nr. 5 ZPO (ab 1.1.2022: § 811 Abs. 1 Nr. 1 lit. b) unpfändbar. GV hat den PKW gepfändet, als S noch nicht als Paketkurier tätig war. Im Zeitpunkt der Pfändung war der PKW demnach pfändbar. Für die Beurteilung der Begründetheit der Erinnerung ist grds. auf den Zeitpunkt der Beschlussfassung abzustellen. Das gilt jedenfalls, wenn eine zunächst unpfändbare Sache nachträglich *pfändbar* geworden ist. Im vorliegenden Fall nachträglicher *Unpfändbarkeit* geht eine verbreitete Ansicht davon aus, dass es auf den Zeitpunkt der Pfändung ankomme, denn anderenfalls habe es der Schuldner in der Hand, die Unpfändbarkeit nachträglich missbräuchlich herbeizuführen (LG Bochum DGVZ 1980, 37 (38); *Jauernig/Berger* § 32 Rn. 22; HK-ZPO/*Kemper* § 811 Rn. 8; *Baur/Stürner/Bruns* Rn. 23.8; Thomas/Putzo/*Seiler* ZPO § 811 Rn. 3a). Überzeugend ist es jedoch, auch in diesem Fall auf den Zeitpunkt der Erinnerungsentscheidung abzustellen: Der Schutzzweck von § 811 ZPO droht anderenfalls ausgehöhlt zu werden. Es ist auch nicht einzusehen, warum einerseits Verfahrensmängel nachträglich geheilt werden können sollen, andererseits aber die zwischenzeitlich eingetretene Unpfändbarkeit eines Gegenstandes unberücksichtigt bleiben muss (so auch *Brox/Walker* Rn. 295, 1233; HK-ZV/*Kindl* ZPO § 811 Rn. 8; MüKoZPO/*Gruber* § 811 Rn. 19; Musielak/Voit/*Flockenhaus* ZPO § 811 Rn. 7; allerdings alle mit der Einschränkung, der Schuldner müsse beweisen, nicht missbräuchlich gehandelt zu haben).

Richtet sich die begründete Erinnerung des **Schuldners** gegen eine Pfändung durch den **Gerichtsvollzieher**, wird die Pfändung für unzulässig erklärt. Zudem kann der Gerichtsvollzieher angewiesen werden, die Vollstreckung aufzuheben. Das Gericht selbst kann die Vollstreckung nicht aufheben, da diese Befugnis nur das für die Durchführung der Vollstreckung zuständige Organ hat. Hat die Erinnerung gegen eine Pfändung durch das **Vollstreckungsgericht** Erfolg, wird die Pfändung für unzulässig erklärt und aufgehoben – denn das Vollstreckungsgericht ist als Vollstreckungsorgan selbst für die Aufhebung zuständig (HK-ZPO/*Kindl* § 766 Rn. 17; MüKo-ZPO/*K. Schmidt/Brinkmann* § 766 Rn. 51). 559

Auf die zulässige und begründete Erinnerung des **Gläubigers** hin wird, wenn das Vollstreckungsgericht zuständig war, dieses die Maßnahme (zB Pfändungsbeschluss) erlassen. Geht es um eine Maßnahme des Gerichtsvoll- 560 ziehers, weist das Gericht ihn an, die beantragte Pfändung durchzuführen. Wenn das Vollstreckungsgericht die Weigerung des Gerichtsvollziehers aber nur punktuell unter einem bestimmten Gesichtspunkt überprüft hat, darf es nicht in die übrige Prüfungskompetenz des Gerichtsvollziehers eingreifen. Der Gerichtsvollzieher wird dann angewiesen, die Zwangsvollstreckung nicht unter Hinweis auf den Gesichtspunkt abzulehnen, den er vorgebracht hatte, um seine Weigerung zu begründen (Musielak/Voit/*Lackmann* ZPO §766 Rn. 29).

561 **Beispiel:** Der Gläubiger G beauftragt die Gerichtsvollzieherin GV, einen im Eigentum des Schuldners S stehenden PKW zu pfänden. GV lehnt den Auftrag mit der unzutreffenden Begründung ab, dass der Vollstreckungstitel nicht hinreichend bestimmt sei. Die Erinnerung des G gegen die Weigerung der GV (§766 Abs. 2 Alt. 1 ZPO) wird Erfolg haben. Das Vollstreckungsgericht kann GV aber nicht anweisen, den PKW zu pfänden, denn damit würde es in ihre Prüfungskompetenz eingreifen. GV wird nur angewiesen, die Zwangsvollstreckung nicht unter Hinweis auf die angebliche Unbestimmtheit des Titels abzulehnen. Sie muss vor dem Beginn der Zwangsvollstreckung aber noch überprüfen, ob die übrigen Voraussetzungen der Zwangsvollstreckung vorliegen und der PKW auch pfändbar ist.

562 Gegen den Erinnerungsbeschluss kann sofortige Beschwerde eingelegt werden (→ Rn. 563 ff.). Gegen die Entscheidung des Beschwerdegerichts findet unter den Voraussetzungen des §574 Abs. 1 Nr. 2 ZPO die Rechtsbeschwerde statt.

2. Die sofortige Beschwerde (§793 ZPO, §11 Abs. 1 RPflG)

a) Zweck und Abgrenzung

563 Gegen Entscheidungen, die im Zwangsvollstreckungsverfahren ohne mündliche Verhandlung ergehen können, findet gem. §793 ZPO die sofortige Beschwerde statt. Mit ihr kann der Beschwerdeführer erreichen, dass die angegriffene Entscheidung in der **höheren Instanz** überprüft wird, bevor sie formell rechtskräftig wird. Bei der sofortigen Beschwerde handelt es sich – anders als bei der Erinnerung nach §766 ZPO – um ein **Rechtsmittel**, da die Einlegung der Beschwerde sowohl einen **Devolutiv**- als auch einen **Suspensiveffekt** hat. Die wichtigsten Anwendungsfälle der sofortigen Beschwerde sind Überprüfungen von Beschlüssen des Prozessgerichts nach den §§887 ff. ZPO und von Erinnerungsentscheidungen des Vollstreckungsgerichts nach §766 ZPO.

564 §793 ZPO ist auf **Entscheidungen im Vollstreckungsverfahren** beschränkt. Beschlüsse, die im Klauselverfahren ergehen, müssen grds. mit den speziellen Rechtsbehelfen des Klauselverfahrens angegriffen werden (→ Rn. 754 ff.). **Maßnahmen** des Vollstreckungsgerichts müssen mit der Vollstreckungserinnerung (§766 ZPO) angefochten werden (zur Abgrenzung → Rn. 526 ff. sowie der Fall → Rn. 573).

565 Wendet sich der Rechtsbehelfsführer gegen eine Entscheidung des **Grundbuchamts**, ist die Grundbuchbeschwerde nach § 71 GBO *lex specialis* (→ Rn. 589 ff.).

b) Zulässigkeit

aa) Statthaftigkeit

566 Statthaft ist die sofortige Beschwerde, wenn sich der Rechtsmittelführer gegen eine Entscheidung des Richters oder des Rechtspflegers (§ 11 Abs. 1 RPflG) wendet, die im Zwangsvollstreckungsverfahren ergangen ist.

567 **Beispiele:** Der Gläubiger oder der Schuldner wendet sich gegen die Entscheidung des Vollstreckungsgerichts im Erinnerungsverfahren nach § 766 ZPO; der Gläubiger oder der Schuldner wendet sich gegen Entscheidungen des Prozessgerichts nach den §§ 887–890 ZPO.

568 Bei der angegriffenen Entscheidung muss es sich um eine solche handeln, die ohne mündliche Verhandlung ergehen kann (**fakultative mündliche Verhandlung**). Die sofortige Beschwerde ist daher nur gegen **Beschlüsse** statthaft (§ 128 Abs. 4 ZPO), nicht gegen Urteile. Unerheblich ist, ob tatsächlich eine mündliche Verhandlung stattgefunden hat (*Lüke* § 21 Rn. 8).

bb) Form und Frist

569 § 793 ZPO regelt nur die Statthaftigkeit der sofortigen Beschwerde. Im Übrigen sind die **§§ 567–572 ZPO** anwendbar. Die sofortige Beschwerde muss nach § 569 Abs. 1 und 2 ZPO **schriftlich** bei dem Gericht, dessen Entscheidung angefochten wird *(iudex a quo)*, oder bei dem Beschwerdegericht *(iudex ad quem)* eingelegt werden. Zu beachten ist eine **Notfrist** von zwei Wochen, die mit der Zustellung der Entscheidung beginnt, § 569 Abs. 1 ZPO.

cc) Allgemeine Verfahrensvoraussetzungen

570 Zu Parteifähigkeit und Prozessfähigkeit gilt das oben Gesagte entsprechend (→ Rn. 66 ff.). Für die Entscheidung über die sofortige Beschwerde ist, wenn das Vollstreckungsgericht nicht abhilft (→ Rn. 528), das im Instanzenzug **nächsthöhere Gericht** sachlich **zuständig**. Wird eine Entscheidung des Vollstreckungsgerichts angegriffen, ist das Landgericht sachlich zuständig (§ 72 Abs. 1 GVG). Wird eine Entscheidung des Prozessgerichts des ersten Rechtszugs angegriffen, ist das OLG zuständig, sofern es sich bei dem Prozessgericht um ein Landgericht handelt (§ 119 Abs. 1 Nr. 2 GVG).

571 Der Beschwerdeführer muss nach seinem Vortrag in einem eigenen Recht **beeinträchtigt** sein. Beschwert sein können sowohl die Verfahrensbeteiligten als auch Dritte (wie bei § 766 ZPO; → Rn. 543 ff.). Der Gerichtsvollzieher ist nur ausnahmsweise beschwert, etwa dann, wenn das Vollstreckungsgericht ihm zu Unrecht Kosten auferlegt hat (OLG Hamm DGVZ 1994, 27 f.; Zöller/*Stöber* ZPO § 793 Rn. 5; HK-ZPO/*Kindl* § 793 Rn. 4).

572 Ein Rechtsschutzbedürfnis besteht grds. im Zeitraum zwischen dem Beginn und der Beendigung der Zwangsvollstreckung (vgl. zu § 766 ZPO bereits → Rn. 548).

573 **Beispielsfall:** Die Gerichtsvollzieherin GV will die Wohnung des Schuldners S durchsuchen, um für den Gläubiger G Wertgegenstände zu pfänden. Sie holt beim zuständigen Amtsgericht eine richterliche Durchsuchungsanordnung (§ 758a ZPO) ein. Die Richterin erteilt die Durchsuchungsanordnung, ohne S zuvor anzuhören. GV durchsucht daraufhin die Wohnung des S, verlässt sie aber unverrichteter Dinge, weil sie kurzfristig zu einem dringenden Termin muss. S ist der Meinung, dass die Durchsuchungsanordnung rechtswidrig gewesen sei und legt hiergegen form- und fristgerecht sofortige Beschwerde beim zuständigen Gericht ein. Ist diese zulässig?

I. Die Statthaftigkeit der sofortigen Beschwerde setzt voraus, dass es sich bei der richterlichen Durchsuchungsanordnung um eine richterliche Entscheidung handelt, die **im Zwangsvollstreckungsverfahren** ergangen ist. Zwar ist eine Durchsuchungsanordnung nach § 758a Abs. 1 ZPO nur darauf gerichtet, einen Vollstreckungsakt zu ermöglichen. Gleichwohl ergeht sie „im Zwangsvollstreckungsverfahren", weil sie in einem untrennbaren Zusammenhang mit dem eigentlichen Vollstreckungsakt steht (*Brox/Walker* Rn. 1252; Musielak/Voit/*Lackmann* ZPO § 758a Rn. 16).

Möglicherweise handelt es sich bei der Durchsuchungsanordnung aber nicht um eine **Entscheidung**, sondern um eine mit der Vollstreckungserinnerung (§ 766 ZPO) anzugreifende Maßnahme, weil der Schuldner nicht angehört worden ist (so KG NJW 1986, 1180 (1181); Stein/Jonas/*Münzberg* ZPO § 758a Rn. 33; zur Abgrenzung von Maßnahme und Entscheidung bereits → Rn. 528). Zu berücksichtigen ist jedoch, dass die Durchsuchungsanordnung im Hinblick auf ihre **Grundrechtsrelevanz** unter dem Vorbehalt der Verhältnismäßigkeit steht. Die Richterin muss vor Erlass der Durchsuchungsanordnung in jedem Fall die Interessen von Gläubiger und Schuldner umfassend gegeneinander abwägen. Daher ist auch dann von einer richterlichen Entscheidung auszugehen, wenn der Schuldner vor Erlass der Durchsuchungsanordnung nicht gehört worden ist (HK-ZPO/*Kindl* § 758a Rn. 12; Musielak/Voit/*Lackmann* ZPO § 758a Rn. 16; MüKoZPO/*Heßler* § 758a Rn. 71). Mithin ist die sofortige Beschwerde statthaft.

II. Als Adressat der Durchsuchungsanordnung ist S auch beschwert.

III. Fraglich ist zudem, ob das allgemeine **Rechtsschutzbedürfnis** gegeben ist. Die Durchsuchung der Wohnung des S ist bereits abgeschlossen, die richterliche Anordnung ist damit **verbraucht** (vgl. HK-ZPO/*Kindl* § 758a Rn. 6). S könnte mit der sofortigen Beschwerde nur die Feststellung erreichen, dass die Durchsuchungsanordnung rechtswidrig gewesen ist. Ein entsprechendes „Fortsetzungsfeststellungsinteresse" (vgl. wiederum zur Parallele im Verwaltungsprozess § 113 Abs. 1 S. 4 VwGO analog) wird teilweise ganz abgelehnt (so zB LG Frankfurt aM NJW-RR 1987, 1343 (1344); LG Baden-Baden DGVZ 1988, 42), teilweise (nur) dann anerkannt, wenn mit weiteren Durchsuchungsanordnungen gerechnet werden muss (LG Bad Kreuznach DGVZ 1989, 139 f.) oder die Rechtmäßigkeit der Anordnung für die Beurteilung der Rechtmäßigkeit weiterer Vollstreckungsakte, etwa der Pfändung eines Gegenstands während der Durchsuchung, bedeutsam ist (KG NJW-RR 1987, 126; vgl. auch MüKoZPO/*Heßler* § 758a Rn. 71 mwN.). Da GV bei S keine Gegenstände gepfändet hat, dürfte hier mit einer weiteren Durchsuchungsanordnung zu rechnen sein. Unabhängig davon ist aber zu berücksichtigen, dass es sich bei der Durchsuchung der

Wohnung um einen **schwerwiegenden Grundrechtseingriff** (Art. 13 Abs. 2 GG) handelt (vgl. BVerfG NJW 2015, 3432 (3433)). Im Interesse eines effektiven Grundrechtsschutzes wird man das Rechtsschutzbedürfnis bei einer sofortigen Beschwerde gegen richterliche Durchsuchungsanordnungen daher unabhängig von einer prozessualen Überholung der Durchsuchung jedenfalls immer dann bejahen müssen, wenn der Schuldner vor der Durchsuchungsanordnung nicht angehört worden ist (BVerfG NJW 2015, 3432 (3433); Musielak/Voit/*Lackmann* ZPO §758a Rn. 16). Das Rechtsschutzbedürfnis ist damit zu bejahen.

IV. Die sofortige Beschwerde des S ist zulässig.

c) Begründetheit

Die sofortige Beschwerde ist begründet, wenn die angefochtene Entscheidung rechtswidrig ist. Das ist der Fall, wenn sie gegen Verfahrensvorschriften verstößt oder in der Sache unzutreffend ist (HK-ZV/*Handke* ZPO §793 Rn. 15; *Brox/Walker* Rn. 1259); insoweit kann weitgehend auf die Ausführungen zur Vollstreckungserinnerung verwiesen werden (→ Rn. 552 ff.). Richtet sich die sofortige Beschwerde gegen eine **Erinnerungsentscheidung**, ist zu prüfen, ob die Erinnerung nach §766 ZPO zulässig und begründet war. **574**

d) Verfahren

Parteien des Verfahrens sind der Vollstreckungsgläubiger und der Vollstreckungsschuldner oder ein betroffener Dritter. In Ausnahmefällen kann auch der Gerichtsvollzieher Partei sein. Im Beschwerdeverfahren besteht grds. **Anwaltszwang** (§78 Abs. 1 ZPO). Gemäß §§572 Abs. 4, 128 Abs. 4 ZPO kann das Verfahren ohne mündliche Verhandlung stattfinden (**fakultative mündliche Verhandlung**). **575**

Der Richter oder der Rechtspfleger, der die angefochtene Entscheidung erlassen hat, muss der Beschwerde **abhelfen**, sofern er sie für begründet hält; andernfalls ist die Beschwerde unverzüglich dem Beschwerdegericht vorzulegen (§572 Abs. 1 S. 1 ZPO, §11 Abs. 1 RPflG). **576**

e) Entscheidung und Rechtsmittel

Maßgeblich für die Beurteilung von Zulässigkeit und Begründetheit der sofortigen Beschwerde ist der **Zeitpunkt der Beschlussfassung** (BGH NJW-RR 2009, 211 (212); *Brox/Walker* Rn. 1262). Gemäß §571 Abs. 2 S. 1 ZPO sind auch neue Angriffs- und Verteidigungsmittel zu berücksichtigen. Ist die sofortige Beschwerde begründet, wird die angegriffene Entscheidung aufgehoben. Zudem ist erneut über die angefochtene Entscheidung zu entscheiden (Musielak/Voit/*Lackmann* ZPO §793 Rn. 7). So kann die Beschlussformel bspw. lauten: **577**

Der Beschluss des Amtsgerichts vom … Az. … wird aufgehoben.

Der Gerichtsvollzieher wird angewiesen, die Pfändung der … (näher bezeichnete Sache) nicht unter Verweis auf die Unpfändbarkeit nach §811 Abs. 1 Nr. 7 ZPO abzulehnen / die vom Gläubiger am … beantragte Pfändung des … (näher bezeichnete Sache) vorzunehmen.

578 Der Beschluss des Beschwerdegerichts kann mit dem **Rechtsmittel der Rechtsbeschwerde (§574 ZPO)** angefochten werden, sofern das Beschwerdegericht sie zugelassen hat (§574 Abs. 1 Nr. 2, Abs. 3 ZPO).

3. Die Rechtspflegererinnerung (§11 Abs. 2 RPflG)

a) Zweck und Abgrenzung

579 Dem Rechtspfleger sind im Zwangsvollstreckungsverfahren etliche wichtige Geschäfte zugewiesen (vgl. §§3 Nr. 3 lit. a, 20 Abs. 1 Nr. 16 und 17 RPflG; (→ Rn. 37 f.). Gegen **Entscheidungen** des Rechtspflegers ist gem. §11 Abs. 1 RPflG das Rechtsmittel gegeben, das nach den **allgemeinen verfahrensrechtlichen Vorschriften** zulässig ist. Zu fragen ist also, welcher Rechtsbehelf statthaft wäre, wenn die Entscheidung nicht der Rechtspfleger, sondern der **Richter** getroffen hätte. Das ist idR die sofortige Beschwerde (§793 ZPO). Liegt keine Entscheidung des Rechtspflegers, sondern eine **Vollstreckungsmaßnahme** vor, greift §11 RPflG nicht ein. Vielmehr ist die **Vollstreckungserinnerung** (§766 ZPO) einschlägig.

580 **Beispielsfall:** Der Antrag des G auf Erlass eines Pfändungsbeschlusses wird zurückgewiesen. Mit welchem Rechtsbehelf kann sich G dagegen zur Wehr setzen?

Funktionell zuständig für den Erlass des Pfändungsbeschlusses ist das Amtsgericht als Vollstreckungsgericht (§828 ZPO). Gemäß §20 Abs. 1 Nr. 17 S. 1 RPflG ist die Pfändung von Forderungen dem Rechtspfleger übertragen. Bei der Zurückweisung des Antrags des Gläubigers handelt es sich um eine Entscheidung des Rechtspflegers (nicht um eine Vollstreckungsmaßnahme, → Rn. 579), die ohne mündliche Verhandlung ergehen kann. Gemäß §11 Abs. 1 RPflG ist gegen Entscheidungen des Rechtspflegers das Rechtsmittel gegeben, das nach den allgemeinen verfahrensrechtlichen Vorschriften zulässig ist. Hätte der Richter anstelle des Rechtspflegers die Entscheidung getroffen, wäre nach den allgemeinen verfahrensrechtlichen Vorschriften die sofortige Beschwerde (§793 ZPO) statthaft. G kann also sofortige Beschwerde einlegen, §11 Abs. 1 RPflG iVm §793 ZPO.

581 Es gibt seltene Fälle, in denen eine Entscheidung, hätte sie der Richter getroffen, nach den allgemeinen Vorschriften nicht anfechtbar wäre (→ Rn. 582). Entsprechende Entscheidungen des Rechtspflegers unterlägen, wendete man §11 Abs. 1 RPflG an, dann keiner **richterlichen Kontrolle**. Das wäre im Hinblick auf die Rechtsweggarantie nach Art. 19 Abs. 4 GG nicht hinnehmbar (vgl. BVerfG NJW-RR 2001, 1077 (1078)). Für diese Fälle sieht §11 Abs. 2 RPflG mit der Rechtspflegererinnerung einen Rechtsbehelf

vor, der eine richterliche Überprüfung der Entscheidung des Rechtspflegers ermöglicht.

b) Zulässigkeit

aa) Statthaftigkeit

Der Begriff des „Rechtsmittels“ iSv § 11 Abs. 2 RPflG ist weit zu verstehen. Statthaft ist die Rechtspflegererinnerung, wenn die Entscheidung für den Fall, dass sie ein Richter erlassen hätte, unanfechtbar wäre (MüKoZPO/*Hamdorf* RPflG § 11 Rn. 2). Das ist erstens der Fall, wenn das Gesetz keinen Rechtsbehelf gegen die Entscheidung vorsieht (*Lippross/Bittmann* § 21 Rn. 76), wie zB bei einstweiligen Anordnungen nach den § 766 Abs. 1 S. 2 iVm § 732 Abs. 2 oder § 769 Abs. 2 ZPO. Zweitens ist auch dann, wenn ein Rechtsbehelf zwar statthaft ist, seine Voraussetzungen im konkreten Fall aber nicht vorliegen – weil zB die Beschwerdesumme nicht erreicht wird (vgl. BVerfG NJW-RR 2001, 1077 (1078)) –, die Erinnerung nach § 11 Abs. 2 RPflG statthaft (MüKoZPO/*Hamdorf* RPflG § 11 Rn. 2). Ausgeschlossen ist die Rechtspflegererinnerung unter den Voraussetzungen des § 11 Abs. 3 RPflG. **582**

bb) Form und Frist

Nach § 11 Abs. 2 S. 7 RPflG sind die Vorschriften der ZPO über die sofortige Beschwerde auf die Rechtspflegererinnerung sinngemäß anzuwenden. Sie ist daher schriftlich oder durch Erklärung zu Protokoll der Geschäftsstelle bei dem Gericht, dessen Rechtspfleger die angefochtene Entscheidung erlassen hat, einzulegen (§ 569 Abs. 1–3 ZPO). Nach § 13 RPflG besteht für die Einlegung kein Anwaltszwang. Die Erinnerung ist innerhalb einer Frist von zwei Wochen einzulegen, § 11 Abs. 2 S. 1 RPflG. **583**

cc) Allgemeine Verfahrensvoraussetzungen

Zuständig ist das Gericht, dessen Rechtspfleger die angefochtene Entscheidung erlassen hat. Die Zuständigkeit des Richters richtet sich nach § 28 RPflG. Hinsichtlich der sonstigen allgemeinen Verfahrensvoraussetzungen kann auf die entsprechenden Ausführungen zur sofortigen Beschwerde (→ Rn. 570 ff.) verwiesen werden. **584**

c) Begründetheit

Begründet ist die Rechtspflegererinnerung unter denselben Voraussetzungen wie die Vollstreckungserinnerung (→ Rn. 552 ff.). **585**

d) Verfahren und Entscheidung

Der Rechtspfleger, der die angefochtene Entscheidung erlassen hat, kann der Erinnerung nach § 11 Abs. 2 S. 5 RPflG selbst **abhelfen**. Erinnerungen, denen der Rechtspfleger nicht abhilft, legt er dem nach § 28 RPflG zuständigen Richter zur Entscheidung vor, § 11 Abs. 2 S. 6 RPflG. **Parteien** des **586**

Erinnerungsverfahrens sind der Vollstreckungsgläubiger sowie der Vollstreckungsschuldner oder Dritte.

587 Der **Anwaltszwang** für das Verfahren vor dem Richter richtet sich nach den §§78, 571 Abs. 4 ZPO (MüKoZPO/*Hamdorf* RPflG § 11 Rn. 4). Auch hier ist die mündliche Verhandlung fakultativ. Die Entscheidung ergeht durch Beschluss.

588 Sofern die Erinnerung zulässig und begründet ist, wird die Entscheidung des Rechtspflegers aufgehoben. Ein Rechtsmittel gegen die Entscheidung des Richters besteht, wie dargelegt, in diesen Fällen gerade nicht (→ Rn. 581).

4. Die Grundbuchbeschwerde (§71 GBO)

a) Zweck und Abgrenzung

589 Gegen **Entscheidungen des Grundbuchamts** findet nach §71 Abs. 1 GBO das Rechtsmittel der Beschwerde statt. Die Vorschrift erfasst auch die Fälle, in denen das Grundbuchamt als **Vollstreckungsorgan** tätig wird, also zu Gunsten des Gläubigers wegen Vollstreckung einer Geldforderung in das unbewegliche Vermögen des Schuldners eine Zwangshypothek (§§ 866, 867 ZPO, → Rn. 445 ff.) einträgt (*Brox/Walker* Rn. 1294). Entscheidungen des Grundbuchamtes werden nach § 3 Nr. 1 lit. h RPflG idR durch den Rechtspfleger getroffen. §71 Abs. 1 GBO ist über § 11 Abs. 1 RPflG anwendbar (→ Rn. 579).

590 Gemäß §71 Abs. 2 GBO ist die Beschwerde gegen eine Eintragung unzulässig, soweit sie auf die Löschung der Eintragung gerichtet ist (§71 Abs. 2 GBO). Die Vorschrift trägt dem Umstand Rechnung, dass die fehlerhafte Eintragung die Grundlage für einen gutgläubigen Erwerb nach § 892 Abs. 1 BGB ist, ein gutgläubiger Erwerb aber nicht durch die Löschung einer Eintragung rückwirkend ausgeschlossen werden darf (*Lippross/Bittmann* § 42 Rn. 115). Um für die Zukunft einen gutgläubigen Erwerb auszuschließen, sieht §71 Abs. 2 S. 2 GBO jedoch die Möglichkeit vor, unter den Voraussetzungen des §53 Abs. 1 GBO die Eintragung eines Amtswiderspruchs oder die Amtslöschung einer Eintragung zu verlangen (sog. **beschränkte Beschwerde**).

b) Zulässigkeit

aa) Statthaftigkeit

591 Mit der Grundbuchbeschwerde können **Entscheidungen des Grundbuchamts** angegriffen werden, so bspw. die Zurückweisung eines Antrags des Gläubigers auf Eintragung einer Sicherungshypothek am Grundstück des Schuldners. Die beschränkte Beschwerde (§71 Abs. 2 S. 2 GBO) ist im Hinblick auf ihre *ratio* (→ Rn. 590) gegen alle Eintragungen im Grundbuch statthaft, die Grundlage eines gutgläubigen Erwerbs sein können.

Beispiel: Das Grundbuchamt trägt auf Antrag des Gläubigers G am 1.3. eine Zwangshypothek am Grundstück des Schuldners S ein, obwohl G laut Titel erst am 1.6. Zahlung verlangen kann. Das Fehlen der besonderen Vollstreckungsvoraussetzung aus §751 Abs. 1 ZPO kann S nach §71 Abs. 1 GBO geltend machen. Im Übrigen kann er nach §71 Abs. 2 GBO die Eintragung eines Amtswiderspruchs verlangen, weil eine Sicherungshypothek gutgläubig erworben werden kann. 592

bb) Form und Frist

Die Beschwerde kann nach §73 Abs. 1, 2 S. 1 GBO bei dem Grundbuchamt oder bei dem Beschwerdegericht eingelegt werden, und zwar grds. schriftlich oder durch Erklärung zur Niederschrift des Grundbuchamts oder der Geschäftsstelle des Beschwerdegerichts, §73 Abs. 1, 2 S. 1 GBO. Eine Frist ist nicht zu beachten. 593

cc) Zuständigkeit

Hält der Richter oder der Rechtspfleger, der die angegriffene Entscheidung erlassen hat, die Beschwerde für begründet, hilft er ihr ab (§75 GBO). Anderenfalls entscheidet das **Oberlandesgericht**, in dessen Bezirk das Grundbuchamt seinen Sitz hat (§72 GBO). Funktionell zuständig ist ein Zivilsenat (§81 Abs. 1 GBO). 594

dd) Beschwerdeberechtigung und Rechtsschutzbedürfnis

Beschwerdeberechtigt ist, wer durch eine Entscheidung des Grundbuchamts beeinträchtigt wird und ein Interesse daran hat, dass die Entscheidung oder Eintragung beseitigt wird (BeckOK GBO/*Kramer* §71 Rn. 178f. mwN). Sofern der Beschwerdeführer beschwerdeberechtigt ist, besteht grds. auch ein Rechtsschutzbedürfnis (*Demharter* GBO, 32. Aufl. 2021, §71 Rn. 57). 595

c) Begründetheit

Begründet ist die Beschwerde, wenn die Entscheidung des Grundbuchamts rechtswidrig (§71 Abs. 1 GBO) oder das Grundbuch aufgrund der angegriffenen Eintragung unrichtig (§71 Abs. 2 S. 2 GBO) ist. 596

d) Entscheidung, Rechtsmittel

Die Entscheidung ergeht durch Beschluss (vgl. §§72, 75 GBO). Für die Beurteilung von Zulässigkeit und Begründetheit der Beschwerde ist auf den **Beschlusszeitpunkt** abzustellen (vgl. §74 GBO). Ist die Beschwerde gegen die Zurückweisung eines Antrags begründet, wird die Entscheidung des Grundbuchamts aufgehoben und das Grundbuchamt angewiesen, die Eintragung vorzunehmen. Ist eine beschränkte Beschwerde (§71 Abs. 2 S. 2 GBO) begründet, weist das Beschwerdegericht das Grundbuchamt an, einen Amtswiderspruch einzutragen (*Brox/Walker* Rn. 1307). Gegen die Entschei- 597 dung des Oberlandesgerichts ist unter den Voraussetzungen des §78 GBO die **Rechtsbeschwerde** statthaft.

II. Materielle Einwendungen gegen die Durchführung der Zwangsvollstreckung

598 Nach dem Formalisierungsgrundsatz (→ Rn. 47) prüft das Vollstreckungsorgan nicht, ob der Zwangsvollstreckung **materiell-rechtliche Einwendungen** entgegenstehen. Solche Einwendungen können mit den unter I. genannten Rechtsbehelfen, die darauf abzielen, Verfahrensfehler zu rügen, folglich nicht geltend gemacht werden. Sie sind vielmehr im Wege der Vollstreckungsabwehrklage nach §767 ZPO (→ Rn. 600 ff.), der Drittwiderspruchsklage nach §771 ZPO (→ Rn. 662 ff.) oder der Klage auf vorzugsweise Befriedigung nach §805 ZPO (→ Rn. 733 ff.) zu erheben. Beklagter ist in allen Fällen der Vollstreckungsgläubiger.

599

Die Rechtsbehelfe der Zwangsvollstreckung II

Materielle Einwendungen

(= Vollstreckungsklagen)

	Vollstreckungsabwehrklage, § 767	– Drittwiderspruchsklage, § 771 – Klage auf vorzugsweise Befriedigung, § 805
Charakterisierung des Gegenstandes	Einwendungen gegen titulierten Anspruch	Einwendungen gegen den Eingriff in das Vermögen eines Dritten
Berechtigte	Schuldner	Dritter
Zuständigkeit	Prozessgericht 1. Instanz	AG oder LG des Bezirks der Zwangsvollstreckung
Entscheidungsform	Urteil	Urteil
Rechtsmittel	Berufung/ Revision	Berufung/ Revision

1. Die Vollstreckungsabwehrklage (§767 ZPO)

a) Zweck und Abgrenzung

600 Die Vollstreckung als Hoheitsakt ist grds. auch dann rechtmäßig, wenn dem titulierten Anspruch materiell-rechtliche Einwendungen entgegenste-

hen, zB weil der Schuldner den Anspruch bereits erfüllt hat (→ Rn. 478). Da die Vollstreckung als „Akt der Gläubigerbefriedigung" aber durch den vollstreckbaren Anspruch gerechtfertigt wird (MüKoZPO/*K. Schmidt/Brinkmann* § 767 Rn. 1), muss der Schuldner die Möglichkeit haben, dem Gläubiger materiell-rechtliche Einwendungen entgegenzuhalten und die Zwangsvollstreckung zu verhindern. Dem dient die Vollstreckungsabwehrklage (auch Vollstreckungsgegenklage genannt). In das System der Klagearten, das die Leistungsklage, die Feststellungsklage und die Gestaltungsklage kennt (*Pohlmann* ZivilProzR Rn. 141 ff.), lässt sich die Vollstreckungsabwehrklage als **prozessuale Gestaltungsklage** einordnen. Sie ist darauf gerichtet, dem Vollstreckungstitel die Vollstreckbarkeit zu entziehen, gestaltet also die prozessuale Lage um. Soweit die Klage begründet ist, wird die Zwangsvollstreckung aus dem Titel **für unzulässig erklärt**.

Beispiel: G erwirkt einen Zahlungstitel gegen S. Sodann überweist S dem G den geschuldeten Betrag. G will gleichwohl einen PKW des S durch die Gerichtsvollzieherin pfänden lassen: S kann hier Vollstreckungsabwehrklage erheben und die Zwangsvollstreckung aus dem Titel für unzulässig erklären lassen, da dem titulierten Anspruch der materiell-rechtliche Erfüllungseinwand (§ 362 Abs. 1 BGB) entgegensteht. **601**

Die Vollstreckungsabwehrklage ist von einer Reihe anderer Rechtsbehelfe **abzugrenzen**. Vgl. zur Abgrenzung von der **Vollstreckungserinnerung** (§ 766 ZPO) → Rn. 515. Erhebt der Schuldner Einwendungen gegen die Zulässigkeit der Erteilung der Vollstreckungsklausel, ist die Klauselerinnerung nach § 732 ZPO oder die Klauselgegenklage nach § 768 ZPO einschlägig (→ Rn. 514). **602**

Beispiel: Der Schuldner wendet gegenüber der Erteilung einer qualifizierten Klausel nach § 727 ZPO ein, dass der Vollstreckungsgläubiger materiell-rechtlich nicht Rechtsnachfolger des in dem Urteil bezeichneten Gläubigers geworden sei: Statthaft ist hier die Klauselgegenklage nach § 768 ZPO, denn der Schuldner wendet sich nicht gegen den titulierten Anspruch, sondern gegen die Erteilung der Klausel (iE str., → Rn. 780). **603**

Unter den Voraussetzungen des § 256 ZPO kann auch eine **Klage auf Feststellung des Bestehens oder Nichtbestehens des titulierten Anspruchs** erhoben werden. Das Feststellungsinteresse besteht bspw. dann, wenn der Gläubiger bestreitet, dass der Schuldner den titulierten Anspruch erfüllt hat (*Brox/Walker* Rn. 1318). Die Rechtskraft des Gestaltungsurteils nach § 767 ZPO erstreckt sich nämlich nicht auf das (Nicht-)Bestehen des materiell-rechtlichen Anspruchs, sondern allein auf die Vollstreckbarkeit des Titels (*Lackmann* Rn. 489; vgl. dazu noch → Rn. 647). Daher ist das allgemeine Rechtsschutzbedürfnis an einer Feststellungsklage nach § 256 ZPO auch dann anzunehmen, wenn der Schuldner die Klage nach § 767 ZPO erheben könnte (BGH WM 1997, 1280 (1281); *Brox/Walker* Rn. 1318; Musielak/Voit/*Lackmann* ZPO § 767 Rn. 9). **604**

Ebenso wie bei der Vollstreckungsabwehrklage handelt es sich bei der **Drittwiderspruchsklage (§ 771 ZPO)** um eine Klage aus dem materiel- **605** len Recht. Sie wird aber nicht vom Schuldner, sondern von einem Dritten erhoben. Dieser begehrt nicht, die Zwangsvollstreckung aus dem Titel für unzulässig erklären zu lassen. Er will vielmehr erreichen, dass die Zwangsvollstreckung **in einen bestimmten Gegenstand** für unzulässig erklärt wird (vgl. zu Einzelheiten → Rn. 663).

606 **Beispiel:** Der Gerichtsvollzieher pfändet einen PKW, der sich im Gewahrsam der Schuldnerin befindet. D wendet ein, dass der PKW tatsächlich ihm gehöre. Diesen Einwand kann D im Wege der Drittwiderspruchsklage nach §771 Abs. 1 ZPO erheben.

607 Sofern ein Urteil die Verpflichtung zu künftig fällig werdenden wiederkehrenden Leistungen enthält, kann mit der **Abänderungsklage** nach §323 ZPO die Abänderung des Urteils erreicht werden. Diese Klage trägt dem Umstand Rechnung, dass die Festsetzung einer zukünftigen Leistungspflicht eine **Prognose** durch den Richter erfordert (HK-ZPO/*Saenger* §323 Rn. 1). Diese Prognose kann sich nachträglich als unzutreffend erweisen, insbesondere können sich die der Prognose zugrunde gelegten Tatsachen nachträglich ändern.

608 **Beispiel:** S wird zur Zahlung einer monatlichen Schadensersatzrente an G verurteilt, weil diese aufgrund eines von S verschuldeten Unfalls erwerbsunfähig geworden war. Wider Erwarten genest G nach einiger Zeit vollständig.

609 Die Abänderungs- und die Vollstreckungsabwehrklage schließen sich grds. gegenseitig aus (hM, vgl. HK-ZPO/*Saenger* §323 Rn. 17; MüKoZPO/*Gottwald* §323 Rn. 3). Ihre Abgrenzung fällt nicht leicht. Diese ist unter anderem wegen der unterschiedlichen Gerichtszuständigkeit (§§767 Abs. 1, 802 ZPO für die Vollstreckungsabwehrklage; §§323, 12ff. ZPO, §§238, 232 FamFG für die Abänderungsklage) sowie im Hinblick darauf von Bedeutung, dass die Beschränkung des §323 Abs. 3 ZPO nur für die Abänderungsklage gilt (*Lippross/Bittmann* §47 Rn. 13).

610 Nach dem Zweck der Abänderungsklage fallen unter §323 ZPO solche Einwendungen, die sich auf die **Prognose**, die der Richter über die künftige Leistungspflicht getroffen hat, auswirken. Der Kläger muss also geltend machen, dass sich die ursprüngliche Prognoseentscheidung aufgrund neu eingetretener Tatsachen als unrichtig erweist (Musielak/Voit/*Borth* ZPO §323 Rn. 15; ähnlich – abweichende Entwicklung des rechtsbegründenden Tatbestandes – HK-ZPO/*Saenger* §323 Rn. 17; *Brox/Walker* Rn. 1320; *Baur/Stürner/Bruns* Rn. 45.32; MüKoZPO/*Gottwald* §323 Rn. 37). Das betrifft vor allem Umstände, die Auswirkungen auf die wirtschaftlichen Verhältnisse haben, von denen die Leistungspflicht des Schuldners nach dem Urteil abhängt (Musielak/Voit/*Borth* ZPO §323 Rn. 15).

611 **Beispiel:** In dem Beispiel → Rn. 608 lag der Verurteilung des S eine Prognose über die Erwerbsfähigkeit und damit die wirtschaftlichen Verhältnisse der G zugrunde. Diese Prognose hat sich im Nachhinein aufgrund neu eingetretener Tatsachen als unrichtig erwiesen, da G nicht mehr erwerbsunfähig ist und daher entgegen der richterlichen

Prognose selbst für ihren Erwerb sorgen kann. Diesen Einwand muss S im Wege der Abänderungsklage geltend machen.

Demgegenüber sind mit der Vollstreckungsabwehrklage alle sonstigen Einwendungen zu erheben, welche die einmal getroffene Prognoseentscheidung des Richters unberührt lassen und auch dann mit der Vollstreckungsabwehrklage nach §767 ZPO gerügt würden, wenn es §323 ZPO nicht gäbe, also bspw. Erfüllung, Aufrechnung, Erlass (Musielak/Voit/*Borth* ZPO §323 Rn. 15). **612**

Beispiel: G verzichtet gegenüber S auf einen Teil der Schadensersatzrente: Diesen Einwand müsste S im Wege der Vollstreckungsabwehrklage geltend machen, weil der teilweise Verzicht durch G die richterliche Prognoseentscheidung als solche unberührt lässt. **613**

Im Hinblick auf die verbleibenden Abgrenzungsprobleme ist jedoch anerkannt, dass beide Klagen hilfsweise miteinander verbunden werden können (BGH FamRZ 79, 573 (575); HK-ZPO/*Saenger* §323 Rn. 19). **614**

b) Zulässigkeit

aa) Statthaftigkeit

Die Vollstreckungsabwehrklage ist statthaft, wenn der Kläger **materielle Einwendungen gegen den titulierten Anspruch** geltend macht (→ Rn. 600). Für die Zulässigkeit kommt es nicht darauf an, ob die Einwendung schlüssig vorgetragen ist; dies ist eine Frage der Begründetheit der Klage (→ Rn. 626 ff.). **615**

Eine Vollstreckungsabwehrklage kommt nur in Betracht, soweit der Titel auf eine **Leistung** des Schuldners gerichtet ist. Eine Vollstreckungsabwehrklage gegenüber Feststellungs- oder Gestaltungsurteilen scheidet aus (*Lippross/Bittmann* §47 Rn. 20; *Baur/Stürner/Bruns* Rn. 45.4). **616**

Unmittelbar anwendbar ist §767 ZPO auf Leistungsurteile. Für die in §794 ZPO genannten Titel gilt §767 ZPO entsprechend, §795 S. 1 ZPO. **617**

bb) Allgemeine Verfahrensvoraussetzungen

Keine Besonderheiten gelten im Hinblick auf die Partei- und Prozessfähigkeit (vgl. insoweit → Rn. 66 ff.). **Prozessführungsbefugt** ist nach dem Wortlaut von §767 Abs. 1 ZPO „der Schuldner“, also derjenige, der im Titel oder in der gegen den Rechtsnachfolger erteilten Klausel als Schuldner genannt ist (BGH BeckRS 2016, 1912 Rn. 17). **618**

Bei der **Zuständigkeit** ist nach der Art des Titels zu differenzieren: Richtet sich die Klage gegen ein **Urteil**, ist ohne Rücksicht auf den Wert des Streitgegenstandes das Prozessgericht des ersten Rechtszugs sachlich und örtlich ausschließlich zuständig, §§767 Abs. 1, 802 ZPO. So wird gewährleistet, dass das Gericht, das den Titel erlassen hat, seine Sachkunde auch in das Verfahren über die Vollstreckungsabwehrklage einbringen kann (*Lippross/Bittmann* §46 Rn. 16). **619**

620 Die Zuständigkeit bemisst sich auch dann nach §767 Abs. 1 ZPO, wenn sich die Klage gegen einen **Prozessvergleich** richtet. Zuständig ist mithin das Gericht, bei dem der Rechtsstreit in erster Instanz anhängig war (BGH NJW 1980, 188 (189); MüKoZPO/*K. Schmidt/Brinkmann* §767 Rn. 52).

621 Richtet sich die Klage gegen einen **Vollstreckungsbescheid**, ist das Gericht ausschließlich zuständig, das für die Entscheidung im Streitverfahren zuständig gewesen wäre, §§796 Abs. 3, 802 ZPO.

622 Bei **vollstreckbaren Urkunden** ist das Gericht örtlich ausschließlich zuständig, bei dem der Schuldner im Inland seinen allgemeinen Gerichtsstand hat, §797 Abs. 5 ZPO. „Schuldner" iSd Vorschrift ist im Fall der Vollstreckungsabwehrklage der Kläger. Die sachliche Zuständigkeit richtet sich nach den allgemeinen Vorschriften der §1 ZPO, §§23, 71 GVG. In den Fällen des §800 ZPO ist das Gericht örtlich ausschließlich zuständig, in dessen Bezirk das Grundstück belegen ist, §800 Abs. 3 ZPO.

623 Der **Klageantrag** ist darauf gerichtet, die Zwangsvollstreckung aus dem (genau bezeichneten) Titel (gegenüber einer bestimmten Person) ganz oder teilweise für unzulässig zu erklären.

624 Das **Rechtsschutzbedürfnis** für eine Vollstreckungsabwehrklage besteht, sobald ein Vollstreckungstitel vorliegt. Unerheblich ist, ob der Titel wirksam ist, die Vollstreckungsklausel bereits erteilt wurde oder mit der Zwangsvollstreckung bereits begonnen worden ist (MüKoZPO/*K. Schmidt/Brinkmann* §767 Rn. 43). Das Rechtsschutzbedürfnis entfällt, wenn die Zwangsvollstreckung beendet und dem Vollstreckungsschuldner der Titel ausgehändigt worden ist (HK-ZPO/*Kindl* §767 Rn. 17; *Lippross/Bittmann* §47 Rn. 27). Aber auch wenn ein einfacherer Weg beschritten werden kann, um die Vollstreckung aus dem Titel zu unterbinden, besteht kein Rechtsschutzbedürfnis für die Vollstreckungsabwehrklage. Wendet der Kläger bspw. die Unwirksamkeit eines Prozessvergleichs ein, kann die Fortsetzung des früheren Verfahrens ein einfacherer Weg sein.

625 **Beispielsfall:** S hat sich in einem vor dem Amtsgericht geschlossenen Prozessvergleich zur Zahlung von 4.000 Euro an G wegen eines Kaufvertrages über einen Oldtimer verpflichtet. Im Gegenzug hat sich G dazu verpflichtet, näher spezifizierte Reparaturarbeiten an dem Oldtimer vorzunehmen. Nachdem G ihrer Verpflichtung nachgekommen ist, erhebt S vor dem zuständigen Gericht Vollstreckungsabwehrklage, weil er bei Abschluss des Prozessvergleichs von G arglistig getäuscht worden sei. Besteht für eine derartige Klage ein Rechtsschutzbedürfnis?

Nach der hM können mit der Vollstreckungsgegenklage nur solche Einwendungen erhoben werden, die erst nach Abschluss des Prozessvergleichs eingetreten sind und nicht zu dessen rückwirkender Unwirksamkeit führen (zB Rücktritt nach §323 BGB oder Wegfall der Geschäftsgrundlage nach §313 BGB). Macht der Kläger demgegenüber Einwendungen geltend, aufgrund derer der Vergleich von Anfang an unwirksam ist (zB Anfechtung gem. §123 BGB, Unwirksamkeit nach §779 BGB – §767 Abs. 2 präkludiert die Einwendungen nicht, da Vergleich!), sei eine Vollstreckungsabwehrklage mangels Rechtsschutzbedürfnisses unzulässig. Über die Einwendungen müsse vielmehr durch Fortsetzung des früheren Verfahrens entschieden werden (vgl. BGH NJW 1958, 1970; NJW 1977, 583; MüKoZPO/*K. Schmidt/Brinkmann* § 767 Rn. 13; HK-ZPO/*Kindl* § 767 Rn. 5; *Lippross/Bittmann* § 47 Rn. 22). Für die Fortsetzung des früheren Verfahrens sprechen prozessökonomische Gesichtspunkte: So wird ein neues Verfahren vermieden, und über die Wirksamkeit des Vergleichs muss idR derselbe Richter entscheiden, der an dem Vergleich mitgewirkt hat und insoweit bereits Kenntnis vom Rechtsstoff hat (BGH NJW 1977, 583; für eine Fortsetzung des früheren Verfahrens auch bei Einwendungen nach Abschluss des Vergleichs *Brox/Walker* Rn. 1334). Da die Anfechtung des Prozessvergleichs zu dessen rückwirkender Nichtigkeit führt (§ 142 Abs. 1 BGB), ist das ursprüngliche Verfahren zwischen G und S folglich fortzuführen. Die Vollstreckungsgegenklage des S ist mithin mangels Rechtsschutzbedürfnisses unzulässig.

c) Begründetheit

Die Vollstreckungsabwehrklage ist begründet, wenn dem Kläger eine Einwendung gegen den titulierten „Anspruch selbst" (§ 767 Abs. 1 ZPO) zusteht (→ Rn. 628 ff.) und diese nicht präkludiert ist (§ 767 Abs. 2, 3 ZPO; → Rn. 631 ff.). 626

Klausurhinweis: In Klausuren, die eine Vollstreckungsabwehrklage zum Gegenstand haben, liegt ein Schwerpunkt regelmäßig auf der Frage, ob dem Kläger nach dem materiellen Recht eine Einwendung gegen den titulierten Anspruch zusteht. Dies ist ggf. umfassend im Rahmen der Begründetheit zu prüfen. 627

aa) Materiell-rechtliche Einwendung

Als materiell-rechtliche Einwendungen kommen in erster Linie rechtsvernichtende und rechtshemmende Einwendungen in Betracht. **Rechtsvernichtende Einwendungen** sind solche, die zum Erlöschen des titulierten Anspruchs führen, also bspw. Erfüllung (§§ 362 ff. BGB), Erlass (§ 397 BGB), Aufrechnung (§ 389 BGB), nachträgliche Unmöglichkeit der Leistung (§ 275 BGB), Eintritt einer auflösenden Bedingung (§ 158 Abs. 2 BGB), Rücktritt oder Minderung nach den §§ 437 Nr. 2, 441, 323, 326 Abs. 5 BGB. 628

Rechtshemmende Einwendungen (Einreden iSd BGB) sind solche, die der Durchsetzbarkeit des Anspruchs entgegenstehen, also bspw. die Einrede der Verjährung (§ 214 Abs. 1 BGB), das Zurückbehaltungsrecht (§ 273 BGB) oder die COVID-19-Einrede nach Art. 240 § 1 Abs. 1 und 2 EGBGB. 629

Rechtshindernde Einwendungen stehen bereits der Entstehung des Anspruchs entgegen, so wie die Nichtigkeit des Vertrages nach den §§ 125, 134, 138, 142 BGB. Diese Einwendungen kann der Schuldner grds. **nicht** mit der Vollstreckungsabwehrklage geltend machen, weil sie regelmäßig nach Abs. 2 präkludiert sind (→ Rn. 631 ff.). Etwas anderes gilt aber bei vollstreckbaren Urkunden, weil § 767 Abs. 2 ZPO bei diesen nach § 797 Abs. 4 ZPO nicht anwendbar ist (→ Rn. 639). 630

bb) Keine Präklusion

(1) §767 Abs. 2 ZPO

631 Die Vollstreckungsabwehrklage soll nicht den Rechtsschutz gegen den Titel selbst erweitern (*Muthorst* §22 Rn. 28). Hat es der Schuldner versäumt, eine Einwendung schon in einem früheren Verfahren zu erheben, ist er nicht schutzwürdig (*Brox/Walker* Rn. 1339). Daher sind nach §767 Abs. 2 ZPO Einwendungen nur insoweit zulässig, als sie nicht bereits in einem früheren Verfahren hätten geltend gemacht werden können.

(a) Präklusion bei Urteilen

632 Eine Vollstreckungsabwehrklage gegen ein Urteil kann nur auf Einwendungen gestützt werden, die **nach dem Schluss der letzten mündlichen Verhandlung in der letzten Tatsacheninstanz** entstanden sind (Musielak/Voit/*Lackmann* ZPO §767 Rn. 32). Die Präklusionswirkung des §767 Abs. 2 ZPO sichert insoweit die Rechtskraft von Urteilen, die unanfechtbar geworden sind (etwa *Lippross/Bittmann* §47 Rn. 33). Die Rechtskraft ist zeitlich grundsätzlich auf den Schluss der letzten mündlichen Verhandlung in der letzten Tatsacheninstanz begrenzt (*Pohlmann* ZivilProzR Rn. 715). Für die Präklusionswirkung nach §767 Abs. 2 ZPO kommt es grds. allein auf die **objektive Möglichkeit** an, die Einwendung **zu erheben**. Unerheblich ist, ob der Schuldner Kenntnis von der Einwendung hatte oder haben konnte (BGHZ 61, 25 (26); Musielak/Voit/*Lackmann* ZPO §767 Rn. 33).

633 Probleme bereitet die Präklusionswirkung nach §767 Abs. 2 ZPO, wenn der Schuldner nach dem maßgeblichen Zeitpunkt ein **selbstständiges Gestaltungsrecht** ausübt, also bspw. die Aufrechnung, die Anfechtung, den Rücktritt vom Vertrag oder den Widerruf erklärt, er das Gestaltungsrecht aber objektiv schon im Zeitpunkt der letzten mündlichen Verhandlung hätte ausüben können:

634 **Beispielsfall:** S ist zur Zahlung iHv 10.000 Euro an G aufgrund eines Kaufvertrages über einen gebrauchten Oldtimer verurteilt worden. Nachdem das Urteil rechtskräftig geworden ist, erklärt S den Rücktritt vom Kaufvertrag, weil es sich bei dem Oldtimer – was zutrifft – entgegen der Zusage des G um einen Unfallwagen handelt. Sodann erhebt S vor dem zuständigen Gericht Vollstreckungsabwehrklage. Hat die Klage Erfolg?

I. Die Klage ist als Vollstreckungsabwehrklage statthaft, weil S mit dem Rücktrittseinwand eine materielle Einwendung gegen den titulierten Anspruch erhebt (Erlöschen des Anspruchs nach §346 Abs. 1 BGB). Die allgemeinen Verfahrensvoraussetzungen liegen vor. Insbesondere besteht das Rechtsschutzbedürfnis, sobald ein Titel vorliegt. Die Klage ist zulässig.

II. Die Klage ist begründet, wenn dem Kläger eine materiell-rechtliche Einwendung gegen den titulierten Anspruch zusteht und die Einwendung nicht präkludiert ist.

1. S stand ein Rücktrittsrecht nach den §§437 Nr. 2, 434, 326 Abs. 5 BGB zu, da es sich bei dem Oldtimer entgegen der Zusage des V um einen Unfallwagen handelt.

2. Fraglich ist, ob die Einwendung nach §767 Abs. 2 ZPO präkludiert ist. Im Zeitpunkt der letzten mündlichen Verhandlung bestand die Kaufpreisforderung des G noch, weil S den Rücktritt vom Kaufvertrag noch nicht erklärt hatte. Andererseits hätte S schon im Zeitpunkt der letzten mündlichen Verhandlung objektiv die Möglichkeit gehabt, sein Gestaltungsrecht auszuüben. Zu klären ist also, ob für die Präklusion die Entstehung oder die Ausübung des Rücktrittsrechts maßgeblich ist.

Nach der Rechtsprechung und Teilen der Literatur kommt es für die Präklusionswirkung nach §767 Abs. 2 ZPO bei **selbstständigen Gestaltungsrechten** (zB Aufrechnung, Anfechtung, Rücktritt, Widerruf) auf die objektive Möglichkeit der Rechtsausübung im Zeitpunkt der letzten mündlichen Verhandlung an. Nur so könnten die Rechtskraft des Urteils sowie die Vollstreckbarkeit des Titels angemessen geschützt werden (vgl. zB BGH NJW 2005, 2926 (2927); NJW-RR 2010, 1598; *Lippross/Bittmann* §47 Rn. 34; MüKoZPO/*K. Schmidt/Brinkmann* §767 Rn. 84, 86 mwN). Demnach wäre die Einwendung des S hier präkludiert. In der Literatur wird demgegenüber eingewandt, dass die Rechtsänderung – bspw. das Erlöschen der Forderung nach §346 Abs. 1 BGB – nicht schon dann eintritt, wenn das Gestaltungsrecht objektiv besteht, sondern erst dann, wenn das Gestaltungsrecht auch ausgeübt wird. Übt der Schuldner, wie hier, das Gestaltungsrecht erst nach dem Schluss der letzten mündlichen Verhandlung aus, sei er folglich nicht präkludiert (Musielak/Voit/*Lackmann* ZPO §767 Rn. 37; *Lackmann* Rn. 520; *Brox/Walker* Rn. 1346; HK-ZPO/*Kindl* §766 Rn. 22). Für diese Auffassung spricht, dass das Entstehen einer Einwendung nicht durch das Prozessrecht, sondern durch das materielle Recht bestimmt wird. Dieses sieht für die Ausübung von Gestaltungsrechten aber oft Fristen vor (vgl. zB §§121, 124, 312d Abs. 1, 355 Abs. 4 BGB). Die Auffassung der Rechtsprechung hat zur Folge, dass der Schuldner daran gehindert wird, die ihm nach materiellem Recht eingeräumten zeitlichen Spielräume auszunutzen (Musielak/Voit/*Lackmann* ZPO §767 Rn. 37; *Brox/Walker* Rn. 1346; HK-ZPO/*Kindl* §766 Rn. 22). Das gilt auch für den Rücktritt vom Kaufvertrag wegen eines Sachmangels, denn dieser wäre gem. §438 Abs. 4 S. 1 iVm §218 Abs. 1 S. 1 BGB erst nach zwei Jahren, im Falle der Arglist des G sogar erst nach drei Jahren (§§438 Abs. 3 S. 1, Abs. 4 S. 1, 218 Abs. 1 S. 1 iVm §195 BGB) ausgeschlossen. Die besseren Gründe sprechen deshalb dafür, dass der Einwand des S nicht präkludiert ist.

III. Die Vollstreckungsabwehrklage des S ist mithin begründet und hat damit Erfolg.

Bei **Versäumnisurteilen** ist für die Präklusionswirkung der Zeitpunkt des Ablaufs der Einspruchsfrist maßgeblich, vgl. §767 Abs. 2 aE ZPO. 635

Beispiel (nach OLG Hamm NJW-RR 2000, 659): S wird durch Versäumnisurteil zur Zahlung von 1.000 Euro an G verurteilt. Am nächsten Tag überweist S der G den entsprechenden Betrag. Bald darauf wird das Urteil zugestellt. Drei Wochen nach Zustellung des Versäumnisurteils an S betreibt G aus dem Urteil die Zwangsvollstreckung. S erhebt Vollstreckungsabwehrklage und macht die Erfüllung der titulierten Forderung geltend. Die Vollstreckungsabwehrklage kann bei einem Versäumnisurteil nach dem Wortlaut von §767 Abs. 2 aE ZPO nur auf Einwendungen gestützt werden, die erst **nach dem Ablauf der Einspruchsfrist** (vgl. insoweit §339 ZPO) entstanden sind (BGH NJW 1982, 1812; Musielak/Voit/*Lackmann* ZPO §767 Rn. 38). Danach wäre S präkludiert; er hätte Einspruch (§338 ZPO) einlegen können. Folgt man dem, müsste S sich um eine Quittung der G bemühen und nach §§775 Nr. 5, 776 ZPO vorgehen. 636

Nach aA (OLG Hamm NJW-RR 2000, 659f.) kann S nicht auf das Einspruchsverfahren verwiesen werden, weil er mit einer Vollstreckung zu dem Zeitpunkt nicht rechnen musste. Ihm steht dann §767 ZPO offen.

(b) Präklusion bei anderen gerichtlichen Entscheidungen

637 Bei anderen gerichtlichen Entscheidungen, die keine Urteile sind, aus denen aber die Zwangsvollstreckung möglich ist, gilt §767 Abs. 2 ZPO entsprechend.

638 Für **Vollstreckungsbescheide** bestimmt §796 Abs. 2 ZPO, dass Einwendungen gegen den titulierten Anspruch nur insoweit zulässig sind, als die Gründe, auf denen sie beruhen, nach Zustellung des Vollstreckungsbescheids entstanden sind und durch Einspruch nicht mehr geltend gemacht werden können

(c) Präklusion bei vollstreckbaren Urkunden und Prozessvergleichen

639 §767 Abs. 2 ZPO soll die Rechtskraft unanfechtbarer Entscheidungen sichern. Die Vorschrift findet nach **§797 Abs. 4 ZPO** daher keine Anwendung auf vollstreckbare Urkunden iSv §794 Abs. 1 Nr. 5 ZPO, denn sie sind **nicht der Rechtskraft fähig**. Der Schuldner kann daher uneingeschränkt selbst **rechtshindernde** Einwendungen (→ Rn. 630) gegen den titulierten Anspruch erheben.

640 Für **Prozessvergleiche** (§794 Abs. 1 Nr. 1 ZPO) fehlt eine §797 Abs. 4 ZPO vergleichbare Regelung. Da Prozessvergleiche aber ebenfalls **nicht rechtskraftfähig** sind, greift auch für sie §767 Abs. 2 ZPO nicht ein.

(2) §767 Abs. 3 ZPO

641 Eine weitere Präklusionsvorschrift enthält §767 Abs. 3 ZPO. Die Vorschrift erfasst Konstellationen, in denen der Schuldner **wiederholt Vollstreckungsgegenklage** erhebt. Bereits in der ersten Klage nach §767 ZPO soll er alle Einwendungen geltend machen, die er bis zum Schluss der letzten mündlichen Verhandlung geltend zu machen imstande ist. Die Vorschrift soll verhindern, dass der Schuldner die Zwangsvollstreckung verschleppt, indem er sukzessive Einwendungen im Wege des §767 ZPO erhebt (BGH NJW 1994, 460 (462)). Daher ist die Vorschrift auch auf solche Titel anwendbar, die nicht der Rechtskraft fähig sind (*Lippross/Bittmann* §47 Rn. 44).

642 Nach dem Wortlaut von §767 Abs. 3 ZPO kann der Kläger mit einer Einwendung nur dann präkludiert sein, wenn er dazu imstande war, sie mit der ersten Vollstreckungsabwehrklage geltend zu machen. Daraus ergibt sich zweierlei:

- Erstens muss der Kläger nach den verfahrensrechtlichen Vorschriften überhaupt befugt gewesen sein, die Einwendung im Rahmen des ersten Prozesses zu erheben, denn sonst stünden ihm keine Rechtsschutzmöglichkeiten offen (*Brox/Walker* Rn. 1355).

- Zweitens spricht der von § 767 Abs. 2 ZPO abweichende Wortlaut („geltend zu machen imstande war") richtigerweise dafür, dass der Kläger nach Abs. 3 mit einer Einwendung nur dann präkludiert ist, wenn er sie im ersten Prozess **schuldhaft** nicht erhoben hat.

Beispielsfall: S ist zur Zahlung von 2.000 Euro an G verurteilt worden. Kurze Zeit später erhebt S mit der Begründung Vollstreckungsabwehrklage, dass sie den titulierten Anspruch durch Zahlung erfüllt habe. Die Klage wird rechtskräftig abgewiesen. S erhebt abermals Klage nach § 767 ZPO und beruft sich nunmehr darauf, dass sie gegen die titulierte Forderung des G mit einer eigenen Schadensersatzforderung iHv 2.000 Euro aufgerechnet habe. G wendet zutreffend ein, dass die Schadensersatzforderung der S zwar noch nicht bei Erhebung der ersten Vollstreckungsgegenklage des S, wohl aber während des Verfahrens über diese Klage entstanden ist und S auch schon in dem Verfahren Kenntnis von ihrem Anspruch hatte. Ist die zulässige Klage der S begründet? 643

I. Nach den Sachverhaltsangaben ist davon auszugehen, dass S ein Schadensersatzanspruch iHv 2.000 Euro gegen G zusteht und S gegenüber G auch wirksam die Aufrechnung erklärt hat.

II. Fraglich ist, ob S mit dieser materiell-rechtlichen Einwendung (§ 389 BGB) nach § 767 Abs. 3 ZPO präkludiert ist.

1. Das setzt voraus, dass S aus prozessualen Gründen überhaupt dazu befugt war, im ersten Prozess, den sie nach § 767 ZPO geführt hat, die Einwendung der Aufrechnung zu erklären. Da S die erste Vollstreckungsgegenklage ursprünglich damit begründet hatte, dass sie die titulierte Forderung erfüllt habe, hätte sie den Aufrechnungseinwand nur dann geltend machen können, wenn dies keine (§ 264 ZPO) oder aber eine zulässige Klageänderung (§ 263 ZPO) darstellt. Auf Grundlage der Theorie vom eingliedrigen Streitgegenstandsbegriff (zum Streitgegenstand im Zivilprozess *Pohlmann* ZivilProzR Rn. 315 ff.) wird zum Teil davon ausgegangen, dass **Streitgegenstand der Vollsteckungsgegenklage** allgemein die Unzulässigkeit der Zwangsvollstreckung aus dem angegriffenen Titel sei. Demnach ist der Austausch der erhobenen Einwendung schon nicht als Klageänderung zu qualifizieren (vgl. zB *Bötticher* JZ 1966, 615 (616); MüKoZPO/*K. Schmidt/Brinkmann* § 767 Rn. 41), so dass S bereits in der ersten Vollstreckungsgegenklage auch den Aufrechnungseinwand hätte geltend machen können. Nach der Theorie vom zweigliedrigen Streitgegenstandsbegriff ist Streitgegenstand der Vollstreckungsgegenklage hingegen die Unzulässigkeit der Zwangsvollstreckung aus einem Titel wegen einer ganz bestimmten Einwendung als vorgetragenem Sachverhalt (*Brox/Walker* Rn. 1356). Es liegt danach eine Klageänderung vor, wenn der Kläger seine ursprüngliche Vollstreckungsgegenklage nach Rechtshängigkeit auf eine andere Einwendung stützt (BGHZ 45, 231 (232 ff.)). Wenn der Kläger die Vollstreckungsgegenklage auf eine neue Einwendung stützt, ist jedoch grds. von der Sachdienlichkeit dieser Klageänderung auszugehen, weil der Kläger durch § 767 Abs. 3 ZPO zur Klageänderung gezwungen wird (Zöller/*Herget* ZPO § 766 Rn. 22; *Brox/Walker* Rn. 1356; *Lippross/Bittmann* § 47 Rn. 44). Auch nach dieser Auffassung hätte S den Aufrechnungseinwand folglich schon im Rahmen der ersten Vollstreckungsgegenklage geltend machen können. Folglich wäre S mit ihrem Aufrechnungseinwand nach beiden Auffassungen gem. § 767 Abs. 3 ZPO grds. präkludiert.

2. Umstritten ist, ob der Einwendungsausschluss nach §767 Abs. 3 ZPO voraussetzt, dass der Schuldner die Einwendung im ersten Prozess **schuldhaft** nicht erhoben hat. Dafür spricht der von §767 Abs. 2 ZPO abweichende Wortlaut des §767 Abs. 3 ZPO („geltend zu machen imstande war"). Zudem kommt die *ratio* von Abs. 3, Prozessverschleppungen zu verhindern, nur zum Tragen, wenn der Schuldner eine Einwendung schuldhaft nicht erhoben hat (so etwa *Brox/Walker* Rn. 1357; HK-ZPO/*Kindl* §767 Rn. 24; Musielak/Voit/*Lackmann* ZPO §767 Rn. 42; nach der Gegenmeinung genügt die objektive Möglichkeit, die Einwendung zu erheben, vgl. etwa BGH WM 1986, 1032 (1033); MüKoZPO/*K. Schmidt/Brinkmann* §767 Rn. 94). Da S nach dem Sachverhalt jedoch schon während des Verfahrens der ersten Vollstreckungsgegenklage Kenntnis von ihrer Aufrechnungsmöglichkeit hatte, ist davon auszugehen, dass sie den Aufrechnungseinwand schuldhaft nicht erhoben hat. Damit ist S auch auf dem Boden der hier vertretenen Auffassung mit dem Aufrechnungseinwand nach §767 Abs. 3 ZPO präkludiert.

III. Die Klage der S ist unbegründet.

d) Verfahren und einstweilige Anordnungen

644 Entschieden wird über die Vollstreckungsgegenklage im Rahmen eines **Erkenntnisverfahrens**. Die Klage hemmt die Vollstreckung nicht, weshalb §769 ZPO Maßnahmen des einstweiligen Rechtsschutzes vorsieht.

e) Entscheidung und Rechtsmittel

645 Ist die Klage begründet, wird die Zwangsvollstreckung aus dem Titel für unzulässig erklärt. Die Kostenentscheidung richtet sich nach den §§91 ff. ZPO, die Entscheidung über die vorläufige Vollstreckbarkeit nach den §§708 ff. ZPO (→ Rn. 86).

646 Soweit die Klage des Schuldners Erfolg hat, entfaltet das Urteil **Gestaltungswirkung**, da das angegriffene Urteil seine Vollstreckbarkeit verliert.

647 Die Rechtskraftwirkung eines Urteils nach §767 ZPO erstreckt sich grds. nur auf die Vollstreckbarkeit des Titels, denn nur sie ist Streitgegenstand der Klage (hM; → Rn. 604). Über den Bestand des titulierten Anspruchs oder das (Nicht-)Bestehen der geltend gemachten Einwendungen wird demgegenüber nach hM nicht rechtskräftig entschieden (BGH NJW-RR 2008, 1512 (1513); HK-ZPO/*Kindl* §767 Rn. 25; *Brox/Walker* Rn. 1373 ff.; aA MüKoZPO/*K. Schmidt/Brinkmann* §767 Rn. 99: Rechtskraft erfasst auch die Einwendungen des Klägers; nach dem Sinngehalt des Urteils differenzierend *Lippross/Bittmann* §47 Rn. 51).

648 **Beispiel:** S erhebt mit der Begründung Vollstreckungsabwehrklage gegen G, dass der titulierte Anspruch der G durch Erfüllung (§362 BGB) erloschen sei. Die Klage wird rechtskräftig abgewiesen, weil S die Erfüllung nicht beweisen konnte. Später verklagt S die G mit der Begründung auf Schadensersatz, dass G trotz Erfüllung der Forderung die Zwangsvollstreckung betrieben habe: Dieser Klage des S steht nach hM nicht die Rechtskraft des Urteils nach §767 ZPO entgegen.

Eine Ausnahme erkennt die hM aber für die Aufrechnung an: Hier soll § 322 Abs. 2 ZPO, der direkt nur für die Aufrechnung des Beklagten gilt, analog zur Anwendung kommen (BGH NJW 1968, 156 f.; Musielak/Voit/*Lackmann* ZPO § 767 Rn. 46). 649

Beispiel: S erhebt mit der Begründung Vollstreckungsabwehrklage gegen G, dass der titulierte Anspruch des G durch Aufrechnung seitens der S erloschen sei (§ 389 BGB). Die Klage wird rechtskräftig abgewiesen, weil die zur Aufrechnung gestellte Forderung der S nicht bestand. Einer Leistungsklage der S, mit der diese die zur Aufrechnung gestellte Forderung gegen G einklagt, stünde analog § 322 Abs. 2 ZPO die Rechtskraft des Urteils nach § 767 ZPO entgegen. 650

Gegen das auf eine Vollstreckungsgegenklage ergangene Urteil kann Berufung (§ 511 ZPO) und ggf. Revision (§ 542 ZPO) eingelegt werden. 651

f) Prozessuale Gestaltungsklage analog § 767 ZPO (Titelgegenklage)

Erhebt der Kläger **Einwendungen gegen den Titel selbst** – nicht gegen den titulierten Anspruch –, ist § 767 Abs. 1 ZPO analog anwendbar (BGHZ 124, 164 (170 f.); BGH NJW 2015, 1181; *Kaiser* NJW 2010, 2933 (2933 ff.); *Özen/Hein* JuS 2010, 124 ff.). Diese sog. **Titelgegenklage** ist ebenso wie die Vollstreckungsabwehrklage darauf gerichtet, die Vollstreckung aus dem Titel für unzulässig zu erklären. 652

Die Titelgegenklage ist zunächst dann **statthaft**, wenn der Schuldner einwendet, dass der Titel unabhängig von dem materiell-rechtlichen Anspruch aus **materiell-rechtlichen Gründen** unwirksam sei. 653

Beispiel: Der Kläger wendet gegen die Zwangsvollstreckung aus einer notariellen Unterwerfungserklärung (§ 794 Abs. 1 Nr. 5 ZPO) ein, dass die Unterwerfungserklärung nach § 307 BGB oder wegen Nichtigkeit der Prozessvollmacht unwirksam sei. 654

Wendet der Kläger ein, dass der Titel aus **formellen Gründen unwirksam** sei, ist die Titelgegenklage nach der Rechtsprechung des BGH statthaft, wenn nicht allein die prozessuale Ordnungsgemäßheit des Titels gerügt wird (BGH NJW 2015, 1181 f.). 655

Beispiel: Der Kläger wendet ein, dass ein Urteil der materiellen Rechtskraft nicht fähig sei, weil nicht ersichtlich sei, über welche Einzelforderungen entschieden worden war (vgl. dazu BGH NJW 1994, 460; HK-ZPO/*Kindl* § 767 Rn. 6.3; Musielak/Voit/*Lackmann* ZPO § 766 Rn. 9b). 656

Was die **Zulässigkeit** der Titelgegenklage angeht, kann im Übrigen auf die Ausführungen zur Vollstreckungsabwehrklage verwiesen werden (→ Rn. 615 ff.). Erhebt der Kläger auch materielle Einwendungen gegen den titulierten Anspruch, können die Vollstreckungsabwehrklage und die Titelgegenklage miteinander verbunden werden (BGH NJW-RR 2004, 472 (474); *Lippross/Bittmann* § 47 Rn. 71). 657

658 Die Klage ist **begründet**, wenn der Titel aus den oben genannten Gründen unwirksam ist. § 767 Abs. 2 und 3 ZPO findet **keine** Anwendung, weil der Kläger mit der Titelgegenklage keine materiellen Einwendungen gegen den titulierten Anspruch erhebt (vgl. BGH NJW 1994, 460 (461 f.); Thomas/Putzo/*Seiler* ZPO § 767 Rn. 8a; aA *Özen/Hein* JuS 2010, 124 (126)).

g) Exkurs: Schadensersatzanspruch nach § 826 BGB

659 Ist ein Titel rechtskräftig, kann der Schuldner dessen bereits anfängliche materielle Unrichtigkeit, also das Nichtbestehen des Anspruchs, nicht nach § 767 ZPO geltend machen. Das ist im Interesse des Rechtsfriedens und der Rechtssicherheit hinzunehmen. Im Einzelfall kann es mit dem Gerechtigkeitsempfinden aber schlechthin unvereinbar sein, wenn der Gläubiger seine formelle Rechtsstellung entgegen dem materiellen Recht ausnutzt. Die Rechtsprechung gesteht dem Schuldner daher in eng begrenzten Ausnahmefällen als Durchbrechung der materiellen Rechtskraft einen **auf § 826 BGB gestützten Schadensersatzanspruch** zu, mit welchem er vom Gläubiger verlangen kann,

- die Zwangsvollstreckung zu unterlassen,
- den Titel herauszugeben,
- die Rückgängigmachung bereits getroffener Vollstreckungsmaßnahmen zu beantragen sowie
- sonstige Schäden zu ersetzen

(BGHZ 26, 391 (396); BGHZ 101, 380 (383); BGH NJW 1999, 1257 (1258); Musielak/Voit/*Lackmann* ZPO § 322 Rn. 91 ff.; *Pohlmann* ZivilProzR Rn. 728).

660 Diesen Schadensersatzanspruch nach § 826 BGB macht der Schuldner im Wege der **Leistungsklage** nach allgemeinen Regeln geltend. Die Zulässigkeit der Klage richtet sich nach den allgemeinen Regeln. Im Rahmen der örtlichen Zuständigkeit des Gerichts ist § 32 ZPO zu beachten (*Lackmann* Rn. 561).

661 Die Begründetheit der Klage setzt gem. § 826 BGB eine vorsätzliche, sittenwidrige Schädigung voraus. Ein Schädigung liegt vor, wenn der Titel **materiell unrichtig** ist, der titulierte Anspruch also gar nicht oder nicht im titulierten Umfang besteht. Zudem muss der Gläubiger **Kenntnis** von der Unrichtigkeit des Titels haben. Schließlich müssen besondere Umstände vorliegen, aufgrund derer das Verhalten des Gläubigers bei der Erwirkung des Titels oder bei der Vollstreckung aus dem Titel als **sittenwidrig** zu qualifizieren ist. Das ist anzunehmen, wenn der Gläubiger

- den Titel auf sittenwidrige Weise, etwa durch gefälschte Beweismittel, **erschlichen** hat (vgl. BGH MDR 1970, 134; MüKoBGB/*Wagner* § 826 Rn. 255) oder

- einen vorhandenen Titel sittenwidrig **ausnutzt**, zB aus einem Unterhaltstitel vollstreckt, obwohl seine Bedürftigkeit nachträglich entfallen ist (BGH FamRZ 1986, 450 (450f.); *Brox/Walker* Rn. 1328d).

2. Die Drittwiderspruchsklage (§ 771 ZPO)

a) Zweck und Abgrenzung

Nach dem Grundsatz der Formalisierung der Zwangsvollstreckung überprüft das Vollstreckungsorgan nicht, ob ein Gegenstand, auf den im Wege der Zwangsvollstreckung zugegriffen wird, materiell-rechtlich zum Schuldnervermögen gehört (Ausnahme: evidentes Dritteigentum → Rn. 517). Dritte, denen ein Recht an dem betroffenen Gegenstand zusteht, wie der Eigentümer einer Sache, die sich im Besitz des Schuldners befindet, müssen den Vollstreckungszugriff im Interesse der Effektivität der Zwangsvollstreckung insoweit hinnehmen. Sie können sich nicht erfolgreich mit der Vollstreckungserinnerung nach § 766 ZPO zur Wehr setzen, weil das Vollstreckungsorgan keinen Verfahrensfehler begeht, wenn es in schuldnerfremdes Vermögen vollstreckt (→ Rn. 234; → Rn. 517). **662**

Sie können ihr Recht, das § 771 ZPO als „die Veräußerung hinderndes Recht" bezeichnet, aber im Wege der **Drittwiderspruchsklage** nach § 771 ZPO geltend machen. So können sie erreichen, dass die Zwangsvollstreckung **in den betroffenen Gegenstand für unzulässig** erklärt wird. Angesichts dieses Ziels der Drittwiderspruchsklage handelt es sich bei ihr wie bei § 767 ZPO um eine prozessuale Gestaltungsklage (BGHZ 58, 207 (214); HK-ZPO/*Kindl* § 767 Rn. 1; Musielak/Voit/*Lackmann* ZPO § 771 Rn. 1). **663**

Die Drittwiderspruchsklage ist von der **Vollstreckungserinnerung** nach § 766 ZPO und von der **Vollstreckungsabwehrklage** nach § 767 ZPO abzugrenzen (→ Rn. 512ff. und → Rn. 600ff.). Zudem ist die Möglichkeit, nach § 771 ZPO die Vollstreckung in den Gegenstand für unzulässig zu erklären, von **§ 805 ZPO** zu unterscheiden. Er versagt bestimmten Drittberechtigten ausdrücklich die Drittwiderspruchsklage („kann … nicht widersprechen") und verweist sie darauf, einen Anspruch auf **vorzugsweise Befriedigung aus dem Erlös** im Wege der Klage geltend zu machen (→ Rn. 733ff.). Erfasst sind Inhaber besitzloser Pfandrechte, bspw. eines Vermieterpfandrechts nach § 562 BGB. Diese haben nur Verwertungsinteressen, denen mit der gegenüber § 771 ZPO schwächeren Form der Intervention genügt ist. **664**

Materiell-rechtliche Klagen auf Unterlassung der Zwangsvollstreckung (§ 1004 BGB) oder auf Herausgabe des gepfändeten Gegenstands (§§ 985, 823 BGB) sind aufgrund der spezielleren Drittwiderspruchsklage ausgeschlossen, solange diese zulässig ist (vgl. BGHZ 58, 207 (213)). **665**

Beispiel: Ist D der Meinung, dass eine bei S gepfändete Sache ihr gehöre, muss sie Klage nach § 771 ZPO erheben. Eine auf § 985 BGB gestützte Leistungsklage wäre **666**

unzulässig. Nach Beendigung der Vollstreckung kann D gegen G ggf. nach §§812, 823 BGB vorgehen.

b) Zulässigkeit

aa) Statthaftigkeit

667 Die Drittwiderspruchsklage ist bei allen Arten der Zwangsvollstreckung statthaft, sofern ein Dritter behauptet, dass ihm an dem Gegenstand der Vollstreckung ein veräußerungshinderndes Recht zusteht. Ob das Recht, dessen sich der Dritte berühmt, tatsächlich als solches Recht zu qualifizieren ist, und ob dem Dritten dieses Recht auch tatsächlich zusteht, ist nicht im Rahmen der Zulässigkeit der Klage, sondern im Rahmen ihrer Begründetheit zu erörtern (→ Rn. 673ff.).

bb) Allgemeine Verfahrensvoraussetzungen

668 Keine Besonderheiten gelten im Hinblick auf die Partei- und Prozessfähigkeit sowie die Prozessführungsbefugnis (vgl. insoweit → Rn. 66ff.). **Örtlich** ausschließlich zuständig ist das Gericht, in dessen Bezirk die Zwangsvollstreckung erfolgt, §§771 Abs. 1, 802 ZPO. Die **sachliche** Zuständigkeit richtet sich nach den §1 ZPO, §§23, 71 GVG und damit nach dem Streitwert.

669 Der **Klageantrag** ist darauf gerichtet, die Zwangsvollstreckung aus dem (genau bezeichneten) Titel in den (genau bezeichneten) Gegenstand für unzulässig zu erklären.

670 Das **Rechtsschutzbedürfnis** besteht grds. nur im Zeitraum zwischen dem Beginn und der Beendigung der Zwangsvollstreckung. Die Zwangsvollstreckung beginnt mit der ersten Vollstreckungsmaßnahme. Vorher steht nicht fest, in welche Gegenstände vollstreckt wird, so dass auch kein Bedürfnis für eine Drittwiderspruchsklage besteht. Nach der Beendigung der Vollstreckung (nach Auskehr des Erlöses, Zahlung des Drittschuldners oder Freigabe des Gegenstandes) kann der Drittberechtigte nur noch etwaige Schadensersatz- und Bereicherungsansprüche im Wege der Leistungsklage verfolgen.

671 Bei der **Herausgabevollstreckung** nach den §§883ff. ZPO besteht das Rechtsschutzbedürfnis schon dann, wenn der Titel erlassen worden ist. Denn hier ist der Vollstreckungsgegenstand bereits **individualisiert**, sodass die Zwangsvollstreckung in diesen Gegenstand jederzeit droht (Musielak/Voit/*Lackmann* ZPO §771 Rn. 9).

672 Das Rechtsschutzbedürfnis besteht auch, wenn die Vollstreckung in den Gegenstand **nichtig** ist. Der Dritte ist dann zumindest durch den **Anschein einer rechtmäßigen Pfändung** beschwert. Denn auch bei einer nichtigen Sachpfändung droht die Versteigerung der Sache. Pfändet der Gläubiger eine dem Schuldner nicht zustehende Forderung, geht diese Pfändung zwar ins Leere. Gleichwohl besteht für den wahren Forderungsinhaber die Gefahr, dass der Drittschuldner an den Vollstreckungsgläubiger zahlt.

c) Begründetheit

Die Klage des Dritten gegen den oder die betreibenden Gläubiger ist begründet, wenn ihm an dem Gegenstand der Zwangsvollstreckung ein die Veräußerung hinderndes Recht zusteht. Zudem dürfen diesem Recht keine Einwendungen des Beklagten entgegenstehen (vgl. etwa *Kornol/Wahlmann* Rn. 256). **673**

Dritter ist regelmäßig, wer nicht als Schuldner oder Gläubiger an der Vollstreckung beteiligt ist. Haftet der Schuldner aber nur mit einem Teil seines Vermögens, wie zB der Erbe vor Annahme der Erbschaft (§ 778 Abs. 1 ZPO), kann er Eingriffe in sein nicht haftendes Vermögen auch mit § 771 ZPO geltend machen, weil er insofern als Dritter betroffen ist. **674**

aa) Begriff des veräußerungshindernden Rechts

Dem Dritten muss nach dem Wortlaut von § 771 Abs. 1 ZPO „ein die Veräußerung hinderndes Recht" (Interventionsrecht) zustehen. Die Formulierung klingt so, als müsse das Recht als solches es verhindern, den betreffenden Gegenstand zu veräußern. Das ist indes nicht gemeint, denn unsere Rechtsordnung kennt kein Recht, das als solches eine Veräußerung verhindert. Selbst das Eigentum kann unter den Voraussetzungen der §§ 892, 932 ff. BGB gegen den Willen des Eigentümers veräußert werden. **675**

Vielmehr sollen mit der Formulierung Gegenstände beschrieben werden, die nicht dem Vermögen des Schuldners zugehören und daher nicht für seine Schulden haften (MüKoZPO/*K. Schmidt/Brinkmann* § 771 Rn. 17). Gegenstände gehören dann nicht zum Schuldnervermögen, wenn ein Dritter den Schuldner aufgrund eines Rechts an der Sache daran hindern könnte, sie zu veräußern. An diesen Gedanken knüpft § 771 ZPO an. **676**

Beispiel: D hat der S ihre Geige geliehen. Das Eigentum der D hindert die S rechtlich nicht an der Weiterveräußerung (§§ 929, 932 BGB). Allerdings kann D aufgrund ihres Eigentums die S daran hindern, die Geige zu veräußern (§§ 1004 Abs. 1, 823 Abs. 1 BGB). Diese Tatsache macht deutlich, dass die Geige nicht zum Vermögen der S gehört. Ist eine solche Situation gegeben, soll sich D auch dagegen wehren können, dass Gläubiger der S die Geige pfänden. D hat ein Recht iSv § 771 ZPO, weil sie die S nach §§ 1004, 823 Abs. 1 BGB daran hindern könnte, die Sache zu veräußern. (Zur Bedeutung des schuldrechtlichen Anspruchs aus dem Leihvertrag → Rn. 228). **677**

Ein veräußerungshinderndes Recht wird daher angenommen, „wenn der Schuldner selbst, veräußerte er den Vollstreckungsgegenstand, widerrechtlich in den Rechtskreis des Dritten eingreifen würde und deshalb der Dritte den Schuldner hindern könnte, zu veräußern" (BGHZ 55, 20 (26); Musielak/Voit/*Lackmann* ZPO § 771 Rn. 12; *Brox/Walker* Rn. 1410). **678**

679

Klausurhinweis: In Klausuren, die eine Drittwiderspruchsklage zum Gegenstand haben, liegt der Schwerpunkt regelmäßig auf der Frage, ob dem Dritten ein veräußerungshinderndes Recht zusteht. In der Klausurlösung sind insoweit zwei Fragen sauber auseinanderzuhalten: Zunächst muss geklärt werden, ob das Recht, dessen sich der Dritte berühmt, ein veräußerungshinderndes Recht darstellt. Bejahendenfalls muss im Anschluss erörtert werden, ob dem Dritten dieses Recht auch tatsächlich zusteht. Hier ist dann im Rahmen der Begründetheit der Drittwiderspruchsklage die materielle Rechtslage zu prüfen.

bb) Arten veräußerungshindernder Rechte

(1) Eigentum und Anwartschaftsrecht

680 Das Eigentum, einschließlich des Miteigentums, des Bruchteilseigentums und das Gesamthandseigentums, ist als stärkstes dingliches Recht ein veräußerungshinderndes Recht.

681 **Beispiel:** G hat einen Zahlungstitel gegen S erwirkt und lässt ein Gemälde pfänden, das im Wohnzimmer des S hängt und im Miteigentum von S und dessen Schwester D steht. D kann, gestützt auf ihren Miteigentumsanteil, Drittwiderspruchsklage gegen G erheben. G hat jedoch die Möglichkeit, den Miteigentumsanteil des S zu pfänden.

682 Im Fall des Eigentumsvorbehaltskaufs vor Zahlung der letzten Rate ist der Verkäufer **Eigentümer**, der Käufer **Anwartschaftsberechtigter**. Beiden steht nach hM ein veräußerungshinderndes Recht zu. Im Einzelnen:

683 Greifen Gläubiger des Vorbehaltskäufers auf die Kaufsache zu, kann der **Vorbehaltsverkäufer** als Eigentümer nach hM Drittwiderspruchsklage erheben (BGHZ 54, 214 (218); MüKoZPO/*K. Schmidt/Brinkmann* §771 Rn. 20; Musielak/Voit/*Lackmann* ZPO §771 Rn. 16). Man könnte hier zwar daran denken, §805 ZPO für einschlägig zu halten, da das vorbehaltene Eigentum die Funktion eines Pfandrechts zur Sicherung der Kaufpreisforderung hat. Den Interessen des Vorbehaltsverkäufers wäre aber nicht hinreichend Rechnung getragen, wenn ihm nur die Klage auf vorzugsweise Befriedigung offen stünde. Der Versteigerungserlös könnte unter dem Restkaufpreis liegen, der dem Vorbehaltsverkäufer noch zusteht (*Medicus/Petersen,* Bürgerliches Recht, 27. Aufl. 2019, Rn. 486; *Brox/Walker* Rn. 1412). Der Vorbehaltskäufer kann also nach §771 ZPO vorgehen. Die Gläubiger des Vorbehaltskäufers können aber dessen Anwartschaftsrecht pfänden (→ Rn. 400 ff.) und einer Drittwiderspruchsklage des Vorbehaltsverkäufers die Grundlage entziehen, indem sie den Restkaufpreis zahlen (§267 Abs. 1 BGB, *Lippross/Bittmann* §48 Rn. 92).

684 Denkbar ist auch, dass Gläubiger des Vorbehaltsverkäufers in die Vorbehaltssache vollstrecken, zB wenn diese wegen einer Reparatur wieder in seinen Besitz gelangt ist. Dann kann sich der **Vorbehaltskäufer**, solange er den Kaufpreis noch nicht vollständig entrichtet hat, nicht unter Berufung auf Eigentum mit der Drittwiderspruchsklage zur Wehr setzen. Sein **Anwartschaftsrecht** an der Kaufsache ist jedoch als veräußerungshinderndes Recht anerkannt (BGHZ 55, 20 (26 f.); Musielak/Voit/*Lackmann* ZPO §771 Rn. 17). Er könnte iSv §771 Abs. 1 ZPO den Verkäufer (= Vollstreckungsschuldner) daran hindern, die mit seinem Anwartschaftsrecht belastete Sache

zu veräußern, weil er dadurch sein Anwartschaftsrecht verlieren kann. Also hat er ein veräußerungshinderndes Recht. Er kann nach § 771 Abs. 1 ZPO auch die Versteigerung der Kaufsache verhindern, weil der Ersteher durch originären Erwerb lastenfreies Eigentum an der Kaufsache erlangen würde (→ Rn. 296). Mit seiner Drittwiderspruchsklage kann der Vorbehaltskäufer aber nur der Verwertung der Kaufsache, nicht ihrer Pfändung widersprechen, weil erst die Verwertung durch Versteigerung den Bedingungseintritt vereiteln würde (BGHZ 55, 20 (27); Musielak/Voit/*Lackmann* ZPO § 771 Rn. 17; *Brox/Walker* Rn. 1412; aA *Lippross/Bittmann* § 48 Rn. 92).

(2) Sicherungsrechte

Sicherungsübereignung und **Sicherungszession** verschaffen dem Inhaber des Sicherungsrechts – ähnlich wie dem Eigentumsvorbehaltsverkäufer – die volle Rechtsposition des Eigentümers oder Forderungsinhabers (sog. **eigennützige Treuhand**, HK-ZPO/*Kindl* § 771 Rn. 9). Auch hier stellt sich die Frage, ob der Inhaber des Sicherungsrechts erfolgreich Drittwiderspruchsklage erheben kann, wenn Gläubiger des Sicherungsgebers in das Sicherungsgut vollstrecken. 685

Beispiel: S übereignet D zur Sicherung eines Darlehens eine wertvolle chinesische Vase gem. §§ 929 S. 1, 930 BGB; die Vase verbleibt bei S, damit er sich weiter an ihr erfreuen kann. Die Übereignung erfolgt unter der auflösenden Bedingung, dass S das Darlehen zurückzahlt. G, die einen Zahlungstitel gegen S erwirkt hat, lässt die Vase in der Wohnung des S pfänden. 686

Diese Konstellation entspricht in der Wirkungsweise des Sicherungsrechts nahezu vollständig dem Eigentumsvorbehaltsverkauf. Die hM billigt dem **Inhaber des Sicherungseigentums** daher die Drittwiderspruchsklage zu. Das gilt auch dann, wenn die Übereignung nicht auflösend bedingt ist, sofern der gesicherte Anspruch noch besteht (BGHZ 80, 296 (299); HK-ZPO/*Kindl* § 771 Rn. 9). Zum Teil wird davon ausgegangen, dass der Sicherungsnehmer die Vorzugsklage nach § 805 ZPO erheben müsse, weil das Sicherungseigentum wirtschaftlich wie ein besitzloses Pfandrecht zu behandeln sei (MüKoZPO/*K. Schmidt/Brinkmann* § 771 Rn. 29). Für die hM spricht, dass dem Sicherungsnehmer anderenfalls die im Rahmen der Sicherungsabrede typischerweise vereinbarte Befugnis genommen würde, das Sicherungsgut selbst im freien Verkauf – und damit für den Sicherungsnehmer günstiger – zu verwerten (*Brox/Walker* Rn. 1417). Auch § 51 Nr. 1 InsO ist kein Argument gegen die hM. Zwar ist danach der Sicherungseigentümer in der Insolvenz nur zur abgesonderten Befriedigung (→ Rn. 857) berechtigt, was § 805 ZPO entspricht. Aber im Insolvenzverfahren ist damit zugleich die Befugnis verbunden, auf eine günstigere Möglichkeit der Verwertung hinzuweisen (§ 168 Abs. 1 S. 2 InsO). 687

688 Wird das Sicherungsgut von Gläubigern des Sicherungsnehmers gepfändet, ist zu klären, ob der **Sicherungsgeber** sich nach §771 ZPO wehren kann.

689 **Beispielsfall:** S nimmt bei B einen Kredit auf. Zur Sicherheit tritt S der B eine Forderung ab, die S gegen K zusteht. Nach der Sicherungsabrede ist B dazu verpflichtet, der S die Forderung zurückzuübertragen, wenn S die Darlehensraten vollständig getilgt hat. Noch bevor S ihre Raten vollständig getilgt hat, lässt G, ein Gläubiger der B, die abgetretene Forderung pfänden und sich zur Einziehung überweisen. Hat die Drittwiderspruchsklage der S Erfolg?

I. Die Drittwiderspruchsklage der S hat Erfolg, wenn ihr an der gepfändeten Forderung ein veräußerungshinderndes Recht zusteht und diesem Recht keine Einwendungen entgegenstehen. Nach zum Teil vertretener Auffassung kann der Sicherungsgeber der Vollstreckung nur dann erfolgreich nach §771 Abs. 1 ZPO widersprechen, wenn die gesicherte Forderung beglichen worden ist und der Sicherungsgeber daher einen Anspruch auf Rückübertragung der Forderung hat (*Baur/Stürner/Bruns* Rn. 46.8.; *Weber* NJW 1976, 1601 (1605)). Danach hätte die Klage hier keinen Erfolg.

Die hM billigt dem Sicherungsgeber die Drittwiderspruchsklage gegen die Gläubiger des Sicherungsnehmers jedoch unabhängig davon zu, ob er die gesicherte Forderung bereits beglichen hat (BGHZ 72, 141 (143ff.); Musielak/Voit/*Lackmann* ZPO §771 Rn. 18). Dafür spricht, dass wirtschaftlich betrachtet das Sicherungsgut weiterhin dem Vermögen des Sicherungsgebers zusteht, da es nur die Forderung des Sicherungsnehmers sichern, nicht aber dessen Gläubiger befriedigen soll (*Brox/Walker* Rn. 1416). Auch würde der Sicherungsgeber dazu gezwungen, die gesicherte Forderung vorzeitig abzulösen.

II. Nach hM steht S danach ein veräußerungshinderndes Recht zu. Da Einwendungen nicht ersichtlich sind, hat die Drittwiderspruchsklage Erfolg.

(3) Uneigennützige Treuhandverhältnisse

690 Ein **uneigennütziges Treuhandverhältnis** wird im Interesse des Treugebers vereinbart, anders als bei den eben besprochenen Sicherungsrechten, die im Interesse des Sicherungsnehmers als Treunehmer vereinbart werden. Der Treuhänder erhält im Interesse des Treugebers Rechte, die er in dessen Interesse wahrnehmen muss. Ein Beispiel ist die Inkassozession, bei welcher der Gläubiger eine Forderung an den Treuhänder abtritt, damit dieser sie eintreibt. Da das Treugut wirtschaftlich gesehen nach wie vor Vermögen des Treugebers ist – es wird in seinem Sinne eingesetzt –, kann dieser erfolgreich die Drittwiderspruchsklage erheben, wenn Gläubiger des Treuhänders in das Treugut vollstrecken (BGHZ 11, 37 (41); *Baur/Stürner/Bruns* Rn. 46.7).

691 **Beispiel:** D hat eine offene Kaufpreisforderung gegen S. D tritt sie an T ab, damit dieser sie für ihn eintreibt. Nach der Abtretung der Forderung an T lässt G, eine Gläubigerin des T, die Forderung pfänden: D kann der Forderungspfändung nach §771 Abs. 1 ZPO widersprechen.

Vollstrecken Gläubiger des Treugebers in das Treugut, kann der Treuhänder nicht erfolgreich nach §771 Abs. 1 ZPO widersprechen, weil ihm das Treugut *wirtschaftlich* nicht zusteht (BGH NJW-RR 2004, 1220 (1222)). **692**

(4) Inhaberschaft an Forderungen oder Vermögensrechten

Auch die Inhaberschaft einer Forderung oder eines sonstigen Vermögensrechts begründet ein Interventionsrecht iSv §771 Abs. 1 ZPO. **693**

Beispiel: G pfändet aufgrund eines Zahlungstitels gegen S eine Forderung, die S angeblich gegen D zusteht. Tatsächlicher Forderungsinhaber ist E. Diese kann gegen G die Drittwiderspruchsklage erheben. Dem steht auch nicht entgegen, dass die Pfändung des G ins Leere ging, da E zumindest durch den Anschein der Rechtmäßigkeit der Pfändung beschwert ist (vgl. dazu bereits → Rn. 672). **694**

(5) Sonstige dingliche Rechte

Beschränkte dingliche Rechte (bspw. Hypothek, Nießbrauch, Erbbaurecht) können erfolgreich mit der Drittwiderspruchsklage geltend gemacht werden, wenn sie durch die Vollstreckung **beeinträchtigt** werden (Thomas/Putzo/*Seiler* ZPO §771 Rn. 17). **695**

Beispiele: Der Nießbraucherin wird der Besitz des Grundstücks im Wege der Zwangsverwaltung entzogen. Ein persönlicher Gläubiger des Schuldners lässt Früchte auf dem Halm eines Grundstücks pfänden, an dem die Drittwidersprucksklägerin eine Hypothek hat (vgl. §810 Abs. 2 ZPO). **696**

Auch das Pfandrecht nach §§1204ff. BGB ist ein beschränkt dingliches Recht. Da es nur auf die Verwertung der Sache abzielt, fragt sich, ob §805 ZPO oder §771 ZPO einschlägig ist. **697**

698

Beispielsfall: S übergibt der D nach §1205 BGB seine Uhr als Pfand zur Sicherung eines Darlehens. D verleiht die Uhr ihrerseits an A. Dessen Gläubiger G lässt die Uhr aufgrund eines Zahlungstitels pfänden. Was kann D hiergegen unternehmen?

Nach §805 Abs. 1 Hs. 1 ZPO ist die Drittwiderspruchsklage ausgeschlossen, wenn ein Dritter, der sich „nicht im Besitz der Sache befindet", sich auf ein Pfand- oder Vorzugsrecht beruft. D hat zwar ein Pfandrecht, aber nur mittelbaren Besitz an der Sache. Dennoch wollen manche §805 ZPO anwenden, weil das Pfandrecht durch die Pfändung wegen §804 Abs. 3 ZPO nicht beeinträchtigt werde (vgl. Thomas/Putzo/*Seiler* ZPO §771 Rn. 17). Folgte man dem, könnte D gegen die Pfändung nichts unternehmen, sondern nur Beteiligung am Erlös verlangen.

Das überzeugt aber zum einen wegen des klaren Wortlauts des §805 ZPO nicht. Zum anderen beeinträchtigt die Pfändung das Recht der D nach §1232 BGB, den günstigsten Verwertungszeitpunkt selbst zu bestimmen (Musielak/Voit/*Lackmann* ZPO §771 Rn. 23; *Brox/Walker* Rn. 1418).

Auch der (unmittelbar oder mittelbar) besitzende Inhaber eines Pfandrechts kann sich also mit der Drittwiderspruchsklage gegen Pfändungen des Pfandgegenstandes wehren (BeckOK ZPO/*Preuß* §771 Rn. 24). Auch dem besitzenden Pfandrechtsinhaber steht es aber frei, sich als „Minus" mit einer Vorzugsklage nach §805 ZPO zu begnügen (*Brox/Walker* Rn. 1418; *Kornol/Wahlmann* Rn. 294).

D kann als mittelbare Besitzerin der Pfändung wahlweise im Wege der Drittwiderspruchsklage nach § 771 Abs. 1 ZPO widersprechen oder Vorzugsklage nach § 805 ZPO erheben.

(6) Besitz

699 Nach der (noch) hM ist der **unmittelbare und der mittelbare Besitz an beweglichen Sachen** als veräußerungshinderndes Recht zu qualifizieren (BGHZ 2, 164 (168); *Baur/Stürner/Bruns* Rn. 46.11; BLHAG/*Hunke* ZPO § 771 Rn. 15), wobei manche dies auf den berechtigten Besitz beschränken (Schuschke/Walker/Kessen/Thole/*Raebel/Thole* ZPO § 771 Rn. 29).

700 **Beispiel** (nach OLG Rostock NJOZ 2005, 253 (255)): D besitzt aufgrund eines angeblich geschlossenen Pachtvertrages die Hotelanlage des S. Als der Gläubiger G des S einige Gegenstände der Anlage pfändet, erhebt D Drittwiderspruchsklage. Es stellt sich heraus, dass ein wirksamer Pachtvertrag zwischen D und S nie zustande gekommen ist. Fraglich ist nun, ob D aufgrund ihres Besitzes der Pfändung widersprechen kann.

701 Gegen die Auffassung, Besitz könne ein veräußerungshinderndes Recht sein, spricht, dass die tatsächliche Sachherrschaft (§ 854 BGB) kein „Recht" ist. Aus ihr kann sich nicht ergeben, dass der Besitzer den Vollstreckungsschuldner „an einer Veräußerung hindern" könnte und der in seinem Besitz befindliche Gegenstand mithin seinem Vermögen und nicht dem des Schuldners zugerechnet werden kann. Auch besteht kein praktisches Bedürfnis, dem besitzenden Nichteigentümer ein Interventionsrecht zu geben (*Brox/Walker* Rn. 1420): Der unmittelbare Besitzer wird über § 809 ZPO geschützt und kann sich mit der Vollstreckungserinnerung (§ 766 ZPO) gegen eine Pfändung wehren (→ Rn. 512 ff.). Der mittelbare Besitzer kann seinen schuldrechtlichen Herausgabeanspruch gegen den unmittelbaren Besitzer mit der Drittwiderspruchsklage geltend machen (→ Rn. 662 ff.). Die im Vordringen befindliche Gegenmeinung qualifiziert daher zutreffend den Besitz an beweglichen Sachen nicht als veräußerungshinderndes Recht, sondern stellt auf das Recht zum Besitz ab (HK-ZPO/*Kindl* § 771 Rn. 10; MüKo ZPO/*K. Schmidt/Brinkmann* § 771 Rn. 39; *Brox/Walker* Rn. 1420).

702 Für den Besitz an **unbeweglichen Sachen** ist unstreitig, dass er kein Interventionsrecht darstellt. § 891 BGB zeigt, dass der Besitz für die dingliche Rechtslage an einer unbeweglichen Sache ohne Bedeutung ist (RGZ 81, 64 (66); Musielak/Voit/*Lackmann* ZPO § 771 Rn. 24).

(7) Schuldrechtliche Ansprüche

703 Schuldrechtliche Ansprüche berechtigen zum Drittwiderspruch, wenn das obligatorische Recht geeignet ist, „die Nichtzugehörigkeit des betreffenden Gegenstands zum Vermögen des Schuldners zu begründen" (so OLG Rostock NJOZ 2005, 253 (255) unter Hinweis auf *Rosenberg/Gaul/Schilken,* Zwangsvollstreckungsrecht, 11. Aufl. 1997, § 41 Nr. 7 S. 679).

Steht einem Dritten gegen den Vollstreckungsschuldner ein schuldrechtlicher **Herausgabeanspruch** zu, etwa aufgrund eines Miet- oder Pachtvertrages (§§ 546, 581 BGB), ist der Vollstreckungsschuldner im Verhältnis zum Dritten nicht befugt, den Gegenstand zu veräußern. Daher kann der Dritte die Drittwiderspruchsklage auf seinen Herausgabeanspruch stützen, wenn Gläubiger des Vollstreckungsschuldners in den Gegenstand vollstrecken. Das gilt auch, wenn der Dritte selbst nicht Eigentümer des Gegenstands ist. **704**

Beispiel: D mietet von E einen PKW. Sodann verleiht sie den PKW an S. G, ein Gläubiger des S, lässt den PKW bei S pfänden. D kann gegen G aufgrund ihres schuldrechtlichen Herausgabeanspruchs (§ 604 BGB) gegen S erfolgreich Drittwiderspruchsklage erheben. **705**

Verschaffungsansprüche (zB Ansprüche auf Eigentumsverschaffung nach § 433 Abs. 1 S. 1 BGB, Rückabwicklungsansprüche nach den §§ 346 ff. BGB oder aus Leistungskondiktion) sind **keine** veräußerungshindernden Rechte (MüKoZPO/*K. Schmidt/Brinkmann* § 771 Rn. 40; Thomas/Putzo/*Seiler* ZPO § 771 Rn. 18). Solange der Dritte nämlich nur Verschaffung des Gegenstandes verlangen kann, ist die Sache noch dem Vermögen des Vollstreckungsschuldners zuzuordnen (*Brox/Walker* Rn. 1422). **706**

Beispiel: S verkauft dem D einen PKW. Noch bevor S dem D das Eigentum an dem PKW verschafft, lässt G, ein Gläubiger der S, den PKW pfänden: D steht die Drittwiderspruchsklage nicht zu. **707**

(8) Leasing

Beim **operativen Leasing** erbringt der Leasingnehmer an den Leasinggeber ein Entgelt für die (kurzfristige) Gebrauchsüberlassung einer Sache. Das operative Leasing ist grds. als Mietvertrag zu qualifizieren (MüKoBGB/*Oetker* § 249 Rn. 456). Eigentümer der geleasten Sache kann der Leasinggeber oder ein Dritter sein. Vollstrecken Gläubiger des Leasingnehmers in das Leasinggut, kann der Leasinggeber aufgrund seines Eigentums und/oder aufgrund seines schuldrechtlichen Herausgabeanspruchs (→ Rn. 704) Drittwiderspruchsklage erheben (MüKoZPO/*K. Schmidt/Brinkmann* § 771 Rn. 31). Vollstrecken Gläubiger des Leasinggebers in das Leasinggut, kann der Leasingnehmer als unmittelbarer Besitzer der geleasten Sache nach § 809 ZPO widersprechen und, sofern die Sache dennoch gepfändet wird, Vollstreckungserinnerung (§ 766 ZPO, → Rn. 512 ff.) einlegen (MüKo ZPO/*K. Schmidt/Brinkmann* § 771 Rn. 32). **708**

Diese Grundsätze gelten entsprechend beim **Finanzierungsleasing,** bei dem der Leasinggeber die Funktion eines Kreditgebers einnimmt (*Brox/Walker* Rn. 1424; MüKoZPO/*K. Schmidt/Brinkmann* § 771 Rn. 31 f.). Insbesondere steht dem Leasingnehmer auch beim Finanzierungsleasing kein Anwartschaftsrecht an dem Leasinggut zu, auf dessen Grundlage eine Drittwiderspruchsklage gestützt werden könnte (*Brox/Walker* Rn. 1424; BeckOK **709**

ZPO/*Preuß* §771 Rn. 11; aA *Lippross/Bittmann* §48 Rn. 100; *Baur/Stürner/Bruns* Rn. 46.12: Aufgrund gebotener wirtschaftlicher Betrachtungsweise sei die Drittwiderspruchsklage des Leasingnehmers möglich).

(9) Anfechtungsrechte nach AnfG und InsO

710 Mit der Insolvenzanfechtung nach den §§129ff. InsO (→ Rn. 899ff.) oder der Anfechtung nach den §§3ff. AnfG (→ Rn. 234ff.) können die Anfechtungsberechtigten geltend machen, dass der von der Anfechtung betroffene Gegenstand noch zum Vermögen des Schuldners gehört (BeckOK ZPO/*Preuß* §771 Rn. 31). Ob den Anfechtungsberechtigten die Drittwiderspruchsklage offen steht, wird unterschiedlich beurteilt. Richtigerweise ist zu differenzieren:

711 Gemäß §143 Abs. 1 S. 1 InsO muss zur Insolvenzmasse zurückgewährt werden, was durch eine anfechtbare Handlung aus dem Vermögen des Schuldners veräußert, weggegeben oder aufgegeben ist. Bei diesem Rückforderungsanspruch des Insolvenzverwalters handelt es sich zwar nur um einen schuldrechtlichen Rückgewähranspruch (vgl. zu diesen → Rn. 911). Gleichwohl billigt die ganz hM dem **Insolvenzverwalter** die Drittwiderspruchsklage zu, weil der Anspruch wirtschaftlich einem Herausgabeanspruch vergleichbar ist (BGH NJW 2004, 214 (216); Thomas/Putzo/*Seiler* ZPO §771 Rn. 22; Musielak/Voit/*Lackmann* ZPO §771 Rn. 29; BeckOK ZPO/*Preuß* §771 Rn. 32).

712 **Beispiel:** Kurz vor der Eröffnung des Insolvenzverfahrens schenkt und übereignet Schuldner S seinem Sohn A einen Ferrari. Nach der Eröffnung des Insolvenzverfahrens über das Vermögen des S lässt G den Ferrari aufgrund ihres Zahlungstitels gegen A bei diesem pfänden. Der Insolvenzverwalter des S kann dessen Schenkung an A gem. §134 Abs. 1 InsO anfechten und der Pfändung durch G nach §771 Abs. 1 ZPO widersprechen.

713 Etwas anderes gilt für die **Anfechtung nach dem AnfG**. Gemäß §11 Abs. 1 S. 1 AnfG muss alles, was durch die anfechtbare Rechtshandlung aus dem Vermögen des Schuldners veräußert, weggegeben oder aufgegeben ist, dem Gläubiger „zur Verfügung gestellt werden, soweit es zu dessen Befriedigung erforderlich ist". Das bedeutet, dass der Anfechtungsgegner die Zwangsvollstreckung durch den Anfechtungsberechtigten dulden muss (→ Rn. 238). Die Interessen des Anfechtungsberechtigten sind also mit einer Klage auf vorzugsweise Befriedigung nach §805 ZPO ausreichend gewahrt (BGH NJW 1990, 990 (992) für den Rückgewähranspruch aus früherem Konkursrecht, der dem §11 Abs. 1 S. 1 AnfG vergleichbar ist; *Gaul/Schilken/Becker-Eberhard* §41 Rn. 105; *K. Schmidt* JZ 1990, 619 (622); aA Thomas/Putzo/*Seiler* ZPO §771 Rn. 22: §771 ZPO ist einschlägig).

714 **Beispiel:** G erwirkt einen Zahlungstitel gegen S. Das pfändbare Vermögen der S besteht im Wesentlichen nur noch aus einem Ferrari. Um zu verhindern, dass G in der Zwangsvollstreckung auf den Ferrari zugreift, schenkt und übereignet S diesen ihrem Freund F. Darüber freut sich D, der seinerseits einen Zahlungstitel gegen F hat und den

Ferrari pfänden lässt. G steht hier ein Anfechtungsrecht nach § 4 Abs. 1 AnfG zu. Nach erfolgter Anfechtung kann G der Pfändung durch D jedoch nicht gem. § 771 Abs. 1 ZPO widersprechen. Seinen Interessen ist Genüge getan, wenn er einen Anspruch auf vorzugsweise Befriedigung im Wege der Klage nach § 805 ZPO geltend machen kann.

(10) Relatives Veräußerungsverbot

Relative Veräußerungsverbote sind gesetzliche (zB § 108 Abs. 1 VVG) oder von einem Gericht oder einer Behörde erlassene Veräußerungsverbote, die nur den Schutz bestimmter Personen bezwecken, §§ 135 Abs. 1, 136 BGB. Verfügungen, die gegen ein relatives Veräußerungsverbot verstoßen, sind den geschützten Personen gegenüber unwirksam (s. das Beispiel → Rn. 8). **715**

Auch Maßnahmen in der Zwangsvollstreckung sind gem. § 135 Abs. 1 S. 2 BGB dem geschützten Personenkreis gegenüber unwirksam. **716**

Beispiel: Wie oben (→ Rn. 8). Vor der Übereignung des PKW an D, aber nach dem Erlass des gerichtlichen Veräußerungsverbots, lässt der Gläubiger M des S den Oldtimer pfänden. Die Pfändung könnte also nach § 135 Abs. 1 S. 2 BGB unwirksam sein. **717**

Ergänzt wird § 135 Abs. 1 S. 2 BGB aber durch § 772 ZPO. Nach dessen S. 1 soll ein Gegenstand, auf den sich ein Verbot iSd §§ 135, 136 BGB bezieht, nicht im Wege der Zwangsvollstreckung veräußert oder überwiesen werden. Seine Pfändung ist jedoch rechtmäßig (*Brox/Walker* Rn. 1426). Der durch das Veräußerungsverbot Begünstigte kann nach § 772 S. 2 ZPO auf Grund des Veräußerungsverbots Widerspruchsklage erheben, jedoch allein darauf gerichtet, die Veräußerung oder Überweisung für unzulässig zu erklären (Musielak/Voit/*Lackmann* ZPO § 772 Rn. 3). **718**

Beispiel: Wie oben (→ Rn. 717 iVm Rn. 8). G kann zwar nicht der Pfändung des Oldtimers, wohl aber dessen Veräußerung im Wege der Drittwiderspruchsklage widersprechen, §§ 771 Abs. 1, 772 ZPO. **719**

Ein Pfandgläubiger kann ein Pfandrecht auch nicht gutgläubig unbelastet von dem relativen Veräußerungsverbot im Wege der Zwangsvollstreckung erwerben, weil § 135 Abs. 2 BGB eine rechtsgeschäftliche Verfügung voraussetzt (*Brox/Walker* Rn. 1426; MüKoZPO/*K. Schmidt/Brinkmann* § 772 Rn. 16). **720**

cc) Einwendungen des Beklagten

Die Drittwiderspruchsklage hat nur Erfolg, wenn dem beklagten Vollstreckungsgläubiger gegen das Interventionsrecht des Dritten keine Einwendungen zustehen. Der Beklagte kann sich gegen die Drittwiderspruchsklage wie folgt verteidigen: **721**

(1) Einwendungen gegen das veräußerungshindernde Recht

Der Beklagte kann Einwendungen gegen das veräußerungshindernde Recht selbst erheben, insbesondere geltend machen, dass dem Kläger das Interventionsrecht nicht zusteht. In der (Examens-)Praxis sind Fälle typisch, **722** in denen der Beklagte einwendet, dass das Rechtsgeschäft, auf das der Kläger sein Interventionsrecht stützt, unwirksam sei.

723 **Beispiele:** Der Beklagte (Vollstreckungsgläubiger) wendet ein, dass der Vollstreckungsschuldner der Drittwidersprauchsklägerin das Eigentum an der gepfändeten Sache nur zum Schein übertragen habe (§ 117 Abs. 1 BGB); die Beklagte wendet ein, dass die Sicherungsübereignung des gepfändeten Gegenstandes an den Drittwiderspruchskläger nach § 138 Abs. 1 BGB aufgrund eines Knebelungsvertrages oder wegen anfänglicher Übersicherung nichtig sei. Hier ist freilich sauber zu prüfen, ob eine etwaige Nichtigkeit des Kausalgeschäfts nach § 138 Abs. 1 BGB auch das dingliche Rechtsgeschäft erfasst.

724 Der beklagte Vollstreckungsgläubiger kann zudem die Einrede nach §9 AnfG erheben, wenn das veräußerungshindernde Recht im Wege eines nach dem **AnfG anfechtbaren Rechtsgeschäfts** (→ Rn. 234 ff.) erworben wurde. Denn eine Anfechtung nach dem AnfG hat zur Folge, dass der betroffene Gegenstand dem Gläubiger zur Verfügung gestellt werden muss (→ Rn. 238), der Kläger also die Zwangsvollstreckung durch den Beklagten dulden muss (*Lackmann* Rn. 606). S. zur Frage, ob das Anfechtungsrecht ein veräußerungshinderndes Recht ist → Rn. 713.

725 **Beispiel:** G erwirkt einen Zahlungstitel gegen S. Kurze Zeit später schenkt und übereignet S eine wertvolle Uhr unter Vereinbarung eines Besitzkonstituts (§§ 929, 930 BGB) an ihren Freund D. G lässt die Uhr bei S pfänden. D widerspricht der Pfändung nach § 771 ZPO. G kann sich einredeweise (§ 9 AnfG) auf sein Anfechtungsrecht nach § 4 Abs. 1 AnfG und damit darauf berufen, dass D die Vollstreckung in die Uhr nach § 11 Abs. 1 S. 1 AnfG dulden muss.

(2) Besseres Recht des Beklagten

726 Der beklagte Vollstreckungsgläubiger kann auch einwenden, dass ihm an dem Gegenstand der Zwangsvollstreckung ein besseres Recht zustehe als dem Drittwiderkläger. In einem solchen Fall handelt der Drittwiderkläger treuwidrig (Arglisteinwand, § 242 BGB), wenn er sich gegenüber dem besser Berechtigten auf sein Recht beruft (Musielak/Voit/*Lackmann* ZPO § 771 Rn. 33).

727 **Beispiel:** G pfändet wegen offener Mietzinsforderungen gegen S dessen Klavier, das dieser, nachdem er es in die Wohnung eingebracht hatte, zur Sicherung einer Darlehensforderung der B unter Vereinbarung eines Besitzkonstituts an diese sicherungsübereignet hatte (§§ 929, 930 BGB). Gegenüber der Drittwiderspruchsklage der B kann G einwenden, dass ihr ein besseres Recht an dem Gegenstand der Zwangsvollstreckung zustehe, weil das Vermieterpfandrecht der G (§ 562 BGB) dem zeitlich später erworbenen Sicherungseigentum der B vorgeht (RGZ 143, 275 (277); *Brox/Walker* Rn. 1436). Die Drittwiderspruchsklage der B ist damit unbegründet.

(3) Drittwiderkläger haftet selbst für die titulierte Forderung

728 Der Beklagte kann auch dann einen Arglisteinwand erheben, wenn der Drittwiderspruchskläger selbst für die titulierte Forderung des beklagten Vollstreckungsgläubigers gegen den Schuldner haftet. Zu denken ist vor

allem an die Fälle, dass der Kläger als Bürge, Gesamtschuldner oder Gesellschafter für die titulierte Forderung haftet (HK-ZPO/*Kindl* §771 Rn. 20; ausführlich *Brox/Walker* Rn. 1437 ff.).

Beispiel: G pfändet aufgrund eines Zahlungstitels gegen S eine in dessen Gewahrsam stehende Vase. D, die sich für die titulierte Forderung des G gegen S verbürgt hatte, erhebt gegen die Pfändung mit der zutreffenden Begründung Drittwiderspruchsklage, dass die Vase in ihrem Eigentum stehe. Die Klage ist gleichwohl unbegründet, weil D als Bürgin selbst für die titulierte Forderung haftet (§765 Abs. 1 BGB). **729**

dd) Verfahren

Über die Drittwiderspruchsklage wird nach allgemeinen Regeln in einem Erkenntnisverfahren verhandelt. Wird der Vollstreckungsgegenstand veräußert, greift §265 ZPO (MüKoZPO/*K. Schmidt/Brinkmann* §771 Rn. 64 mwN). Für **einstweilige Anordnungen** gelten die §§769, 770 ZPO gem. §771 Abs. 3 ZPO entsprechend (→ Rn. 644). **730**

ee) Entscheidung und Rechtsmittel

Ist die Klage begründet, wird die Zwangsvollstreckung des Beklagten aus dem (genau bezeichneten) Titel in den (genau bezeichneten) Gegenstand für unzulässig erklärt. Die Kostenentscheidung richtet sich nach den §§91 ff. ZPO, die Entscheidung über die vorläufige Vollstreckbarkeit nach den §§708 ff. ZPO. Dabei ist auch das stattgebende Urteil nicht nur bezüglich der Kosten, sondern insgesamt für **vorläufig vollstreckbar** zu erklären, damit der Drittwiderspruchskläger die Einstellung der Zwangsvollstreckung (§775 Nr. 1 ZPO) sowie die Aufhebung von Vollstreckungsmaßregeln (§776 ZPO) erreichen kann. **731**

Das stattgebende Urteil hat **Gestaltungswirkung** insoweit, als die Zwangsvollstreckung in den betreffenden Gegenstand mit Wirkung *ex nunc* unzulässig wird. Gegen das Urteil kann **Berufung** (§511 ZPO) und ggf. **Revision** (§542 ZPO) eingelegt werden. **732**

3. Die Klage auf vorzugsweise Befriedigung (§805 ZPO)

a) Zweck und Abgrenzung

Der **nichtbesitzende Inhaber eines Pfandrechts** (zB der Vermieter beim Vermieterpfandrecht nach §562 BGB) oder eines **Vorzugsrechts** (zB Zurückbehaltungsrecht wegen Verwendungen auf die Sache, §§273, 1000 S. 1 BGB) an einer Sache soll nicht die Möglichkeit haben, die Zwangsvollstreckung gem. §771 ZPO zu blockieren, indem er der Pfändung der Sache widerspricht (§805 Abs. 1 Hs. 1 ZPO). Seine Interessen sind gewahrt, wenn er in Höhe seiner gesicherten Forderung aus dem Verwertungserlös **733** vorrangig befriedigt wird. Er kann daher nach §805 Abs. 1 Hs. 2 ZPO seinen **Anspruch auf vorzugsweise Befriedigung aus dem Erlös** im Wege der Klage geltend machen. Da er erst durch das Urteil das Recht auf vorzugsweise Befriedigung erhält, handelt es sich bei der Klage um eine **prozessuale Gestaltungsklage**. Sie ist von folgenden Rechtsbehelfen abzugrenzen:

734 Die Klage nach §805 ZPO geht der **Drittwiderspruchsklage** als spezieller Rechtsbehelf vor (s. Abs. 1 Hs. 1). Das gilt jedoch nur, soweit der Anwendungsbereich des §805 ZPO reicht (*Lippross/Bittmann* §49 Rn. 129). §805 ZPO gilt nach Wortlaut und systematischer Stellung nur für die Zwangsvollstreckung wegen Geldforderungen in eine bewegliche Sache. Der Dritte muss zudem besitzloser Inhaber eines Pfand- oder Vorzugsrechts sein. Daher kann ein besitzender Pfandgläubiger (§1204 BGB) ebenso Drittwiderspruchsklage nach §771 ZPO erheben wie ein besitzloser Pfandgläubiger in den Fällen der Herausgabevollstreckung. Sofern eine Drittwiderspruchsklage nach §771 ZPO eröffnet wäre, kann sich der Kläger jedoch mit einer Klage nach §805 ZPO begnügen. In den Fällen der Rechtspfändung kommt ohnehin nur die Drittwiderspruchsklage in Betracht (Musielak/Voit/*Flockenhaus* ZPO §805 Rn. 2 mwN; aA *Lippross/Bittmann* §49 Rn. 131: Vorzugsklage auch bei Vollstreckung in Forderungen und andere Vermögensrechte).

735 Die **Vollstreckungserinnerung** (§766 ZPO, → Rn. 512ff.) und die Klage nach §805 ZPO schließen einander im Hinblick auf ihre unterschiedlichen Rechtsschutzziele aus, denn anders als der Erinnerungsführer will der Vorzugskläger der Pfändung nicht widersprechen.

736 Streiten sich mehrere Pfändungspfandgläubiger um den Vorrang ihres Pfandrechts, ist die Widerspruchsklage nach den **§§878ff. ZPO** einschlägig.

737 **Materiell-rechtliche Klagen** auf Herausgabe der Sache oder auf Unterlassung der Zwangsvollstreckung (§1227 BGB) werden durch die Klage nach §805 ZPO verdrängt (*Lackmann* Rn. 634).

b) Zulässigkeit

738 Die Vorzugsklage ist nur bei der Zwangsvollstreckung wegen Geldforderungen in eine bewegliche Sache **statthaft** (vgl. bereits → Rn. 734).

739 Der **Klageantrag** ist darauf gerichtet, den Kläger aus dem Reinerlös einer Sache in bestimmter Höhe vor dem Beklagten zu befriedigen.

740 **Zuständig** ist das Vollstreckungsgericht (§764 Abs. 2 ZPO) oder, wenn der Streitgegenstand nach §§23, 71 GVG nicht zur Zuständigkeit der Amtsgerichte gehört, das Landgericht, in dessen Bezirk das Vollstreckungsgericht seinen Sitz hat, §805 Abs. 2 ZPO. Die Vorschrift regelt sowohl die örtliche als auch die sachliche Zuständigkeit ausschließlich (§802 ZPO).

741 Das **Rechtsschutzbedürfnis** entsteht mit der Pfändung der Sache und endet im Zeitpunkt der Auskehr des Erlöses. Es ist auch bei nichtigen Pfändungen gegeben (vgl. zu §771 ZPO schon → Rn. 670, 672).

c) Begründetheit

Die Klage ist begründet, wenn dem Kläger an der gepfändeten Sache ein Pfand- oder Vorzugsrecht zusteht, das dem Pfändungspfandrecht des Vollstreckungsgläubigers im Rang vorgeht. Zudem dürfen dem Pfand- oder Vorzugsrecht keine Einwendungen des Beklagten entgegenstehen. 742

Als **Pfandrechte** des Dritten kommen gesetzliche besitzlose Pfandrechte in Betracht, insbesondere das Vermieterpfandrecht (§ 562 BGB), das Pfandrecht des Verpächters (§ 592 BGB) sowie das Pfandrecht des Gastwirts (§ 704 BGB). Ein Recht zur Klage geben ebenfalls vertragliche und durch Pfändung begründete Pfandrechte sowie gesetzliche Besitzpfandrechte (zB das Pfandrecht des Werkunternehmers nach § 647 BGB), sofern dem Pfandgläubiger oder dem Gerichtsvollzieher die Sache abhandengekommen ist oder er sich mit der Vorzugsklage als „Minus" begnügt (*Lackmann* Rn. 639). **Vorzugsrechte** iSv § 805 ZPO sind die in den §§ 50 Abs. 2, 51 Nr. 2–4 InsO genannten Absonderungsrechte (vgl. dazu → Rn. 857 ff.) sowie die schon erwähnten Zurückbehaltungsrechte aus dem BGB (→ Rn. 733). 743

Der Beklagte einer Vorzugsklage ist Inhaber eines Pfändungspfandrechts. Für das Rangverhältnis sind § 804 Abs. 2 und 3 ZPO iVm §§ 50 f. InsO maßgeblich (dazu → Rn. 275). Für die Rechte innerhalb einer Ranggruppe gilt § 804 Abs. 3 ZPO. 744

Der Vollstreckungsgläubiger kann sich als Beklagter ebenso wie bei der Drittwiderspruchsklage mit **Einwendungen** gegen das Pfand- oder Vorzugsrecht verteidigen, also bspw. vorbringen, dass der Kläger kein Pfandrecht erworben habe, dass das einmal erworbene Pfandrecht wieder erloschen sei, dass das Pfandrecht nachrangig sei oder dass der Vorzugskläger selbst für die Verbindlichkeit des Vollstreckungsschuldners hafte (*Brox/Walker* Rn. 1462; Musielak/Voit/*Flockenhaus* ZPO § 805 Rn. 7; vgl. zur entsprechenden Problematik bei der Drittwiderspruchsklage auch → Rn. 721 ff.). 745

746

Beispielsfall: M mietet bei seinem Vetter V eine Wohnung, in die M unter anderem eine ihm gehörende wertvolle Standuhr einbringt. Kurz darauf nimmt M bei D ein Darlehen auf. V verbürgt sich gegenüber D für den Rückzahlungsanspruch. Als M das Darlehen bei Fälligkeit nicht zurückzahlen kann, erwirkt D einen Zahlungstitel gegen M und lässt sodann die Standuhr durch die Gerichtsvollzieherin GV pfänden, die die Uhr mitnimmt. Als V hiervon erfährt, ist er nicht einverstanden, zumal M mit der Miete für zwei Monate im Rückstand ist und er die Standuhr selbst verwerten will. Kann V mit Erfolg Vorzugsklage erheben?

I. Als (potenzieller) Inhaber eines besitzlosen Pfandrechts (Vermieterpfandrecht) kann V Klage auf vorzugsweise Befriedigung (§ 805 ZPO) erheben. Für diese Klage besteht insbesondere auch das allgemeine Rechtsschutzbedürfnis, da D die Standuhr bereits hat pfänden lassen, die Zwangsvollstreckung mangels Verwertung der Standuhr aber noch nicht beendet ist.

II. Die Klage ist begründet, wenn V an der Standuhr ein Pfandrecht zusteht, das dem Pfändungspfandrecht der D im Rang vorgeht. Zudem dürfen dem Pfandrecht keine Einwendungen entgegenstehen.

1. V stand an der Standuhr ein Vermieterpfandrecht nach § 562 BGB zu, insbesondere gehört die in die Wohnung eingebrachte Standuhr auch dem M und ist nicht unpfändbar (§ 811 ZPO). Das Vermieterpfandrecht geht dem Pfändungspfandrecht der D zudem nach § 804 Abs. 2 ZPO iVm § 50 InsO vor, weil das Vermieterpfandrecht zeitlich vor dem Pfändungspfandrecht entstanden ist und nach § 50 Abs. 1 InsO den Faustpfandrechten in der Insolvenz gleichsteht (→ Rn. 275).

2. Dem Vermieterpfandrecht dürften keine **Einwendungen** entgegenstehen. D könnte hier zunächst einwenden, dass das Vermieterpfandrecht von V gem. § 562a BGB durch Entfernung der Standuhr aus der Wohnung erloschen ist. Ob die Wegnahme der eingebrachten Sache durch den Gerichtsvollzieher eine Entfernung der Sache iSv § 562a BGB darstellt, ist umstritten. Die hM verneint diese Frage zutreffend mit der Begründung, dass der Vermieter die Entfernung der Sache durch den rechtmäßig handelnden Gerichtsvollzieher ohnehin nicht verhindern könnte (vgl. BGH NJW 1986, 2427; *Brox/Walker* Rn. 1459; Stein/Jonas/*Münzberg* ZPO § 805 Rn. 5; aA MüKoBGB/*Artz* § 562a Rn. 8; Staudinger/*Emmerich* Stand 2018 BGB § 562a Rn. 6). D kann jedoch den **Arglisteinwand** erheben. V haftet als Bürge des M für dessen Verbindlichkeiten aus dem Darlehensvertrag gegenüber D selbst. Es ist daher treuwidrig, wenn sich V hinsichtlich der Forderung, für die er selbst haftet, auf sein Vermieterpfandrecht beruft (vgl. *Brox/Walker* Rn. 1462; Musielak/Voit/*Flockenhaus* ZPO § 805 Rn. 7; MüKoZPO/*Gruber* § 805 Rn. 27; vgl. zur entsprechenden Problematik bei der Drittwiderspruchsklage auch → Rn. 726).

III. Eine Vorzugsklage des V wäre mithin unbegründet.

d) Verfahren, Entscheidung und Rechtsmittel

747 Die Entscheidung über die Vorzugsklage erfolgt im **Erkenntnisverfahren** nach den allgemeinen Vorschriften. Ist die Klage begründet, lautet der Tenor, dass der Kläger aus dem Reinerlös der Sache in Höhe seiner Forderung vor dem Beklagten befriedigt wird.

748 Gegen das Urteil kann **Berufung** (§ 511 ZPO) und ggf. **Revision** (§ 542 ZPO) eingelegt werden.

III. Vollstreckungsschutz gem. § 765a ZPO

1. Zweck und Abgrenzung

749 Auf Antrag des Schuldners kann das Vollstreckungsgericht eine Maßnahme in der Zwangsvollstreckung untersagen, wenn sie unter voller Würdigung des Schutzbedürfnisses des Gläubigers wegen ganz besonderer Umstände eine Härte bedeutet, die mit den guten Sitten nicht vereinbar ist (vgl. § 765a Abs. 1

S. 1 ZPO). Bei §765a ZPO handelt es sich um eine vollstreckungsrechtliche **Generalklausel des Schuldnerschutzes**, die gewährleistet, dass die **Grundrechte** des Schuldners im Vollstreckungsverfahren auch dann noch hinreichend berücksichtigt werden, wenn spezielle Vorschriften zum Schuldnerschutz (zB §811 ZPO) nicht eingreifen (*Brox/Walker* Rn. 1471). Große praktische Bedeutung erlangt §765a ZPO vor allem im Zusammenhang mit der Räumungsvollstreckung (vgl. dazu *Kaiser* NJW 2011, 2412; vgl. auch den Fall → Rn. 50). §765a ZPO setzt nicht voraus, dass die angegriffene Vollstreckungsmaßnahme gegen Verfahrensvorschriften oder das materielle Recht verstößt.

2. Zulässigkeit

Ein Antrag nach §765a ZPO ist gegen jeden Vollstreckungsakt **statthaft**. **750**
Antragsberechtigt ist nur der Schuldner, niemals Dritte. Für die Form des Antrags gilt §569 Abs. 2 und 3 ZPO analog, **Anwaltszwang** besteht nicht (§13 RPflG, §78 Abs. 3 ZPO). Eine **Frist** ist nur in Räumungssachen zu beachten (§765a Abs. 3 ZPO). **Zuständig** ist ausschließlich das Vollstreckungsgericht (§§765a Abs. 1, 802 ZPO). Das **Rechtsschutzbedürfnis** besteht, sobald eine Vollstreckungsmaßnahme konkret droht. Das ist grds. der Fall, sobald ein Titel vorliegt. Das Rechtsschutzbedürfnis entfällt, wenn die Maßnahme beendet ist.

3. Begründetheit

Der Antrag nach §765a ZPO ist begründet, wenn die Maßnahme un- **751**
ter voller Würdigung des Schutzbedürfnisses des Gläubigers wegen ganz besonderer Umstände eine Härte bedeutet, die mit den guten Sitten nicht vereinbar ist, §765a Abs. 1 S. 1 ZPO. Vgl. zu einem ausführlichen Beispielsfall → Rn. 50.

4. Verfahren, Entscheidung, Rechtsbehelfe

Gemäß §§764 Abs. 3, 128 Abs. 4 ZPO ist die mündliche Verhandlung **752**
fakultativ. Soll dem Antrag des Schuldners stattgegeben werden, ist der Gläubiger zu hören (*Lippross/Bittmann* §22 Rn. 95). Die Entscheidung ergeht durch Beschluss. Gemäß §§765a Abs. 1 S. 2, 732 Abs. 2 ZPO kann das Gericht schon vor der Entscheidung **einstweilige Anordnungen** erlassen. Maßnahmen zur Erwirkung der Herausgabe von Sachen kann der Gerichts-

vollzieher bis zur Entscheidung des Vollstreckungsgerichts zudem aufschieben (vgl. §765a Abs. 2 ZPO).

753 Über den Antrag entscheidet nach §§3 Nr. 3 lit. a, 20 Abs. 1 Nr. 17 RPflG idR der Rechtspfleger. Gegen dessen Entscheidung können die Parteien jeweils sofortige Beschwerde einlegen (§793 ZPO iVm §11 Abs. 1 RPflG). Gegen die Entscheidung des Beschwerdegerichts kann unter den Voraussetzungen von §574 ZPO Rechtsbeschwerde eingelegt werden.

IV. Rechtsbehelfe im Klauselverfahren

754 Das Klauselverfahren geht dem Vollstreckungsverfahren als selbstständiges Verfahren voraus (→ Rn. 154). Dementsprechend sieht die ZPO für dieses Verfahren auch ein **eigenständiges Rechtsbehelfssystem** vor. Zu unterscheiden sind die Rechtsbehelfe des Gläubigers (→ Rn. 756ff.) von den Rechtsbehelfen des Schuldners (→ Rn. 768ff.).

755

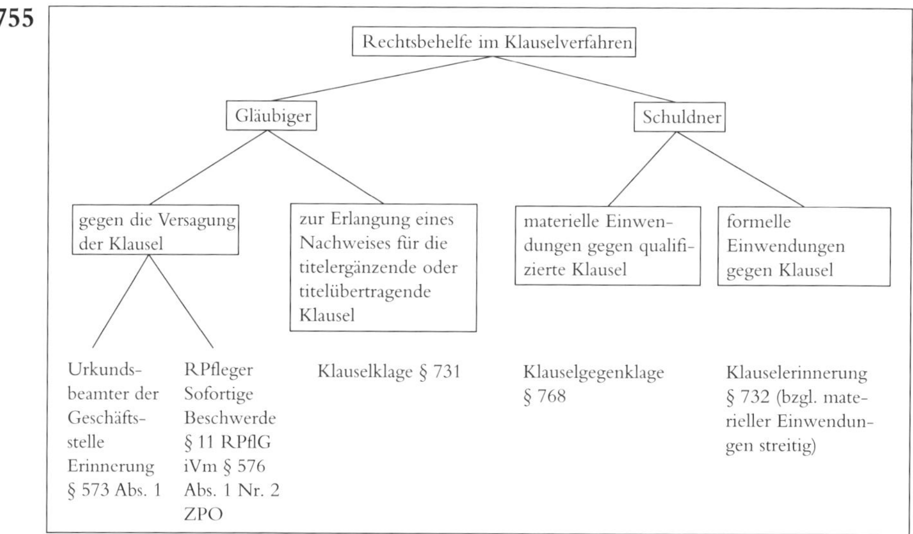

1. Die Rechtsbehelfe des Gläubigers

a) Erinnerung und Beschwerde

756 Lehnt das Klauselorgan die Erteilung einer Vollstreckungsklausel ab, hängt die Statthaftigkeit des Rechtsbehelfs davon ab, welches Organ für die Erteilung der Klausel zuständig ist.

757 Die **einfache Vollstreckungsklausel** erteilt der Urkundsbeamte der Geschäftsstelle (→ Rn. 155). Lehnt dieser die Erteilung der Klausel ab,

kann der Gläubiger die **Erinnerung** bei dem Gericht beantragen, dem der Urkundsbeamte angehört (§ 573 Abs. 1 ZPO). Hält der Urkundsbeamte die Erinnerung für begründet, hilft er ihr ab (§ 573 Abs. 1 iVm § 572 Abs. 1 S. 1 ZPO). Andernfalls entscheidet das Gericht, dem der Urkundsbeamte angehört. Lehnt auch dieses die Erteilung ab, kann der Gläubiger sofortige Beschwerde einlegen (§ 573 Abs. 2 ZPO).

Für die Erteilung **qualifizierter Klauseln** ist der Rechtspfleger zuständig (→ Rn. 155). Erteilt dieser die Klausel nicht, ist nach § 11 Abs. 1 RPflG das Rechtsmittel gegeben, das nach den allgemeinen verfahrensrechtlichen Vorschriften zulässig ist. Da es sich bei dem Antrag auf Erteilung der Klausel um ein das Verfahren betreffendes Gesuch handelt, über das ohne mündliche Verhandlung entschieden werden kann, ist nach § 567 Abs. 1 Nr. 2 ZPO die sofortige **Beschwerde** statthaft (LG Stuttgart RPfleger 2000, 537 (538); *Brox/Walker* Rn. 129). 758

Verweigert der Notar die Erteilung einer Vollstreckungsklausel (→ Rn. 154 ff.), ist nach § 54 Abs. 1 BeurkG die **Beschwerde** gegeben. Für das Beschwerdeverfahren gelten die §§ 58 ff. FamFG (vgl. § 54 Abs. 2 S. 1 BeurkG). Über die Beschwerde entscheidet eine Zivilkammer des Landgerichts, in dessen Bezirk der Notar seinen Sitz hat (§ 54 Abs. 2 S. 2 BeurkG). 759

Die Rechtsbehelfe sind jeweils begründet, wenn das Organ die Klausel hätte erteilen müssen, die **Ablehnung** der Klauselerteilung also **verfahrensfehlerhaft** ist (zu den Voraussetzungen der Klauselerteilung → Rn. 156). 760

b) Klage auf Erteilung der Vollstreckungsklausel (§ 731 ZPO)

Für die Erteilung qualifizierter Vollstreckungsklauseln ist der Nachweis des Eintritts bestimmter **materieller Voraussetzungen** (Rechtsnachfolge, Firmenübernahme, Eintritt einer Bedingung usw.) durch öffentliche oder öffentlich beglaubigte Urkunden erforderlich (→ Rn. 156). Kann der Gläubiger den Nachweis durch entsprechende Urkunden nicht erbringen, etwa, weil er sie nicht besitzt, muss er aus dem Urteil Klage gegen den Titelschuldner auf Erteilung der Vollstreckungsklausel erheben, § 731 ZPO. 761

Das **Klageverfahren** ist nach allgemeinen Regeln zu führen, so dass nach §§ 355 ff. ZPO Beweise erhoben werden können, zB über die Rechtsnachfolge. Die Klage zielt darauf ab, anzuordnen, dass das Klauselorgan die Klausel zu erteilen hat. Ob diese prozessuale Pflicht festgestellt (prozessuale Feststellungsklage) oder gestaltend angeordnet wird (prozessuale Gestaltungsklage), ist umstritten (näher Schuschke/Walker/Kessen/Thole/*Schuschke/Hake* ZPO § 731 Rn. 2). 762

Für die Klage ist das **Prozessgericht des ersten Rechtszugs** ausschließlich **zuständig** (§§ 731, 802 ZPO). Über § 795 ZPO gilt § 731 ZPO auch für gerichtliche Vergleiche und Entscheidungen nach § 794 Abs. 1 Nr. 2 und 3 ZPO. Bei Vollstreckungsbescheiden und vollstreckbaren Urkunden gelten § 796 Abs. 3 bzw. § 797 Abs. 5 ZPO. 763

764 Im Rahmen der **Begründetheit** prüft das Gericht, ob der Gläubiger die für die Erteilung der qualifizierten Klausel erforderlichen Tatsachen bewiesen hat. Einwendungen des beklagten Schuldners gegen die Zulässigkeit der Klausel muss es berücksichtigen. So kann der Beklagte etwa rügen, dass der Titel keinen vollstreckungsfähigen Inhalt habe. Nach der hM sind auch **materielle Einwendungen** gegen die die titulierte Forderung zu berücksichtigen, bspw. dass sie zwischenzeitlich durch Erfüllung (§362 BGB) erloschen sei (*Lackmann* Rn. 758). Denn das Gericht prüft, ob nach der Rechtslage zum Zeitpunkt der letzten mündlichen Verhandlung aus dem Titel vollstreckt werden darf (MüKoZPO/*Wolfsteiner* §731 Rn. 4).

765 **Beispiel:** R ist Erbe der G und möchte einen Titel, den G gegen S erstritten hatte, auf sich umschreiben lassen. Um seine Rechtsnachfolge nach §1922 BGB nachzuweisen, erhebt er Klage nach §731 ZPO gegen S. Im Prozess wendet S ein, er habe die Forderung nach Zustellung des Urteils sogleich gegenüber G beglichen. Diese Einwendung wird im Verfahren nach §731 ZPO geprüft.

766 Hätte der Schuldner den materiellen Einwand aber schon im Erkenntnisverfahren vorbringen können, ist er analog §767 Abs. 2 ZPO präkludiert (vgl. *Lackmann* Rn. 758). Macht der Schuldner den materiellen Einwand iRd Klageverfahrens nach §731 ZPO nicht geltend, kann er ihn auch im Rahmen einer späteren Vollstreckungsabwehrklage nach §767 Abs. 2 ZPO nicht erheben (*Lackmann* Rn. 759; *Brox/Walker* Rn. 135; vgl. auch *Kornol/Wahlmann* Rn. 461; Stein/Jonas/*Münzberg* ZPO §731 Rn. 13f., die auf §767 Abs. 3 ZPO abstellen).

767 Ist die Klage begründet, spricht das Gericht aus, dass die Vollstreckungsklausel zu erteilen ist. Zuständig für die Erteilung ist dann der Rechtspfleger (LG Stuttgart RPfleger 2000, 537 (538); HK-ZPO/*Kindl* §731 Rn. 9; für die Zuständigkeit des Urkundsbeamten Thomas/Putzo/*Seiler* ZPO §731 Rn. 8).

2. Die Rechtsbehelfe des Schuldners

768 Der Schuldner kann sich mit der Klauselerinnerung (§732 ZPO) oder der Klauselgegenklage (§768 ZPO) gegen die Klausel wehren. Für die schwierige Abgrenzung zwischen beiden Rechtsbehelfen ist im Ausgangspunkt – wie bei den Rechtsbehelfen in der Zwangsvollstreckung – zwischen formellen (§732 ZPO) und materiellen Einwendungen (§768 ZPO) des Schuldners zu unterscheiden.

a) Klauselerinnerung (§732 ZPO)

769 Mit der Klauselerinnerung kann der Schuldner überprüfen lassen, ob das Klauselorgan die Klausel rechtmäßig erteilt hat. Sie ist nicht zu verwechseln mit der Vollstreckungserinnerung nach §766 ZPO, mit der das Verfahren des Vollstreckungsorgans überprüft wird.

aa) Zulässigkeit und Abgrenzung zur Klauselgegenklage (§ 768 ZPO)

Die Klauselerinnerung ist **statthaft**, wenn der Schuldner oder derjenige, gegen den die Klausel umgeschrieben worden ist, rügt, dass die Erteilung der Klausel rechtswidrig war. **Zuständig** ist ausschließlich (§ 802 ZPO) das Gericht, von dessen Urkundsbeamten oder Rechtspfleger die Vollstreckungsklausel erteilt worden ist, § 732 Abs. 1 S. 1 ZPO (beachte für notarielle Urkunden § 797 Abs. 3 S. 1 ZPO). § 569 Abs. 2 und 3 ZPO gilt für die **Form** analog, eine **Frist** ist nicht zu beachten (*Lackmann* Rn. 763). Es besteht kein Anwaltszwang. **770**

Mit der Klauselerinnerung können in erster Linie **formelle Verfahrensverstöße** gerügt werden, die dem Organ bei der Erteilung der Klausel unterlaufen sind. **771**

Beispiel: S rügt, dass nicht der Urkundsbeamte der Geschäftsstelle, sondern der Rechtspfleger die Klausel hätte erteilen müssen; S meint, dass sie vor der Erteilung der Klausel hätte angehört werden müssen; S rügt die Erteilung einer qualifizierten Vollstreckungsklausel, weil es sich bei den von G vorgelegten Urkunden nicht um öffentliche oder öffentlich-beglaubigte Urkunden handelt. **772**

Umstritten ist, ob der Schuldner im Wege der Klauselerinnerung einwenden kann, dass die in den §§ 726 ff. ZPO genannten **materiellen Voraussetzungen** für die Erteilung einer qualifizierten Klausel (zB der Eintritt einer Bedingung, Rechtsnachfolge) nicht vorliegen. **773**

Beispiel: G erwirkt einen Zahlungstitel gegen S. Kurz darauf stirbt G. Aufgrund eines Testaments der G wird E ein Erbschein erteilt. E lässt den Titel gegen S auf sich umschreiben (§ 727 ZPO). S wendet ein, dass E nicht Erbe geworden sei, weil G unerkannt geisteskrank war, als sie das Testament abgefasst hat. **774**

Ob die Klauselerinnerung auch bei derartigen Einwendungen statthaft ist, ist zweifelhaft. Denn das Vollstreckungsorgan begeht keinen Verfahrensfehler, wenn es sich auf vorgelegte Urkunden verlässt; es prüft die materielle Rechtslage nicht. Zudem sieht das Gesetz für den Fall, dass der Schuldner den als bewiesen angenommenen Eintritt der Voraussetzung für die Erteilung der qualifizierten Vollstreckungsklausel bestreitet, mit der Klauselgegenklage nach § 768 ZPO einen eigenen Rechtsbehelf vor (→ Rn. 779), der ***lex specialis*** gegenüber § 732 ZPO sein könnte. Nach dem Wortlaut des § 768 ZPO aE ist die Klauselgegenklage jedoch „unbeschadet" der Befugnis des Schuldners gegeben, in diesen Fällen Einwendungen gegen die Zulässigkeit der Vollstreckungsklausel nach § 732 ZPO zu erheben. Hieraus wird zum Teil geschlossen, dass der Schuldner insoweit ein Wahlrecht zwischen der Klauselerinnerung und der Klauselgegenklage hat (Thomas/Putzo/*Seiler* ZPO § 732 Rn. 8; *Brox/Walker* Rn. 139, 143). Diese Wortlautauslegung ist indes nicht zwingend, denn der Wortlaut kann auch nur bedeuten, dass die Geltendmachung materieller Einwendungen es nicht ausschließt, formelle zu erheben. **775**

776 Zudem ergibt die **gesetzliche Systematik,** die §732 ZPO bei den Formbestimmungen über die Klauselerteilung einordnet, dass es sich um einen formellen Behelf handelt. §768 ZPO dagegen findet sich im Kontext von Rechtsbehelfen, mit denen materielle Einwendungen gegen den titulierten Anspruch erhoben werden können (*Gaul/Schilken/Becker-Eberhard* §17 Rn. 23). Auch bezweckt §732 ZPO, Verfahrensfehler des Klauselorgans zu rügen. In den genannten Fällen geht es aber um materielle Fehler, wie im Beispiel einen unrichtigen Erbschein. Dem Richter im Rahmen der Klauselerinnerung eine Prüfungskompetenz zuzusprechen, die über die Prüfungskompetenz des Klauselorgans hinausgeht, überzeugt nicht (*Lackmann* Rn. 777; *Heiderhoff/Skamel* Rn. 168). Daher ist §732 ZPO nicht statthaft, wenn materielle Einwendungen gegen die Klausel erhoben werden (Schuschke/Walker/Kessen/Thole/*Raebel* ZPO §768 Rn. 2; *Gaul/Schilken/Becker-Eberhard* §17 Rn. 24; iE wie hier auch HK-ZPO/*Kindl* §732 Rn. 3; *Heiderhoff/Skamel* Rn. 173, 178; *Lackmann* Rn. 777).

777 **Beispiel**: S wendet gegen die Erteilung einer Vollstreckungsklausel nach §726 ZPO ein, dass sie sich tatsächlich nicht im Annahmeverzug befinde (materieller Einwand) und dass die von G zum Nachweis des Annahmeverzugs vorgelegte Urkunde eine Privaturkunde sei (formeller Einwand). Hier hat S die Wahl zwischen der Klauselerinnerung und der Klauselgegenklage. Will sie sicher gehen, dass sämtliche Einwendungen gegen die Klauselerteilung berücksichtigt werden, muss sie sowohl nach §732 ZPO als auch nach §768 ZPO vorgehen (vgl. Schuschke/Walker/Kessen/Thole/*Raebel* ZPO §768 Rn. 2; kritisch *Brox/Walker* Rn. 143).

bb) Begründetheit und Rechtsmittel

778 Die Klauselerinnerung ist begründet, wenn das Organ bei der Klauselerteilung einen Verfahrensfehler begangen hat. Die Entscheidung ergeht durch Beschluss (§§732 Abs. 1 S. 2, 128 Abs. 4 ZPO). Hiergegen ist die sofortige Beschwerde statthaft (§567 Abs. 1 Nr. 2 ZPO). Gegen die Entscheidung des Beschwerdegerichts kann unter den Voraussetzungen des §574 Abs. 1 Nr. 2 ZPO Rechtsbeschwerde eingelegt werden.

b) Klauselgegenklage (§768 ZPO)

779 Bestreitet der Schuldner, dass die **materiellen Voraussetzungen für die Erteilung einer qualifizierten Klausel** (§§726 ff. ZPO) gegeben sind (vgl. das Beispiel → Rn. 603), kann er Klauselgegenklage nach §768 ZPO erheben. Sie zielt darauf ab, die Zwangsvollstreckung aufgrund der Vollstreckungsklausel für unzulässig zu erklären. Die Klauselgegenklage ist das Gegenstück (*Brox/Walker* Rn. 141) zur Klage nach §731 ZPO, mit der der Gläubiger die Erteilung einer qualifizierten Klausel begehrt. In beiden Fällen werden die materiellen Voraussetzungen qualifizierter Klauseln in einem Klageverfahren überprüft. Zur Abgrenzung der Klauselgegenklage gegenüber der Klauselerinnerung → Rn. 768.

Zu unterscheiden ist die Klage nach §768 ZPO zudem von der **Vollstreckungsabwehrklage** nach §767 ZPO, bei der es um die materielle Richtigkeit des Titels, also den titulierten Anspruch selbst geht. 780

Zuständig ist das Prozessgericht erster Instanz (§§768, 767 Abs. 1 ZPO). 781
Begründet ist die Klauselgegenklage, wenn eine materielle Voraussetzung für die Klauselerteilung im Zeitpunkt der gerichtlichen Entscheidung nicht vorliegt. Über die Klage wird in einem Erkenntnisverfahren nach allgemeinen Regeln entschieden. Gegen das Urteil kann Berufung (§511 ZPO) und ggf. Revision (§542 ZPO) eingelegt werden.

V. Kontrollfragen

1. Innerhalb welcher Frist muss die Vollstreckungserinnerung, innerhalb welcher die sofortige Beschwerde erhoben werden?
2. Bei welchem Gericht kann die sofortige Beschwerde eingelegt werden?
3. Wer ist befugt, Vollstreckungserinnerung einzulegen?
4. Der S ist verurteilt worden, bei G eine Küche einzubauen. Dieser Verpflichtung kommt S nicht nach. G erwirkt beim Prozessgericht einen Ermächtigungsbeschluss, in dem er ermächtigt wird, den Einbau auf Kosten des S vornehmen zu lassen oder selbst vorzunehmen. S macht nun geltend, dass ihm das Urteil, in dem er zum Einbau verurteilt wurde, bislang nicht zugestellt worden sei. Ist sofortige Beschwerde oder Vollstreckungserinnerung zu erheben?
5. Was versteht man unter materiellen, was unter formellen Einwendungen in der Zwangsvollstreckung?
6. Welche Rechtsbehelfe stehen bei formellen Einwendungen zur Verfügung (sog. vollstreckungsinterne Rechtsbehelfe), welche bei materiellen (sog. Vollstreckungsklagen)?
7. Sind Fälle denkbar, in denen aus ein und demselben Sachverhalt sowohl eine formelle als auch eine materielle Einwendung erwachsen?
8. Können dann beide (formelle und materielle) Rechtsbehelfe nur alternativ oder gar kumulativ eingelegt werden?
9. Das Vollstreckungsgericht erlässt durch den Rechtspfleger einen Pfändungs- und Überweisungsbeschluss. Dagegen will der Schuldner vorgehen, da er den Pfändungsbeschluss für zu unbestimmt hält. Welcher Rechtsbehelf ist einschlägig?
10. Der Gerichtsvollzieher pfändet am 1.5. bei S einen Schrank, obwohl G laut Titel erst am 1.6. Zahlung verlangen kann. S legt am 15.5. Vollstreckungserinnerung ein, über die am 5.6. entschieden wird. Hat die Vollstreckungserinnerung Erfolg?
11. Ordnen Sie die Vollstreckungsabwehrklage in das System der zivilprozessualen Klagearten ein.

12. Wie grenzt man die Abänderungsklage nach §323 ZPO von der Vollstreckungsabwehrklage ab?
13. Welche Einwendungen kann man mit §767 ZPO nicht geltend machen? Woraus ergibt sich das?
14. Welches Gericht ist für die Vollstreckungsabwehrklage zuständig?
15. Der Schuldner macht geltend, der Prozessvergleich sei wegen Geschäftsunfähigkeit des Gläubigers unwirksam. Ist die Vollstreckungsabwehrklage zulässig?
16. Was ist das Klageziel einer Klage nach §771 ZPO? Wie unterscheidet es sich von dem des §767 ZPO?
17. Unter welchen Voraussetzungen hat ein Dritter ein „die Veräußerung hinderndes Recht"?
    a) V hat K unter Eigentumsvorbehalt bis zur vollständigen Kaufpreiszahlung einen Fernseher verkauft. Ein Gläubiger des V lässt den Fernseher pfänden, als dieser sich gerade zur Reparatur bei V befindet. Kann K mit Erfolg Drittwiderspruchsklage erheben?
    b) Kann der Sicherungseigentümer (Sicherungsnehmer) der Pfändung des Sicherungsguts durch Gläubiger des Sicherungsgebers nach §771 Abs. 1 ZPO widersprechen?
    c) Kann der Sicherungsgeber der Pfändung des Sicherungsguts durch Gläubiger des Sicherungsnehmers nach §771 Abs. 1 ZPO widersprechen?
18. Welche Rechtskraft entfaltet das Urteil einer Drittwiderspruchsklage?
19. Was ist das Ziel einer Klage nach §805 ZPO? In welchem Verhältnis steht sie zur Klage nach §771 ZPO?
20. S wohnt zur Miete in einer Wohnung des V. Um eine titulierte Geldforderung gegen S durchzusetzen, lässt G in der Wohnung des S dessen Klavier pfänden. V, bei dem S mit der Miete in Rückstand ist, widerspricht und erhebt Klage. Mit Erfolg?

Empfehlungen zur vertiefenden Lektüre:

Allgemeines: *Els,* „Doppelt abkassieren, das geht gar nicht!": Grundzüge der Vollstreckungsabwehrklage für die Klausurbearbeitung, Jura 2018, 1120; *Gottwald,* Rechtsbehelfe im Verfahren der Zwangsvollstreckung, ZAP 2016, 187; *Haberzettl,* Der Streitgegenstand der Vollstreckungsgegenklage, NJOZ 2021, 289; *Huber,* Neues Recht der Vorsatzanfechtung für den Schwerpunktbereich Insolvenzrecht, JuS 2019, 1148; *Ledermann,* Fallbesprechung im Insolvenzanfechtungsrecht, JuS 2019, 936; *Meier,* Der Rechtsschutz gegen nichtige Titel, ZZP 2020, 51; *Petersen,* Die Drittwiderspruchsklage, Jura 2018, 990; *Schäfers,* Einführung in das Zwangsvollstreckungsrecht, Teil II: Überblick über das Rechtsbehelfssystem der Zwangsvollstreckung, Ad Legendum 2013, 217; *Spohnheimer,* Zivilprozessuale Standard-Probleme in den Pflichtfachklausuren – Zwangsvollstreckungsverfahren und andere Schnittstellen zum materiellen Recht, JA 2018, 18; *Zott/Singbartl,* Fallstricke bei der Vollstreckungsabwehrklage im Referendarexamen, JA 2017, 262.

Fälle mit Lösungen: *Fehrenbach,* Möbelmarkt in Not, Jura 2015, 1222; *Fretschner,* Referendarexamensklausur – Zivilrecht: Werkvertragsrecht und Zwangsvollstreckungsrecht – My home is my castle!, JuS 2019, 609; *Kanert,* Examensklausur: Zwangsvollstreckung ohne Ende?, ZJS 2018, 427; *Köpf/Lappe,* Fortgeschrittenenklausur – Zivilrecht: Schuldrecht und Zwangsvollstreckungsrecht – Biodieselpreisjumping, JuS 2018, 877; *Lomfeld,* Referendarexamensklausur – Zivilrecht: Sachenrecht und Zwangsvollstreckungsrecht – Wem gehören intelligente Roboter?, JuS 2019, 372; *Zetzsche/Nast,* „Gerichtsvollzieher mit Damenschmuck", JA 2016, 582; *Zintl/Singbartl/Frank,* (Original-) Referendarexamensklausur – Zivilrecht: Erbrecht und Zivilprozessrecht, JuS 2017, 1010.

§5. Einstweiliger Rechtsschutz

I. Funktion, Abgrenzung und Arten

782 Der einstweilige Rechtsschutz im Zivilprozess ist in §§916–945 ZPO geregelt und damit systematisch im achten Buch „Zwangsvollstreckung“. Inhaltlich behandeln die Vorschriften aber nicht, wie Ansprüche zwangsweise durchgesetzt werden, sondern wie man sicherstellt, dass ein Anspruch **durchsetzbar bleibt**, wenn wegen der Dauer eines Hauptsacherechtsstreits ein Rechtsverlust der (möglicherweise) anspruchsberechtigten Partei droht (s. §916 Abs. 1 ZPO: „zur Sicherung der Zwangsvollstreckung“; → Rn. 7). Dazu sehen die §§916–934 ZPO den Arrest und die §§935–942 ZPO die einstweilige Verfügung vor. §§943–945 ZPO enthalten allgemeine Vorschriften für beide Arten einstweiligen Rechtsschutzes.

783 **Beispiele:** G hat gegen S Klage auf Zahlung von 300.000 Euro erhoben. S beginnt daraufhin, sein Vermögen zu verschleudern. G sollte versuchen, einen dinglichen Arrestbefehl (§§916, 917, 922 ZPO) zu erwirken, der die Vollstreckung in das bewegliche und unbewegliche Vermögen des G sichert.

S wirbt in irreführender und damit wettbewerbswidriger Weise (§§3, 5 UWG) mit einer einwöchigen Sonderaktion. Konkurrent G will erreichen, dass S diese Werbung unterlässt. G sollte versuchen, eine einstweilige Verfügung (§935 ZPO) zu erwirken, in der das Gericht dem S die Fortsetzung der Werbung verbietet. Ein Hauptsacherechtsstreit käme zu spät.

784 Einstweiliger Rechtsschutz wird nur gewährt, wenn bei Abwarten des Hauptsacheprozesses die **Durchsetzung des Rechts vereitelt oder wesentlich erschwert werden würde** (§§917, 918, 935, 940 ZPO). Das Gericht prüft zweierlei (vgl. §920 Abs. 2 ZPO):

- Ergibt eine summarische Prüfung, dass der Anspruch des Klägers besteht (**Arrest- oder Verfügungsanspruch**)?
- Ist die Sache eilbedürftig, gibt es also einen **Arrest- oder Verfügungsgrund**?

785 Ist beides der Fall, ordnet das Gericht sichernde Maßnahmen an, die im Anschluss nach allgemeinen Regeln vollstreckt werden müssen. Dafür gelten die §§704ff. ZPO entsprechend (§§928, 936 ZPO), soweit in den §§916ff. ZPO keine speziellen Regeln vorgesehen sind, die der Tatsache Rechnung tragen, dass der einstweilige Rechtsschutz nur rechtssichernde, nicht rechtsdurchsetzende Funktion hat. Damit ist der einstweilige Rechtsschutz ein **vorläufiges Erkenntnisverfahren** (*Pohlmann* ZivilProzR Rn. 11).

Ergeht im ersten **Beispiel** (→ Rn. 783) ein Arrestbefehl, der den dinglichen Arrest in das Vermögen des Schuldners anordnet (§ 921 S. 1 ZPO), bedeutet dies, dass sein Vermögen gem. §§ 804 ff. ZPO gepfändet werden kann, wenn die Vollstreckungsvoraussetzungen vorliegen. Der Arrestbefehl wirkt also insofern wie ein Zahlungstitel. Allerdings kann nur gepfändet, nicht aber verwertet werden, da der Arrest nur eine sichernde Funktion hat. Zudem sind die Sonderregeln der §§ 929–934 ZPO zu beachten. Soweit gepfändet ist, kann S sein Vermögen nicht mehr verschleudern. Im zweiten **Beispiel** (→ Rn. 783) könnte eine einstweilige Verfügung ergehen, die den S verpflichtet, die Werbung zu unterlassen (zum Problem der Vorwegnahme der Hauptsache, wenn sich die Werbeaktion nicht nachholen lässt, → Rn. 819). Die einstweilige Verfügung muss dann gem. § 890 ZPO vollstreckt werden. **786**

Dass die Rechtsordnung für den privaten Gläubiger solche Möglichkeiten des einstweiligen Rechtsschutzes vorsehen muss, folgt aus dem in Art. 2 Abs. 1 iVm Art. 20 Abs. 3 GG (BVerfG NJW 2003, 1924 (1924)) verankerten **allgemeinen Justizgewährungsanspruch**, der Kehrseite des staatlichen Gewaltmonopols ist (→ Rn. 4). Auch in Eilsituationen darf der Gläubiger seine Ansprüche grds. nicht mit Zwang durchsetzen (Ausnahmen zB in §§ 229, 859 BGB). Er hat daher Anspruch auf einen effektiven staatlichen Eilrechtsschutz (HK-ZV/*Haertlein* ZPO vor § 916 Rn. 2 f.). Damit dienen die §§ 916 ff. ZPO wie das Zivilprozessrecht insgesamt der Durchsetzung subjektiver Privatrechte, wobei ihre der Hauptsache dienende Funktion besonders hervorzuheben ist. **787**

Der einstweilige Rechtsschutz ist dabei **unabhängig vom Hauptsacheverfahren**: Dieses ist weder erforderlich noch schließt es den einstweiligen Rechtsschutz aus (ebenso im Verwaltungsprozess bei § 123 VwGO, im Einzelnen str. im Fall des § 80 Abs. 5 VwGO). Allerdings kann das Gericht auf Antrag gem. §§ 926, 936 ZPO die Erhebung der Hauptsacheklage anordnen und, falls sie unterbleibt, die einstweilige Entscheidung aufheben. **788**

Eilrechtsschutz gibt es in der Rechtsordnung zahlreich, zB in den dem FamFG unterfallenden Angelegenheiten nach §§ 49 ff. FamFG oder im Verwaltungsverfahren nach §§ 123, 80 Abs. 5, 80a, 47 Abs. 6 VwGO. In verfassungsrechtlichen Streitigkeiten wird nach § 32 BVerfGG Eilrechtsschutz gewährt. Dort gilt ein anderer Prüfungsmaßstab mit einer spezifischen Folgenabwägung. Die Erfolgsaussichten der Hauptsache werden dabei nur im Falle offensichtlich unzulässiger oder unbegründeter Hauptsacheverfahren berücksichtigt und führen dann zur Versagung des Eilrechtsschutzes (BeckOK BVerfGG/*Walter* § 32 Rn. 42). Auch das Zwangsvollstreckungsverfahren kennt in §§ 769, 770, 732 Abs. 2 ZPO einstweiligen Rechtsschutz (näher → Rn. 644, 730, 752; Überblick bei *Heiderhoff/Skamel* Rn. 702 f.), der mit dem hier besprochenen einstweiligen Rechtsschutz im Erkenntnisverfahren nicht verwechselt werden darf. **789**

Die §§ 916 ff. ZPO unterscheiden **zwei Grundformen** des einstweiligen Rechtsschutzes: den Arrest und die einstweilige Verfügung. Der **Arrest** sichert die Zwangsvollstreckung wegen einer Geldforderung oder eines **790**

Anspruchs, der in eine Geldforderung übergehen kann, § 916 Abs. 1 ZPO. Es wird also der Zugriff auf das Vermögen des Schuldners erhalten. Andere Ansprüche sichert die **einstweilige Verfügung,** §§ 935, 940 ZPO. Zu den auf der nachfolgenden Übersicht aufgeführten Unterformen s. unten → Rn. 792 ff. und → Rn. 819 ff.

791

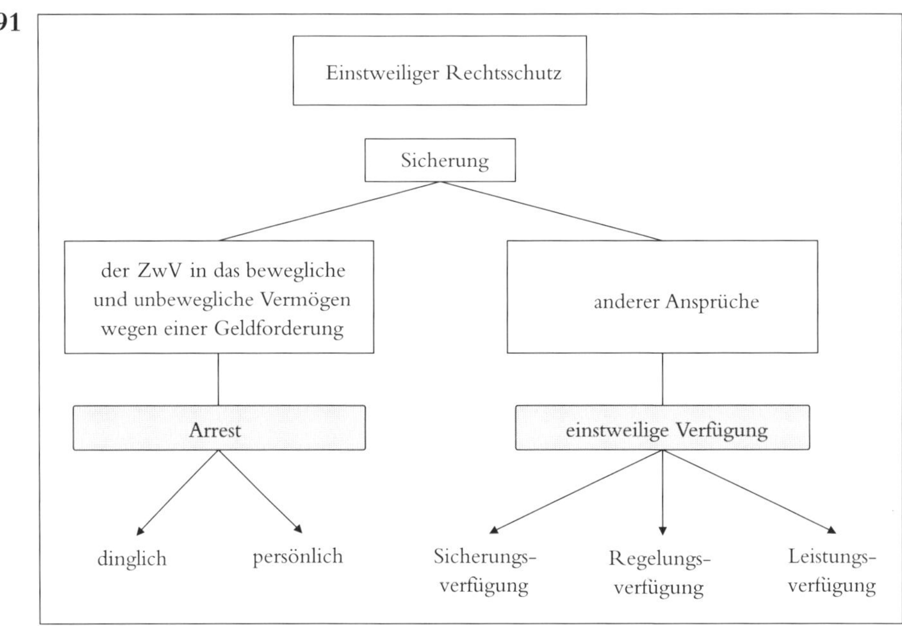

II. Arrest

792 Beim Arrest sind der **dingliche** und der **persönliche Arrest** zu unterscheiden, §§ 917, 918 ZPO. Beide sichern die Zwangsvollstreckung wegen einer Geldforderung oder eines Anspruchs, der in eine Geldforderung übergehen kann, § 916 Abs. 1 ZPO. Der dingliche Arrest erfasst unmittelbar das Vermögen des Schuldners und wird zB durch Pfändung vollzogen (§ 930 Abs. 1 ZPO, näher → Rn. 811 ff.). Der persönliche Arrest zielt auf die Person des Schuldners und sichert so mittelbar dessen Vermögen. Vollzogen wird der Arrest mittels Beschränkung der persönlichen Freiheit des Schuldners (zB Haft, vgl. § 933 ZPO). Wegen dieser deutlich weitergehenden Grundrechtseingriffe ist der persönliche Arrest *ultima ratio* und damit subsidiär gegenüber dem dinglichen Arrest.

793 Den Unterschied zwischen dinglichem und persönlichen Arrest kann man auch am Wortlaut des § 919 ZPO ablesen, der von dem mit Arrest zu belegenden Gegenstand (dinglicher Arrest) und der in ihrer persönlichen Freiheit zu beschränkenden Person (persönlicher Arrest) spricht.

1. Voraussetzungen

a) Zulässigkeit

Da es sich um ein Erkenntnisverfahren handelt, müssen dieselben Zulässigkeitsvoraussetzungen vorliegen wie im normalen Prozess. **Zuständig** sind nach § 919 ZPO ausschließlich (§ 802 ZPO) das Gericht der Hauptsache iSv § 943 ZPO sowie auch das Gericht, in dem sich der mit Arrest zu belegende Vermögensgegenstand oder die in ihrer Freiheit zu beschränkende Person befinden. Zwischen beiden Gerichten kann der Gläubiger wählen, denn § 35 ZPO ist auch bei konkurrierenden ausschließlichen Gerichtsständen anwendbar (OLG Karlsruhe NJOZ 2003, 1121). **794**

Umstritten ist, ob der **Arrestgrund** (§§ 917, 918 ZPO), also die Eilbedürftigkeit, eine Zulässigkeits- oder eine Begründetheitsvoraussetzung ist. Man könnte ihn als besondere Form des Rechtsschutzbedürfnisses der Zulässigkeit zurechnen (*Jauernig/Berger* § 35 Rn. 6; OLG Frankfurt aM NJW 2005, 3222) oder als Element der Begründetheit ansehen (Stein/Jonas/*Bruns* ZPO § 917 Rn. 2). Nähme man ersteres an, müsste die Eilbedürftigkeit immer erst festgestellt werden, bevor der Arrestanspruch geprüft werden darf. Man ist sich aber einig, dass das Gericht das Arrestgesuch auch bei zweifelhaftem Arrestgrund als unbegründet abweisen darf, wenn feststeht, dass kein Arrestanspruch vorliegt (MüKoZPO/*Drescher* § 917 Rn. 2). Dann ist es konsequenter, den Arrestgrund der Begründetheit zuzuordnen. **795**

b) Begründetheit

Die Begründetheit des Arrestgesuchs hat nach dem Gesagten zwei Voraussetzungen: den Arrestanspruch und den Arrestgrund (vgl. § 920 Abs. 2 ZPO). **796**

aa) Arrestanspruch

Der Arrestanspruch ist der Anspruch, dessen Durchsetzung gesichert werden soll. Es kann sich um einen **Geldanspruch** handeln, der auch ein bedingter, betagter (§ 916 Abs. 2 ZPO) oder künftiger Anspruch sein kann, soweit eine Klageerhebung zulässig wäre (s. § 926 ZPO). Auch **Haftungs- und Duldungsansprüche** (zB nach § 1147 BGB) zielen auf eine Geldzahlung und fallen daher unter § 916 ZPO. Außerdem kann im Wege des Arrestes ein Anspruch gesichert werden, der **in einen Geldanspruch übergehen kann**. Dies ist bei jedem vermögensrechtlichen Anspruch der Fall, insbesondere bei Schadensersatz-, Rückgewähr- oder Bereicherungsansprüchen, aber auch bei nicht-vermögensrechtlichen Ansprüchen, die sich bei Nichterfüllung in Geldansprüche auf Schadensersatz umwandeln können (MüKoZPO/*Drescher* § 916 Rn. 4). Solange sich der Anspruch noch nicht in einen Geldanspruch gewandelt hat, kann der Gläubiger wählen, ob er eine einstweilige Verfügung (§ 935 ZPO) wegen des Anspruchs oder einen Arrest wegen des künftigen Geldanspruchs erwirkt (MüKoZPO/*Drescher* § 916 Rn. 4). **797**

798 **Beispiel:** Im Fall oben (→ Rn. 8) kann G seinen Übereignungsanspruch wie dort beschrieben durch einstweilige Verfügung sichern. Denkbar ist auch, dass er seinen künftigen Anspruch auf Schadensersatz aus §§ 280 Abs. 1 und 3, 283 BGB durch einen Arrest sichert (zu den Anforderungen bei künftigen Ansprüchen s. *Meller-Hannich* ZZP 115 (2002), 161 (173); OLG Stuttgart NJW-RR 1996, 961 (962)). In beiden Fällen muss er die Dringlichkeit spezifisch darlegen. So folgt aus der Gefährdung des Übereignungsanspruchs noch nicht, dass der Anspruch auf Schadensersatz gefährdet ist.

bb) Arrestgrund

799 §§ 917 und 918 ZPO normieren unterschiedliche Arrestgründe für den dinglichen und persönlichen Arrest: Der **dingliche Arrest** setzt nach § 917 ZPO voraus, dass zu erwarten ist, die Zwangsvollstreckung des Urteils in der Hauptsache werde vereitelt oder wesentlich erschwert. Ein Verschulden des Schuldners ist nicht erforderlich, nicht einmal ein Verhalten seinerseits (zB genügen Naturereignisse wie Überschwemmungen). Entscheidend ist, dass sein Vermögen zu verfallen droht (Musielak/Voit/*Huber* ZPO § 917 Rn. 3).

800 **Beispielsfall:** G1 klagt gegen S auf Zahlung. Noch vor Beendigung des Rechtsstreits erfährt sie, dass G2 aufgrund einer vollstreckbaren Urkunde bei S pfänden lassen will und dass danach bei S nichts mehr zu holen sein wird. Liegt ein Arrestgrund nach § 917 ZPO vor?

Rein tatsächlich droht durch die Konkurrenz anderer Gläubiger eine wesentliche Erschwerung der Vollstreckung (§ 917 ZPO), so dass ein Arrestgrund durchaus vorliegen könnte. Fraglich ist indes, ob die ZPO für den Wettlauf der Gläubiger, der bis zur Insolvenzeröffnung stattfindet, auch das Instrument des einstweiligen Rechtsschutzes zur Verfügung stellt. Sieht man es vom Zweck der §§ 916 ff. ZPO nicht umfasst, einen Gläubiger vor der Umschichtung des Schuldnervermögens durch Tilgung von Verbindlichkeiten gegenüber anderen Gläubigern zu schützen (so BGH NJW 1996, 321 (324); Musielak/Voit/*Huber* ZPO § 917 Rn. 4), ist der Arrestgrund hier aufgrund der teleologischen Auslegung des § 917 Abs. 1 ZPO nicht gegeben. Ein Arrest ist danach erst begründet, wenn das Schuldnervermögen insgesamt geschmälert wird. Fasst man den Zweck der §§ 916 ff. ZPO weiter dahingehend, dass alle Tatsachen, die die Vollstreckung durch den einzelnen Gläubiger erschweren, gleichermaßen Arrestgründe sein können, müsste man den Arrestgrund bejahen (Schuschke/Walker/Kessen/Thole/*Walker/Kessen* ZPO § 917 Rn. 8). Für letzteres lässt sich anführen, dass eine Gleichbehandlung der Gläubiger erst ab Insolvenzeröffnung gilt. Dennoch spricht für die Auffassung des BGH, dass es den Gläubigerwettlauf unnötig verschärft, wenn er in den einstweiligen Rechtsschutz verlagert wird (BGH NJW 1996, 321 (324)). Zudem kann es zu einer vorzeitigen Insolvenz des Schuldners führen, wenn alle Gläubiger sich im zeitlichen Wettstreit bemüßigt sehen, Arreste zu beantragen (vgl. *Buciek* NJW 1987, 1063 (1064)).

801 Müsste das Urteil im **Ausland** vollstreckt werden, vermutet § 917 Abs. 2 S. 1 ZPO unwiderleglich (MüKoZPO/*Drescher* § 917 Rn. 13) einen Arrestgrund. Dies gilt aber nur, sofern die Gegenseitigkeit nicht verbürgt ist, also im ausländischen Staat keine Vollstreckungsmöglichkeit besteht, die der in-

ländischen entspricht (BeckOK ZPO/*Mayer* § 917 Rn. 14). In den Staaten, in denen die EuGVVO und das LugÜ gelten, ist die Gegenseitigkeit gegeben; dazu oben → Rn. 15, 20.

Beispiel: G droht sich mit seinem Vermögen in die Schweiz abzusetzen. Die Schweiz ist ein Mitgliedsstaat des LugÜ. Damit ist die Gegenseitigkeit verbürgt und § 917 Abs. 2 S. 1 ZPO greift nicht. Zu den Auswirkungen des – damals noch bevorstehenden – Brexits s. OLG Frankfurt aM NJW-RR 2019, 1023 (1024 f.), das den Arrestgrund des § 917 Abs. 2 ZPO allein aufgrund des Drohens des Brexits verneint. **802**

Den Arrestgrund für den **persönlichen Arrest** normiert § 918 ZPO. Der Arrest muss erforderlich sein, um die gefährdete Zwangsvollstreckung in das Vermögen des Schuldners zu sichern. Er ist also nicht etwa ein Druckmittel, um die geschuldete Leistung zu erwirken (anders als die Zwangshaft in § 888 ZPO!). Zudem darf er nur verhängt werden, wenn der dingliche Arrest zur Vermögenssicherung nicht ausreicht („erforderlich", § 918 ZPO). Unter den verschiedenen Mitteln (s. § 933 ZPO, Haft und sonstige Mittel zu Freiheitsbeschränkungen, Beschlagnahme von Ausweispapieren, Meldepflicht) ist das mildeste geeignete Mittel zu wählen. Außerdem ist stets die Verhältnismäßigkeit ieS, dh die Angemessenheit zu prüfen, wobei die Interessen beider Seiten abgewogen werden müssen (*Brox/Walker* Rn. 1503 aE). **803**

Beispiele: Ein persönlicher Arrest kommt in Betracht, wenn S sich der Ladung zur Vermögensauskunft und eidesstattlichen Versicherung entziehen will oder wenn sie Angaben über den Verbleib eines wesentlichen Teils ihres Vermögens verweigert (nach OLG Karlsruhe NJW-RR 1997, 450): M schuldete seiner ehemaligen Frau F nach der Scheidung monatlichen Unterhalt. Er beendete sein Arbeitsverhältnis und erhielt eine sechsstellige Abfindung. Zudem erhielt er eine sechsstellige Summe aus einer Grundstücksveräußerung. M stellte die Unterhaltszahlungen an F ein und verweigerte nähere Auskünfte zu seinem Vermögen. Eine „Freundin" von M teilte F nun mit, M wolle dieses Geld nehmen und sich in die Karibik absetzen. Mit Erfolg beantragte F daraufhin persönlichen Arrest gegen M zur Sicherung ihrer künftigen Unterhaltsforderungen für die nächsten zwei Jahre. M besaß pfändbares Vermögen und der dingliche Arrest reichte zur Sicherung dieses Vermögens nicht aus, da der Verbleib des inländischen Vermögens unklar war und M dazu keine stichhaltigen Angaben gemacht hatte. **804**

2. Verfahren, Entscheidung und Rechtsbehelfe

Das Arrestgesuch (§ 920 ZPO), nicht erst seine Zustellung, führt zur **Rechtshängigkeit**, anders als bei der Klageerhebung im Erkenntnisverfahren: §§ 253 Abs. 1, 261 Abs. 1 ZPO. Grund dafür ist, dass der Arrest als Eilmaßnahme auch vor Zustellung an den Schuldner zulässig ist (§ 929 Abs. 3 S. 1 ZPO). Die Rechtshängigkeit ist wichtig für § 261 Abs. 3 ZPO, die Klageänderung und die Klagehäufung. Zudem hat sie Folgen im materiellen Recht (zB § 818 Abs. 4 BGB, s. *Pohlmann* ZivilProzR Rn. 279, 307 f., 311 f.). **805**

806 Das Gericht prüft das Vorliegen von Arrestanspruch und Arrestgrund. Dabei folgt die maßgebliche Erleichterung gegenüber dem Hauptsacheverfahren aus §920 Abs. 2 ZPO: Arrestanspruch und Arrestgrund sind nur glaubhaft zu machen. Die Regelung betrifft die **Feststellung der Tatsachen**. Für sie gilt das gegenüber §286 ZPO abgesenkte Beweismaß des §294 ZPO und die dort vorgesehene Möglichkeit der Nutzung aller präsenten Beweismittel einschließlich der eidesstattlichen Versicherung. Eine Tatsache ist glaubhaft gemacht, wenn eine überwiegende Wahrscheinlichkeit dafür besteht, dass sie zutrifft (BGH NJW-RR 2011, 136 Rn. 7).

807 Dagegen ist die **rechtliche Schlüssigkeit** des Vorbringens des Antragstellers zu Arrestgrund und Arrestanspruch nach zutreffender hM vollumfänglich zu prüfen, die Prüfungstiefe ist nicht durch §920 Abs. 2 ZPO abgesenkt (Schuschke/Walker/Kessen/Thole/*Walker/Kessen* ZPO §922 Rn. 16; aA Zöller/*Vollkommer* ZPO §922 Rn. 7). Auch komplizierte Rechtsfragen sind daher so gründlich zu lösen wie im Hauptsacheverfahren. Der einstweilige Rechtsschutz setzt nach dem Wortlaut des §920 Abs. 2 iVm §294 Abs. 1 ZPO („tatsächliche Behauptung") nur die Anforderungen an die Überzeugung des Gerichts von den Tatsachen herab. Sonst würde auch der Antragsgegner zu sehr benachteiligt, der ohnehin der erleichterten Tatsachenprüfung und dem möglichen Verzicht auf die mündliche Verhandlung (§922 Abs. 1 ZPO) ausgesetzt ist (Schuschke/Walker/Kessen/Thole/*Walker/Kessen* ZPO §922 Rn. 16).

808 Das Gericht kann **ohne mündliche Verhandlung** durch Beschluss (§922 Abs. 1 S. 1 Fall 2 ZPO) oder **mit mündlicher Verhandlung** durch Endurteil entscheiden (§922 Abs. 1 S. 1 Fall 1 ZPO). Es hat nach Ermessen zu entscheiden, welchen Weg es geht (näher Musielak/Voit/*Huber* ZPO §921 Rn. 2f.). Im erstgenannten Fall wahrt §924 ZPO das Recht des Schuldners auf Gehör (vgl. BVerfGE 9, 89 (98)).

809 Die Rechtsmittel und -behelfe richten sich zum einen nach der **Form** der Entscheidung. Gegen ein Arresturteil ist die Berufung statthaft, aber keine Revision, §542 Abs. 2 S. 1 ZPO, denn ein Revisionsverfahren ist mit der Eilbedürftigkeit des Verfahrens nicht vereinbar. Bei Beschlüssen ist des Weiteren nach dem **Inhalt** zu unterscheiden.

- Ein Beschluss, der Arrest anordnet, ist mit dem **Widerspruch** anzugreifen, §924 ZPO, der mangels Suspensiv- und Devolutiveffekts kein Rechtsmittel ist (zu diesem Begriff *Pohlmann* ZivilProzR Rn. 546). Über ihn entscheidet gem. §925 Abs. 1 ZPO das Gericht durch Endurteil. Für dieses wiederum gilt das zum Arresturteil Gesagte.
- Wird der Arrestantrag zurückgewiesen oder Arrest ohne Sicherheitsleistung angeordnet, ist das Rechtsmittel der sofortigen **Beschwerde** statthaft (§567 Abs. 1 Nr. 2 ZPO), eine Rechtsbeschwerde scheidet aus denselben Gründen aus wie die Revision (§§574 Abs. 1 S. 2, 542 Abs. 2 S. 1 ZPO).

Ein weiterer Rechtsbehelf gegen einen Arrest ist das **Aufhebungsverfahren** nach §§ 926, 927 ZPO. Der von dem Arrest betroffene Schuldner kann dem Gläubiger eine **Frist zur Klageerhebung** setzen lassen (§ 926 Abs. 1 ZPO). Folgt der Gläubiger dem Antrag nicht, wird der Arrest durch Endurteil aufgehoben (§ 926 Abs. 2 ZPO). So wird das Interesse des Schuldners an einer endgültigen Hauptsachentscheidung geschützt; zudem ist dieser Behelf Ausdruck der Tatsache, dass der einstweilige Rechtsschutz die Durchsetzung des Hauptanspruchs sichert (HK-ZV/*Haertlein* ZPO § 926 Rn. 1). Weiterer Anlass für eine Aufhebung des Arrestes sind veränderte Umstände iSv § 927 ZPO, zB das Entfallen des Arrestgrundes. 810

3. Vollziehung des Arrestbefehls

Die Zwangsvollstreckung des Arrestbefehls wird vom Gesetz als „Vollziehung“ bezeichnet. Es gelten die allgemeinen Vorschriften der §§ 704 ff. ZPO entsprechend (§ 928 ZPO), wobei die Besonderheiten der §§ 929–934 ZPO zu beachten sind. 811

Folgende Besonderheiten im Interesse des Gläubigers gelten bei den **allgemeinen Zwangsvollstreckungsvoraussetzungen**: Arrestbefehle sind, auch wenn sie als Urteile ergehen, sofort vollstreckbar (*Baur/Stürner/Bruns* Rn. 52.2). Einer Vollstreckungsklausel bedürfen sie nur, wenn eine qualifizierte Klausel nach §§ 727–729 ZPO zu erteilen ist (§ 929 Abs. 1 ZPO). Nach § 929 Abs. 3 S. 1 ZPO ist die Vollziehung auch vor der Zustellung des Arrestbefehls zulässig, die Zustellung muss jedoch in der Frist des § 929 Abs. 3 S. 2 ZPO nachgeholt werden. Der Verzicht auf die Zustellung ermöglicht, dass das Überraschungsmoment ausgenutzt werden kann, durch das der Arrest besonders wirkungsvoll ist. 812

Hinzu kommt die **Vollziehungsfrist** von einem Monat gem. § 929 Abs. 2 ZPO (ab 1.1.2022: § 929 Abs. 2 S. 1 ZPO). Sie schützt den Schuldner, weil sich durch Zeitablauf die Umstände geändert haben können, unter denen ein Arrestgrund angenommen wurde. Auch soll der Schuldner nicht längere Zeit in Ungewissheit darüber sein, ob der Arrest vollzogen wird (BVerfG NJW 1988, 3141). Des Weiteren wird der Schuldner dadurch geschützt, dass er die **Vollziehung** nach § 923 ZPO durch Hinterlegung eines Geldbetrags („Lösungssumme“) **abwenden** kann. 813

Der persönliche Arrest wird nach §§ 933, 802g ff. ZPO vollzogen. Für den dinglichen Arrest in **bewegliches Vermögen** gelten nach § 930 Abs. 1 ZPO die allgemeinen Regeln. Allerdings ergibt sich eine andere Zuständigkeit für die Forderungspfändung (§ 930 Abs. 1 S. 3 ZPO). Des Weiteren sieht die Vollziehung des Arrestes nur die Pfändung, aber keine Verwertung in Gestalt der Versteigerung von Sachen oder der Überweisung von Forderungen zur Einziehung vor (Ausnahme in § 930 Abs. 3 ZPO). Der Arrest dient eben 814 nur der vorläufigen Sicherung von Ansprüchen, nicht ihrer Durchsetzung. Wird eine durch Arrest gepfändete Forderung dem Gläubiger fälschlich zur Einziehung überwiesen, ist der Überweisungsbeschluss nichtig (nicht nur anfechtbar, BGH NJW 2014, 2732 (2733)). Obsiegt ein Gläubiger in der Hauptsache, verwandelt sich das bisher nur der Sicherung dienende Arrestpfandrecht in ein Pfändungspfandrecht mit der Möglichkeit der Verwertung. Der Rang des Pfandrechts richtet sich nach dem Arrestpfandrecht (§ 930 Abs. 1 S. 2 ZPO).

815 **Beispiel:** G1 pfändet aufgrund dinglichen Arrests den Zweitwagen der S. Dann pfändet G2 aufgrund eines vollstreckbaren Zahlungsurteils gegen S denselben PKW. Anschließend obsiegt G1 in der Hauptsache. Nach § 930 Abs. 1 S. 2 iVm § 804 Abs. 3 ZPO geht das Pfandrecht des G1 dem Pfandrecht des G2 vor.

816 Bei der Vollziehung eines Arrests in **Grundstücke** wird für den Gläubiger eine Sicherungshypothek eingetragen (§§ 932 Abs. 2, 867 Abs. 1 S. 1 ZPO). Obsiegt er in der Hauptsache, wird diese rangwahrend in eine Zwangshypothek umgeschrieben, die dann zur Verwertung des Grundstücks berechtigt (→ Rn. 445).

817 Gegen die Vollziehung stehen dem Schuldner die allgemeinen **Rechtsbehelfe** (→ Rn. 507 ff.) zur Verfügung. Das Aufhebungsverfahren nach § 927 ZPO geht allerdings § 767 ZPO vor (Musielak/Voit/*Huber* ZPO § 924 Rn. 2). Zusätzlich kann der Schuldner nach § 934 ZPO Aufhebung der Vollziehung beantragen, wenn er die Lösungssumme (§ 923 ZPO) hinterlegt hat.

III. Einstweilige Verfügung

818 Mit der einstweiligen Verfügung werden alle Ansprüche gesichert, die nicht nach § 916 ZPO als Geldansprüche durch den Arrest zu sichern sind.

1. Arten

819 Die ZPO unterscheidet zwei Arten der einstweiligen Verfügung: die **Sicherungsverfügung** gem. § 935 ZPO und die **Regelungsverfügung** in § 940 ZPO. Eine Parallele dazu findet sich in § 123 Abs. 1 S. 1 und 2 VwGO. Daneben hat sich in der Praxis die **Leistungsverfügung** als weitere Art entwickelt, unter die man Verfügungen fasst, die schon zu einer teilweisen oder vollständigen Erfüllung des gefährdeten Anspruchs und damit zur Vorwegnahme der Hauptsache führen. Diese – im Einzelnen umstrittene – Systematisierung wird anhand der folgenden Beispiele erläutert:

820 **Beispielsfall 1:** G hat S einen Jaguar E-Type Cabriolet von 1969 für 92.000 Euro abgekauft. S hatte das Fahrzeug bisher immer hingebungsvoll mit Swissvax gepflegt. Die Übereignung und Übergabe sollen in drei Monaten stattfinden. S lässt den ‚JAG‘

von nun an bei jedem Wetter mit offenem Verdeck vor der Garage stehen, schließt ihn nicht mehr ab und lässt seine kleinen Kinder und deren Freunde in ihm „Rennfahrer" spielen. Was kann G unternehmen?

G kann eine Sicherungsverfügung nach §935 ZPO beantragen, um ihren Anspruch auf Übergabe und Übereignung des Autos zu sichern. Die Verfügung könnte zB darauf gerichtet sein, S zu verpflichten, das Fahrzeug unterzustellen und gegen unbefugte Benutzung und Diebstahl zu sichern. Denkbar wäre es auch, die Herausgabe an einen Verwahrer anzuordnen.

Abwandlung dieses Falles bei → Rn. 832.

Beispielsfall 2: M1 und M2 streiten sich um die Benutzung der Waschküche des von ihnen bewohnten Mietshauses. M1 hat den Schlüssel des M2 entwendet. M2 will waschen. Was kann er tun? **821**

M2 könnte eine einstweilige Verfügung nach §940 ZPO beantragen, in der die Benutzung der Waschküche vorläufig geregelt und die Herausgabe des Schlüssels angeordnet wird, bis in der Hauptsache darüber entschieden ist, ob M2 gegen M1 nach §861 ZPO vorgehen kann. Eine solche einstweilige Verfügung würde die Hauptsache jedenfalls teilweise schon vorwegnehmen, weil M2 während der Geltung der einstweiligen Verfügung die Waschküche benutzen kann.

Beispielsfall 3: G verlangt von S, es während der laufenden einwöchigen Messe-Veranstaltung zu unterlassen, ihre Limonadengetränke unter der Bezeichnung „Cooca Coola" anzubieten. Wie kann G gegen S vorgehen? **822**

G kann seinen behaupteten Unterlassungsanspruch aus §3 iVm §8 Abs. 1 UWG nicht sinnvoll im Hauptsacheverfahren geltend machen, weil dieses viel zu lange dauern würde. Deshalb sollte er eine einstweilige Verfügung beantragen, in der die Unterlassungspflicht der S festgelegt wird. Ein Verfügungsgrund, also die Eilbedürftigkeit, wird in wettbewerbsrechtlichen Streitigkeiten gem. §12 Abs. 1 UWG sogar (widerleglich) vermutet. Man könnte die Verfügung tatbestandlich auf §940 ZPO stützen, da ein Zustand geregelt wird. Allerdings ist diese Regelung nicht nur einstweilig, sondern endgültig: Nach dem Ende der Messe erledigt sich das Problem. Mit der einstweilen Verfügung wird also die Hauptsache vollständig vorweggenommen. Deshalb hat sich für diese Verfügungsart der Begriff der Leistungsverfügung eingebürgert. Ob diese auf §940 ZPO zu stützen ist oder auf Rechtfortbildung beruht, ist umstritten, für die Lösung der entsprechenden Fälle aber unerheblich.

Beispielsfall 4: V schuldet K Unterhalt, zahlt aber nicht. K braucht das Geld dringend für Essen und Miete. Was kann K tun? **823**

Auch hier geht es um eine Leistungsverfügung, denn soweit der Unterhalt vorläufig gezahlt wird, wird er auch sogleich verbraucht und der Anspruch der K damit erfüllt. Für familienrechtliche Ansprüche enthält das FamFG spezielle Regeln für einstweilige Anordnungen, die insbesondere in Unterhaltsfällen auch eine Leistungsanordnung ermöglichen, §§119 Abs. 1 S. 1, 246ff. FamFG.

824 Insbesondere die Abgrenzung zwischen der Regelungsverfügung und der Leistungsverfügung ist nicht vollständig stimmig. Die im Beispielsfall 2 genannte Regelungsverfügung führt zu einer teilweisen Erfüllung des Anspruchs, sie ist also insofern einer Leistungsverfügung ähnlich. Deshalb wird zum Teil angenommen, dass nur zwischen Sicherungs- und Leistungsverfügung zu unterscheiden sei (*Brox/Walker* Rn. 1590). In der Sache spielt der systematische Streit keine Rolle, da man sich über die Voraussetzungen, unter denen eine Leistungsverfügung ergehen kann, einig ist (→ Rn. 826). Die Praxis stützt einstweilige Verfügungen ohnehin häufig auf „§§ 935, 940 ZPO".

825 Die **Voraussetzungen** einer einstweiligen Verfügung decken sich weitgehend mit denjenigen des Arrestes, denn § 936 ZPO verweist auf die §§ 916 ff. ZPO. **Zuständig** ist aber abweichend vom Arrest nach §§ 937, 943 ZPO das Gericht der Hauptsache. In dringenden Fällen ist nach § 942 Abs. 1 ZPO das Amtsgericht zuständig, in dessen Bezirk sich der Streitgegenstand befindet. „Dringend" ist hier – da es ohnehin um eilbedürftige Fälle geht – in dem Sinne zu verstehen, dass einstweiliger Rechtschutz durch das Hauptsachegericht zu spät käme, also der Gläubiger sein Recht uU verlieren würde, müsste er zum Hauptsachegericht gehen (BeckOK ZPO/*Mayer* § 942 Rn. 2). Das kann etwa der Fall sein, wenn am Amtsgericht ein Bereitschaftsdienst eingerichtet ist, nicht aber am Gericht der Hauptsache (MüKoZPO/*Drescher* § 942 Rn. 4). Für die Zuordnung des Verfügungsgrundes zur Zulässigkeit oder Begründetheit gilt das oben zum Arrest Gesagte (→ Rn. 795). Auch hier ist es stimmiger, den Verfügungsgrund in der Begründetheit zu klären. In manchen Fällen wird der Verfügungsgrund gesetzlich vermutet, so im Fall des § 12 Abs. 1 UWG (s. Beispielsfall 3) wegen der Schnelligkeit des Wirtschaftslebens oder in §§ 885 Abs. 1 S. 2, 899 Abs. 2 S. 2 BGB wegen der immer bestehenden Gefahr gutgläubigen Erwerbs.

826 Bei einer **Leistungsverfügung** werden strengere Voraussetzungen an den Verfügungsgrund gestellt, da sie die Hauptsache vorwegnimmt. In einigen Fällen hat der Gesetzgeber spezielle Vorgaben für die Leistungsverfügung gemacht, so etwa in § 940a Abs. 1 ZPO bei der Räumung von Wohnraum (nur verbotene Eigenmacht oder Gefahr für Leib oder Leben als Verfügungsgrund). Im Übrigen darf eine einstweilige Leistungsverfügung nur ergehen, wenn ohne sie der Antragsteller keinen effektiven Rechtsschutz erhielte und eine **Interessenabwägung** ein Überwiegen seiner Interessen ergeben hat (*Brox/Walker* Rn. 1611). Das wird etwa bei Existenzgefährdung oder einer besonderen Notlage angenommen (vgl. etwa *Lüke* § 39 Rn. 5) – etwa bei der Herausgabe von Gegenständen, die für die Erwerbsarbeit notwendig sind –, aber auch bei der Abwendung eines endgültigen Rechtsverlustes. Für den besonders eindrücklichen Fall der Unterhaltszahlungen finden sich, wie dargelegt, Regeln im FamFG (s. Beispielsfall 4 → Rn. 823).

2. Verfahren, Entscheidung und Rechtsbehelfe

Zum Verfahren, den Entscheidungen und den Rechtsbehelfen ist ebenfalls auf die Arrestvorschriften zu verweisen (§ 936 ZPO). Eine Besonderheit ergibt sich in den Fällen des § 942 ZPO, weil dort das Amtsgericht immer durch Beschluss entscheidet, § 942 Abs. 4 ZPO. Die besondere Dringlichkeit, die § 942 ZPO verlangt, macht eine mündliche Verhandlung idR unmöglich (Stein/Jonas/*Bruns* ZPO § 942 Rn. 6). 827

828

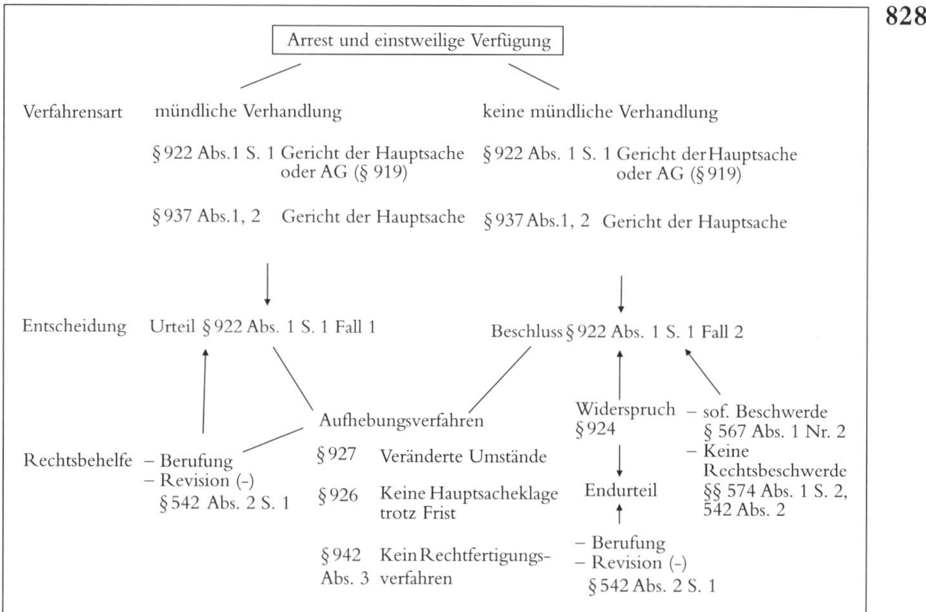

Bei der Verfügungsentscheidung bestimmt gem. § 938 Abs. 1 ZPO das Gericht nach **Ermessen**, welche Anordnungen erforderlich sind, um den Zweck der einstweiligen Verfügung zu erreichen. Damit ist das Gericht nicht so streng wie im normalen Prozess an den **Antrag** gebunden (§ 308 Abs. 1 ZPO). Zugleich wird der Antragsteller bei der Formulierung eines „bestimmten Antrags" (§ 253 Abs. 2 Nr. 2 ZPO) entlastet, weil das Gericht unpräzise oder nicht sachgemäße Formulierungen korrigieren kann. 829

Grundsätzlich dürfen die Maßnahmen des Gerichts, von denen § 938 Abs. 2 ZPO einige beispielhaft nennt, nur der vorläufigen Sicherung des Anspruchs dienen, wie etwa die Wegnahme und Verwahrung von Sachen durch den Gerichtsvollzieher (Sequestration). In den Fällen der Leistungsverfügung kann der Inhalt der Anordnung über die Sicherung hinausgehen und Erfüllung bedeuten, wie oben im Beispielsfall 3 (→ Rn. 822). Hier werden aber auch präzisere Anträge verlangt (Musielak/Voit/*Huber* ZPO § 938 Rn. 3). 830

3. Vollziehung der einstweiligen Verfügung

831 Für die Zwangsvollstreckung („Vollziehung") der Verfügung gelten gem. §936 iVm §928 ZPO die allgemeinen Regeln mit den beim Arrest geschilderten Besonderheiten. Die einstweilige Verfügung wird nach §§803ff., 883ff., 887, 888, 890 ZPO vollzogen. Ist sie auf Abgabe einer Willenserklärung gerichtet, gilt §894 ZPO ab Erlass der einstweiligen Verfügung entsprechend (*Brox/Walker* Rn. 1657).

832 **Beispielsfälle:** Wie sind die einstweiligen Verfügungen aus den Beispielsfällen 1–4 (→ Rn. 820ff.) zu vollziehen?

Fall 1: Wird S verpflichtet, das Auto unterzustellen, abzuschließen und gegen unbefugte Benutzung zu sichern, wäre das als vertretbare Handlung nach §887 ZPO zu vollziehen (zur evtl. notwendigen Gewaltanwendung s. §892 ZPO). Wurde die Herausgabe an einen Verwahrer angeordnet, richtete sich die Vollziehung nach §883 ZPO.

Fall 2: Die Herausgabe des Schlüssels ist nach §883 ZPO zu vollziehen.

Fall 3: Die Unterlassungspflicht wird nach §890 ZPO vollzogen.

Fall 4: Die Vollziehung der Zahlungsanordnung richtet sich nach §120 FamFG iVm §§803ff. ZPO.

IV. Schadensersatz nach §945 ZPO

833 Mit dem einstweiligen Rechtsschutz schafft der Gläubiger angesichts der nur summarischen Prüfung der Tatsachen das Risiko, dass die vorläufige Regelung im Hauptsacheverfahren nicht bestätigt wird. Zum Schutz des Schuldners normiert §945 ZPO deshalb eine **verschuldensunabhängige Schadensersatzpflicht** des Gläubigers für Schäden, die aus der Vollziehung oder dadurch entstehen, dass der Schuldner Maßnahmen ergreift, um die Vollziehung abzuwenden oder ihre Aufhebung zu erwirken. Eine Parallele dazu findet sich in §717 Abs. 2 ZPO, der eine ebenfalls verschuldensunabhängige Schadensersatzpflicht des Klägers vorsieht, der aufgrund eines für vorläufig vollstreckbar erklärten Urteils vollstreckt (→ Rn. 88).

834 Voraussetzung des Schadensersatzanspruchs ist, dass sich Arrest oder einstweilige Verfügung als von Anfang an **ungerechtfertigt** erweisen. Das ist der Fall, wenn der Gläubiger bei Erlass des Arrests keinen Arrest- oder Verfügungsanspruch hatte.

835 **Beispiel** (nach BGH NJW 2017, 1600): S ist Eigentümer eines Mehrfamilienhauses, das er sanieren will. Sein Mieter G erwirkt eine einstweilige Verfügung, mit der das Gericht einen Baustopp anordnet. Im Hauptsacheverfahren stellt sich heraus, dass G gegen S keinen Anspruch auf Unterlassung der Baumaßnahmen hatte. S verlangt nun von G Ersatz der Mietausfälle, die ihm durch die Verzögerung der Bauarbeiten entstanden sind.

In dem Schadensersatzprozess nach § 945 ZPO ist der Richter an ein rechtskräftiges Urteil im Hauptsacheverfahren im Rahmen der Rechtskraft gebunden. 836

Beispiel (wie → Rn. 835): Macht G in dem Schadensersatzprozess geltend, dass er von S doch Unterlassung der Baumaßnahmen habe verlangen können, wird er damit nicht gehört. Zwischen den beiden ist rechtskräftig entschieden, dass ein solcher Anspruch des G gegen S nicht bestand. 837

Aber auch, wenn zwar ein Arrest- oder Verfügungsanspruch, jedoch kein Arrest- oder Verfügungsgrund vorlag, ist die Anordnung einstweiligen Rechtsschutzes nach hM von Anfang an ungerechtfertigt (BGH NJW 1988, 3268 (3269); aA *Brox/Walker* Rn. 1563, da bei bestehendem Anspruch kein Schaden eintreten könne). 838

Zu ersetzen ist der Schaden, der durch die Vollziehung entstanden ist. Hierfür genügt schon, dass der Schuldner sich zu Beginn der Vollziehung deren Druck beugt und die Vollziehung mit eigenen Maßnahmen abwendet. Der Umfang des Schadensersatzes richtet sich nach §§ 249 ff. BGB. **Durchgesetzt** wird der Anspruch im Zivilprozess. § 945 ZPO ist dabei auch der Weg, auf dem Fragen des Eilrechtsschutzes trotz § 542 Abs. 2 S. 1 ZPO zum BGH gelangen können. 839

V. Kontrollfragen

1. Warum ist der einstweilige Rechtsschutz im Recht der Zwangsvollstreckung geregelt?
2. Welche beiden Arten des einstweiligen Rechtsschutzes gibt es und worin unterscheidet sich ihr Anwendungsbereich?
3. Wie verhält sich der einstweilige Rechtsschutz zum Hauptsacheverfahren?
4. Was versteht man unter dem dinglichen und dem persönlichen Arrest?
5. Was ist mit dem Arrestanspruch und dem Verfügungsanspruch gemeint?
6. Was versteht man unter dem Arrestgrund und dem Verfügungsgrund? Handelt es sich um eine Voraussetzung für die Zulässigkeit oder für die Begründetheit des einstweiligen Rechtsschutzes?
7. Ist die Konkurrenz mit anderen Gläubigern ein Arrestgrund?
8. Darf man im einstweiligen Rechtsschutzverfahren schwierige rechtliche Fragen offen lassen oder nur in reduziertem Umfang prüfen?
9. Was ist unter der Vollziehung von Arrest und einstweiliger Verfügung zu verstehen?
10. Welche Arten der einstweiligen Verfügung gibt es und für welche unter ihnen gelten besonders strenge Voraussetzungen?
11. Wann entscheidet der BGH trotz § 542 Abs. 2 S. 1 ZPO über Fragen des Eilrechtsschutzes?

Empfehlungen zur vertiefenden Lektüre:

Allgemeines: *Hofmann,* Die Räumung von Wohnraum im einstweiligen Rechtsschutz nach § 940a ZPO, ZJS 2016, 431; *Huber,* Grundwissen – Zivilprozessrecht: Einstweiliger Rechtsschutz durch Arrest und einstweilige Verfügung (Anordnungsverfahren), JuS 2018, 226; *Huber,* Grundwissen – Zivilprozessrecht: Einstweiliger Rechtsschutz durch Arrest und einstweilige Verfügung (Rechtsbehelfsverfahren), JuS 2018, 421; *Kellermann-Schröder,* Gerichtliche Entscheidungen im einstweiligen Rechtsschutz nach der ZPO, JA 2018, 535; *Regenfus,* Einstweiliger Rechtsschutz und einstweilige Anordnungen in der Zwangsvollstreckung: Parallelen und Unterschiede, Jura 2019, 1225.

§6. Einführung in das Insolvenzrecht

I. Begriff und Ziele

Die §§ 1–5 dieses Buches haben die **Einzelzwangsvollstreckung** zum Gegenstand. Sie richtet sich konzeptionell gegen leistungsunwillige, aber leistungsfähige Schuldner. Ist der Schuldner demgegenüber zahlungsunfähig (materiell insolvent), führt die Einzelzwangsvollstreckung nicht zu interessengerechten Ergebnissen. Das **Prioritätsprinzip** der Einzelzwangsvollstreckung (→ Rn. 25, 275) hätte einen Wettlauf der Gläubiger zur Folge, einen *„Krieg aller gegen alle"* (Uhlenbruck/*Pape* InsO § 1 Rn. 2). Befriedigt würden nur die schnellsten und damit oft die stärksten Gläubiger. In der Insolvenz des Schuldners richtet sich die Befriedigung der Gläubiger daher grds. nicht mehr nach dem Recht der Einzelzwangsvollstreckung, sondern nach dem Insolvenzrecht. Darunter versteht man die Gesamtheit von Vorschriften, die darauf abzielen, im Rahmen eines hoheitlichen Verfahrens die **gemeinschaftliche Vermögenshaftung** eines Schuldners zu verwirklichen, dessen Vermögen zur vollständigen Befriedigung sämtlicher Gläubiger nicht ausreicht (vgl. *Häsemeyer* Rn. 1.01; *Keller* Rn. 1). 840

Das Insolvenzrecht trägt den Besonderheiten in der Insolvenz des Schuldners Rechnung. An die Stelle des Prioritätsprinzips tritt mit der Verfahrenseröffnung der Grundsatz der **Gläubigergleichbehandlung** *(par condicio creditorum):* Von nun an kann der einzelne Gläubiger grds. nicht im Wege der Zwangsvollstreckung auf das Vermögen des Schuldners zugreifen (§ 89 Abs. 1 InsO begründet ein Vollstreckungshindernis, vgl. bereits → Rn. 188), vielmehr werden sämtliche Gläubiger **gemeinschaftlich** befriedigt, indem das Vermögen des Schuldners verwertet und der Erlös **gleichmäßig** unter allen Gläubigern verteilt wird. Jeder Gläubiger erhält dieselbe Quote der ihm gegen den Schuldner zustehenden Forderungen. Die Befriedigung der Gläubiger im Insolvenzverfahren wird daher auch **Gesamtvollstreckung** genannt. 841

Beispiel: S ist insolvent. Das Vermögen des S, das den Insolvenzgläubigern zur Befriedigung zur Verfügung steht (→ Rn. 845 ff.), beläuft sich auf 10.000 Euro. S hat Verbindlichkeiten gegenüber G1 iHv 12.000 Euro, gegenüber G2 iHv 8.000 Euro und gegenüber G3 iHv 20.000 Euro, also in einer Gesamthöhe von 40.000 Euro. Die Quote, die allen Gläubigern zusteht, ergibt sich aus einer Division des Nettoschuldnervermögens durch die Gesamtsumme der Verbindlichkeiten. Sie beläuft sich demnach auf 1/4 (10.000 Euro dividiert durch 40.000 Euro). Damit erhält jeder der Gläubiger also 1/4 der ihm an sich jeweils gegen S zustehenden Forderung, G1 erhält also 3.000 Euro, G2 erhält 2.000 Euro und G3 erhält 5.000 Euro. 842

843 Wichtigste Rechtsquelle des Insolvenzrechts ist die Insolvenzordnung (InsO). Sie regelt vor allem das **Insolvenzverfahren**. Dabei handelt es sich um ein hoheitliches Verfahren, dessen Hauptziel gem. § 1 S. 1 InsO die bereits angesprochene gemeinschaftliche und gleichmäßige Befriedigung der **Gläubiger** ist. Es dient zugleich dem Ziel, Rechtsfrieden und Gerechtigkeit sicherzustellen (vgl. etwa *Häsemeyer* Rn. 2.01 ff.; *Bork* Rn. 1). Ebenso wie das Zwangsvollstreckungsrecht schützt das Insolvenzrecht auch die **Interessen des Schuldners** (vgl. *Keller* Rn. 5). § 1 S. 2 InsO normiert ausdrücklich, dass dem **redlichen Schuldner** Gelegenheit gegeben wird, sich von seinen restlichen Verbindlichkeiten zu befreien (Restschuldbefreiung, §§ 286 ff. InsO).

II. Verfahrensbeteiligte

1. Insolvenzschuldner

844 Der Insolvenzschuldner ist derjenige, über dessen Vermögen (→ Rn. 845 ff.) das Insolvenzverfahren eröffnet worden ist. Insolvenzschuldner kann nur sein, wer **insolvenzfähig** ist. Insolvenzfähig sind natürliche Personen, juristische Personen, nicht rechtsfähige Vereine sowie Gesellschaften ohne Rechtspersönlichkeit (§ 11 InsO). Auch über bestimmte Vermögensmassen (u.a. das Gesamtgut einer fortgesetzten Gütergemeinschaft, vgl. § 11 Abs. 2 Nr. 2 InsO) kann ein Insolvenzverfahren eröffnet werden. Verfahrensbeteiligte sind in diesen Fällen aber nicht die Vermögensmassen, sondern die Rechtsträger, also zB die Ehegatten (*Bork* Rn. 42). Im Interesse der Funktionsfähigkeit des Staates und seiner Einrichtungen sind juristische Personen des **öffentlichen Rechts** gem. § 12 InsO **nicht insolvenzfähig** (vgl. Graf-Schlicker/*Kexel* InsO § 12 Rn. 1).

845 Das Vermögen, das dem Schuldner zur Zeit der Eröffnung des Verfahrens gehört und das er während des Verfahrens erlangt, ist die sog. **Insolvenzmasse** (§ 35 Abs. 1 InsO). Vermögen sind alle beweglichen und unbeweglichen Sachen, Forderungen und sonstigen Vermögensrechte wie bspw. Grundschulden, Anwartschaftsrechte auf Grundstückseigentum oder Patente (*Keller* Rn. 220 ff.). Die Vermögensgegenstände müssen dem Schuldner **gehören**. Gehört ein Gegenstand einem Dritten, so kann dieser die Aussonderung des Gegenstands nach § 47 InsO verlangen (→ Rn. 851 ff.). Unpfändbare Gegenstände sind grds. nicht Teil der Insolvenzmasse, § 36 InsO.

846 Das Vermögen, das der Insolvenzverwalter bei Verfahrenseröffnung vorfindet und in Besitz nimmt, bezeichnet man als **Ist-Masse**. Dazu gehören auch Gegenstände, die dem Schuldner nicht gehören. Die **Soll-Masse** (§ 35 InsO) ist diejenige, die tatsächlich zur Gläubigerbefriedigung zur Verfügung steht. Der Insolvenzverwalter muss die Ist-Masse zur Soll-Masse bereinigen (vgl. zB *Keller* Rn. 218). Er muss etwa Gegenstände aus der Ist-

Masse aussondern, an denen ein Aussonderungsrecht nach §47 InsO besteht (→ Rn. 851 ff.). Er muss aber auch solche Vermögensgegenstände im Wege der Insolvenzanfechtung (§§ 129 ff. InsO) „zurückholen", die der Schuldner in anfechtbarer Weise beiseite geschafft hat (→ Rn. 899 ff.).

2. Gläubiger

a) Insolvenzgläubiger, nachrangige Insolvenzgläubiger, Massegläubiger

Insolvenzgläubiger sind die persönlichen Gläubiger, die einen zur Zeit der Eröffnung des Insolvenzverfahrens begründeten Vermögensanspruch gegen den Schuldner haben (§38 InsO). „Persönliche" Gläubiger sind Gläubiger, denen der Schuldner mit seinem gesamten Vermögen und nicht nur dinglich haftet (Andres/Leithaus/*Leithaus* InsO §38 Rn. 2). Vermögensansprüche sind Forderungen, die auf Geld gerichtet sind oder in eine Geldforderung umgerechnet werden können (vgl. §45 InsO). **847**

Beispiele: Keine Vermögensansprüche sind grds. Unterlassungsansprüche, denn sie lassen sich nicht durch einen Zugriff auf das Vermögen des Schuldners realisieren. Schadensersatzansprüche, die sich aufgrund des Verstoßes gegen einen Unterlassungsanspruch ergeben, sind hingegen Vermögensansprüche (vgl. etwa Uhlenbruck/*Sinz* InsO §38 Rn. 12 f.). **848**

Gläubiger, denen Forderungen iSv §39 InsO zustehen, sind nachrangige **Insolvenzgläubiger**. Ihre Forderungen werden nur ausnahmsweise dann befriedigt, wenn die Forderungen der Insolvenzgläubiger iSv §38 InsO vollständig befriedigt worden sind und gleichwohl ein Überschuss verbleibt (Uhlenbruck/*Hirte* InsO §39 Rn. 1). **849**

Massegläubiger sind Gläubiger, deren Ansprüche erst nach der Eröffnung des Insolvenzverfahrens begründet und durch das Insolvenzverfahren selbst veranlasst worden sind (vgl. §§ 53, 55 InsO). Masseverbindlichkeiten sind insbesondere die Kosten des Insolvenzverfahrens. Massegläubiger sind vor den Insolvenzgläubigern aus der Insolvenzmasse zu befriedigen (§53 InsO). Die §§ 53 ff. InsO sollen die Funktionsfähigkeit des Insolvenzverfahrens gewährleisten. So wäre bspw. niemand bereit, das Amt des Insolvenzverwalters zu übernehmen, wenn sein Vergütungsanspruch nicht gesichert wäre (MüKoInsO/*Hefermehl* §53 Rn. 1). **850**

b) Aussonderungsberechtigte

Gegenstände, die nicht dem Schuldner, sondern Dritten gehören, stehen den Insolvenzgläubigern nicht zur Verfügung (§35 Abs. 1 InsO). Die Dritten müssen die Möglichkeit haben, „ihre" Gegenstände aus der „Ist-Masse" herauszuverlangen (Kübler/Prütting/Bork/*Prütting* InsO §47 Rn. 4). Das gewährleistet §47 InsO. Danach ist jemand, der geltend machen kann, dass **851** ein Gegenstand auf Grund eines dinglichen oder persönlichen Rechts nicht zur Insolvenzmasse gehört, kein Insolvenzgläubiger. Sein Anspruch auf Aussonderung des Gegenstands bestimmt sich nach den Gesetzen, die außerhalb des Insolvenzverfahrens gelten. §47 InsO stellt eine **insolvenzrechtliche Parallele zur Drittwiderspruchsklage** (§771 ZPO) dar (Uhlenbruck/*Brinkmann* InsO §47 Rn. 1; s. auch die Übersicht → Rn. 863).

852 **Beispiel:** A verleiht B einen PKW. Dieser verkauft und übereignet den PKW an die bösgläubige S. Kurz darauf wird über das Vermögen der S, in deren Besitz der PKW sich befindet, das Insolvenzverfahren eröffnet. A kann als Eigentümer (§932 Abs. 2 BGB) des PKW geltend machen, dass der PKW nicht zur Insolvenzmasse gehört, und seinen Herausgabeanspruch (§985 BGB) im Wege der allgemeinen Leistungsklage verfolgen (vgl. §47 S. 2 InsO).

853 Ob ein Gegenstand zur Insolvenzmasse gehört, beurteilt sich nach einer **haftungsrechtlichen Betrachtungsweise**. Entscheidend ist, ob ein Gegenstand für die Verbindlichkeiten des Insolvenzschuldners haftet (Uhlenbruck/*Brinkmann* InsO §47 Rn. 9.

854 Aussonderungsberechtigt ist der **Volleigentümer** einer Sache, denn haftungsrechtlich ist eine Sache grds. dem Vermögen des Eigentümers zugewiesen (Uhlenbruck/*Brinkmann* InsO §47 Rn. 10).

855 Beim **Sicherungseigentum** ist danach zu differenzieren, ob über das Vermögen des Sicherungsnehmers (vgl. dazu den nachfolgenden Fall) oder über das Vermögen des Sicherungsgebers das Insolvenzverfahren eröffnet wird (→ Rn. 869 ff.).

856 **Beispielsfall:** A übereignet B zur Sicherheit einer Darlehensforderung unter Vereinbarung eines Besitzkonstituts (§§929, 930, 868 BGB) einen Bagger. Als A gerade sämtliche Verbindlichkeiten gegenüber B getilgt hat, wird über deren Vermögen das Insolvenzverfahren eröffnet. A fragt sich, ob er den Bagger nach §47 InsO aussondern kann.

I. A steht ein Aussonderungsrecht zu, wenn er auf Grund eines dinglichen oder persönlichen Rechts geltend machen kann, dass der Bagger nicht zur Insolvenzmasse gehört, §47 S. 1 InsO. Die Insolvenzmasse erfasst das gesamte Vermögen, das dem Schuldner (B) zur Zeit der Eröffnung des Verfahrens gehört. Hier ist B aufgrund der Sicherungsübereignung Eigentümerin des Baggers geworden. Das spricht dafür, dass der Bagger zur Insolvenzmasse gehört. Indes ist iRd §§35, 47 InsO keine formaljuristische, sondern eine haftungsrechtliche Betrachtungsweise geboten und zu fragen, ob ein Gegenstand für die Verbindlichkeiten des Insolvenzschuldners haftet. Ein Gegenstand, der dem Insolvenzschuldner zur Sicherheit übereignet worden ist, haftet aber nicht für die Verbindlichkeiten des Insolvenzschuldners (Sicherungsnehmer), sondern für die Verbindlichkeiten des Sicherungsgebers, hier also des A. Insbesondere soll dem A als Sicherungsnehmer der Gegenstand nach der Sicherungsabrede nicht endgültig gehören und damit auch nicht seinen Gläubigern als Zugriffsobjekt zur Verfügung stehen (vgl. *Lwowski* ZIP 1980, 953 (955 f.); Uhlenbruck/*Brinkmann* InsO §47 Rn. 16). Der sich aus dem Sicherungsvertrag ergebende schuldrechtliche Anspruch auf Rückübertragung des Sicherungsguts begründet daher in der Insolvenz des Sicherungsnehmers ein Aussonderungsrecht, sofern die gesicherte Forderung erfüllt ist oder sich der Sicherungszweck auf andere Weise erledigt hat (BGH NJW 1954, 190 (192); Uhlenbruck/*Brinkmann* InsO § 47 Rn. 16; K. Schmidt/*Thole* InsO § 47 Rn. 27; Kübler/Prütting/Bork/*Prütting* InsO § 47 Rn. 23; vgl. zur Parallele in der Zwangsvollstreckung – Interventionsrecht des Sicherungsgebers nach § 771 ZPO – → Rn. 689 und die Übersicht → Rn. 863). Diese Voraussetzungen sind hier erfüllt, denn A hat seine Verbindlichkeiten aus dem Darlehensvertrag erfüllt.

II. A steht in Gestalt seines Anspruchs auf Rückübereignung des Baggers ein Aussonderungsrecht nach § 47 InsO zu.

Dem Sicherungsnehmer (Sicherungseigentümer) steht in der **Insolvenz des Sicherungsgebers** demgegenüber nur ein Absonderungsrecht zu (§§ 50 Abs. 1, 51 Nr. 1 InsO; → Rn. 861 ff.). Die übereignete Sache soll ihm nicht als solche endgültig zustehen, vielmehr soll nur der in ihr verkörperte Wert die noch nicht getilgte Forderung sichern (vgl. etwa BeckOK InsO/*Hanecke* § 47 Rn. 31). Den Interessen des Sicherungsnehmers, der folglich kein Sach-, sondern nur ein Sicherungsinteresse hat, ist daher genügt, wenn er aus dem Verwertungserlös vorrangig befriedigt wird. Insoweit weicht das Insolvenzrecht von den Wertungen im Zwangsvollstreckungsrecht ab. Dort steht dem Sicherungsnehmer nach hM ein Interventionsrecht nach § 771 Abs. 1 ZPO zu, wenn Gläubiger des Sicherungsgebers in das Sicherungsgut vollstrecken (→ Rn. 687). 857

Beim **einfachen Eigentumsvorbehalt** (vgl. zu Sonderfällen des Eigentumsvorbehalts K. Schmidt/*Thole* InsO § 47 Rn. 34 ff.) steht die dingliche Einigung über den Eigentumsübergang unter der aufschiebenden Bedingung der vollständigen Kaufpreiszahlung (§§ 449 Abs. 1, 158 Abs. 1 BGB). Der Eigentumsvorbehalt sichert den **Herausgabeanspruch des Vorbehaltsverkäufers** für den Fall, dass er von dem Kaufvertrag zurücktritt. Daher steht dem Vorbehaltsverkäufer in der **Insolvenz des Vorbehaltskäufers** grds. ein Aussonderungsrecht zu (BGHZ 176, 86 (94); Kübler/Prütting/Bork/*Prütting* InsO § 47 Rn. 32; K. Schmidt/*Thole* InsO § 47 Rn. 29). Insoweit besteht eine Parallele zur Einzelzwangsvollstreckung, in welcher der Vorbehaltsverkäufer ein Interventionsrecht nach § 771 ZPO an dem Vorbehaltsgut hat (→ Rn. 682 f.). 858

Bei dem Kaufvertrag handelt es sich aber um einen nicht vollständig erfüllten gegenseitigen Vertrag iSv **§ 103 InsO** (iVm § 107 Abs. 2 InsO). Der Insolvenzverwalter hat daher ein **Wahlrecht**, anstelle des Schuldners den Vertrag zu erfüllen und die Erfüllung vom anderen Teil zu verlangen (Vertragseintritt) oder die Erfüllung abzulehnen. Wählt der Insolvenzverwalter den Vertragseintritt, muss er den Restkaufpreis als Masseverbindlichkeit erfüllen (§ 55 Abs. 1 Nr. 2 InsO). Mit der Zahlung des Restkaufpreises tritt die aufschiebende Bedingung nach § 158 Abs. 1 BGB ein: Der Insolvenzschuldner wird Eigentümer der Vorbehaltskaufsache, die in die Insolvenzmasse 859 fällt. Lehnt der Insolvenzverwalter die Erfüllung ab, steht dem Vorbehaltsverkäufer ein Aussonderungsrecht zu (vgl. Braun/*Bäuerle* InsO § 47 Rn. 32; MüKoInsO/*Ganter* § 47 Rn. 62 f.).

860 Zur Insolvenz des Vorbehaltsverkäufers folgender

Beispielsfall: A veräußert B einen PKW unter Eigentumsvorbehalt und überträgt ihr den Besitz an dem PKW. Noch vor der vollständigen Kaufpreiszahlung durch B wird über das Vermögen des A das Insolvenzverfahren eröffnet. Steht B ein Aussonderungsrecht zu?

Laut Sachverhalt hat B den Kaufpreis noch nicht vollständig gezahlt, so dass sie mangels Bedingungseintritts auch noch nicht Eigentümerin des PKW geworden ist (§§ 929 S. 1, 158 Abs. 1 BGB). Ein Aussonderungsrecht steht B insoweit nicht zu. Gemäß **§ 107 Abs. 1 InsO** kann der Vorbehaltskäufer, dem der Besitz an der Sache übertragen worden ist, jedoch trotz der Eröffnung des Insolvenzverfahrens die **Erfüllung des Kaufvertrages verlangen**. B hat daher die Möglichkeit, auch noch während des Insolvenzverfahrens den Bedingungseintritt herbeizuführen, indem sie den Kaufpreis vollständig zahlt. Der Vorbehaltskäufer kann so im Ergebnis die Sache **gegen vollständige Tilgung des Kaufpreises aussondern** (*Marotzke* JZ 1995, 803 (805 ff.); Uhlenbruck/*Brinkmann* InsO § 47 Rn. 28; Braun/*Bäuerle* InsO § 47 Rn. 31). § 107 InsO führt also dazu, dass das Anwartschaftsrecht des vertragstreuen Vorbehaltskäufers insolvenzfest ist, also durch die Eröffnung des Insolvenzverfahrens nicht beeinträchtigt wird.

c) Absonderungsberechtigte

861 Absonderungsberechtigte sind Gläubiger, denen ein Sicherungsrecht, bspw. ein Pfandrecht, an einem Gegenstand zusteht, der zum Schuldnervermögen gehört (§§ 49 ff. InsO). Diesen Gläubigern steht nicht die Sache selbst, sondern der Wert zu, der in ihr verkörpert ist (*Bork* Rn. 293). Ihren Interessen ist Genüge getan, wenn sie bis zur Höhe ihrer gesicherten Forderung vorrangig vor den anderen Gläubigern aus dem Verwertungserlös befriedigt werden (vgl. § 170 Abs. 1 S. 2 InsO). Die Absonderungsberechtigung stellt insoweit das insolvenzrechtliche Pendant zur **Klage auf vorzugsweise Befriedigung** (§ 805 ZPO) dar (*Lippross/Bittmann* § 51 Rn. 35).

862 Absonderungsberechtigt sind nach **§ 49 InsO** Gläubiger, denen ein Recht auf Befriedigung aus Gegenständen zusteht, die der Zwangsvollstreckung in das unbewegliche Vermögen unterliegen. In einem ersten Schritt ist also zu fragen, ob der jeweilige Gegenstand der Immobiliarvollstreckung unterliegt. Das richtet sich nach den §§ 864, 865 ZPO, so dass vor allem Grundstücke sowie zum Haftungsverband der Hypothek (§§ 1120 ff. BGB, → Rn. 217 f.) gehörende bewegliche Sachen und Forderungen erfasst sind. Zudem muss dem Gläubiger ein Recht auf Befriedigung aus diesem Gegenstand zustehen. Das richtet sich nach § 10 ZVG. Weitere Fälle der Absonderungsberechtigung sind in **§ 50 InsO** (Pfandgläubiger) und **§ 51 InsO** (insbesondere Sicherungseigentum) genannt.

Sicherheiten in Zwangsvollstreckung und Insolvenz 863

Rechte des / bei	Sicherungsübereignung	Eigentumsvorbehalt einfacher	Eigentumsvorbehalt verlängerter	Sicherungsabtretung
Sicherungsnehmers/ Vorbehaltsverkäufers in der Insolvenz des Sicherungsgebers/ Vorbehaltskäufers	§§ 50, 51 InsO	§ 47 InsO	§§ 50, 51 InsO (vor Verlängerungsfall str.)	§§ 50, 51 InsO
bei Zwangsvollstreckung gegen Sicherungsgeber/ Vorbehaltskäufer	§ 771 ZPO h.M. § 805 ZPO a.A.	§ 771 ZPO		§ 771 ZPO
Sicherungsgebers/ Vorbehaltskäufers in der Insolvenz des Sicherungsnehmers/ Vorbehaltsverkäufers	§ 47 InsO	§ 47 InsO (bei Zahlung der Raten, vgl. § 107 Abs. 1 InsO)		§ 47 InsO
bei Zwangsvollstreckung gegen Sicherungsnehmer/ Vorbehaltsverkäufer[1]	§ 771 ZPO	§ 771 ZPO		§ 771 ZPO

[1] bei SÜ und EV nur möglich, wenn Sicherungsnehmer/Vorbehaltsverkäufer = Besitzer

d) Gläubigerversammlung und Gläubigerausschuss

Da die Gläubiger von der Insolvenz des Schuldners unmittelbar betroffen sind, sollen sie die Möglichkeit haben, die wesentlichen Entscheidungen im Rahmen des Insolvenzverfahrens selbst zu treffen (**Prinzip der Gläubigerautonomie**, vgl. Uhlenbruck/*Knopf* InsO §74 Rn. 1–4; *Paulus* NZI 2008, 705 (708f.)). Die Gläubiger sind daher in der Gläubigerversammlung und dem Gläubigerausschuss organisiert. Die Gläubigerversammlung hat insbesondere die Befugnis, den vom Insolvenzgericht eingesetzten Insolvenzverwalter zu bestätigen oder an dessen Stelle eine andere Person zu wählen (§57 S. 1 InsO; vgl. iE *Bork* Rn. 89; *Keller* Rn. 475ff.). Dem Gläubigerausschuss kommen vor allem Unterstützungs- und Überwachungsaufgaben zu (§69 S. 1 InsO). 864

3. Insolvenzverwalter

Schlüsselfigur des Insolvenzverfahrens ist der **Insolvenzverwalter**. Auf ihn geht mit der Eröffnung des Insolvenzverfahrens das Recht des Schuldners über, das zur Insolvenzmasse gehörende Vermögen zu verwalten und über es zu verfügen, §80 Abs. 1 InsO. Er hat namentlich die Aufgaben, nach der Verfahrenseröffnung das gesamte zur Insolvenzmasse gehörende Vermögen 865 in Besitz und Verwaltung zu nehmen (§148 Abs.1 InsO) und dabei die Ist-Masse zur Soll-Masse zu bereinigen, der Gläubigerversammlung Bericht über die wirtschaftliche Lage des Schuldners zu erstatten, die Insolvenzmasse zu verwerten (§§159ff. InsO), die zu berücksichtigenden Forderungen festzustellen (§§174ff. InsO) und den Verwertungserlös unter den Gläubigern zu verteilen (§§187ff. InsO; vgl. *Bork* Rn.60ff.; ausführlich *Keller* Rn.295ff.).

866 Der Insolvenzverwalter wird vom Insolvenzgericht bei Verfahrenseröffnung ernannt, §27 Abs.1 InsO. Der Insolvenzverwalter nimmt seine Aufgaben nach der herrschenden **Amtstheorie** als privatrechtliches, unabhängiges Organ der Rechtspflege für die Insolvenzmasse im eigenen Namen wahr. In Prozessen ist er **Partei kraft Amtes** und macht die Rechte des Schuldners als **gesetzlicher Prozessstandschafter** im eigenen Namen geltend. Partei eines Rechtsstreits ist damit nicht der Insolvenzschuldner, sondern der Insolvenzverwalter (vgl. BGHZ 100, 346 (351); Graf-Schlicker/*Graf-Schlicker* InsO §56 Rn.84).

867 Sofern der Insolvenzverwalter schuldhaft Pflichten verletzt, die ihm nach der InsO obliegen, ist er gem. §60 Abs.1 S.1 InsO allen Beteiligten zum **Schadensersatz** verpflichtet.

4. Insolvenzgericht

868 Das **Insolvenzgericht** schafft den prozeduralen Rahmen dafür, dass der Insolvenzverwalter das Vermögen des Insolvenzschuldners verwerten kann (*Bork* Rn.47; *Keller* Rn.58). Ihm obliegt unter anderem die Verfahrenseröffnung (§§11ff. InsO) sowie die Ernennung und Beaufsichtigung des Insolvenzverwalters (§§27, 56ff. InsO, vgl. iE *Bork* Rn.48; *Keller* Rn.88ff.). Die sachliche **Zuständigkeit** des Insolvenzgerichts richtet sich nach §2 Abs.1 InsO, die örtliche nach §3 Abs.1 S.1 InsO und die funktionelle nach §3 Nr.2 lit.e RPflG.

III. Die Eröffnung des Insolvenzverfahrens

1. Zulässigkeit des Insolvenzantrags

869 Ein Insolvenzverfahren wird nur auf **Antrag** eröffnet, §13 Abs.1 S.1 InsO. Dieser ist **schriftlich** beim zuständigen Insolvenzgericht (→ Rn.868) einzureichen. **Antragsberechtigt** sind die Gläubiger und der Schuldner, §13 Abs.1 S.2 InsO. Der Gläubiger muss **partei- und prozessfähig** sein (§4 InsO iVm §§50ff. ZPO), der Schuldner prozessfähig und **insolvenzfähig** iSv §11 InsO.

870 Die Zulässigkeit des Antrags setzt voraus, dass der Antragsteller seine **Forderung** (gilt nur für den Antrag des Gläubigers) sowie einen **Eröff-**

nungsgrund (→ Rn. 874 ff.) **glaubhaft macht**, § 14 Abs. 1 S. 1 InsO. Die Glaubhaftmachung richtet sich nach § 294 ZPO (iVm § 4 InsO).

Schließlich muss der Antragsteller ein rechtliches Interesse (**Rechtsschutzbedürfnis**) an der Eröffnung des Insolvenzverfahrens haben (*Gundlach/Müller/Rautmann* ZInsO 2015, 889 (889 ff.)). Es ist grds. gegeben, wenn Forderung (betrifft Gläubigeranträge) und Eröffnungsgrund glaubhaft gemacht sind. Es kann aber bspw. fehlen, wenn der Antragsteller seine Interessen einfacher durchsetzen kann, etwa, weil er aussonderungsberechtigt ist (§ 47 InsO), oder wenn er insolvenzfremde Zwecke verfolgt, also etwa nur Druck auf den Schuldner ausüben will (*Bork* Rn. 96 mwN; s. zu Einzelheiten MüKoInsO/*Vuia* § 14 Rn. 20 ff.). 871

Eine **Antragspflicht** kennt das Gesetz nur für **Organe** zahlungsunfähiger oder überschuldeter juristischer Personen sowie solcher Gesellschaften, bei denen kein persönlich haftender Gesellschafter eine natürliche Person ist (§ 42 Abs. 2 BGB, § 15a InsO). Verletzen die Organe ihre entsprechenden Pflichten, haften sie den Gläubigern für den daraus entstehenden Schaden auf Schadensersatz (§§ 42 Abs. 2 S. 2, 823 Abs. 2 BGB iVm § 15a InsO – sog. Insolvenzverschleppungshaftung). Bei natürlichen Personen versucht der Gesetzgeber durch die Möglichkeit einer Restschuldbefreiung (§ 290 Abs. 1 Nr. 4 InsO) sowie die Androhung strafrechtlicher Konsequenzen (§§ 283 ff. StGB) eine rechtzeitige Antragstellung zu gewährleisten (*Bork* Rn. 98). 872

Hinweis: Zur Abmilderung der wirtschaftlichen Folgen der COVID-19-Pandemie wurde durch das COVID-19-Insolvenzaussetzungsgesetz die Antragspflicht nach den § 42 Abs. 2 BGB, § 15a InsO vorübergehend ausgesetzt, sofern die wirtschaftliche Schieflage des betroffenen Unternehmens auf die COVID-19-Pandemie zurückzuführen war (vgl. dazu *Schluck-Amend* NZI 2020, 289 ff.).

2. Begründetheit des Insolvenzantrags

Begründet ist ein Insolvenzantrag unter den Voraussetzungen der §§ 16, 26 InsO (vgl. *Foerste* Rn. 108, 127): Es muss ein Eröffnungsgrund vorliegen und das Vermögen des Schuldners muss voraussichtlich ausreichen, um die Verfahrenskosten zu decken. 873

a) Eröffnungsgrund

Die Eröffnungsgründe sind in den §§ 17–19 InsO genannt. Allgemeiner Eröffnungsgrund, der bei allen insolvenzfähigen Schuldnern vorliegen kann, ist die Zahlungsunfähigkeit (§ 17 InsO). Bei einem Eigenantrag des Schuldners genügt auch die drohende Zahlungsunfähigkeit (§ 18 InsO). Bei juristischen Personen ist auch die Überschuldung Eröffnungsgrund (§ 19 InsO). 874

aa) Zahlungsunfähigkeit (§ 17 InsO)

875 §17 Abs. 2 S. 1 InsO bestimmt, dass der Schuldner zahlungsunfähig ist, wenn er **nicht in der Lage** ist, die fälligen Zahlungspflichten zu erfüllen. Das beurteilt sich nach einer Liquiditätsbilanz (BGH NZI 2007, 579 (581)). Die vorhandenen Zahlungsmittel und die fälligen Zahlungsverpflichtungen des Schuldners sind einander gegenüberzustellen. Übersteigen die fälligen Zahlungsverpflichtungen im Zeitpunkt der Entscheidung über den Eröffnungsantrag (*Foerste* Rn. 109) die Zahlungsmittel, ist der Schuldner zahlungsunfähig.

876 Mit Zahlungspflichten sind **Geldschulden** gemeint. Die Zahlungspflichten müssen **fällig iSv §271 BGB** sein.

877 In die Liquiditätsbilanz können nur aktuell liquide Mittel – insbesondere Barreserven und Bankguthaben – sowie kurzfristig verwertbare Vermögensbestandteile – zB Kraftfahrzeuge – aufgenommen werden (BGH NZI 2007, 579 (581); Braun/*Bußhardt* InsO §17 Rn. 28).

878 Die Zahlungsunfähigkeit ist von einer kurzfristigen **Zahlungsstockung** abzugrenzen: Sofern der Schuldner dazu in der Lage ist, spätestens nach Ablauf von drei Wochen wieder für ausreichende Liquidität zu sorgen, liegt kein Eröffnungsgrund vor (BGHZ 163, 134 (139f.)). Die Liquiditätslücke darf zudem nicht nur **geringfügig** sein. Nach der Rechtsprechung ist regelmäßig von Zahlungsunfähigkeit des Schuldners auszugehen, wenn die Liquiditätslücke **mindestens 10%** beträgt (BGHZ 163, 134 (145); BGH WM 2006, 2312 (2314)). Gemäß §17 Abs. 2 S. 2 InsO ist die Zahlungsunfähigkeit idR anzunehmen, wenn der Schuldner seine Zahlungen **eingestellt** hat.

bb) Drohende Zahlungsunfähigkeit (§ 18 InsO)

879 Bei einem **Eigenantrag** des Schuldners ist auch die **drohende Zahlungsunfähigkeit** ein Eröffnungsgrund, §18 Abs. 1 InsO. Sie liegt vor, wenn der Schuldner voraussichtlich nicht dazu in der Lage sein wird, die bestehenden Zahlungspflichten im Zeitpunkt der Fälligkeit zu erfüllen. Dabei ist idR ein **Prognosezeitraum** von 24 Monaten zugrunde zu legen. Dabei sind zB auch solche Zahlungspflichten des Schuldners zu berücksichtigen, die noch nicht fällig sind (*Bork* Rn. 106f.).

cc) Überschuldung (§ 19 InsO)

880 Bei einer juristischen Person ist auch die Überschuldung Eröffnungsgrund, §19 Abs. 1 InsO. Gleiches gilt nach §19 Abs. 3 InsO für Personengesellschaften, bei denen kein persönlich haftender Gesellschafter eine natürliche Person ist (zB GmbH & Co. KG). Überschuldung liegt nach §19 Abs. 2 InsO grds. vor, wenn das Vermögen des Schuldners die bestehenden Verbindlichkeiten nicht mehr deckt. Maßgebend ist der Zeitpunkt der Entscheidung über den Eröffnungsantrag (*Bork* Rn. 108).

Die Überschuldung wird im Rahmen einer **Überschuldungsbilanz** festgestellt: Den Passiva (alle Verbindlichkeiten, die im Falle der Verfahrenseröffnung als Insolvenzforderungen zu qualifizieren wären), werden die Aktiva (alle Bestandteile des Schuldnervermögens) gegenübergestellt (*Foerste* Rn. 116 ff.). Übersteigen die Passiva die Aktiva, liegt Überschuldung vor, es sei denn, die Fortführung des Unternehmens in den nächsten zwölf Monaten ist nach den Umständen überwiegend wahrscheinlich, § 19 Abs. 2 S. 1 Hs. 2 InsO (sog. Fortbestehungsprognose). **881**

b) Keine Abweisung mangels Masse (§ 26 InsO)

Wenn das Vermögen des Schuldners voraussichtlich nicht ausreichen wird, um die Kosten des Verfahrens zu decken, weist das Gericht den Eröffnungsantrag ab, § 26 InsO. Denn es bliebe dann kein Geld für die Gläubiger übrig. **882**

3. Eröffnungsbeschluss, Sicherungsmaßnahmen

Ist der Insolvenzantrag zulässig und begründet, wird das Insolvenzverfahren durch Beschluss des Insolvenzgerichts eröffnet (§§ 27, 5 Abs. 3 InsO). Der Eröffnungsbeschluss ist öffentlich bekanntzumachen und den Gläubigern, dem Schuldner und dessen Schuldnern zuzustellen (§ 30 InsO). **883**

IV. Wirkungen der Verfahrenseröffnung

1. Beschlagnahme

Aus §§ 80–102 InsO ergibt sich, dass die Verfahrenseröffnung die **Beschlagnahme** des gesamten zur Insolvenzmasse gehörenden Vermögens des Schuldners zur Folge hat (*Lackmann* Rn. 794). Der Schuldner ist zwar nach wie vor Eigentümer der Insolvenzmasse, er verliert aber die Befugnis, auf diese (rechtswirksam) einzuwirken (→ Rn. 886 ff.). Die **Beschlagnahme** bezieht sich nur auf die Insolvenzmasse iSv § 35 InsO. Über sonstiges Vermögen – zB unpfändbare Gegenstände – kann der Schuldner frei verfügen. Auch auf Gegenstände, die dem Schuldner nicht gehören – an denen also ein Aussonderungsrecht besteht (§ 47 InsO; → Rn. 851 ff.) –, erstreckt sich die Beschlagnahme damit nicht (*Keller* Rn. 876). **884**

2. Wirkungen der Beschlagnahme

885 **Klausurhinweis:** Die folgenden Ausführungen zu den Wirkungen der Beschlagnahme, insbesondere zu den §§80, 81 InsO, sind im Examen besonders „klausurträchtig“!

a) Verwaltungs- und Verfügungsbefugnis

886 Durch die Eröffnung des Insolvenzverfahrens geht das Recht des Schuldners, das zur Insolvenzmasse gehörende Vermögen zu verwalten und über es zu verfügen, auf den Insolvenzverwalter über, §80 Abs. 1 InsO. Verfügt der Schuldner nach der Eröffnung des Insolvenzverfahrens über einen Massegegenstand, ist die Verfügung **unwirksam**, §81 Abs. 1 S. 1 InsO.

887 Die Unwirksamkeit ist **absolut**, die §§135, 136 BGB sind nicht anwendbar. Ein gutgläubiger Erwerb kommt allein bei unbeweglichen Sachen in Betracht (§81 Abs. 1 S. 2 InsO; vgl. nur BeckOK InsO/*Riewe/Kaubisch* §81 Rn. 11), scheidet aber auch dort in der Praxis regelmäßig aus, weil die Eröffnung des Insolvenzverfahrens in das Grundbuch eingetragen wird (§32 InsO), die Verfügungsbeschränkung aus dem Grundbuch also ersichtlich ist (§892 Abs. 1 S. 2 BGB; *Bork* Rn. 170). Der Insolvenzverwalter hat aber die Möglichkeit, unwirksame Verfügungen des Schuldners analog §185 Abs. 2 S. 1 Alt. 1 BGB zu genehmigen (*Lippross/Bittmann* §52 Rn. 99).

888 **Beispiel:** Nachdem über das Vermögen der S das Insolvenzverfahren eröffnet worden ist, verkauft und übereignet diese einen zur Insolvenzmasse gehörenden PKW an G, der von der Verfahrenseröffnung nichts weiß und den Kaufpreis zahlt: Die Verfügung der S an G ist gem. §81 Abs. 1 S. 1 InsO unwirksam. Auf die etwaige Gutgläubigkeit des G kommt es nicht an (*e contrario* §81 Abs. 1 S. 2 InsO). S ist weiterhin Eigentümerin des PKW. Der Insolvenzverwalter kann den Herausgabeanspruch der S (§985 BGB) als Partei kraft Amtes notfalls gerichtlich gegenüber G geltend machen. Der von G geleistete Kaufpreis ist aber zurückzugewähren (§81 Abs. 1 S. 3 InsO).

Beachte: Veräußert der Insolvenzschuldner eine ihm nicht gehörende Sache an einen Dritten, so wird dieser unter den Voraussetzungen der §§929 S. 1, 932 Abs. 2 BGB Eigentümer. Da die Sache nicht zur Insolvenzmasse gehört (§35 InsO!), greifen die §§80, 81 InsO nicht ein.

889 Für die Beurteilung der Wirksamkeit der Verfügung ist der **Zeitpunkt der Eröffnung des Insolvenzverfahrens** maßgeblich. Vorher wird die Insolvenzmasse durch die Möglichkeit der Insolvenzanfechtung geschützt (→ Rn. 899ff.). Eine Verfügung ist vor der Verfahrenseröffnung erfolgt, wenn zu diesem Zeitpunkt sämtliche ihrer **Wirksamkeitsvoraussetzungen** vorliegen.

Beispiel: S einigt sich mit K über den Eigentumsübergang an einem PKW. Die Übergabe des PKW soll drei Tage später erfolgen. Kurz vorher wird über das Vermögen des S das Insolvenzverfahren eröffnet. Gehört der PKW zur Insolvenzmasse, kann K das Eigentum an dem PKW auch dann nicht erwerben, wenn S ihm den PKW übergibt (vgl. MüKoInsO/*Vuia* § 81 Rn. 9). **890**

Hat der Schuldner vor der Verfahrenseröffnung wirksam verfügt, tritt der **rechtliche Erfolg** aber erst später ein, wie zB bei der Abtretung einer künftigen Forderung, ist nach der hM nicht § 81 Abs. 1 InsO, sondern § 91 InsO anwendbar (vgl. BGH NJW 1997, 1857 (1858); *Bork* Rn. 164). **891**

b) Leistungen an den Schuldner

Forderungen, die dem Insolvenzschuldner im Zeitpunkt der Verfahrenseröffnung gegen einen Dritten zustanden, gehören zur Insolvenzmasse, § 35 Abs. 1 InsO. Mit Verfahrenseröffnung verliert der Insolvenzschuldner die Befugnis, die geschuldete Leistung anzunehmen (*Bork* Rn. 171). Leistet der Dritte nicht an den Insolvenzverwalter, sondern an den Insolvenzschuldner, wird er nicht frei. Etwas anderes gilt, wenn er in Unkenntnis der Verfahrenseröffnung leistet, § 82 S. 1 InsO. **892**

3. Prozessführungsbefugnis

Die Eröffnung des Insolvenzverfahrens hat in Bezug auf die Insolvenzmasse den Verlust der aktiven und passiven Prozessführungsbefugnis des Schuldners zur Folge. Anhängige Gerichtsverfahren werden unterbrochen und können nach den Vorschriften der InsO (vgl. §§ 85 f. InsO) durch den Insolvenzverwalter als Partei kraft Amtes (gesetzliche Prozessstandschaft) wieder aufgenommen werden (§ 240 ZPO). **893**

4. Einzelzwangsvollstreckung

Während der Dauer des Insolvenzverfahrens ist die Einzelzwangsvollstreckung für **Insolvenzgläubiger** weder in die Insolvenzmasse noch in das sonstige Vermögen des Schuldners zulässig, § 89 Abs. 1 InsO (Vollstreckungshindernis, → Rn. 188). **894**

5. Schwebende Verträge

Die §§ 103 ff. InsO sehen Sonderregelungen für **beiderseitig noch nicht erfüllte** Verträge vor. Sie sind erforderlich, weil anderenfalls der Insolvenzverwalter für den Schuldner stets die vollständige Erfüllung verlangen könnte, während der Vertragspartner als Insolvenzgläubiger auf die Quote verwiesen wäre (*Lackmann* Rn. 802). **895**

896 **Beispiel:** S hat vor Eröffnung des Insolvenzverfahrens bei G einen PKW gekauft. Geliefert und bezahlt werden sollte der PKW zu einem Zeitpunkt nach Eröffnung des Insolvenzverfahrens. Ohne die §§103ff. InsO müsste G den PKW trotz der Eröffnung des Insolvenzverfahrens liefern, würde aber statt des vollständigen Kaufpreises nur die Quote erhalten.

897 Nach §103 InsO hat der Insolvenzverwalter daher ein **Wahlrecht**, anstelle des Schuldners den Vertrag aus der Masse (§55 Abs. 2 Nr. 2 InsO) zu erfüllen und die Erfüllung vom anderen Teil zu verlangen, oder aber die Erfüllung abzulehnen. Lehnt der Insolvenzverwalter ab, kann der andere Teil seinen Nichterfüllungsschaden als Insolvenzgläubiger geltend machen, §103 Abs. 2 S. 1 InsO. Sonderregelungen bestehen unter anderem für Fixgeschäfte, teilbare Leistungen und Dauerschuldverhältnisse (§§104, 105, 108 InsO). Zum Eigentumsvorbehalt (§107 InsO) → Rn. 859.

6. Möglichkeit der Aufrechnung

898 Die §§94–96 InsO befassen sich mit der Aufrechnung der Insolvenzgläubiger **nach Verfahrenseröffnung**. Bestand die **Aufrechnungslage** bereits bei Verfahrenseröffnung, kann der Insolvenzgläubiger weiterhin aufrechnen, vgl. §94 InsO. Entsteht die Aufrechnungslage später, muss der Insolvenzgläubiger abwarten, bis sie gegeben ist (§95 Abs. 1 InsO). Unzulässig ist die Aufrechnung in den Fällen der §§95 Abs. 1 S. 1, 96 InsO.

V. Insolvenzanfechtung

899 Vor der Verfahrenseröffnung kann der Insolvenzschuldner frei über sein Vermögen verfügen und Vermögensgegenstände beiseiteschaffen. Im Interesse der Gläubiger ermöglichen die §§129ff. InsO dem Insolvenzverwalter daher, Rechtshandlungen anzufechten, die objektiv benachteiligend sind und einen Anfechtungsgrund verwirklichen. Anfechtbar erworbene Gegenstände müssen zur Insolvenzmasse zurückgewährt werden (§143 InsO).

900 Die §§129ff. InsO stellen das insolvenzrechtliche Pendant zur Gläubigeranfechtung in der Einzelzwangsvollstreckung nach dem **AnfG** dar (→ Rn. 234ff.).

1. Rechtshandlung vor Verfahrenseröffnung

901 Anfechtbar sind nach §129 Abs. 1 InsO nur Rechtshandlungen. Der Begriff umfasst alle willentlichen Handlungen und Unterlassungen (§129 Abs. 2 InsO), die rechtliche Wirkungen haben und das Schuldnervermögen zum

Nachteil der Gläubiger beeinträchtigen können (vgl. etwa BGH ZInsO 2009, 1585; Ahrens/Gehrlein/Ringstmeier/*Gehrlein* InsO § 129 Rn. 23). Erfasst sind Verfügungen, Willenserklärungen, rechtsgeschäftsähnliche Handlungen, aber auch Realakte, zB beim Eigentumserwerb nach den §§ 946 ff. BGB (MüKoInsO/*Kayser* § 129 Rn. 22.

Die Rechtshandlung muss **vor der Eröffnung des Insolvenzverfahrens** vorgenommen worden sein. Entscheidend ist der Zeitpunkt, in dem die rechtlichen Wirkungen der Rechtshandlung eintreten, § 140 Abs. 1 InsO. Sind für die Vollendung des Rechtserwerbs mehrere Teilakte erforderlich, kommt es auf den Zeitpunkt des letzten Teilaktes an (K. Schmidt/*Büteröwe* InsO § 140 Rn. 5). Rechtshandlungen, die nach Verfahrenseröffnung vorgenommen werden, sind grds. unwirksam und bedürfen daher keiner Anfechtung (→ Rn. 886 ff.). Sofern sie ausnahmsweise, zB wegen gutgläubigen Erwerbs (§§ 892, 893 BGB), wirksam sind, können sie nach § 147 iVm §§ 129 ff. InsO angefochten werden. Insbesondere bei Verfügungen über Grundstücke ist § 140 Abs. 2 InsO zu beachten. **902**

2. Gläubigerbenachteiligung

Die Rechtshandlung muss die Insolvenzgläubiger benachteiligen, § 129 Abs. 1 InsO. Das ist der Fall, wenn die Rechtshandlung die Schuldenmasse vermehrt oder die Aktivmasse verkürzt und dadurch der Zugriff der Gläubiger auf das Schuldnervermögen vereitelt, erschwert oder verzögert wird (BGH NZI 2008, 167 (169) mwN). **903**

3. Anfechtungsgrund

Die Anfechtungsgründe des § 130 InsO betreffen Fälle, in denen der Gläubiger eine Sicherung oder Befriedigung erhält, auf die er einen **Anspruch hatte (sog. kongruente Deckung)**. Diese Rechtshandlungen sind aufgrund ihrer zeitlichen Nähe zur Insolvenz sowie der Kenntnis des Gläubigers anfechtbar. Im Einzelnen sind Rechtshandlungen anfechtbar, die dem Insolvenzgläubiger eine Sicherung oder Befriedigung gewährt oder ermöglich haben, **904**

- wenn sie in den letzten drei Monaten vor dem Antrag auf Eröffnung des Insolvenzverfahrens vorgenommen worden ist, wenn der Schuldner zur Zeit der Handlung zahlungsunfähig war und wenn der Gläubiger zu dieser Zeit die Zahlungsunfähigkeit kannte (§ 130 Abs. 1 S. 1 Nr. 1 InsO) oder
- wenn sie nach dem Eröffnungsantrag vorgenommen worden ist und wenn der Gläubiger zur Zeit der Handlung die Zahlungsunfähigkeit oder den Eröffnungsantrag kannte (§ 130 Abs. 1 S. 1 Nr. 2 InsO).

905 **Befriedigung** iSd Vorschrift ist Erfüllung einer Verbindlichkeit des Schuldners (§ 362 BGB). Unter **Sicherungen** fallen alle vertraglichen (zB Sicherungsabtretung) und gesetzlichen Sicherungen (zB gesetzliches Pfandrecht nach § 562 BGB, K. Schmidt/*Ganter/Weiland* InsO § 130 Rn. 12). Für die Kenntnis genügt es, dass der Gläubiger Kenntnis von Umständen hat, die zwingend auf die Zahlungsunfähigkeit oder die Eröffnung des Insolvenzantrags schließen lassen, § 130 Abs. 2 InsO. Bei dem Schuldner nahestehenden Personen iSv § 138 InsO wird die Kenntnis nach § 130 Abs. 3 InsO vermutet.

906 **Beispiel:** Nachdem ein Antrag auf Eröffnung des Insolvenzverfahrens über das Vermögen des zahlungsunfähigen S gestellt worden ist, nimmt dieser bei seinem Bruder B ein Darlehen auf und übereignet ihm zur Sicherung des Anspruchs eine Uhr. Kurz darauf wird das Insolvenzverfahren über das Vermögen des S eröffnet. Die Insolvenzverwalterin kann die Sicherungsübereignung nach § 130 Abs. 1 Nr. 2 InsO anfechten. Die Kenntnis des B von der Zahlungsunfähigkeit des S bzw. der Verfahrenseröffnung wird gem. §§ 130 Abs. 3, 138 Abs. 1 Nr. 2 InsO vermutet.

907 Nach dem Anfechtungsgrund der **inkongruenten Deckung** (§ 131 InsO) ist die Gewährung einer Sicherung oder Befriedigung unter den einzelnen Voraussetzungen von § 131 Abs. 1 Nr. 1–3 InsO anfechtbar, wenn sie der Gläubiger nicht oder **nicht in der Art oder nicht zu der Zeit zu beanspruchen hatte**. Im Gegensatz zur kongruenten Deckung (→ Rn. 904 ff.) geht es also um Sicherungen oder Befriedigungen, die den Gläubiger **materiell zu Unrecht privilegieren,** weil er auf sie keinen Anspruch hatte.

908 **Beispiele:** S begleicht zwei Monate vor Eröffnung des Insolvenzverfahrens eine verjährte sowie eine nicht fällige Forderung des G: Die Rechtshandlungen sind unter den Voraussetzungen des § 131 Abs. 1 InsO anfechtbar, da G die Leistungen nicht (verjährte Forderung) bzw. nicht zu der Zeit (nicht fällige Forderung) zu beanspruchen hatte.

909 § 132 InsO gewährt unter den dort genannten Voraussetzungen als **Auffangtatbestand** ein Anfechtungsrecht, sofern die Insolvenzgläubiger durch ein Rechtsgeschäft des Schuldners **unmittelbar benachteiligt** werden. Anfechtbar ist nicht jede Rechtshandlung, sondern nur ein **Rechtsgeschäft**. Unmittelbar ist die Benachteiligung, wenn sie sich aus der Vornahme des Rechtsgeschäfts ergibt, zB die Leistung des Gläubigers derjenigen des Schuldners nicht gleichwertig ist (Braun/*de Bra* InsO § 131 Rn. 4).

910 Die §§ 133–135, 145, 322 InsO (vorsätzliche Benachteiligung, unentgeltliche Leistung, Gesellschafterdarlehen, Anfechtung gegen Rechtsnachfolger, anfechtbare Rechtshandlungen des Erben) laufen mit den **Tatbeständen des AnfG** parallel (Kübler/Prütting/Bork/*Bork* InsO Vor § 129 Rn. 17; → Rn. 251 ff.; der BGH hat seine Rechtsprechung zu den Anforderungen an den Gläubigerbenachteiligungsvorsatz jüngst in Teilen neu ausgerichtet, vgl. dazu BGH WM 2021, 1339).

4. Geltendmachung und Wirkung der Anfechtung

Die Anfechtung hat zur Folge, dass dasjenige, was durch die anfechtbare Handlung aus dem Vermögen des Schuldners veräußert, weggegeben oder aufgegeben ist, zur Insolvenzmasse **zurückgewährt** werden muss, § 143 Abs. 1 S. 1 InsO. **Anfechtungsberechtigt** ist der Insolvenzverwalter (§ 129 Abs. 1 InsO). **Anfechtungsgegner** ist, wer aufgrund der anfechtbaren Rechtshandlung etwas aus dem Vermögen des Schuldners erhalten hat (vgl. §§ 143 Abs. 1 S. 2, 144 Abs. 1 InsO; *Foerste* Rn. 334). Die Anfechtung ist keine Gestaltungserklärung und nicht mit der Irrtumsanfechtung nach den §§ 119 ff. BGB vergleichbar (K. Schmidt/*K. Schmidt* InsO § 129 Rn. 5). Der Rückgewähranspruch nach § 143 InsO entsteht vielmehr kraft Gesetzes mit Eröffnung des Insolvenzverfahrens. Durchsetzbar ist der Anspruch erst, wenn der Insolvenzverwalter die Rückgewähr verlangt (*Foerste* Rn. 338). Kommt der Rückgewährschuldner der Aufforderung des Insolvenzverwalters nicht nach, muss dieser Anfechtungsklage erheben. 911

VI. Typischer Ablauf des eröffneten Verfahrens im Überblick

Nach der Verfahrenseröffnung nimmt der Insolvenzverwalter das gesamte zur Insolvenzmasse gehörende Vermögen sofort in Besitz und Verwaltung (§ 148 Abs. 1 InsO) und bereinigt das Vermögen von der Ist-Masse zur Sollmasse (→ Rn. 846). 912

Nach dem sog. **Berichtstermin** (§ 156 InsO) hat der Insolvenzverwalter das zur Insolvenzmasse gehörende Vermögen grds. zu verwerten (§ 159 InsO), bspw. durch die Veräußerung von Gegenständen. Das im Rahmen der Verwertung erzielte Vermögen ist die sog. **Teilungsmasse**. Gläubiger, die der Meinung sind, dass ihnen ein Anteil an der Teilungsmasse zusteht, müssen ihre Forderungen schriftlich beim Insolvenzverwalter zur Tabelle anmelden (§§ 174 ff. InsO, sog. Feststellungsverfahren). Im **Prüfungstermin** werden die angemeldeten Forderungen ihrem Betrag und ihrem Rang nach geprüft (§ 176 S. 1 InsO). Soweit gegen eine Forderung im Prüfungstermin weder vom Insolvenzverwalter noch von einem Insolvenzgläubiger Widerspruch erhoben wird, gilt sie als festgestellt, §§ 178 Abs. 1 S. 1, 176 S. 2 InsO. Die festgestellten Forderungen werden vom Insolvenzgericht in die Insolvenztabelle eingetragen. Die Eintragung in die Tabelle wirkt nach § 178 Abs. 3 InsO wie ein **rechtskräftiges Urteil** gegenüber dem Insolvenzverwalter und allen Insolvenzgläubigern. Nach der Aufhebung des Insolvenzverfahrens können die Insolvenzgläubiger aus der Eintragung in die Tabelle ggf. die Zwangsvollstreckung gegen den Schuldner betreiben (§ 202 Abs. 2 S. 1 InsO). 913

914 Im Anschluss an das Feststellungsverfahren wird der Erlös unter den Gläubigern **entsprechend ihrer Quote verteilt** (§§187ff. InsO; vgl. zu einem Beispiel bereits → Rn. 842). Sobald die Schlussverteilung vollzogen ist, beschließt das Insolvenzgericht die **Aufhebung des Insolvenzverfahrens** (§200 Abs. 1 InsO).

VII. Kontrollfragen

1. Was versteht man unter dem Insolvenzrecht und welches ist die wichtigste Rechtsquelle des Insolvenzrechts?
2. Was sind die wichtigsten Ziele des Insolvenzverfahrens und wieso führt dieses in der Insolvenz des Schuldners zu interessengerechteren Ergebnissen als das Zwangsvollstreckungsverfahren?
3. Welche Beteiligten kennt das Insolvenzverfahren? Könnte über das Vermögen der Stadt Münster das Insolvenzverfahren eröffnet werden?
4. Was ist die Insolvenzmasse? Was ist der Unterschied zwischen der Ist-Masse und der Soll-Masse?
5. Was versteht man unter einem Aussonderungsrecht? Was ist das „zwangsvollstreckungsrechtliche Pendant" zum Aussonderungsrecht?
6. Was versteht man unter einem Absonderungsrecht? Was ist das „zwangsvollstreckungsrechtliche Pendant" zum Absonderungsrecht?
7. Was sind die wichtigsten Aufgaben des Insolvenzverwalters? Wie ist die Rechtsstellung des Insolvenzverwalters nach der hM zu qualifizieren?
8. Welche Aufgabe hat das Insolvenzgericht? Welches Gericht ist als Insolvenzgericht zuständig?
9. Unter welchen Voraussetzungen wird ein Insolvenzverfahren eröffnet?
10. Insolvenzschuldner S veräußert und übergibt K nach Verfahrenseröffnung und ohne Wissen des Insolvenzverwalters einen PKW, der zur Insolvenzmasse gehört. Ist K, der von der Verfahrenseröffnung keine Kenntnis hatte, Eigentümer des PKW geworden?
11. Unter welchen Voraussetzungen kann der Insolvenzverwalter Rechtshandlungen des Schuldners anfechten und welche Wirkungen hat die Insolvenzanfechtung?
12. S ist insolvent. Die Verteilungsmasse beläuft sich auf 100.000 Euro. S hat Verbindlichkeiten iHv 750.000 Euro gegenüber G1, iHv 150.000 Euro gegenüber G2 und iHv 100.000 Euro gegenüber G3. Welchen Betrag wird der Insolvenzverwalter an die jeweiligen Gläubiger verteilen?

Empfehlungen zur vertiefenden Lektüre:

Allgemeines: *Bork*, Die Anfechtung von Kreditsicherheiten im Insolvenzfall, JuS 2019, 656; *Ganter*, Die Aufsicht des Insolvenzgerichts und ihre Grenzen, ZInsO 2017, 2517; *Höhn/Kaufmann*, Die Aufrechnung in der Insolvenz, JuS 2003, 751; *Huber*, Sicherungseigentum in Zwangsvollstreckung und Insolvenz, JuS 2011, 588; *ders.,* Neues Recht der Vorsatzanfechtung für den Schwerpunktbereich Insolvenzrecht, JuS 2019, 1148; *ders.,* Das Gesetz zur Abmilderung der Folgen der Covid-19-Pandemie in Zivil-, Insolvenz- und Strafverfahrensrecht, JuS 2020, 519; *Konul,* Prüfungsrelevante Grundlagen der InsO, JuS 2015, 1067; *Ledermann,* Fallbesprechung im Insolvenzanfechtungsrecht, JuS 2019, 936; *Meier,* Gutgläubiger Erwerb unter dem Einfluss des Insolvenzrechts, ZInsO 2016, 1393; *Windel,* Der insolvenzrechtliche Gleichbehandlungsgrundsatz und seine Auswirkungen auf die Abwicklung schwebender Austauschverträge, Jura 2002, 230.

Fälle mit Lösungen: *Saenger/Cordes,* „Baumarkt in Existenznot", JA 2016, 732.

§7. Antworten auf die Kontrollfragen

§1. Einführung

Zu 1: Unter dem Zwangsvollstreckungsrecht versteht man die Gesamtheit der Vorschriften über das staatliche Verfahren zur zwangsweisen Durchsetzung und Sicherung privatrechtlicher Leistungsansprüche des Gläubigers gegen den Schuldner (→ Rn. 1 ff.).

Zu 2: Die wichtigsten Rechtsquellen des Zwangsvollstreckungsrechts sind das achte Buch der ZPO und das ZVG (s. §869 ZPO). Weitere bedeutsame Rechtsquellen sind das AnfG und die §§86ff. FamFG. Zudem gewinnen europäische Verordnungen wie bspw. die EuGVVO oder die EuBagatellVO zunehmend an Bedeutung, ebenso wie das deutsche Recht mehr und mehr durch europäische Richtlinien geprägt wird (→ Rn. 9 ff.).

Zu 3: Das Verfahren zur Vollstreckung von Urteilen aus anderen Mitgliedstaaten der EU ist in der EuGVVO und den entsprechenden nationalen Durchführungsvorschriften des AVAG sowie den §§1110–1117 ZPO geregelt. Vergleichbare Regeln gelten bei der Vollstreckung von Urteilen aus Ländern, die das LugÜ abgeschlossen haben. Geht es um die Vollstreckung eines Titels eines anderen Mitgliedstaates der EU, der in den Anwendungsbereich der EuBagatellVO fällt, richtet sich die Vollstreckung nach §1107 ZPO. Liegt von einem Mitgliedstaat eine Bestätigung vor, dass es sich bei einer Entscheidung um einen europäischen Vollstreckungstitel handelt, ist eine Vollstreckung nach Maßgabe der §§1082ff. ZPO möglich. Die Vollstreckung von Urteilen aus Nicht-EU-Staaten, die nicht dem LugÜ unterfallen, richtet sich nach den §§722, 723 ZPO. Die Vollstreckung aus einem derartigen Urteil setzt voraus, dass ihre Zulässigkeit durch ein Vollstreckungsurteil eines deutschen Gerichts ausgesprochen worden ist, §722 Abs. 1 ZPO (→ Rn. 15ff.).

Zu 4: a) Die Erzwingung von Unterlassungen richtet sich nach §890 ZPO. Zuständiges Vollstreckungsorgan ist das Prozessgericht (→ Rn. 39, 450).
b) Die Vollstreckung von Geldforderungen richtet sich nach den §§802a-882i ZPO (→ Rn. 28, 205ff.).
c) Nach welchen Vorschriften der Widerruf einer ehrenrührigen Tatsachenbehauptung zu vollstrecken ist, ist umstritten. Die hM spricht sich für eine Vollstreckung nach §888 ZPO (unvertretbare Handlung) aus. Nach aA richtet sich die Vollstreckung nach §894 ZPO analog, andere wollen die Veröffentlichung des Urteils genügen lassen (Willenserklärung; → Rn. 491 ff.).
d) Da es sich bei der Reparatur des PKW um eine vertretbare Handlung handelt, richtet sich die Vollstreckung nach §887 ZPO (→ Rn. 471 ff.).
e) Die Vollstreckung der Herausgabe von Sachen richtet sich nach den §§883ff. ZPO. Da es hier um die Herausgabe bestimmter beweglicher Sachen geht, ist §883 ZPO einschlägig (→ Rn. 455).

Zu 5: a) Bei dem Auto des Schuldners handelt es sich um bewegliches Vermögen, und zwar um eine körperliche Sache. Die Vollstreckung richtet sich mithin nach den §§803ff. ZPO (→ Rn. 206, 211ff.).
b) Die Pfändung des Arbeitseinkommens stellt eine Forderungspfändung iSd §§828ff. ZPO dar (→ Rn. 307ff.).
c) Die Immobiliarvollstreckung richtet sich nach den §§864ff. ZPO sowie dem ZVG (→ Rn. 410ff.).

Zu 6: Der Gerichtsvollzieher ist zuständig für die Vollstreckung in das bewegliche Vermögen wegen Geldforderungen, die Herausgabevollstreckung sowie für die Durchführung des Verfahrens zur Abgabe der Vermögensauskunft. In den Zuständigkeitsbereich des Vollstreckungsgerichts fallen die Vollstreckung in Forderungen und in Immobilien. Das Prozessgericht ist zuständig, wenn es um die Vollstreckung von Handlungen sowie die Erzwingung von Unterlassungen und Duldungen geht. In den Zuständigkeitsbereich des Grundbuchamts fallen die Eintragung einer Sicherungshypothek und Hilfstätigkeiten (→ Rn. 34ff.).

Zu 7: Das Verhältnis zwischen dem Gläubiger und dem Vollstreckungsorgan wird „Antragsverhältnis" genannt (da die Zwangsvollstreckung auf Antrag erfolgt); das Verhältnis zwischen dem Vollstreckungsorgan und dem Schuldner und etwaigen Drittberechtigten „Eingriffsverhältnis" (da die Zwangsvollstreckung idR einen Grundrechtseingriff bedeutet); das Verhältnis zwischen dem Gläubiger und dem Schuldner „Vollstreckungsverhältnis". Die Gesamtheit der Beziehungen sämtlicher Beteiligter des Vollstreckungsverfahrens wird „Vollstreckungsrechtsverhältnis" genannt (→ Rn. 41ff.).

§2. Die Voraussetzungen der Zwangsvollstreckung

Zu 1: (1.) Allgemeine Verfahrensvoraussetzungen (entsprechen weitgehend den Sachurteilsvoraussetzungen des Erkenntnisverfahrens), (2) Allgemeine Vollstreckungsvoraussetzungen (Titel – Klausel – Zustellung), (3) Besondere Vollstreckungsvoraussetzungen (Kalendertag – Sicherheitsleistung – Zug-um-Zug-Leistung), (4) Fehlen von Vollstreckungshindernissen (§§775f. ZPO – §89 InsO – Vollstreckungsverträge) (→ Rn. 54).

Zu 2: Der Begriff der gewillkürten isolierten Vollstreckungsstandschaft beschreibt die Situation, dass der Titelgläubiger einen Dritten ermächtigt, im eigenen Namen aus dem Titel die Zwangsvollstreckung zu betreiben. Nach hM ist eine solche Vollstreckungsstandschaft nicht zulässig (→ Rn. 70ff.).

Zu 3: Hat der Gläubiger einen Vollstreckungstitel erwirkt, ist das Rechtsschutzbedürfnis grds. gegeben. Es fehlt nur ausnahmsweise, wenn der Gläubiger sein Ziel einfacher oder mit der begehrten Vollstreckungsmaßnahme gar nicht erreichen kann oder wenn er sonst rechtsmissbräuchlich handelt, weil er den Schuldner bspw. nur schikanieren will. Das Rechtsschutzbedürfnis für die Durchsetzung von Bagatellforderungen ist grds. zu bejahen. Bei Bagatellforderungen kann aber ausnahmsweise die Vollstreckung in Grundstücke des Schuldners unverhältnismäßig sein, wenn mildere Vollstreckungsmöglichkeiten bestehen. Fehlen diese, ist nach hM (BVerfG NJW 1979, 534 (536ff.)) auch die Vollstreckung in ein Grundstück zulässig (→ Rn. 74ff.). Zwangshypotheken dürfen aber nur für Beträge über 750 Euro eingetragen werden (§866 Abs. 3; → Rn. 76 und Rn. 448)

Zu 4: Der Vollstreckungstitel ist eine öffentliche Urkunde, aus der sich ergibt, dass der zu vollstreckende Anspruch besteht und der Gläubiger ihn im Wege des Vollstreckungsverfahrens durchsetzen kann. Der Titel ist neben Klausel und Zustellung eine allgemeine Voraussetzung der Zwangsvollstreckung. Vollstreckungsmaßnahmen ohne Titel sind nichtig (→ Rn. 77). Die Zwangsvollstreckung darf nur dann betrieben werden, wenn der Titel einen vollstreckungsfähigen Inhalt hat und inhaltlich hinreichend bestimmt ist.

Zu 5: Der wichtigste Titel ist das rechtskräftige (§ 705 ZPO) oder vorläufig vollstreckbare (§§ 708 ff. ZPO) Endurteil (§§ 704, 300 ZPO). Weitere wichtige Titel sind Vergleiche iSv § 794 Abs. 1 Nr. 1 ZPO, Vollstreckungsbescheide (§§ 794 Abs. 1 Nr. 4, 699 ZPO) und gerichtliche oder notarielle Urkunden iSv § 794 Abs. 1 Nr. 5 ZPO.

Zu 6: Die Pfändung ist unzulässig: Ist allein die GbR als Schuldnerin im Titel bezeichnet, kann zwar in das Vermögen der GbR, nicht aber in das Privatvermögen der Gesellschafter vollstreckt werden. Wird ein Titel gegen alle Gesellschafter erwirkt, kann demgegenüber sowohl in das Vermögen der GbR als auch in das Privatvermögen der Gesellschafter vollstreckt werden (vgl. § 736 ZPO; → Rn. 66, 113).

Zu 7: Die Vollstreckungsklausel ist die Bescheinigung, dass der Titel besteht und vollstreckungsreif ist. Die Klausel ist einer Ausfertigung (dh einer beglaubigten Abschrift) des Titels anzufügen (*„Vorstehende Ausfertigung wird zum Zwecke der Zwangsvollstreckung erteilt“,* § 725 ZPO). Damit wird die Abschrift des Titels zur sog. vollstreckbaren Ausfertigung (§ 724 Abs. 1 ZPO), auf Grund derer das Vollstreckungsorgan die Zwangsvollstreckung durchführen darf. Die Vollstreckungsklausel erleichtert den Vollstreckungsorganen die Arbeit, indem sie nachweist, dass der Titel besteht und vollstreckungsreif ist. Sie beugt zudem einer mehrfachen Vollstreckung aus ein und demselben Titel vor (→ Rn. 129 f.).

Zu 8: Vollstreckungsklauseln, die unter §§ 726–729 ZPO fallen, sind qualifiziert: Sie weisen nicht nur die Vollstreckbarkeit des Titels nach, sondern ergänzen den Titel oder schreiben ihn auf eine andere Person um. Greifen die §§ 726–729 ZPO nicht, genügt eine einfache Klausel (§ 724 ZPO), die nur die Vollstreckbarkeit des Titels bescheinigt (→ Rn. 132).

Zu 9: Es gibt zwei Arten qualifizierter Klauseln: (1) Die titelergänzende Klausel nach § 726 ZPO bescheinigt, dass eine vom Gläubiger zu beweisende Tatsache vorliegt, die Voraussetzung für die Zwangsvollstreckung ist. (2) Die titelumschreibende Klausel nach §§ 727–729 ZPO ermöglicht die Zwangsvollstreckung für bzw. gegen Rechtsnachfolger der im Titel genannten Parteien (→ Rn. 133 ff.).

Zu 10: Die Klage ist mangels Rechtsschutzbedürfnisses unzulässig: G steht ein kostengünstigerer und einfacherer Weg offen, um seinen Zahlungsanspruch zu verwirklichen, da er den gegen S erstrittenen Titel auf dessen Gesamtrechtsnachfolger E (§§ 1922 Abs. 1, 1967 BGB) umschreiben lassen kann (§ 727 Abs. 1 ZPO; → Rn. 143).

Zu 11: a) Materiell-rechtlich bedeutet der Zug-um-Zug-Mechanismus, dass beide Seiten eine Einrede gegen den Anspruch der anderen Partei erheben können (zB §§ 273 Abs. 1, 320 Abs. 1 BGB). Im Erkenntnisverfahren führt die Erhebung der Einrede nicht zur Klageabweisung, sondern hat nur die Wirkung, dass der Schuldner zur Leistung Zug um Zug zu verurteilen ist, §§ 274 Abs. 1, 322 Abs. 1 BGB.

b) aa) Bei einer Vollstreckung durch den Gerichtsvollzieher ist § 756 ZPO einschlägig. Der Gerichtsvollzieher darf also mit der Zwangsvollstreckung grds.

nicht beginnen, bevor er dem Schuldner die diesem gebührende Leistung in einer den Annahmeverzug begründenden Weise angeboten hat oder der Schuldner auf ein wörtliches Angebot des Gerichtsvollziehers hin erklärt hat, dass er die Leistung nicht annehmen werde (→ Rn. 176).

bb) Bei einer Vollstreckung durch das Vollstreckungsgericht greift § 765 ZPO: Mit der Zwangsvollstreckung darf nur begonnen werden, wenn der Beweis, dass der Schuldner befriedigt oder im Verzug der Annahme ist, durch öffentliche oder öffentlich beglaubigte Urkunden geführt wird und eine Abschrift dieser Urkunden bereits zugestellt ist (§ 765 S. 1 Nr. 1 ZPO) oder gleichzeitig zugestellt wird (§ 756 Abs. 1 ZPO; → Rn. 180 f.).

Zu 12: Ist der Schuldner zur Abgabe einer Willenserklärung (hier: Übereignungsangebot) verurteilt, gilt die Erklärung grds. als abgegeben, sobald das Urteil rechtskräftig ist, § 894 S. 1 ZPO. Ist der Schuldner allerdings Zug um Zug zur Abgabe der Willenserklärung verurteilt, tritt die Abgabefiktion nach § 894 S. 2 ZPO erst ein, wenn eine vollstreckbare Ausfertigung nach §§ 726, 730 ZPO erteilt ist. Das setzt voraus, dass der Gläubiger im Klauselverfahren beweist, den Schuldner befriedigt bzw. in Annahmeverzug gesetzt zu haben. § 894 S. 2 iVm § 726 Abs. 2 ZPO verhindert, dass der Schuldner faktisch vorleistungspflichtig wird (→ Rn. 139 f.).

Zu 13: Die Erinnerung nach § 766 Abs. 2 Fall 2 ZPO ist begründet, wenn sich der Gerichtsvollzieher zu Unrecht geweigert hat, den einzigen Fernseher in der Wohnung des S zu pfänden. Grds. ist der Fernseher der Pfändung nicht unterworfen, § 811 Abs. 1 Nr. 1 ZPO (ab 1.1.2022: § 811 Abs. 1 Nr. 1 lit. a ZPO). Abweichendes könnte sich hier aber aus der Vollstreckungsvereinbarung zwischen G und S ergeben. Vollstreckungserweiternde Vereinbarungen sind allerdings unzulässig, wenn sie von zwingenden Normen des Zwangsvollstreckungsrechts abweichen. Bei § 811 ZPO handelt es sich um solch eine zwingende Norm, da sie neben dem Schuldnerinteresse auch dem öffentlichen Interesse dient: Der Schuldner soll nämlich nicht auf Kosten der Allgemeinheit zum Sozialfall werden. Von § 811 ZPO zu Lasten des Schuldners abweichende Vereinbarungen sind damit unwirksam. Der Gerichtsvollzieher hat folglich rechtmäßig die Pfändung des Fernsehers verweigert. Die Vollstreckungserinnerung des G ist unbegründet.

§ 3. Arten der Zwangsvollstreckung

Zu 1: Die Vermutung in § 739 ZPO bezieht sich auf den Gewahrsam, die Vermutungen in § 1362 Abs. 1 und 2 BGB auf das Eigentum. Die Vermutung nach § 739 ZPO ist unwiderlegbar, die Vermutungen nach § 1362 BGB können hingegen widerlegt werden. Die Vermutungen nach § 1362 BGB können jedoch nicht im Vollstreckungsverfahren widerlegt werden, da der Gerichtsvollzieher das Eigentum im formalisierten Vollstreckungsverfahren nicht zu prüfen hat. Vielmehr ist das Dritteigentum im Wege der Drittwiderspruchsklage (§ 771 Abs. 1 ZPO) geltend zu machen (→ Rn. 223 ff.).

Zu 2: Sachen, die sich im (Mit-)Gewahrsam eines Dritten befinden, können gepfändet werden, wenn der Dritte zur Herausgabe bereit, also mit einer Entfernung der Sache im Falle ihrer Verwertung einverstanden ist (§ 809 Fall 2 ZPO; → Rn. 226 ff.). Dieses Einverständnis ist auch dann notwendig, wenn der Schuldner, wie hier, Eigentümer der Sache ist und damit einen Herausgabeanspruch gegen D hat. Eine teleologische Reduktion von §809 Fall 2 ZPO dahingehend, dass unter diesen Voraussetzungen auf das Einverständnis des Dritten verzichtet werden kann, scheidet aus. Der Gerichtsvollzieher kann nicht überprüfen, ob der Schuldner Eigentümer ist und ob der Herausgabeanspruch besteht. Ist D nicht zur Herausgabe bereit, kann nur in den Herausgabeanspruch des Schuldners gegen D vollstreckt werden (§846 ZPO).

Zu 3: Nein. §811 ZPO gilt nach seinem Wortlaut und seiner systematischen Stellung nicht für die Herausgabevollstreckung nach §883 ZPO (→ Rn. 232f.).

Zu 4: Für §811 Abs. 1 ZPO ist es grds. unerheblich, wer Eigentümer der unpfändbaren Sache ist, denn dem Schuldner soll die Nutzungsmöglichkeit belassen bleiben. Davon macht §811 Abs. 2 ZPO eine Ausnahme: Hat der Gläubiger eine nach §811 Abs. 1 Nr. 1, 4, 5–7 ZPO unpfändbare Sache unter Eigentumsvorbehalt an den Schuldner geliefert, kann er sie pfänden, wenn er wegen der durch den Eigentumsvorbehalt gesicherten Geldforderung aus ihrem Verkauf vollstreckt (§811 Abs. 2 ZPO). Diese Ausnahme ist gerechtfertigt, weil der Gläubiger ohnehin vom Vertrag zurücktreten, die Herausgabe der Sache verlangen und nach §883 ZPO vollstrecken könnte. Merke: §811 ZPO verbietet die Pfändung, nicht die Herausgabevollstreckung (→ Rn. 232f.).

Zu 5: Durch die Gläubigeranfechtung werden Gegenstände der Vollstreckung unterworfen, die dem Schuldner gegenwärtig nicht gehören: Der Empfänger muss dem Gläubiger vollstreckungsrechtlichen Zugriff auf den anfechtbar weggegebenen Gegenstand gewähren, soweit dies zu dessen Befriedigung erforderlich ist, §11 Abs. 1 S. 1 AnfG. Das bedeutet, dass der Dritte dem Gläubiger den vollstreckungsrechtlichen Zugriff so ermöglichen muss, als befände sich der Gegenstand noch im Schuldnervermögen (→ Rn. 238, 255). Ist das nicht mehr möglich, schuldet der Dritte Wertersatz (§11 Abs. 1 S. 2 AnfG iVm §§819 Abs. 1, 818 Abs. 4, 292 Abs. 1, 989, 990 BGB).

Zu 6: Die Gläubigeranfechtung wird zum einen im Wege der Anfechtungsklage nach §13 AnfG ausgeübt: Der anfechtende Gläubiger erwirkt einen Titel gegen den Dritten, der den Dritten verpflichtet, die Zwangsvollstreckung in den Gegenstand zu dulden (Anfechtung als Angriff). Denkbar ist aber auch, dass der Anfechtungsberechtigte seinen Anspruch auf Duldung der Zwangsvollstreckung in den Gegenstand als Einrede geltend macht, wenn er in den Gegenstand vollstreckt und der Dritte sich nach §771 ZPO gegen die Vollstreckung wehrt (Anfechtung als Verteidigung, §9 AnfG, → Rn. 239, 724f.).

Zu 7: Der Pfändungsakt besteht daraus, dass der Gerichtsvollzieher (1) die körperliche Sache in Besitz nimmt (§808 Abs. 1 ZPO) und (2) dies nach außen kenntlich macht (§808 Abs. 2 ZPO). Kenntlich macht der Gerichtsvollzieher die Inbesitznahme entweder durch Wegnahme der Sachen (§808 Abs. 2 S. 1 ZPO) oder, falls wie im Regelfall keine Wegnahme erfolgt, durch Anlegung eines Pfandsiegels oder Ähnliches (§808 Abs. 2 S. 2 ZPO; → Rn. 263).

Zu 8: Die Zwangsvollstreckung kann durch Eintragung einer Zwangshypothek, durch Zwangsversteigerung und durch Zwangsverwaltung erfolgen (§866 Abs. 1 ZPO; → Rn. 410). In §866 Abs. 1 ZPO sind die Zwangsversteigerung und die Zwangsverwaltung vorgesehen. Diese sind im ZVG näher geregelt, §869 ZPO. In §866 Abs. 1 ZPO ist auch die Zwangshypothek genannt, die sich nach den §§866 Abs. 3, 867, 868 ZPO iVm §1184 BGB richtet.

Zu 9: Durch die Zwangshypothek erlangt der Gläubiger eine streng akzessorische dingliche Sicherung iSd §1184 BGB für seine titulierte Forderung. Im Rahmen der Zwangsversteigerung wird der Gläubiger durch die wirtschaftliche Verwertung des Grundstücks selbst sowie mithaftender Vermögenswerte befriedigt (Verwertung der Substanz). Bei der Zwangsverwaltung wird die titulierte Forderung des Gläubigers aus den Erträgen, die durch die laufende Nutzung des Grundstücks erwirtschaftet werden, erfüllt (keine Verwertung der Substanz, → Rn. 439).

Zu 10: Gemäß § 865 Abs. 2 iVm Abs. 1 ZPO sind Gegenstände von der Fahrnisvollstreckung ausgeschlossen – und unterfallen damit der Immobiliarvollstreckung –, auf die sich die Hypothek erstreckt, die also in ihren sog. Haftungsverband fallen. In § 865 ZPO ist eine hypothetische Hypothek angesprochen. Es kommt nicht darauf an, ob am Grundstück tatsächlich eine Hypothek besteht: Zu fragen ist, welche Gegenstände in den Haftungsverband der Hypothek fielen, wenn eine Hypothek an dem Grundstück bestünde. Das bestimmt sich nach den §§ 1120 ff. BGB. Vom Haftungsverband der Hypothek ist zB dem Schuldner gehörendes Zubehör erfasst. So wird gewährleistet, dass die wirtschaftliche Einheit des Grundstücks in der Vollstreckung nicht zerschlagen wird (→ Rn. 217 f.).

Zu 11: Durch die Beschlagnahme erhält der Gläubiger ein Recht auf Befriedigung aus dem Grundstück. Die Beschlagnahme hat zum Schutz des Gläubigers die Wirkungen eines relativen Veräußerungsverbots (§ 23 Abs. 1 S. 1 ZVG iVm §§ 135, 136, 892, 932 ff. BGB), das sich grds. auf den gesamten Haftungsverband der Hypothek erstreckt (§ 20 Abs. 2 ZVG iVm §§ 1120 ff. BGB). Über einzelne bewegliche Sachen kann der Schuldner aber im Rahmen der ordnungsgemäßen Wirtschaft wirksam verfügen (§ 23 Abs. 1 S. 2 ZVG; → Rn. 420).

Zu 12: Die Beschlagnahme des Grundstücks zum Zweck der Zwangsverwaltung bewirkt ebenfalls ein relatives Veräußerungsverbot (§§ 146 Abs. 1, 20 Abs. 1 ZVG). Die Beschlagnahme erfasst ebenso den gesamten Haftungsverband der Hypothek (§§ 146 Abs. 1, 20 Abs. 2 ZVG iVm §§ 1120 ff. BGB), im Unterschied zur Beschlagnahme in der Zwangsversteigerung aber auch die in § 21 ZVG genannten laufenden Erträge (§ 148 Abs. 1 S. 1 ZVG). Ein weiterer Unterschied gegenüber der Zwangsversteigerung besteht darin, dass dem Schuldner nach der Beschlagnahme in der Zwangsverwaltung die Verfügung über bewegliche Sachen im Rahmen der ordnungsgemäßen Wirtschaft nicht gestattet ist (§ 148 Abs. 1 S. 2 ZVG; → Rn. 441).

Zu 13: Die Übereignung setzt gem. § 929 S. 1 BGB grds. eine dingliche Einigung über den Eigentumsübergang sowie die Übergabe der Sache voraus. Die Vollstreckung der dinglichen Einigung erfolgt durch Fiktion der Abgabe der Willenserklärung des Schuldners gem. § 894 ZPO. Die Herausgabe des Fahrrades wird nach § 883 ZPO vollstreckt (vgl. § 897 Abs. 1 ZPO; → Rn. 455 ff.).

Zu 14: Der Schuldner schuldet zwar ein Fahrrad eines bestimmten Modells. Allerdings schuldet er weder ein bestimmtes bereits konkretisiertes Fahrrad noch ist seine Schuld auf einen Vorrat begrenzt. Daher handelt es sich um eine unbeschränkte Gattungsschuld, sodass die §§ 884, 883 Abs. 1 ZPO einschlägig sind. Die für die Übereignung notwendige Übergabe wird gem. §§ 884, 883 Abs. 1, 897 Abs. 1 ZPO, die notwendige Übereignungserklärung gem. § 894 ZPO vollstreckt. Der Gerichtsvollzieher muss daher zwecks Übergabe ein Fahrrad des Modells beim Schuldner auswählen, dem Schuldner wegnehmen und dem Gläubiger übergeben (§§ 884, 883 Abs. 1 ZPO; → Rn. 455).

Zu 15: Das entscheidende Kriterium für die Abgrenzung vertretbarer und unvertretbarer Handlungen (§§ 887, 888 ZPO) ist das Leistungsinteresse des Gläubigers: Sofern es dem Gläubiger genügt, dass ein Dritter die Handlung vornimmt, liegt eine vertretbare Handlung vor (→ Rn. 466).

Zu 16: Vertretbare Handlungen werden nach §887 ZPO vollstreckt. Der Gläubiger wird durch das Prozessgericht des ersten Rechtszuges ermächtigt, die geschuldete Handlung auf Kosten des Schuldners vornehmen zu lassen oder selbst vorzunehmen (→ Rn. 471 f.). Die Vollstreckung einer unvertretbaren Handlung richtet sich nach §888 ZPO. Das zuständige Prozessgericht des ersten Rechtszugs setzt durch Beschluss ein Zwangsgeld und, falls das Zwangsgeld nicht beigetrieben werden kann, Zwangshaft fest. Eine Vollstreckung nach §888 ZPO kommt aber nur in Betracht, wenn die unvertretbare Handlung ausschließlich vom Willen des Schuldners abhängt (→ Rn. 474).

Zu 17: Gemäß §887 Abs. 2 ZPO kann der Gläubiger neben der Ermächtigung zur Ersatzvornahme auch beantragen, dass der Schuldner ihm die Kosten für die Vornahme der Handlung im Voraus zu zahlen habe. Der Ermächtigungsbeschluss ist insoweit dann Zahlungstitel iSv §794 Abs. 1 Nr. 3 ZPO.

Zu 18: Ein Ordnungsgeld stellt eine Strafe für die Zuwiderhandlung des Schuldners gegen eine Unterlassungs- oder Duldungspflicht dar (vgl. §890 Abs. 1 ZPO). Es dient also der repressiven Sanktion von Pflichtverstößen. Ein Zwangsgeld gem. §888 ZPO soll hingegen den Willen des Schuldners beugen und ihn dazu bewegen, eine unvertretbare Handlung vorzunehmen.

Zu 19: Eine Zuwiderhandlung gegen den Unterlassungstitel kann auch angenommen werden, wenn der Schuldner zwar nicht gegen die Buchstaben des Titels verstößt, sein Verhalten aber nur leicht abwandelt (sog. Kerntheorie). Andernfalls könnte sich der Schuldner dem Titel zu leicht entziehen. Aus einem Urteil kann deshalb auch wegen solcher Verstöße gegen das Unterlassungsgebot vollstreckt werden, die den Kern der Verbotsform unberührt lassen. Da auch alle anderen Voraussetzungen (insbesondere die Androhung gem. §890 Abs. 2 ZPO) des §890 ZPO vorliegen, kann ein Ordnungsgeld verhängt werden.

§4. Rechtsbehelfe

Zu 1: Die Vollstreckungserinnerung gem. §766 ZPO ist nicht fristgebunden; nach Beendigung der Zwangsvollstreckung besteht allerdings kein Rechtsschutzbedürfnis mehr (→ Rn. 551). Die sofortige Beschwerde gem. §793 ZPO muss innerhalb einer Notfrist von zwei Wochen erhoben werden, §569 Abs. 1 ZPO (→ Rn. 569).

Zu 2: Gemäß §569 Abs. 1 ZPO kann die sofortige Beschwerde sowohl bei dem Gericht, dessen Entscheidung angefochten wird *(iudex a quo)*, als auch beim Beschwerdegericht *(iudex ad quem)* eingelegt werden (→ Rn. 570).

Zu 3: Erinnerungsbefugt ist, wer die Verletzung einer ihn schützenden Verfahrensvorschrift rügt. Da Vollstreckungsmaßnahmen in die Rechtsstellung des Vollstreckungsschuldners eingreifen, ist dieser grds. erinnerungsbefugt. Etwas anderes gilt zB, wenn der Gerichtsvollzieher eine Sache pfändet, die sich zwar im Gewahrsam des Schuldners befindet, aber offensichtlich einem Dritten gehört. Denn das Verbot der Pfändung offensichtlichen Dritteigentums schützt nicht den Schuldner, sondern den Dritten (Eigentümer). Der Vollstreckungsgläubiger ist erinnerungsbefugt, wenn der Gerichtsvollzieher einen Vollstreckungsauftrag nicht ordnungsgemäß durchführt. Ein Dritter muss die Verletzung einer drittschützenden Norm rügen, zB der nicht herausgabebereite (Mit-)Gewahrsamsinhaber eine Pfändung entgegen §809 ZPO (→ Rn. 543 f.).

Zu 4: Die Beantwortung der Frage hängt davon ab, ob es sich bei dem Ermächtigungsbeschluss nach § 887 Abs. 1 ZPO (beachte: der Einbau der Küche ist eine vertretbare Handlung!) um eine Entscheidung (dann sofortige Beschwerde, § 793 ZPO) oder um eine Maßnahme (dann Erinnerung, § 766 ZPO) handelt. Eine Entscheidung liegt nach hM vor, wenn dem Rechtsbehelfsführer vor dem Vollstreckungsakt rechtliches Gehör gewährt worden ist. Gemäß § 891 S. 2 ZPO ist der Schuldner vor Erlass des Ermächtigungsbeschlusses zwingend zu hören. Es liegt mithin eine Entscheidung vor. S muss sofortige Beschwerde einlegen (§ 793 ZPO; → Rn. 527 f.). Merke: Der Schuldner ist in den Fällen der Zwangsvollstreckung nach den §§ 887–890 ZPO vor der Entscheidung des Prozessgerichts stets anzuhören (§ 891 S. 2 ZPO), so dass auch immer die sofortige Beschwerde greift.

Zu 5: Mit formellen Einwendungen rügt der Rechtsbehelfsführer das Fehlen der verfahrensrechtlichen Voraussetzungen der Zwangsvollstreckung sowie die Verletzung von Verfahrensverstößen bei der Durchführung der Zwangsvollstreckung (→ Rn. 508). Materielle Einwendungen richten sich dagegen gegen den titulierten Anspruch, der mit der Zwangsvollstreckung durchgesetzt werden soll (→ Rn. 509).

Zu 6: Formelle Einwendungen können in der Zwangsvollstreckung mit der Vollstreckungserinnerung (§ 766 ZPO), der sofortigen Beschwerde (§ 793 ZPO), der Rechtspflegererinnerung (§ 11 Abs. 2 RPflG) und der Grundbuchbeschwerde (§ 71 GBO) gerügt werden (→ Rn. 508). Bei materiellen Einwendungen sind die sog. Vollstreckungsklagen einschlägig, das sind die Vollstreckungsabwehrklage (§ 767 ZPO), die Drittwiderspruchsklage (§ 771 ZPO) und die Klage auf vorzugsweise Befriedigung (§ 805 ZPO; → Rn. 509).

Zu 7: Solche Fälle sind denkbar. Pfändet zB der Gerichtsvollzieher eine Sache, die im Eigentum eines nicht zur Herausgabe bereiten Dritten steht, kann der Dritte sowohl einen formellen Einwand (Verstoß gegen § 809 ZPO) als auch einen materiellen Einwand (Eigentum des Dritten an der Sache, § 771 ZPO) geltend machen (vgl. zu weiteren Beispielen→ Rn. 516 ff.).

Zu 8: Grundsätzlich können die Rechtsbehelfe kumulativ eingelegt werden, sofern der Rechtsbehelfsführer ein Rechtsschutzbedürfnis daran hat (vgl. allgemein → Rn. 516). Das ist in dem vorangehenden Beispiel der Fall, weil der Dritte bspw. Schwierigkeiten haben kann, sein Eigentum im Rahmen der Drittwiderspruchsklage zu beweisen.

Zu 9: Die Beantwortung der Frage hängt davon ab, ob es sich bei dem Erlass des Pfändungs- und Überweisungsbeschlusses um eine Maßnahme (dann § 766 ZPO) oder eine Entscheidung (dann § 793 ZPO iVm § 11 Abs. 1 RPflG) in der Zwangsvollstreckung handelt (→ Rn. 527 ff.). Der Schuldner ist vor Erlass eines Pfändungs- und Überweisungsbeschlusses grds. nicht anzuhören (§ 834 ZPO). Mithin liegt eine Maßnahme vor. Einschlägig ist folglich die Vollstreckungserinnerung (§ 766 ZPO). Dass der Pfändungsbeschluss hier möglicherweise, wie der Schuldner meint, wegen mangelnder Bestimmtheit nichtig ist, steht der Erinnerung im Hinblick auf den Rechtsschein einer wirksamen Pfändung nicht entgegen (vgl. allgemein → Rn. 672).

Zu 10: Die Zulässigkeit der Erinnerung unterliegt keinen Bedenken. Für die Begründetheit der Erinnerung kommt es auf den Zeitpunkt der Beschlussfassung an (→ Rn. 557). Während zum Zeitpunkt der Pfändung am 1.5. ein Verstoß gegen § 751 Abs. 1 ZPO vorlag, ist zum Zeitpunkt der Beschlussfassung am 5.6. kein

Verfahrenshindernis mehr gegeben. Daher ist die Vollstreckungserinnerung unbegründet.

Zu 11: Die Vollstreckungsabwehrklage ist eine prozessuale Gestaltungsklage, weil sie darauf gerichtet ist, die prozessuale Lage umzugestalten, indem dem Titel die Vollstreckbarkeit entzogen wird.

Zu 12: Mit der Abänderungsklage kann eingewendet werden, dass sich die ursprüngliche Prognoseentscheidung des Richters aufgrund nachträglich eingetretener Tatsachen als unzutreffend erweist. Mit der Vollstreckungsabwehrklage sind alle sonstigen Einwendungen gegen den titulierten Anspruch zu erheben, die eine etwaige ursprüngliche Prognoseentscheidung unberührt lassen. Da beide Klagen in der Praxis nur schwer voneinander abzugrenzen sind, können sie hilfsweise miteinander verbunden werden (→ Rn. 610 ff.).

Zu 13: Der Schuldner kann solche Einwendungen nicht geltend machen, die bis zum Schluss der letzten mündlichen Verhandlung in einem früheren Prozess objektiv bereits hätten geltend gemacht werden können. Diese sog. Präklusion ergibt sich aus § 767 Abs. 2 ZPO. Gemäß § 767 Abs. 3 ZPO gilt sie auch für wiederholte Vollstreckungsabwehrklagen (→ Rn. 632 ff., 641 ff.).

Zu 14: Das hängt von der Art des Titels ab. Richtet sich die Klage gegen die Vollstreckung aus einem Urteil, ist das Prozessgericht des ersten Rechtszugs sachlich und örtlich ausschließlich zuständig, bei der Vollstreckung aus einem Prozessvergleich das Gericht, bei dem der Rechtsstreit in erster Instanz anhängig war (§§ 767 Abs. 1, 802 ZPO). Bei Vollstreckungsbescheiden ist das Gericht ausschließlich zuständig, das für die Entscheidung im Streitverfahren zuständig gewesen wäre (§§ 796 Abs. 3, 802 ZPO). Bei vollstreckbaren Urkunden richtet sich die örtliche Zuständigkeit nach § 797 Abs. 5 ZPO, die sachliche nach den § 1 ZPO, §§ 23, 71 GVG (→ Rn. 619 ff.).

Zu 15: Die Unwirksamkeit des Prozessvergleichs hat zur Folge, dass das frühere Verfahren nicht beendet worden ist. Dieses muss daher fortgesetzt werden. Eine wie hier auf die anfängliche Unwirksamkeit eines Vergleichs gestützte Vollstreckungsgegenklage ist daher nach der hM mangels Rechtsschutzbedürfnisses unzulässig. Über diese Einwendung kann nämlich einfacher im Wege der ohnehin erforderlichen Fortsetzung des früheren Verfahrens entschieden werden (beachte: nach der hM ist die Vollstreckungsgegenklage aber zulässig, wenn der Vergleich erst nachträglich weggefallen ist, bspw. infolge eines Rücktritts; nach aA ist auch dann der frühere Prozess fortzuführen → Rn. 624 f.).

Zu 16: Die Drittwiderspruchsklage (§ 771 ZPO) zielt darauf ab, die Zwangsvollstreckung in einen Gegenstand für unzulässig zu erklären, an dem ein Dritter ein veräußerungshinderndes Recht hat. Die Drittwiderspruchsklage hat mit der Vollstreckungsabwehrklage (§ 767 ZPO) gemeinsam, dass der Kläger eine materiell-rechtliche Einwendung erhebt. Bei der Drittwiderspruchsklage ist der Kläger jedoch nicht der Zwangsvollstreckungsschuldner, sondern ein Dritter. Auch zielt die Drittwiderspruchsklage anders als die Vollstreckungsabwehrklage nicht darauf ab, dem Titel insgesamt die Vollstreckbarkeit zu entziehen, sondern nur, die Zwangsvollstreckung in einen bestimmten Gegenstand für unzulässig zu erklären (→ Rn. 605).

Zu 17: Ein veräußerungshinderndes Recht wird für den Fall angenommen, dass der Schuldner, wenn er den Vollstreckungsgegenstand veräußerte, widerrechtlich in den Rechtskreis des Dritten eingreifen würde, so dass der Dritte den Schuldner an der Veräußerung hindern könnte (→ Rn. 675 f.).

a) Der K hat, solange er nicht den Kaufpreis vollständig bezahlt, kein Eigentum an dem Fernseher und kann sich daher nicht auf sein Eigentum als ein die Veräußerung hinderndes Recht berufen. Allerdings kann sich der K auf sein Anwartschaftsrecht berufen. Denn bei einer Versteigerung würde der Ersteher lastenfreies Eigentum erwerben und das Anwartschaftsrecht des K würde untergehen. Daher kann K mit Erfolg Drittwiderspruchklage erheben (→ Rn. 682 f.).
b) Nach der hM kann der Sicherungseigentümer bei einer Pfändung des Sicherungsguts durch Gläubiger des Sicherungsgebers erfolgreich Klage nach § 771 Abs. 1 ZPO erheben. Die Gegenmeinung verweist den Sicherungseigentümer auf die Vorzugsklage nach § 805 Abs. 1 ZPO. Das hätte aber zur Folge, dass dem Sicherungseigentümer die Befugnis genommen würde, das Sicherungsgut selbst und damit für ihn günstiger zu verwerten (→ Rn. 687).
c) Da das Sicherungsgut trotz der Sicherungsübereignung wirtschaftlich gesehen noch dem Vermögen des Sicherungsgebers zuzuordnen ist, billigt die hM dem Sicherungsgeber die Drittwiderspruchsklage zu, wenn Gläubiger des Sicherungsnehmers in das Sicherungsgut vollstrecken (→ Rn. 688 f.).

Zu 18: Zu differenzieren ist zwischen einem stattgebenden und einem abweisenden Urteil. Wird ein stattgebendes Urteil rechtskräftig, steht *inter partes* fest, dass die Vollstreckung in den betroffenen Gegenstand rechtswidrig war. Wird ein abweisendes Urteil rechtskräftig, steht fest, dass der Vollstreckungszugriff rechtmäßig war (→ Rn. 731 f.). Das kann in nachfolgenden Prozessen über Schadensersatz wegen rechtswidriger Vollstreckung eine Rolle spielen.

Zu 19: Der nichtbesitzende Inhaber eines Pfandrechts oder eines Vorzugsrechts an einer Sache soll die Pfändung dieser Sache nicht im Wege der Klage nach § 771 ZPO blockieren können. Seinen Interessen ist vielmehr genügt, wenn er seinen Anspruch auf vorzugsweise Befriedigung aus dem Erlös im Wege der Vorzugsklage geltend machen kann (§ 805 Abs. 1 ZPO). Daher gibt § 805 ZPO diesen Rechtsinhabern nur die Klage nach § 805 ZPO und schließt § 771 ZPO aus.

Zu 20: V hat ein Vermieterpfandrecht (§ 562 Abs. 1 BGB) an dem Klavier, weil S dieses in die Wohnung eingebracht hat. Bei dem Vermieterpfandrecht handelt es sich um ein besitzloses Pfandrecht. Da G wegen einer Geldforderung in eine bewegliche Sache vollstreckt, kann V der Pfändung des Klaviers nicht im Wege der Drittwiderspruchsklage widersprechen, sondern muss Vorzugsklage nach § 805 Abs. 1 ZPO erheben. Eine entsprechende Klage des V wäre begründet. Das Vermieterpfandrecht an dem Klavier ist nicht erloschen, da die Wegnahme der eingebrachten Sache durch den Gerichtsvollzieher nach hM keine Entfernung iSv § 562a BGB ist. Schließlich geht das Vermieterpfandrecht des V auch dem Pfändungspfandrecht des G im Rang vor, § 804 Abs. 2 iVm § 50 InsO (nicht § 804 Abs. 3 ZPO, der nur für mehrere Pfändungspfandrechte untereinander gilt! → Rn. 744). Eine Vorzugsklage des V hätte Erfolg.

§ 5. Einstweiliger Rechtsschutz

Zu 1: Der Gläubiger kann die Zwangsvollstreckung erst betreiben, wenn er einen vollstreckbaren Titel in den Händen hält. Aufgrund der zeitlichen Dauer eines Hauptsacherechtsstreits droht dem Gläubiger jedoch oft ein Rechtsverlust, bspw. aufgrund Zeitablaufs oder weil der Schuldner Vereitelungshandlungen vornimmt. Die Zwangsvollstreckung käme dann zu spät. Der Justizgewährungsanspruch setzt daher voraus, dass der Gläubiger sicherstellen kann, dass sein Anspruch auch durchsetzbar bleibt. Dem dient der einstweilige Rechtsschutz, der aufgrund seiner die Zwangsvollstreckung sichernden Funktion systematisch im achten Buch der ZPO geregelt ist, obwohl er inhaltlich ein Erkenntnisverfahren ist (→ Rn. 782ff., 787).

Zu 2: Es gibt den Arrest (§§916ff. ZPO) und die einstweilige Verfügung (§§935ff. ZPO). Unterschiedlich sind die Ansprüche, die diese beiden Formen des einstweiligen Rechtsschutzes sichern wollen: Der Arrest sichert eine Geldforderung oder einen Anspruch, der in eine Geldforderung übergehen kann (Arrestanspruch), §916 Abs. 1 ZPO. Die einstweilige Verfügung sichert alle übrigen Ansprüche (Verfügungsanspruch) (→ Rn. 790).

Zu 3: Der einstweilige Rechtsschutz ist unabhängig vom Hauptsacheverfahren: Dieses ist weder erforderlich noch schließt es den einstweiligen Rechtsschutz aus. Allerdings kann das Gericht auf Antrag gem. §§926, 936 ZPO die Erhebung der Hauptsacheklage anordnen und, falls das nicht geschieht, die einstweilige Entscheidung aufheben (→ Rn. 788).

Zu 4: Sowohl der dingliche (§917 ZPO) als auch der persönliche (§918 ZPO) Arrest sichern die Zwangsvollstreckung wegen einer Geldforderung oder eines Anspruchs, der in eine solche übergehen kann (§916 Abs. 1 ZPO). Während der dingliche Arrest unmittelbar das Vermögen des Schuldners erfasst, etwa im Wege der Pfändung (vgl. §930 Abs. 1 ZPO), zielt der persönliche Arrest auf die Person des Schuldners (zB durch Haft, §933 ZPO) und sichert dessen Vermögen daher mittelbar. Der Unterschied wird auch im Wortlaut des §919 ZPO deutlich (→ Rn. 792f.).

Zu 5: Arrest- und Verfügungsanspruch bezeichnen jeweils den Anspruch, den der Arrest bzw. die einstweilige Verfügung sichert. Als Arrestanspruch kommen nur Geldforderungen oder Ansprüche in Betracht, die in Geldforderungen übergehen können, §916 Abs. 1 ZPO. Alle übrigen Ansprüche kommen als Verfügungsanspruch für §935 ZPO in Betracht (→ Rn. 797).

Zu 6: Allein die Tatsache, dass der Gläubiger einen Arrest- bzw. Verfügungsanspruch hat, rechtfertigt noch nicht, dass das Gericht sichernde Maßnahmen anordnet. Vielmehr muss zusätzlich ein Arrest- bzw. Verfügungsgrund vorliegen, dh die Sache muss eilbedürftig sein. Die Anforderungen an den Arrestgrund sind in den §§917f. ZPO geregelt, die Anforderungen an den Verfügungsgrund in §935 ZPO (→ Rn. 799, 825). Es ist streitig, ob der Arrest- bzw. der Verfügungsgrund in der Zulässigkeit oder in der Begründetheit zu prüfen ist. Vorzugswürdig ist eine Prüfung in der Begründetheit (→ Rn. 797, 825).

Zu 7: Das ist umstritten. Für die Annahme eines Arrestgrundes spricht, dass die Gläubigerkonkurrenz die Vollstreckung durch den einzelnen Gläubiger tatsächlich erschwert und eine Gläubigergleichbehandlung erst ab dem Zeitpunkt der Eröffnung des Insolvenzverfahrens gilt. Gleichwohl sprechen die besseren Gründe dafür, den einstweiligen Rechtsschutz nicht auf die Gläubigerkonkurrenz zu erstrecken. Die Verlagerung der Gläubigerkonkurrenz in den einstweiligen Rechtsschutz würde den Gläubigerwettlauf noch verschärfen, was zudem mit der Gefahr der vorzeitigen Insolvenz des Schuldners einherginge (→ Rn. 800).

Zu 8: Nach der zutreffenden hM ist die rechtliche Schlüssigkeit des Vorbringens des Antragstellers zu Arrestgrund und Arrestanspruch in vollem Umfang zu prüfen. Schwierige rechtliche Fragen sind ebenso gründlich zu lösen wie im Hauptsacheverfahren. Ansonsten würde der Antragsgegner, der ohnehin der erleichterten Tatsachenprüfung und dem möglichen Verzicht auf die mündliche Verhandlung (§ 922 Abs. 1 ZPO) ausgesetzt ist, zu sehr benachteiligt (→ Rn. 807).

Zu 9: Die sog. Vollziehung ist die Zwangsvollstreckung eines Arrestbefehls oder einer einstweiligen Verfügung. Für die Vollziehung des Arrestbefehls gelten die allgemeinen Vorschriften der §§ 704 ff. ZPO entsprechend (§ 928 ZPO), wobei einzelne Besonderheiten zu beachten sind (§§ 929–934 ZPO). Insbesondere darf der gepfändete Gegenstand noch nicht verwertet werden. Für die Vollziehung der einstweiligen Verfügung gelten gem. § 936 iVm § 928 ZPO ebenfalls die allgemeinen Regeln mit den Besonderheiten des Arrests (→ Rn. 811 ff., 831).

Zu 10: Nach hM ist zu unterscheiden zwischen der Sicherungsverfügung (§ 935 ZPO), der Regelungsverfügung (§ 940 ZPO) sowie der in der Praxis entwickelten Leistungsverfügung (nach aA ist nur zwischen Sicherungs- und Leistungsverfügung zu unterscheiden). Für die Leistungsverfügung gelten besonders strenge Voraussetzungen, da sie die Hauptsache vorwegnimmt. Sie darf nur ergehen, wenn ohne sie der Antragsteller keinen effektiven Rechtsschutz erhielte und eine Interessenabwägung ein Überwiegen seiner Interessen ergeben hat. Spezielle gesetzliche Vorgaben für die Leistungsverfügung sieht bspw. § 940a Abs. 1 ZPO bei der Räumung von Wohnraum vor (→ Rn. 814 f., 826).

Zu 11: Erweisen sich Arrest oder einstweilige Verfügung von Anfang an als unrichtig, kann der Schuldner vom Gläubiger unter den Voraussetzungen des § 945 ZPO Schadensersatz verlangen. Über den verschuldensunabhängigen Schadensersatzanspruch wird im Rahmen eines Zivilprozesses entschieden. Gegen das stattgebende oder abweisende Urteil kann nach den allgemeinen Regeln Berufung und Revision eingelegt werden. Folglich können im Rahmen einer Revision gegen ein entsprechendes Urteil trotz § 542 Abs. 2 S. 1 ZPO Fragen des Eilrechtsschutzes zum BGH gelangen (→ Rn. 839).

§ 6. Insolvenzrecht

Zu 1: Unter dem Insolvenzrecht versteht man die Gesamtheit der Vorschriften über das staatliche Verfahren zur Verwirklichung der gemeinschaftlichen Vermögenshaftung eines Schuldners, dessen Vermögen zur vollständigen Befriedigung der Gläubiger nicht ausreicht. Die wichtigste Rechtsquelle des Insolvenzrechts ist die InsO (→ Rn. 840, 843).

Zu 2: Das Insolvenzverfahren zielt in erster Linie darauf ab, die Gläubiger des Insolvenzschuldners gemeinschaftlich, bestmöglich und gleichmäßig zu befriedigen (vgl. § 1 S. 1 InsO). Zugleich wird auch der Insolvenzschuldner selbst geschützt (vgl. zB § 1 S. 2 InsO). Mit dem Ziel der gemeinschaftlichen und gleichmäßigen Gläubigerbefriedigung beugt das Insolvenzverfahren einem Wettlauf der Gläubiger vor, der aufgrund des zwangsvollstreckungsrechtlichen Prioritätsprinzips in der Insolvenz des Schuldners drohen würde. Insoweit dient das Insolvenzverfahren auch dem übergeordneten Ziel, Rechtsfrieden zu schaffen (→ Rn. 840, 843).

Zu 3: Beteiligte des Insolvenzverfahrens sind der Insolvenzschuldner, die Gläubiger, der Insolvenzverwalter und das Vollstreckungsgericht (→ Rn. 844 ff., 847 ff, 865 ff., 868). Über das Vermögen der Stadt Münster könnte kein Insolvenzverfahren eröffnet werden. Bei der Stadt Münster handelt es sich um eine juristische

Person des öffentlichen Rechts. Diese sind im Interesse der Funktionsfähigkeit des Staates nicht insolvenzfähig (vgl. §12 InsO; → Rn. 844).

Zu 4: Gemäß §35 Abs. 1 InsO ist die Insolvenzmasse das gesamte Vermögen, das dem Schuldner zur Zeit der Eröffnung des Verfahrens gehört und das er während des Verfahrens erlangt. Die Insolvenzmasse in diesem Sinne bezeichnet man auch als Soll-Masse, also die Vermögensmasse, die den Gläubigern nach den rechtlichen Vorgaben der InsO zur Befriedigung zur Verfügung steht. Bei der Ist-Masse handelt es sich um die tatsächlich vorhandene, unbereinigte Vermögensmasse, die der Insolvenzverwalter bei Verfahrenseröffnung vorfindet. In dieser befinden sich bspw. auch Gegenstände, die dem Schuldner nicht gehören und die deshalb nicht zur Soll-Masse gehören (→ Rn. 846).

Zu 5: Unter einem Aussonderungsrecht ist die Berechtigung zu verstehen, einen Gegenstand aus der Insolvenzmasse auszusondern, weil dieser Gegenstand auf Grund eines dinglichen oder persönlichen Rechts nicht zur Insolvenzmasse gehört und den Insolvenzgläubigern daher nicht zur Befriedigung zur Verfügung steht (vgl. §47 InsO). Zur Aussonderung berechtigt bspw. das Volleigentum. Bei §47 InsO handelt es sich um das insolvenzrechtliche Pendant zur Drittwiderspruchsklage nach §771 ZPO (→ Rn. 851).

Zu 6: Ein Absonderungsrecht (zB ein Pfandrecht) ermöglicht seinem Inhaber, die vorzugsweise Befriedigung seines Anspruchs gegen den Insolvenzschuldner aus dem zur Masse gehörenden Gegenstand zu verlangen, an dem das Absonderungsrecht besteht (vgl. §§49ff. InsO). Es handelt sich um das insolvenzrechtliche Pendant zur Klage auf vorzugsweise Befriedigung nach §805 ZPO (→ Rn. 861).

Zu 7: Sobald das Insolvenzverfahren eröffnet ist, geht die Verwaltungs- und Verfügungsbefugnis an der Insolvenzmasse vom Schuldner auf den Insolvenzverwalter über (§80 Abs. 1 InsO). Dieser hat vor allem die Aufgabe, das zur Insolvenzmasse gehörende Vermögen in Besitz und in Verwaltung zu nehmen (§148 Abs. 1 InsO), die Ist-Masse zur Soll-Masse (= Insolvenzmasse iSv §35 InsO) zu bereinigen, die Insolvenzmasse zu verwerten und den Verwertungserlös unter den Gläubigern zu verteilen. Der Insolvenzverwalter ist nach der herrschenden Amtstheorie Partei kraft Amtes und in gerichtlichen Verfahren, die die Insolvenzmasse betreffen, gesetzlicher Prozessstandschafter (→ Rn. 865ff.).

Zu 8: Das Insolvenzgericht schafft den prozeduralen Rahmen dafür, dass der Insolvenzverwalter seine Aufgaben erfüllen kann. Dem Insolvenzgericht obliegen vor allem die Verfahrenseröffnung (§§11ff. InsO) und die Beaufsichtigung des Insolvenzverwalters (§§27, 56ff. InsO). Die sachliche und die örtliche Zuständigkeit des Insolvenzgerichts richten sich nach den §§2, 3 InsO, die funktionelle Zuständigkeit nach den §§3 Nr. 2 lit. e, 18 Abs. 2 RPflG (→ Rn. 868).

Zu 9: Das Insolvenzverfahren wird auf einen zulässigen und begründeten Antrag hin eröffnet. Die Zulässigkeit des Antrags setzt insbesondere eine Antragsberechtigung (§13 Abs. 1 S. 2 InsO) sowie ein Rechtsschutzbedürfnis des Antragstellers voraus. Der Antrag ist nach den §§16, 26 InsO begründet, wenn ein Eröffnungsgrund (§§17–19 InsO) vorliegt und das Vermögen des Schuldners voraussichtlich ausreicht, um die Verfahrenskosten zu decken (→ Rn. 869ff.).

Zu 10: Die Verfügung des S (§929 S. 1 BGB) ist gem. §81 Abs. 1 S. 1 InsO unwirksam. Ein gutgläubiger Erwerb scheidet aus (vgl. §81 Abs. 1 S. 2 InsO), die §§135, 136 BGB sind nicht anwendbar. K ist folglich nicht Eigentümer des PKW geworden.

Zu 11: Die Insolvenzanfechtung ist in den §§129ff. InsO geregelt. Anfechtbar sind Rechtshandlungen, sofern sie die Gläubiger benachteiligen und ein Anfechtungsgrund vorliegt (→ Rn. 899). Was durch anfechtbare Handlung aus dem Vermögen des Schuldners veräußert, weggegeben oder aufgegeben ist, muss zur Insolvenzmasse zurückgewährt werden (§ 143 Abs. 1 S. 1 InsO).

Zu 12: Die den Insolvenzgläubigern zustehende Quote ergibt sich aus einer Division der Verteilungsmasse durch die Gesamtsumme der Verbindlichkeiten. Hier stehen einem Nettovermögen iHv 100.000 Euro Verbindlichkeiten iHv insgesamt 1.000.000 Euro gegenüber. Jeder Insolvenzgläubiger erhält also 1/10 seiner Forderung (G1 = 75.000 Euro, G2 = 15.000 Euro, G3 = 10.000 Euro) (→ Rn. 842).

§ 8. Aufbauschemata: Rechtsbehelfe

I. Vollstreckungserinnerung (§ 766 ZPO)

A. Zulässigkeit

I. Statthaftigkeit: Gegen Verhalten des Gerichtsvollziehers und Maßnahmen (nicht: Entscheidungen) des Vollstreckungsgerichts

II. Form, analog § 569 Abs. 2 und 3 ZPO

III. Allgemeine Verfahrensvoraussetzungen

1. Partei- und Prozessfähigkeit, §§ 50 ff. ZPO
2. Zuständigkeit: Vollstreckungsgericht, §§ 766, 764 Abs. 2, 802 ZPO
3. Erinnerungsbefugnis
4. Rechtsschutzbedürfnis

B. Begründetheit

I. Voraussetzungen der Zwangsvollstreckung

1. Allgemeine Verfahrensvoraussetzungen*
   a) Antrag
   b) Zuständiges Vollstreckungsorgan
   c) Parteifähigkeit
   d) Prozessfähigkeit
   e) Prozessführungsbefugnis
   f) Rechtsschutzbedürfnis
2. Allgemeine Voraussetzungen der Zwangsvollstreckung
   a) Titel
   b) Klausel
   c) Zustellung
3. Besondere Voraussetzungen der Zwangsvollstreckung, §§ 751 Abs. 1, 2, 756, 765 ZPO
4. Keine Vollstreckungshindernisse

II. Durchführung der Zwangsvollstreckung
(zB Pfändungsverbote, fehlender Gewahrsam, Pfändung zur Unzeit, fehlende richterliche Anordnung bei Durchsuchung, fehlende Kenntlichmachung, Verbot der Überpfändung, Verbot der zwecklosen Pfändung, nicht ordnungsgemäße Verwertung)

---

* Hier sind nur die praktisch wichtigsten allgemeinen Verfahrensvoraussetzungen genannt. Zu weiteren s. → Rn. 56 ff.

II. Sofortige Beschwerde (§793 ZPO)

A. Zulässigkeit

I. Statthaftigkeit: Gegen Entscheidungen (≠ Maßnahmen) in der Zwangsvollstreckung des Richters oder des Rechtspflegers (§11 Abs. 1 RPflG), sofern nur fakultative mündliche Verhandlung
II. Form und Frist, §569 ZPO
III. Allgemeine Verfahrensvoraussetzungen
   1. Partei- und Prozessfähigkeit, §§50ff. ZPO
   2. Zuständigkeit: *iudex ad quem* (§§72, 119 Abs. 1 GVG), ggf. Abhilfe durch *iudex a quo* (§572 Abs. 1 S. 1 ZPO); §§764 Abs. 2, 802 ZPO
   3. Beschwerdebefugnis
   4. Rechtsschutzbedürfnis

B. Begründetheit

I. Voraussetzungen der Zwangsvollstreckung
   → Vollstreckungserinnerung
II. Durchführung der Zwangsvollstreckung
   → Vollstreckungserinnerung

III. Rechtspflegererinnerung (§11 Abs. 2 RPflG)

A. Zulässigkeit

I. Statthaftigkeit: Gegen Entscheidungen (≠ Maßnahmen) des Rechtspflegers, gegen die nach allgemeinen Vorschriften kein Rechtsmittel gegeben ist
II. Form und Frist, §11 Abs. 2 S. 1 und 7 RPflG iVm §569 ZPO
III. Allgemeine Verfahrensvoraussetzungen
   1. Partei- und Prozessfähigkeit, §§50ff. ZPO
   2. Zuständigkeit: Abhilfe durch Rechtspfleger, §11 Abs. 2 S. 5 RPflG, sonst Richter, §11 Abs. 2 S. 6 iVm §28 RPflG
   3. Erinnerungsbefugnis
   4. Rechtsschutzbedürfnis

B. Begründetheit

I. Voraussetzungen der Zwangsvollstreckung
   → Vollstreckungserinnerung
II. Durchführung der Zwangsvollstreckung
   → Vollstreckungserinnerung

IV. Grundbuchbeschwerde (§71 GBO)

A. Zulässigkeit

I. Statthaftigkeit

II. Form, §73 Abs. 2 GBO

III. Allgemeine Verfahrensvoraussetzungen

1. Partei- und Prozessfähigkeit, §§50ff. ZPO
2. Zuständigkeit: Abhilfe durch Grundbuchamt, §75 GBO, sonst Oberlandesgericht, §72 GBO
3. Beschwerdebefugnis
4. Rechtsschutzbedürfnis

B. Begründetheit: Rechtswidrigkeit der Entscheidung des Grundbuchamts (§71 Abs. 1 GBO) oder Unrichtigkeit der angegriffenen Eintragung (§71 Abs. 2 S. 2 GBO)

V. Vollstreckungsabwehrklage (§767 ZPO)

A. Zulässigkeit

I. Statthaftigkeit: Materielle Einwendung gegen titulierten Anspruch; Abgrenzung insbesondere zu §§766, 793 und 323 ZPO

II. Allgemeine Verfahrensvoraussetzungen

1. Partei- und Prozessfähigkeit, §§50ff. ZPO
2. Ordnungsgemäßer Klageantrag: „… die Zwangsvollstreckung aus dem (genaue Bezeichnung des Titels) für unzulässig zu erklären."
3. Zuständigkeit: Prozessgericht 1. Instanz, §§767 Abs. 1, 802 ZPO; anders: §§796 Abs. 3, 797 Abs. 5, 797a Abs. 3 ZPO
4. Rechtsschutzbedürfnis: solange die Zwangsvollstreckung droht (vom Vorliegen eines Titels bis zur Aushändigung des Titels/bis Titel nicht mehr die Möglichkeit zur Vollstreckung bietet)

B. Begründetheit

I. Materielle Einwendung gegen den titulierten Anspruch

II. Nicht präkludiert

1. §§767 Abs. 2, 796 Abs. 2 ZPO (s. aber §797 Abs. 4 ZPO)
2. §767 Abs. 3 ZPO

VI. Drittwiderspruchsklage (§771 ZPO)

A. Zulässigkeit

I. Statthaftigkeit: Zwangsvollstreckung in Sachen oder Vermögensrechte; Kläger berühmt sich eines veräußerungshindernden Rechts

II. Allgemeine Verfahrensvoraussetzungen
1. Partei- und Prozessfähigkeit, §§50ff. ZPO
2. Ordnungsgemäßer Klageantrag: „... die Zwangsvollstreckung aus (bestimmte Bezeichnung des Titels) in (bestimmte Bezeichnung des Gegenstandes) für unzulässig zu erklären."
3. Zuständigkeit: §§23 Nr. 1, 71 GVG, §6 ZPO; §§771 Abs. 1, 802 ZPO
4. Rechtsschutzbedürfnis: Vom Beginn bis zur vollständigen Beendigung der Zwangsvollstreckung in den betroffenen Gegenstand

B. Begründetheit

I. Veräußerungshinderndes Recht des Klägers

II. Keine Einwendungen des Beklagten

VII. Klage auf vorzugsweise Befriedigung (§805 ZPO)

A. Zulässigkeit

I. Statthaftigkeit: Kläger berühmt sich eines vorrangigen besitzlosen Pfand- oder Vorzugsrechts; nur bei Vollstreckung wegen einer Geldforderung in bewegliche Sachen

II. Allgemeine Verfahrensvoraussetzungen
1. Partei- und Prozessfähigkeit, §§50ff. ZPO
2. Ordnungsgemäßer Klageantrag: „... den Kläger aus dem Reinerlös der verwerteten (genau bezeichneten) Sache bis zu einer Höhe von ... vor dem Beklagten zu befriedigen."
3. Zuständigkeit, §§764 Abs. 2, 802 ZPO; §805 Abs. 2 ZPO
4. Rechtsschutzbedürfnis: Vom Beginn bis zum vollständigen Ende der Zwangsvollstreckung in den betroffenen Gegenstand

B. Begründetheit

I. Bestehen eines vorrangigen besitzlosen Pfand- oder Vorzugsrechts

II. Keine Einwendungen des Beklagten

§ 9. Musterklausuren mit Lösungen

Hinweis: Die nachfolgenden beiden Klausuren sind Semesterabschlussklausuren zur Vorlesung Zwangsvollstreckungsrecht, für deren Lösung die Kandidaten jeweils 120 Minuten Zeit hatten.

Klausur 1

Sachverhalt:

C kaufte im Januar von Ü ein gebrauchtes Motorrad, eine Kawasaki Ninja, zum Preis von 3.800 Euro, mit dem C an Motorradrennen teilnehmen wollte. Dies hatte C dem Ü mitgeteilt. Ü übergab C das Motorrad. Der Kaufpreis sollte bis zum 15.2. gezahlt werden. C konnte diesen Kaufpreis zum Fälligkeitstermin nicht bezahlen. Deshalb erhob Ü Klage auf Zahlung des Kaufpreises vor dem Amtsgericht Münster. C wurde durch Urteil des Amtsgerichts Münster vom 17.12. antragsgemäß zur Zahlung des Kaufpreises verurteilt. Ü kündigte an, aus diesem Urteil die Zwangsvollstreckung zu betreiben.

Am 29.1. des Folgejahres stellte sich anlässlich einer Inspektion heraus, dass in das Motorrad nicht der werksmäßig vorgesehene, sondern ein schwächerer, für Rennen untauglicher Motor eingebaut war. Ü, ein leidenschaftlicher Motorradfan und -bastler, hatte den Motor aufgrund eines selbst verschuldeten, ölmangelbedingten Defektes gegen einen billigeren getauscht, dies dem C aber bewusst nicht mitgeteilt, weil er befürchtet hatte, dass dieser das Motorrad wegen der geringeren Leistungsfähigkeit ansonsten nicht erwerben würde. Aufgrund dessen erklärte C dem Ü noch am 29.1. telefonisch, er wolle unter diesen Umständen am Vertrag nicht festhalten.

Bereits Mitte Januar hatte Ü, der selbst in Zahlungsschwierigkeiten geraten war, die titulierte Kaufpreisforderung an seine Bank (B) abgetreten. B erklärte sich später damit einverstanden, dass Ü die Zwangsvollstreckung betreibt, allerdings erteilt sie dem Ü ausdrücklich keine materiell-rechtliche Einziehungsermächtigung.

C ist der Meinung, dass es nicht angehen könne, dass Ü die Zwangsvollstreckung aus dem Urteil des Amtsgerichts Münsters betreibt. Immerhin sei er gar nicht mehr Inhaber der Forderung. Außerdem könne es nicht sein, dass gegen ihn, C, vollstreckt werde, obwohl er Ü doch schon mitgeteilt habe, dass er an dem Kaufvertrag nicht festhalten wolle. C möchte daher wissen, ob er sich gegen die durch Ü drohende Zwangsvollstreckung aus dem Urteil des Amtsgerichts Münster erfolgreich zur Wehr setzen kann.

Lösung:

C möchte sich gegen die drohende Zwangsvollstreckung des Ü aus dem Urteil des Amtsgerichts Münster vom 17.12. wenden. C kann möglicherweise mit Erfolg eine Vollstreckungsabwehrklage gem. § 767 ZPO erheben. Die Vollstreckungsabwehrklage muss zulässig und begründet sein.

A. Zulässigkeit

I. Statthafte Klageart

C erhebt materiell-rechtliche Einwendungen, die den im Titel festgestellten Anspruch betreffen, denn er macht geltend, dass Ü nicht mehr Inhaber der titulierten Forderung sei, und beruft sich konkludent auf das nachträgliche Erlöschen der titulierten Forderung aufgrund der Anfechtung vom 29.1. (§ 142 Abs. 1 BGB). Statthaft ist deshalb eine Vollstreckungsabwehrklage gem. § 767 ZPO.

II. Allgemeine Verfahrensvoraussetzungen

1. Partei- und Prozessfähigkeit

Hinsichtlich der Partei- und Prozessfähigkeit gem. §§ 50 ff. ZPO der Parteien bestehen keine Bedenken.

2. Ordnungsgemäßer Klageantrag

Mangels anderer Hinweise ist davon auszugehen, dass K ordnungsgemäß Klage erhoben hat.

3. Zuständigkeit

Das Amtsgericht Münster ist als Prozessgericht des ersten Rechtszugs ausschließlich zuständig, §§ 767 Abs. 1 aE, 802 ZPO.

4. Rechtsschutzbedürfnis

Die Zwangsvollstreckung hat noch nicht begonnen. Ü droht nur mit ihr. Man könnte deshalb am Rechtsschutzbedürfnis des C zweifeln. Mit der Vollstreckungsabwehrklage soll aber nicht nur eine einzelne Maßnahme angegriffen, sondern die Vollstreckbarkeit des Titels schlechthin beseitigt werden. Deshalb braucht der Vollstreckungsabwehrkläger nicht zu warten, bis die Vollstreckung begonnen hat. Selbst Beantragung oder Erteilung einer Vollstreckungsklausel muss er nicht abwarten (→ Rn. 624). Das Rechtsschutzbedürfnis ist damit gegeben.

5. Beklagter

Beklagter ist grds. der Vollstreckungsgläubiger, hier also der im Titel als Gläubiger ausgewiesene Ü. Zwar hat dieser die Forderung an die B abgetreten. Der Titel wurde aber nicht auf B umgeschrieben und Ü droht mit der Zwangsvollstreckung. Richtiger Beklagter ist damit Ü (MüKoZPO/*K. Schmidt/Brinkmann* § 767 Rn. 45 mwN). Die Klage ist zulässig.

B. Begründetheit

Die Vollstreckungsabwehrklage ist begründet, wenn C materiell-rechtliche Einwendungen gegen den titulierten Anspruch zustehen und diese nicht gem. § 767 Abs. 2 ZPO ausgeschlossen sind (→ Rn. 626).

I. Materielle Einwendungen gegen den titulierten Anspruch

1. Verlust der Forderungsinhaberschaft

Die Vollstreckungsabwehrklage könnte wegen der Abtretung der Kaufpreisforderung an B begründet sein.

a) Einwendung

Mit der Abtretung hat Ü die Inhaberschaft der Forderung verloren, § 398 S. 2 BGB. Dieser Umstand begründet eine rechtsvernichtende Einwendung iSd § 767 Abs. 1 ZPO.

b) Vollstreckungsstandschaft

Etwas anderes könnte sich daraus ergeben, dass die B den Ü zur Beitreibung der Forderung ermächtigt hat. Die darin liegende Vollstreckungsstandschaft ist aber nach der Rechtsprechung des BGH und der hM im Schrifttum unzulässig, wenn der Vollstreckungsstandschafter (Ü) nicht auch materiell-rechtlich zur Einziehung ermächtigt (§ 185 Abs. 1 BGB analog) oder ihm die Forderung zur Einziehung treuhänderisch rückabgetreten worden ist (→ Rn. 72).

Manche Gerichte und einige Autoren haben diese Rechtsauffassung zwar in Zweifel gezogen (OLG Dresden NJW-RR 1996, 444 (445); *Petersen* ZZP 2001, 485 (491 ff.)): Die Interessen, die für die Zulässigkeit der gewillkürten Prozessstandschaft sprächen – Nichtoffenbarung wahrer Gläubigereigenschaften; Recht und eventuelle Verpflichtung eines Dritten, die Forderung im eigenen Namen und auf eigene Kosten beizutreiben – träfen auch auf die Vollstreckungsstandschaft zu. Besondere Beachtung verdiene das Kontinuitätsinteresse, dh dass derjenige, der die Forderung bis zur Titulierung geltend gemacht habe, die Durchsetzung nach der Titulierung als Einzugsermächtigter weiterbetreiben können solle.

Der Annahme einer Vollstreckungsstandschaft in Fällen, in denen der Gläubiger des titulierten Anspruchs (B) aus dem Titel nicht hervorgeht, während der Rechtsvorgänger des Gläubigers (Ü) im Titel als Gläubiger aufgeführt ist, steht aber die Formstrenge des Vollstreckungsrechts entgegen, die Rechtssicherheit und Rechtsklarheit gewährleisten soll. Zudem besteht in Fällen wie dem vorliegenden auch kein sachliches Bedürfnis für die Anerkennung einer Vollstreckungsstandschaft. Sofern der (neue) Gläubiger (B) die Verwertung des Rechts seinem Rechtsvorgänger (Ü) überlassen will, kann er ihm die titulierte Forderung treuhänderisch rückabtreten (BGH NJW 1985, 809 (810)) oder ihn zur Einziehung ermächtigen (BGH NJW 2019, 438 (439f.); NJW 1993, 1396 (1398f.); zu einem parallelen Fall wie hier instruktiv *Münzberg* NJW 1992, 1867). Ins Feld zu führen sind zudem die Gefahren einer Doppelvollstreckung, denn B als Rechtsnachfolgerin des Ü könnte den Titel auf sich umschreiben lassen (§727 ZPO) und neben Ü die Zwangsvollstreckung betreiben.

Ü ist danach hier nicht vollstreckungsbefugt. Mithin besteht aufgrund der Abtretung eine rechtsvernichtende Einwendung.

2. Anfechtung

Eine weitere materiell-rechtliche Einwendung könnte sich aus §142 Abs. 1 BGB ergeben, wenn C seine auf den Vertragsschluss gerichtete Willenserklärung wirksam angefochten hat.

a) Anfechtungsgrund

Ein Anfechtungsgrund könnte in einer arglistigen Täuschung von Ü gegenüber C liegen, §123 Abs. 1 Fall 1 BGB. Die kaufrechtlichen Gewährleistungsregeln schließen eine solche Anfechtung nicht aus, da der arglistig Täuschende nicht schutzwürdig ist (vgl. dazu etwa BeckOK BGB/*Faust* §437 Rn. 192 mwN). Arglistig täuscht, wer durch sein Tun oder Unterlassen mindestens bedingt vorsätzlich eine Vorstellung des Erklärungsgegners schafft oder aufrechterhält, aufgrund derer der Gegner eine Willenserklärung abgibt, die er ansonsten nicht abgegeben hätte. Zwar muss ein Verkäufer den Käufer einer Sache nicht über alle Umstände von sich aus aufklären, die für dessen Vertragsentschluss von Bedeutung sein können. Eine Aufklärungspflicht besteht aber dann, wenn die Umstände für den Entschluss des Käufers wesentlich sind, etwa weil ihr Fehlen den Vertragsgegenstand für den Käufer nutz- oder sinnlos macht. C durfte annehmen, dass sich im Motorrad der werksseitig eingebaute Motor befand. Ü wusste, dass C dieser Umstand wichtig war, weil er an Motorradrennen teilnehmen wollte. Er wusste daher, dass C den Kaufvertrag über das Motorrad bei Kenntnis der wahren Sachlage nicht geschlossen hätte. Indem er den Umbau des Motors verschwieg, verleitete er C zur Abgabe einer Willenserklärung, die er sonst nicht abgegeben hätte. Damit täuschte Ü den C arglistig.

b) Anfechtungsgegner

C müsste die Anfechtung dem korrekten Anfechtungsgegner gegenüber erklärt haben, § 143 Abs. 1 BGB. Beim Vertrag ist Anfechtungsgegner gem. § 143 Abs. 2 BGB der Vertragspartner, also Ü. Bevor C die Anfechtung erklärte, hatte Ü die Forderung aber bereits an die B abgetreten. Dennoch bleibt Ü der richtige Anfechtungsgegner. Dies folgt schon aus einer Auslegung des § 143 Abs. 2 BGB („der andere Teil"), weil der Vertrag zwischen C und Ü von der Abtretung der Forderung nicht berührt wird, oder nach aA aus § 407 Abs. 1 Fall 2 BGB, da C von der Abtretung nichts wusste (vgl. zur Problematik BeckOGK/*Beurskens* BGB § 143 Rn. 36 mwN, Stand: 1.10.2020).

c) Anfechtungsfrist

C hat sofort nach der Inspektion angefochten, sodass die Anfechtung noch nicht **verfristet** war, § 124 Abs. 1, 2 S. 1 Fall 1 BGB.

[Denkbar wäre statt der Anfechtung auch ein Rücktritt gem. §§ 437 Nr. 2, 323 Abs. 1 Alt. 2 BGB, bei dem die Fristsetzung wegen der arglistigen Täuschung gem. § 323 Abs. 2 Nr. 3 BGB entbehrlich wäre. Der Rücktritt wäre ebenfalls eine materielle Einwendung, die den titulierten Kaufpreisanspruch entfallen ließe (allerdings ex nunc). Cs Erklärung („am Vertrag nicht festhalten wollen") müsste dann als Rücktrittserklärung ausgelegt werden. Angesichts der arglistigen Täuschung und der für C günstigeren Rechtsfolge der ex-tunc-Nichtigkeit aus § 142 Abs. 1 BGB liegt eine Anfechtung aber näher. Die folgende Präklusionsproblematik stellt sich beim Rücktritt (Gestaltungsrecht) gleichermaßen (→ Rn. 633 f.)].

II. Keine Präklusion gem. § 767 Abs. 2 ZPO

1. Verlust der Forderungsinhaberschaft

Der Verlust der Forderungsinhaberschaft des Ü trat nach Schluss der letzten mündlichen Verhandlung im Vorprozess ein und ist deshalb nicht gem. § 767 Abs. 2 ZPO präkludiert.

2. Anfechtung

Es stellt sich jedoch die Frage, ob C mit seinem Anfechtungseinwand präkludiert ist, § 767 Abs. 2 ZPO. Gemäß § 767 Abs. 2 ZPO können nämlich nur solche Einwendungen erhoben werden, die nach Schluss der mündlichen Verhandlung im Vorprozess entstanden sind. C kannte den Anfechtungsgrund vor der letzten mündlichen Verhandlung nicht und focht den Vertrag erst am 29.1. an. Materiell anfechtbar war die auf den Vertragsschluss gerichtete Willenserklärung jedoch von vornherein.

Nach einer im Schrifttum herrschenden Auffassung soll auf den Zeitpunkt der Ausübung des Gestaltungsrechts, dh die Anfechtungserklärung abzustellen sein (→ Rn. 634). Erst mit Ausübung des Anfechtungsrechts werde der Anspruch vernichtet und die Rechtsänderung bewirkt, so dass erst dann die Einwendung „entstanden" sei. Materielles und prozessuales Recht seien zu trennen: Ob eine Anfechtungserklärung rechtzeitig erfolge, beurteile sich allein anhand des materiellen Rechts, §§ 121, 124 BGB. Die dem Rechtsinhaber von diesen Normen gewährte Frist dürfe nicht durch einen tatsächlichen Ausübungszwang aus § 767 Abs. 2 ZPO verkürzt werden. Folgte man dieser Auffassung, wäre C mit seinem Einwand nicht präkludiert.

Nach höchstrichterlicher Rechtsprechung ist dagegen maßgebend, ob das Anfechtungsrecht bereits vor Schluss der letzten mündlichen Verhandlung bestand und hätte ausgeübt werden können. Bereits dann sei die Einwendung iSv § 767 Abs. 2 ZPO „entstanden". Der BGH, der die Härte für den Vollstreckungsgegenkläger, dem seine Anfechtungsmöglichkeit genommen wird, sehr wohl erkennt, rechtfertigt seine Auffassung vor allem mit der vertrauensbildenden Bedeutung der Rechtskraft. Rechtskräftige Titel müssten vor nachträglichen Einwendungen schlechthin geschützt werden (→ Rn. 634). Danach wäre C mit seinem Einwand der Anfechtung präkludiert.

[Mit den genannten Argumenten können beide Lösungen gut vertreten werden.]

III. Ergebnis

C wird sich jedenfalls wegen des Verlustes der Forderungsinhaberschaft mit Hilfe einer Vollstreckungsabwehrklage, § 767 ZPO, erfolgreich gegen die Zwangsvollstreckung zur Wehr setzen können.

Zur Einordnung: Der Fall ist der berühmten, zuvor zitierten Entscheidung des BGH vom 26.12.1984 (NJW 1985, 809) nachgebildet und weist einen durchschnittlichen Schwierigkeitsgrad auf. Er enthält drei rechtliche Probleme, zwei bekannte (Rechtsschutzbedürfnis sowie Entstehung einer Einwendung iSd § 767 Abs. 2 ZPO im Falle eines Gestaltungsrechts) und ein etwas weniger bekanntes (Verlust der Forderungsinhaberschaft durch Abtretung und Vollstreckungsstandschaft), das zugleich einen höheren Schwierigkeitsgrad aufweist.

Klausurhinweis: Im Rahmen der Vorüberlegungen zu den möglichen Rechtsbehelfen des C hat sich Ihnen vermutlich die Frage gestellt, ob er neben materiellen Einwendungen möglicherweise (auch) formelle Einwendungen gegen die Vollstreckung erheben kann. Formelle Einwendungen gegen die Zwangsvollstreckung sind solche, die das Verfahren betreffen.

Eine Verfahrensvoraussetzung ist das Vorliegen eines auf den Vollstreckungsgläubiger lautenden Titels (§ 750 Abs 1 S. 1 ZPO, allgemeine Voraussetzung der Zwangsvollstreckung). Hier ist Ü als Gläubiger im Vollstreckungstitel als Partei benannt und möchte auch selbst aus dem Titel vollstrecken. Die formelle Voraussetzung des § 750 Abs. 1 S. 1 ZPO ist in dieser Konstellation unproblematisch gegeben (vgl. BeckOK ZPO/*Ulrici* § 727 Rn. 2). Ohne Bedeutung ist, dass materiell Berechtigte B ist. Aufgrund der Formalisierung der Zwangsvollstreckung ist vollstreckungsbefugter Gläubiger der im Titel ausgewiesene Ü. Das gilt unabhängig davon, ob B den Ü zur Vollstreckung ermächtigt hat oder nicht. Wollte dagegen B aus dem Titel vollstrecken, müsste dieser nach § 727 Abs. 1 ZPO auf sie umgeschrieben werden (vgl. BGH NJW 1985, 809 (810); *Brox/Walker* Rn. 31). Eine Vollstreckung durch B ohne eine solche Umschreibung wäre verfahrensfehlerhaft und nach §§ 766, 793 ZPO angreifbar.

Darüber hinaus würde die allgemeine Verfahrensvoraussetzung eines Rechtsschutzbedürfnisses des C für eine Vollstreckungserinnerung nach § 766 Abs. 1 ZPO oder für eine sofortige Beschwerde nach § 793 ZPO ohnehin erst ab Beginn der Zwangsvollstreckung vorliegen, also mit der ersten gegen C gerichteten Vollstreckungshandlung (→ Rn. 548; → Rn. 572). Eine solche Vollstreckungshandlung wurde hier bisher nicht vorgenommen. Eine Vollstreckungserinnerung oder sofortige Beschwerde wären unzulässig.

Da für Verfahrensfehler auch im Übrigen keine Anhaltspunkte vorliegen, kommen allein materiell-rechtliche Einwendungen in Betracht.

[Diese Überlegungen sind in der Lösung nicht darzulegen. Es ist, wie erläutert, unproblematisch, dass ein Titel zugunsten des Ü vorliegt.]

Klausur 2

Ausgangsfall:

A ist Eigentümer eines alten Landguts, das im Amtsgerichtsbezirk Münster liegt. Zur Bewirtschaftung der Felder nutzt er einen Traktor, der ebenfalls in seinem Eigentum steht. A gerät in Geldnot und verkauft den Traktor für 7.000 Euro an K. Da A den Traktor noch eine Weile benötigt, um die diesjährige Ernte einfahren zu können, einigen sich K und A darüber, dass K zwar schon jetzt Eigentümer des Traktors wird, der A diesen aber noch eine Zeitlang auf dem Hof nutzen darf. In dieser Zeit lässt ein Gläubiger des A aufgrund eines rechtskräftigen Titels gegen A den Traktor auf dem Landgut des A durch den Gerichtsvollzieher pfänden.

A wendet ein, dass ihm der Traktor gar nicht gehöre; schon deshalb habe dieser nicht gepfändet werden dürfen. Zudem sei der Gerichtsvollzieher zur Pfändung des Traktors auch nicht zuständig. K meint, er sei Eigentümer des Traktors, weshalb Gläubiger des A nicht darauf zugreifen dürften. Zudem rügt auch K die Unzuständigkeit des Gerichtsvollziehers.

Können A und K etwas gegen die Pfändung unternehmen?

Abwandlung:

Der Gläubiger des A lässt nicht den Traktor pfänden, sondern betreibt die Zwangsvollstreckung in das Grundstück des A. Das Grundstück wird zwangsversteigert. Im Versteigerungstermin erhält Z den Zuschlag. K, der von der Zwangsversteigerung nichts weiß und den der A darüber auch nicht informiert hat, holt einen Tag nach dem Zuschlag an Z den Traktor bei A ab. Daraufhin wendet sich Z an K und verlangt von diesem die Herausgabe des Traktors.

Hat Z gegen K einen Anspruch auf Herausgabe des Traktors gem. §985 BGB?

Lösung Ausgangsfall:

Teil 1: Rechtsschutzmöglichkeiten des A

In Betracht kommt eine Erinnerung (§766 Abs. 1 ZPO) des A gegen die Pfändung.

A. Zulässigkeit

I. Statthaftigkeit

Die Erinnerung ist statthaft bei formellen Einwendungen gegen Vollstreckungsmaßnahmen. A rügt die formelle Rechtswidrigkeit der Vollstreckungsmaßnahme, weil der Gerichtsvollzieher nicht zuständig sei. Die funktionelle Unzuständigkeit kann sich aus §865 Abs. 2 S. 1 ZPO ergeben (*Brox/Walker* Rn. 207).

Soweit A rügt, dass der Traktor nicht in seinem Eigentum stehe, ist die Erinnerung nicht statthaft. Das Verfahrensrecht stellt für die Rechtmäßigkeit einer Pfändung nicht auf die Eigentumsverhältnisse, sondern allein auf den Gewahrsam ab. Die Pfändung von Dritteigentum stellt damit grds. keinen Verfahrensverstoß dar. Etwas anderes gilt nur dann, wenn der Gerichtsvollzieher evidentes Dritteigentum pfändet. Dafür liegen hier keine Anhaltspunkte vor.

II. Allgemeine Verfahrensvoraussetzungen

1. Partei- und Prozessfähigkeit

Hinsichtlich der Partei- und Prozessfähigkeit gem. §§50ff. ZPO der Parteien bestehen keine Bedenken.

2. Zuständigkeit

Zuständig ist das Vollstreckungsgericht, §766 Abs. 1 S. 1 ZPO. Als Vollstreckungsgericht ist nach §764 Abs. 1, 2 ZPO grds. das Amtsgericht anzusehen, in dessen Bezirk das Vollstreckungsverfahren stattfinden soll oder stattgefunden hat. Demnach ist hier das Amtsgericht Münster ausschließlich (§802 ZPO) zuständig.

3. Form

A muss bei Einlegung der Erinnerung die Form des § 569 Abs. 2, 3 ZPO analog wahren.

4. Erinnerungsbefugnis

Erinnerungsbefugt ist, wer durch die Vollstreckungsmaßnahme möglicherweise in seinen Rechten beeinträchtigt worden ist. Zum Teil wird vertreten, der Schuldner sei als Adressat der Vollstreckungsmaßnahme immer erinnerungsbefugt. Das gelte auch dann, wenn die Norm, deren Verletzung er rügt, nur Dritte oder den Gläubiger schütze. Danach wäre die Erinnerungsbefugnis des A hier ohne Weiteres zu bejahen. Nach hM ist der Schuldner nicht erinnerungsbefugt, wenn er die Verletzung einer Verfahrensnorm rügt, die nur andere schützt (→ Rn. 543).

a) Eigentum des K

Soweit A einwendet, der Traktor gehöre nicht ihm, ist die Erinnerung bereits nicht statthaft (vgl. oben). Im Übrigen würde dem A nach hM insoweit aber auch die Erinnerungsbefugnis fehlen. Denn das ungeschriebene Verbot der Pfändung evidenten Dritteigentums schützt nur die Interessen des Eigentümers (*Brox/Walker* Rn. 1196).

b) Unzuständigkeit des Vollstreckungsorgans wegen Verstoßes gegen § 865 Abs. 2 S. 1 ZPO

A rügt darüber hinaus die Unzuständigkeit des Vollstreckungsorgans. Zuständigkeitsvorschriften wie hier § 753 Abs. 1 iVm § 865 Abs. 2 S. 1 ZPO dienen zumindest auch dem Schutz des Schuldners, da sich bereits der Rechtsschutz des Betroffenen danach richtet, welches Vollstreckungsorgan handelt, und da die jeweiligen Organe mit unterschiedlichen Eingriffsbefugnissen ausgestattet sind.

Die Erinnerungsbefugnis des A ist damit im Ergebnis zu bejahen.

5. Allgemeines Rechtsschutzbedürfnis

Das allgemeine Rechtsschutzbedürfnis liegt vor vom Beginn der ersten Vollstreckungsmaßnahme bis zur endgültigen Beendigung der Zwangsvollstreckung. Umstritten ist, ob die Pfändung eines Gegenstandes durch den Gerichtsvollzieher entgegen § 865 Abs. 2 S. 1 ZPO die Nichtigkeit oder nur die Anfechtbarkeit der Vollstreckungsmaßnahme zur Folge hat (→ Rn. 212). Der Streit kann hier dahinstehen: Selbst wenn man mit einer Mindermeinung davon ausgeht, dass die Maßnahme nichtig ist, bleibt das Rechtsschutzbedürfnis doch bestehen, weil zumindest der Anschein einer rechtmäßigen Pfändung gegeben ist.

B. Begründetheit

Die Vollstreckungserinnerung ist begründet, wenn die Pfändung des Traktors gegen eine (auch) den A schützende Verfahrensvorschrift verstößt.

I. Unzuständigkeit des Gerichtsvollziehers wegen §865 Abs. 2 S. 1 ZPO

Die allgemeinen und besonderen Vollstreckungsvoraussetzungen unterliegen hier keinen Bedenken. Auch besteht kein Vollstreckungshindernis. Die Durchführung der Pfändung könnte aber deshalb verfahrensfehlerhaft sein, weil der Gerichtsvollzieher wegen §865 Abs. 2 S. 1 ZPO möglicherweise funktionell unzuständig war. Das ist der Fall, wenn der Traktor nicht der Mobiliar-, sondern der Immobiliarvollstreckung unterfällt, denn dann richtete sich die Zuständigkeit nach §867 ZPO (Grundbuchamt) oder nach den §869 ZPO, §1 ZVG, §764 ZPO (Amtsgericht als Vollstreckungsgericht).

Klausurhinweis: Wichtig ist es, sich an dieser Stelle noch einmal zu vergegenwärtigen, dass §865 Abs. 2 ZPO keine tatsächlich bestehende Hypothek voraussetzt: Zu prüfen ist vielmehr, ob der Traktor bei einer hypothetisch bestehenden Hypothek in ihren Haftungsverband (§§1120ff. BGB) fiele.

Bei dem Traktor müsste es sich zunächst um Zubehör handeln. Das richtet sich nach §97 BGB. Bei dem Traktor handelt es sich um eine bewegliche Sache (§90 BGB) und nicht um einen wesentlichen Bestandteil des Grundstücks. Zudem dient der Traktor dem wirtschaftlichen Zweck des Grundstücks, weil er für die Bewirtschaftung der Felder genutzt wird. Der auf dem Grundstück befindliche Traktor steht auch in einem seiner Bestimmung entsprechenden räumlichen Verhältnis zur Hauptsache. Da die Voraussetzungen des §97 Abs. 1 S. 2 BGB nicht vorliegen, ist der Traktor Grundstückszubehör. Da er zunächst im Eigentum des A stand, ist er auch in den Haftungsverband der Hypothek gelangt (§1120 BGB).

Es ist auch keine Enthaftung eingetreten. Die Voraussetzungen von §1121 Abs. 1 BGB liegen nicht vor, weil der Traktor vor der Pfändung nicht vom Grundstück entfernt wurde; auch ist die Zubehöreigenschaft des Traktors nicht nach §1122 Abs. 2 BGB aufgehoben worden.

Folglich unterliegt der Traktor der Immobiliarvollstreckung. Damit durfte der Gerichtsvollzieher den Traktor nicht pfänden (§865 Abs. 2 S. 1 ZPO). Er handelte als funktionell unzuständiges Organ.

II. Ergebnis

Die Vollstreckungserinnerung des A ist aufgrund der Unzuständigkeit des Gerichtsvollziehers begründet.

Teil 2: Rechtsschutzmöglichkeiten des K

A. Vollstreckungserinnerung (§ 766 Abs. 1 ZPO)

In Betracht kommt zunächst eine Vollstreckungserinnerung nach § 766 Abs. 1 ZPO. Diese müsste zulässig sein.

I. Statthaftigkeit

K rügt zunächst die Pfändung einer in seinem Eigentum stehenden Sache und damit ein Verhalten des Gerichtsvollziehers im Zusammenhang mit der Zwangsvollstreckung. Das Verfahrensrecht stellt für die Rechtmäßigkeit einer Pfändung jedoch nicht auf die Eigentumsverhältnisse, sondern auf den Gewahrsam ab (§§ 808 f. ZPO). Die Pfändung von Dritteigentum stellt damit grds. keinen Verfahrensverstoß dar. Der Drittberechtigte muss vielmehr nach § 771 ZPO vorgehen. Etwas anderes gilt nur dann, wenn der Gerichtsvollzieher evidentes Dritteigentum pfändet. Dafür liegen hier keine Anhaltspunkte vor.

Klausurhinweis: Vertretbar ist es auch, die Statthaftigkeit der Erinnerung zu bejahen, aber die Erinnerungsbefugnis des D abzulehnen, weil kein evidentes Dritteigentum verletzt worden ist.

Soweit der K einen Verstoß gegen § 865 Abs. 2 S. 1 ZPO bzw. die Unzuständigkeit des Gerichtsvollziehers rügt, ist die Erinnerung dagegen statthaft.

II. Allgemeine Verfahrensvoraussetzungen

1. Partei- und Prozessfähigkeit, Zuständigkeit

Bzgl. der Partei- und Prozessfähigkeit, der Zuständigkeit und der Form gelten die obigen Ausführungen.

2. Erinnerungsbefugnis

Fraglich ist, ob K erinnerungsbefugt ist. Dann müsste er die Verletzung einer Verfahrensvorschrift rügen, die zumindest auch seinen Interessen zu dienen bestimmt ist. Hier wird ein Verstoß gegen § 865 Abs. 2 S. 1 ZPO gerügt. In der Literatur wird nur dem Schuldner und den Realgläubigern sowie dem Zwangsverwalter die Erinnerungsbefugnis eingeräumt (vgl. etwa MüKoZPO/*Dörndorfer* § 865 Rn. 64). Dafür spricht der Zweck des § 865 Abs. 2 S. 1 ZPO, der primär die Realgläubiger sowie den Schuldner schützen soll und nicht Dritte wie den Eigentümer des Zubehörs (vgl. *Lippross/Bittman* § 19 Rn. 21). K ist daher nicht erinnerungsbefugt.

III. Ergebnis

Die Erinnerung ist unzulässig.

B. Drittwiderspruchsklage (§771 Abs. 1 ZPO)

In Betracht kommt allerdings eine Drittwiderspruchsklage des K.

I. Statthaftigkeit

Die Drittwiderspruchsklage ist statthaft, sofern der Kläger rügt, dass die Vollstreckung in seine materielle Berechtigung am Gegenstand der Zwangsvollstreckung eingreift, §771 Abs. 1 ZPO. Hier macht K geltend, dass die Pfändung in sein Eigentum an dem gepfändeten Traktor eingreife. Die Drittwiderspruchsklage ist damit statthaft.

II. Allgemeine Verfahrensvoraussetzungen

1. Partei- und Prozessfähigkeit

Zur Partei- und Prozessfähigkeit gilt das oben Gesagte.

2. Ordnungsgemäßer Klageantrag

Mangels anderer Hinweise ist davon auszugehen, dass K ordnungsgemäß Klage erhoben hat.

3. Zuständiges Gericht

Nach §771 Abs. 1 ZPO ist der Widerspruch bei dem Gericht geltend zu machen, in dessen Bezirk die Zwangsvollstreckung erfolgt. §771 Abs. 1 ZPO regelt die örtliche Zuständigkeit (ausschließlich, §802 ZPO).

Die sachliche Zuständigkeit richtet sich nach den allgemeinen Regeln, §1 ZPO iVm §§23, 71 GVG. Da der Streitwert 7.000 Euro beträgt (vgl. §6 ZPO), ist nach §§23 Nr. 1, 71 Abs. 1 GVG das LG sachlich zuständig. Zuständiges Gericht ist damit das LG Münster.

4. Rechtsschutzbedürfnis

Wie oben; selbst wenn man davon ausgeht, dass eine Pfändung unter Verstoß gegen §865 Abs. 2 S. 1 ZPO nichtig ist, ist ein Rechtsschutzbedürfnis zumindest im Hinblick darauf gegeben, dass der Rechtsschein einer wirksamen Pfändung besteht.

III. Begründetheit

Die Klage ist begründet, wenn dem Kläger an dem Vollstreckungsgegenstand ein veräußerungshinderndes Recht zusteht und diesem Recht keine Einwendungen des Beklagten entgegenstehen.

1. Veräußerungshinderndes Recht des K

a) Eigentum als veräußerungshinderndes Recht

Ein die Veräußerung hinderndes Recht ist ein Recht, das eine (hypothetische) Veräußerung des betreffenden Gegenstands durch den Schuldner zu einem widerrechtlichen Eingriff in den Rechtskreis des Rechtsinhabers macht, so dass dieser ihn an der Veräußerung hindern könnte. Hier behauptet der K, Eigentümer des Traktors zu sein. Das Eigentum ist als stärkstes dingliches Recht ein Recht iSv §771 Abs. 1 ZPO.

Hinweis: Ob **Sicherungseigentum** ein die Veräußerung hinderndes Recht iSv §771 ZPO ist, oder ob sich der Sicherungseigentümer nur mit einer Klage auf vorzugsweise Befriedigung analog §805 ZPO wehren kann, ist umstritten (→ Rn. 687). Darauf kommt es hier aber nicht an: Zwar fand die Übereignung nach §§929 S. 1, 930 BGB (s. unten) wie bei einer Sicherungsübereignung statt. Sie diente aber nicht nur der Sicherung eines Anspruchs des K gegen A. Nicht jede Übereignung nach §§929 S. 1, 930 BGB ist eine Sicherungsübereignung!

b) Eigentum des K an dem Traktor

K müsste auch Eigentümer des Traktors sein. Dieser stand zunächst im Eigentum des A. A und K haben sich indes nach §929 S. 1 BGB über den Eigentumsübergang geeinigt. Die Übergabe wurde nach §930 BGB durch die Vereinbarung eines Besitzmittlungsverhältnisses iSd §868 BGB (hier wohl Leihe) ersetzt. Somit ist K Eigentümer des Traktors.

2. Keine Einwendungen

Einwendungen gegen das Eigentum des K sind nicht ersichtlich.

3. Ergebnis

Die Klage ist mithin begründet.

Lösung Abwandlung:

Z könnte einen Anspruch gegen K auf Herausgabe des Traktors gem. § 985 BGB haben.

I. Eigentum des Z

Z müsste Eigentümer des Traktors sein.

Ursprünglich stand der Traktor im Eigentum des A. Dieser hat sein Eigentum aber gem. §§ 929 S. 1, 930 BGB auf den K übertragen (s. oben).

K könnte das Eigentum an dem Traktor durch den Zuschlag in der Zwangsversteigerung nach **§ 90 ZVG** an den Z verloren haben. Z ist nach § 90 Abs. 1 ZVG durch den Zuschlag Eigentümer des Grundstücks geworden. Nach § 90 Abs. 2 ZVG erwirbt der Ersteher mit dem Grundstück aber zugleich die Gegenstände, auf welche sich die Versteigerung erstreckt hat.

Gemäß **§ 55 Abs. 1 ZVG** erstreckt sich die Versteigerung des Grundstücks auf alle Gegenstände, deren Beschlagnahme noch wirksam ist. Der Umfang der Beschlagnahme richtet sich nach den §§ 20 f. ZVG. Gemäß **§ 20 Abs. 2 ZVG** umfasst die Beschlagnahme auch diejenigen Gegenstände, auf welche sich bei einem Grundstück die Hypothek erstreckt. Dies richtet sich nach den §§ 1120 ff. BGB. Da der Traktor im Zeitpunkt der Beschlagnahme nicht mehr im Eigentum des A stand, fällt er nicht in den Haftungsverband der Hypothek (§ 1120 BGB aE).

Indes erstreckt sich die Versteigerung gem. **§ 55 Abs. 2 ZVG** auch auf Zubehörstücke (zur Zubehöreigenschaft des Traktors bereits oben), die einem Dritten gehören, sofern sie sich – wie hier – im Besitz des Schuldners befinden und der Dritte sein Recht nicht nach Maßgabe des § 37 Nr. 5 ZVG geltend gemacht hat. K hat sein Eigentum nicht in der Zwangsversteigerung geltend gemacht, weil er nichts von ihr wusste. Folglich hat Z mit dem Zuschlag auch Eigentum an dem Traktor erworben.

Die spätere Herausgabe des Traktors an den K ändert an der Eigentumslage nichts. Insbesondere kann jedenfalls nach dem Zuschlag keine Enthaftung an Zubehörstücken nach § 1121 Abs. 2 S. 2 BGB mehr eintreten. Die Anwendbarkeit von § 55 Abs. 2 ZVG setzt vielmehr nur voraus, dass der Vollstreckungsschuldner das Fremdzubehör im Zeitpunkt des Beginns der Versteigerung im Besitz gehabt hat. Eine Entfernung des Zubehörs zwischen Versteigerungsbeginn und Zuschlag ist unschädlich; eine Entfernung nach Zuschlag kann damit erst recht keine Enthaftung bewirken.

Zu denken wäre allenfalls an einen gutgläubigen Eigentumserwerb des K nach den §§ 929 S. 1, 932 BGB. A und K hatten sich schon im Zusammenhang mit der Veräußerung des Traktors ausdrücklich darüber geeinigt, dass der K Eigentümer werden sollte. Es ist daher nicht davon auszugehen, dass sich A und K bei der Abholung des Traktors erneut über den Eigentumsübergang einigen wollten.

Z ist Eigentümer des Traktors.

II. Besitz des K

Nach der Herausgabe des Traktors von A an K ist K unmittelbarer Besitzer des Traktors, § 854 Abs. 1 BGB.

III. Besitzrecht des K

Ein Besitzrecht des K ist nicht ersichtlich.

IV. Ergebnis

Z hat einen Anspruch gegen K auf Herausgabe des Traktors gem. § 985 BGB.

Sachverzeichnis

Sofern nicht ausdrücklich anders gekennzeichnet, verweisen die Fundstellen auf die Randnummern des Buches.